《中国道路的深圳样本》系列丛书

深圳
社会建设之路

陈少兵　谢志岿　等　著

Shenzhen Shehui Jianshe Zhilu

中国社会科学出版社

图书在版编目（CIP）数据

深圳社会建设之路/陈少兵等著 . —北京：中国社会科学出版社，2018.11
（2019.11 重印）
ISBN 978 – 7 – 5203 – 3143 – 2

Ⅰ.①深… Ⅱ.①陈… Ⅲ.①社会发展 – 研究 – 深圳 Ⅳ.①D676.53

中国版本图书馆 CIP 数据核字 (2018) 第 209586 号

出 版 人	赵剑英
责任编辑	王 茵 马 明
责任校对	任晓晓
责任印制	王 超

出　　版	中国社会科学出版社
社　　址	北京鼓楼西大街甲 158 号
邮　　编	100720
网　　址	http://www.csspw.cn
发 行 部	010 – 84083685
门 市 部	010 – 84029450
经　　销	新华书店及其他书店

印　　刷	北京君升印刷有限公司
装　　订	廊坊市广阳区广增装订厂
版　　次	2018 年 11 月第 1 版
印　　次	2019 年 11 月第 2 次印刷

开　　本	710×1000　1/16
印　　张	24.5
字　　数	375 千字
定　　价	86.00 元

凡购买中国社会科学出版社图书，如有质量问题请与本社营销中心联系调换
电话：010 – 84083683
版权所有　侵权必究

《中国道路的深圳样本》系列丛书编委会

主　　任　李小甘

副 主 任　吴定海

编　　委　(以姓氏笔画数为序)
　　　　　王为理　王苏生　车秀珍　陈少兵
　　　　　吴　忠　杨　建　张骁儒　陶一桃
　　　　　莫大喜　路云辉　魏达志

《中国道路的深圳样本》
系列丛书序言

编委会

  今年是中国改革开放40周年。前不久,习近平总书记视察广东时强调,改革开放是党和人民大踏步赶上时代的重要法宝,是坚持和发展中国特色社会主义的必由之路,是决定当代中国命运的关键一招,也是决定实现"两个一百年"奋斗目标、实现中华民族伟大复兴的关键一招。[①] 40年前,我们党团结带领人民进行改革开放新的伟大革命,坚持解放思想、实事求是、与时俱进、求真务实,不断革除阻碍发展的各方面体制机制弊端,开辟了中国特色社会主义道路,取得世人瞩目的历史性成就。40年来,中国发生了翻天覆地的变化,GDP年均增长约9.5%,对外贸易额年均增长14.5%,成为世界第二大经济体、第一大工业国、第一大货物贸易国、第一大外汇储备国,在经济、政治、文化、社会、生态文明、党的建设等各个领域取得了长足进步。实践证明,改革开放是推进社会主义制度自我完善与发展的另一场革命,是当代中国发展进步的活力之源,为实现中华民族伟大复兴提供了强大的历史动力,成为中国当代波澜壮阔历史的精彩华章。

[①] 参见《习近平在广东考察时强调:高举新时代改革开放旗帜 把改革开放不断推向深入》,2018年10月25日,中华人民共和国中央人民政府网(http://www.gov.cn/xinwen/2018 – 10/25/content_ 5334458.htm)。

谈及改革开放，就不能不提到深圳。因为深圳经济特区本身就是改革开放的历史产物，也是改革开放的伟大创举和标志性成果。短短40年，深圳从落后的边陲农业县迅速发展成为一座充满魅力和活力的现代化国际化创新型大都市，GDP年均增速达22.2%，2017年为2.24万亿元，居国内城市第三位、全球城市三十强；地方财政收入年均增长29.7%，2017年为3332.13亿元，居国内城市第三位；2017年外贸出口总额达1.65万亿元，连续25年位居国内城市首位；人口规模从30多万人迅速扩容为实际管理人口超过2000万人。可以说，深圳经济特区创造了世界工业化、城市化、现代化的奇迹，也印证了中国改革开放伟大国策的无比正确性。在深圳身上，蕴含了解读中国、广东改革开放之所以成功的密码。就此而言，对深圳的研究与对中国、广东改革开放的研究，形成了一种历史的同构关系。作为一座年轻城市，深圳在近40年来的快速发展中，一直致力于对中国现代化道路的探索，这既包括率先建立和发展社会主义市场经济体制，从而对全国的经济改革和经济发展发挥"试验田"的先锋作用；也包括其本身的经济、政治、文化、社会、生态文明、党的建设等各个方面所取得的长足进展，从而积累了相当丰富的城市发展和社会治理经验。

在改革开放40周年之际，全面总结深圳改革开放以来的发展道路及其经验模式，既有相当重要的当下价值，对中国未来改革开放的进一步深化也具有非常深远的重要意义。2018年10月，习近平总书记在视察广东时专门强调："党的十八大后我考察调研的第一站就是深圳，改革开放40周年之际再来这里，就是要向世界宣示中国改革不停顿、开放不止步，中国一定会有让世界刮目相看的新的更大奇迹。"[①] 总结好改革开放经验和启示，不仅是对40年艰辛探索和实践的最好庆祝，而且能为新时代推进中国特色社会主义伟大事业提供强大动力。要不忘改革开放初心，认真总结改革开放40年成功经验，立足自身优势、创造更多经验，在更高起点、更高层次、更高目标上推进改革开放，提升改革开放质量和水平，把改革

---

① 《习近平在广东考察时强调：高举新时代改革开放旗帜　把改革开放不断推向深入》，2018年10月25日，中华人民共和国中央人民政府网（http://www.gov.cn/xinwen/2018-10/25/content_5334458.htm）。

开放的旗帜举得更高更稳。

为深入贯彻习近平新时代中国特色社会主义思想和党的十九大精神，贯彻落实习近平总书记重要讲话精神，庆祝改革开放40周年，总结深圳改革开放以来先行先试、开拓创新的经验和做法，系统概括深圳发展道路、发展模式及其对全国的示范意义，在深圳市委常委、宣传部部长李小甘同志的亲自部署和直接推动下，市委宣传部与市社科联联合编纂了《中国道路的深圳样本》丛书。这套丛书由《深圳改革创新之路（1978—2018）》《深圳党建创新之路》《深圳科技创新之路》《深圳生态文明建设之路》《深圳社会建设之路》《深圳文化创新之路》《未来之路——粤港澳大湾区发展研究》7本综合性、理论性著作构成，涵盖了经济建设、科技创新、文化发展、社会建设、生态文明建设、党的建设、粤港澳大湾区建设等众多领域，具有较高的学术性、宏观性、战略性、前沿性和原创性，特别是突出了深圳特色，不仅对于讲好改革开放的深圳故事、全方位宣传深圳有相当重要的作用，而且对于丰富整个中国改革开放历史经验无疑也具有非常重要的价值。

深圳改革开放的道路是中国改革开放道路的精彩缩影，深圳改革开放取得的成功也是中国成功推进改革开放伟大事业的突出样本。深圳的发展之路及其经验表明，坚持中国特色社会主义道路，不断深化改革开放，既是广东、深圳继续走在全国前列的重要保障，也是党和国家在新形势下不断取得一个又一个成果，实现中华民族伟大复兴的根本保证。而深圳作为践行中国特色社会主义"四个自信"的城市样本，它在改革开放40年所走的历程和取得的成果，是一个古老民族和国家在历经百年磨难之后，凤凰涅槃般重新焕发青春活力的一种确证，是一个走向复兴的民族国家从站起来到富起来、强起来伟大飞跃的生动实践。

站在改革开放40周年的历史节点，重温深圳改革开放的发展道路与国家转型的当代历史，在新的形势下，不忘初心、牢记使命，以新担当新作为不断开创深圳改革开放事业新局面，正是深圳未来继续坚持中国特色社会主义道路、继续为国家改革开放探路的历史使命之所系。正如广东省委常委、深圳市委书记王伟中同志所提出的，要高举新时代改革开放旗帜，大力弘扬敢闯敢试、敢为人先、埋头苦干的特区精神，把走在最前列、勇当尖兵作为不懈追求，推动思想再解放、改革再深入、工作再落实，打造新时代全面深化改革开放的新标杆，把经济特区这块"金字招牌"擦得更亮，朝着建设中国特色社会主义先行示范区的方向前行，努力创建社会主义现代化强国的城市范例。这一新目标也是深圳在新时代、新征程中肩负的重大历史使命，因此，应勇于担当、凝心聚力，奋发有为、开拓创新，继续深化改革、扩大开放，努力为实现中华民族伟大复兴中国梦作出新的更大贡献。

是为序。

2018 年 10 月

目　　录

第一章　布局：民生幸福城市的顶层设计 …………………………（1）
　一　民生幸福：现代化发展的内在要求 ……………………………（2）
　二　适度普惠型民生福利体系的构建 ………………………………（5）
　三　积极构建民生财政 ………………………………………………（10）
　四　推动民生福利的一体化与均等化 ………………………………（16）
　五　加强民生幸福的规划和评价 ……………………………………（20）
　六　构建共建、共治、共享的民生之路 ……………………………（27）

第二章　来了就是深圳人 …………………………………………（30）
　一　人口市民化的重大意义 …………………………………………（31）
　二　深圳人口市民化的制度演进 ……………………………………（33）
　三　深圳原农村地区的城市化 ………………………………………（37）
　四　深圳外来人口的户籍身份获得 …………………………………（41）
　五　深圳居住证制度和居住证梯度赋权 ……………………………（46）
　六　深圳的观念现代化与社会融合 …………………………………（53）
　七　深圳户籍制度改革和人口市民化展望 …………………………（56）

第三章　努力办人民满意的教育 …………………………………（60）
　一　深圳教育事业所取得的成就 ……………………………………（60）
　二　多措并举提升基础教育质量 ……………………………………（63）
　三　逐步提升教育公共服务的普惠范围 ……………………………（67）

四　实现基础教育的均衡发展 …………………………………… (69)
　　五　跨越式发展高等教育 …………………………………………… (73)
　　六　深化教育体制机制改革 ………………………………………… (75)
　　七　深圳教育事业发展展望 ………………………………………… (78)

第四章　着力解决看病难、看病贵问题 ………………………………… (83)
　　一　深圳医疗卫生事业的改革发展概况 …………………………… (84)
　　二　深圳市医疗卫生事业改革历程和重点 ………………………… (88)
　　三　推进医保和医药分开改革 ……………………………………… (91)
　　四　构建医疗卫生综合监管制度 …………………………………… (94)
　　五　建立现代医院管理制度 ………………………………………… (97)
　　六　推动形成多元化办医格局 ……………………………………… (99)
　　七　构建分级诊疗制度 ……………………………………………… (105)
　　八　开展基层医疗集团改革 ………………………………………… (110)
　　九　医疗卫生事业发展的问题与展望 ……………………………… (113)

第五章　实现公民的劳动权利 …………………………………………… (117)
　　一　深圳人力资源和社会保障事业改革发展概况 ………………… (118)
　　二　完善公共服务，大力促进就业 ………………………………… (120)
　　三　大力培植创新创业活动 ………………………………………… (125)
　　四　健全社会保险体系 ……………………………………………… (130)
　　五　保障劳动者基本待遇 …………………………………………… (134)
　　六　构建和谐劳动关系 ……………………………………………… (136)
　　七　深圳市人力资源和社会保障事业发展展望 …………………… (139)

第六章　将文体作为一种生活方式 ……………………………………… (142)
　　一　文体改革发展概述 ……………………………………………… (143)
　　二　大力建设文化体育基础设施 …………………………………… (145)
　　三　切实实现市民的文化权利 ……………………………………… (151)
　　四　以机制创新带动服务创新 ……………………………………… (156)

  五　创意引领　以文兴业 …………………………………………（160）
  六　加强群众参与，实现全民健身 ……………………………（163）
  七　深圳市文化体育事业发展展望 ……………………………（167）

第七章　打造公交都市 ……………………………………………（169）
  一　最不拥堵的特大城市 …………………………………………（169）
  二　确立公交优先的发展战略 …………………………………（173）
  三　加强交通设施建设 …………………………………………（176）
  四　构建现代城市交通体系 ……………………………………（179）
  五　加强城市交通管理 …………………………………………（183）
  六　加强交通新业态管理和服务 ………………………………（186）
  七　构筑面向未来的公共交通 …………………………………（188）

第八章　安得广厦千万间 ……………………………………………（190）
  一　深圳市住房制度改革发展的经济社会背景 ………………（191）
  二　中国公共住房保障体系概述 ………………………………（192）
  三　深圳市住房制度改革历程与成果 …………………………（194）
  四　构建多层次的住房保障体系 ………………………………（198）
  五　完善公共住房轮候办法 ……………………………………（203）
  六　积极开展人才安居工程 ……………………………………（205）
  七　加强住房发展规划 …………………………………………（209）
  八　完善住房公积金制度 ………………………………………（213）
  九　加强房地产市场调控 ………………………………………（217）
  十　深圳市住房保障事业的展望 ………………………………（222）

第九章　保障弱势群体民生福利 ……………………………………（224）
  一　构筑适度普惠的社会福利体系 ……………………………（226）
  二　深圳市老人服务工作创新 …………………………………（227）
  三　深圳市社会救助工作创新 …………………………………（232）
  四　深圳市福彩和慈善事业发展 ………………………………（235）

五　儿童福利工作创新 ………………………………………（238）
　　六　残疾人福利工作创新 ……………………………………（241）
　　七　深圳市优抚安置工作创新 ………………………………（244）
　　八　深圳民生福利事业的发展与展望 ………………………（246）

第十章　社会组织和公共参与 ……………………………………（249）
　　一　深圳社会组织的发展概况 ………………………………（251）
　　二　加强社会组织的培育发展 ………………………………（253）
　　三　发挥社会组织在社会治理中的作用 ……………………（261）
　　四　推动社会工作创新 ………………………………………（265）
　　五　对社会组织的管理与监督制度的创新 …………………（271）
　　六　深圳社会组织发展展望 …………………………………（274）

第十一章　建设和谐诚信安全城市 ………………………………（276）
　　一　构建城市公共安全体系 …………………………………（277）
　　二　积极探索治安管理创新 …………………………………（283）
　　三　建设一流法治政府 ………………………………………（289）
　　四　探索司法改革的"深圳样本" ……………………………（300）
　　五　全面构建城市诚信体系 …………………………………（306）
　　六　推进智慧社会治理 ………………………………………（310）
　　七　深圳建设和谐诚信安全城市未来展望 …………………（313）

第十二章　积极发扬基层民主 ……………………………………（316）
　　一　深圳市社区建设的主要历程和改革措施 ………………（317）
　　二　构建"一核多元"的多元治理体系 ………………………（324）
　　三　建立在社区议事基础上的民主自治健康有序发展 ……（328）
　　四　以党群服务中心为平台推动服务型治理 ………………（332）
　　五　深圳市社区建设的典型案例 ……………………………（336）
　　六　深圳市社区建设存在的主要问题 ………………………（339）
　　七　深圳市社区建设的未来设想和改革方向 ………………（341）

结语　迈向更高质量的民生幸福城市 ……………………………（344）
　　一　深圳社会建设领域改革创新的主要经验 ………………（344）
　　二　两个百年目标与社会建设 ………………………………（353）
　　三　努力建设更高质量的民生幸福城市 ……………………（363）

参考文献 …………………………………………………………（367）

后记 ………………………………………………………………（375）

第一章　布局：民生幸福城市的顶层设计

民生幸福是人类社会发展和进步的不懈追求。习近平总书记在十九大报告中开宗明义地指出：中国共产党人的初心和使命，就是为中国人民谋幸福，为中华民族谋复兴。① 资本主义国家在过去几百年的发展中，从马克思所批判的"淹没在利己主义打算的冰水之中"的社会，逐步转变为某种程度的福利国家和福利社会。饱经战乱之苦的西方国家，在第二次世界大战的废墟上，率先建立起福利国家这种新的社会形态，但现代国家为公民提供社会福利保障可追溯到更早以前。

1601年，英国通过了《伊丽莎白济贫法》，主要保障那些年老及丧失劳动力人群、流浪汉等弱势群体的基本生活，开创近代国家福利之先河；其后英国又颁布了《住所法》等一系列的社会保障法案，社会福利和社会保障的范围逐步系统化，也更加全面。1882年，德国议会通过《疾病保险法》，从1883年开始实施强制疾病保险，后于1884年、1899年分别通过了《工伤事故保险法》《老年保障法》，这些保险制度构筑了德国近代社会保障制度的框架，为其他西方国家所纷纷效仿。20世纪初，英国以《济贫法》为中心的社会保障制度开始向现代福利制度转变，而1941年由贝弗里奇爵士提交的《社会保险和相关服务》报告，成为福利国家的奠基石和现代社会保障制度的里程碑，以英国为代表的西方国家逐渐建立起了"从摇篮到坟墓"的福利制度。

---

① 习近平：《决胜全面建成小康社会　夺取新时代中国特色社会主义伟大胜利》，2017年10月18日。

西方现代福利制度本质上是资本主义社会发展的产物。一方面，资本主义经济发展为现代社会福利制度奠定了物质基础；另一方面，资本主义在发展过程中出现的贫富差距也需要社会福利制度缓和社会矛盾。20世纪70年代，西方国家经济衰退，财政趋紧，高福利制度难以为继，新自由主义兴起，西方国家的社会福利制度开始调整。

与西方资本主义国家的社会福利发展道路不同，以中国为代表的社会主义国家自建国起就开始实行一整套与西方不同的社会福利发展模式。在传统社会主义时期，受意识形态的影响及当时的经济社会发展条件所限，国内实行城乡二元分割的福利制度模式。在城市存在"大包大揽"的单位制福利模式和面向城镇无经济收入和生活无人照料的老年人、残疾人和孤儿等特殊群体的民政福利。[①] 在农村则实行以人民公社体制为基础的社会保障和福利服务。1978年以来，随着中国经济的市场化改革，社会福利制度也发生重大变革，单位制福利逐步解体，适应社会主义市场经济发展的新的福利制度逐步建立。中国特色社会主义的民生福利制度的目标，是在吸收和借鉴各国福利制度的基础上，既体现中国特色社会主义本质特征，又符合中国国情和发展阶段的民生福利模式。

一 民生幸福：现代化发展的内在要求

现代是与传统相对的一种社会状态，著名的美国社会学家英克尔斯提出了测量社会现代化水平的10个重要指标，如识字率、受教育程度、就业情况、千人拥有医生数量等，人民的生产生活状况，是衡量社会现代化水平的重要标尺。

民生幸福是现代化的内在要求。无论处在哪个时代，人民总是希望追求更好的生活。英国工业革命开启了人类历史的现代化之路。在四百年的现代化进程中，现代化虽然主要体现在经济发展水平上，但现代化的本质却是社会层面，陆学艺认为，社会建设就是建设社会现代化。[②]

[①] 秦丽：《中国适度普惠型社会福利体系的建构》，上海交通大学出版社2016年版，第2—3页。
[②] 陆学艺：《社会建设就是建设社会现代化》，《社会学研究》2011年第4期。

民生幸福是现代政治合法性的基础。若执政党长期不能改善民生，就难以得到人民的拥护。党的十九大报告指出"为什么人的问题，是检验一个政党、一个政权性质的试金石"，无论是资本主义国家，还是社会主义国家，让社会中的大多数人享受发展成果是政权合法性的重要来源，同时也是一个国家现代化发展的内在要求。

中华人民共和国成立以来，中国共产党执政的合法性基础经历了从以意识形态、历史功绩和领袖个人魅力为主的合法性基础向以经济绩效为主、民主法治和意识形态相结合的多元方向的转变，再到以人为本、民生与民主相结合的合法性基础转变。[①] 尽管历史阶段不同，但共产党执政的初衷却没有改变——改善民生。从1949年到1976年，我国社会发展虽然经历了几次大的挫折，但是人民总体的生活水平有了极大提高。1978年改革开放之后，人民生活水平的提高更是有目共睹。党的十二大提出"走自己的路，建设有中国特色的社会主义"的重大决定，中国逐渐走上了一条具有中国特色的现代化之路。党的十三大确定了"三步走"的重大战略部署：第一步，1981年到1990年实现国民生产总值比1980年翻一番，让人民温饱问题得到解决，这在20世纪80年代末已基本实现；第二步，1991年到20世纪末国民生产总值再增长一倍，人民生活整体达到小康水平；第三步，到21世纪中叶人民生活比较富裕，基本实现现代化，人均国民生产总值达到中等发达国家水平，人民过上比较富裕的生活。改善人民的生活状况一直摆在"三步走"战略的重要位置，是社会主义的现代化建设的最终依归。

1990年，党的十三届七中全会对"小康社会"做了详尽的描述，"人民生活从温饱达到小康，生活资料更加丰裕，消费结构趋于合理，居民条件明显改善，文化生活进一步丰富，健康水平持续提高，社会服务设施不断完善"。在此基础上，对小康水平进行了定义："所谓小康水平，是指在温饱的基础上，生活质量进一步提高，达到丰衣足食。这个要求既包括物质生活改善，也包括精神生活的充实；既包括居民个人消费水平的提高，也包括社会福利和劳动环境的改善。"小康社会的内涵在中国社会主义现

---

① 谢庆奎：《民生视阈中的政府治理》，北京大学出版社2013年版，第23页。

代化建设的实践中不断丰富。

到 2000 年，中国的人均国内生产总值超过 850 美元，我国基本实现了总体小康社会的目标，但这只是低水平、不全面、发展很不平衡的小康。为此，党的十五届五中全会提出了全面建设小康社会的新目标。而党的十六大，则进一步明确我国社会的主要矛盾是人民日益增长的物质文化需要同落后的社会生产之间的矛盾，中国要在头 20 年，集中力量，全面建设惠及十几亿人口的更高水平的小康社会，经济更加发展，民主更加健全，文化更加繁荣，社会更加和谐，人民生活更加殷实。但全面的小康具体应该是什么样的？应该包括哪些方面？这在以往的报告中并未充分阐述。直到十七大召开，党的十七大报告对全面建设小康社会的愿景做了进一步描述：到 2020 年全面建设小康社会目标实现之时，我们这个历史悠久的文明古国和发展中的社会主义大国，将成为工业化基本实现、综合国力显著增强、国内市场总体规模位居世界前列的国家，成为人民富裕程度普遍提高、生活质量明显改善、生态环境良好的国家，成为人民享有更加充分民主权利、具有更高文明素质和精神追求的国家，成为各方面制度更加完善、社会更加充满活力而又安定团结的国家，成为对外更加开放、更加具有亲和力、为人类文明做出更大贡献的国家。[①]

随着中国经济的持续快速发展，人民对美好生活抱有更高期望，因此全面建设小康社会的步伐加快，全面建成小康成为新一届政府的重要使命。2012 年，党的十八大根据我国经济社会发展的实际，提出到 2020 年全面建成小康社会的新要求，标志着我国"小康社会"建设已经进入关键阶段。在十八大报告中，确立了全面建成小康社会的目标的五个重要方面：经济持续发展；人民民主不断扩大；文化软实力显著增强；人民生活水平全面提高；资源节约型、环境友好型社会取得重大进展，五位一体的国家发展格局正式形成。十九大报告提出决胜全面建成小康社会。从十九大到二十大，是"两个一百年"奋斗目标的历史交汇期。我们既要全面建成小康社会、实现第一个百年奋斗目标，又要乘势而上开启全面建设社

---

① 胡锦涛：《高举中国特色社会主义伟大旗帜，为夺取全面建设小康社会新胜利而奋斗》，2007 年 10 月 15 日。

主义现代化国家新征程，向第二个百年奋斗目标进军。两个目标的实现分为两个阶段，第一个阶段是从 2020 年到 2035 年，在全面建成小康社会的基础上，再奋斗十五年，基本实现社会主义现代化。第二个阶段是从 2035 年到 21 世纪中叶，在基本实现现代化的基础上，再奋斗十五年，把我国建成富强民主文明和谐美丽的社会主义现代化强国。

纵观中国共产党带领全国人民建设小康社会的过程，始终以人民为中心，把改善人民的生活状况作为发展目标，不断满足和回应人民群众对于美好生活的向往和追求。尽管国内和国际形势不断变化，社会主要矛盾的内涵也在嬗变，但中国共产党人的初心和使命没有改变，发展民生始终是国家发展战略的不懈追求，人民群众的幸福生活一直是党和国家在发展过程中的关切所在，也是中国式现代化发展道路的内在要求。

二　适度普惠型民生福利体系的构建

（一）民生福利的内涵

"福利"这个概念来源于英语 wellfare，即"好的生活"。什么是"好的生活"？对此，不同文明、不同地区、不同时期，存在着不同的理解，这是"一个智者见智仁者见仁的事情"①。"好的生活"最初来自于家庭，伴随着人类社会组织的出现，尤其是国家的出现，家庭不一定能满足人的所有生活需求，因此个人需要从社会或国家中来获取，来自于家庭之外的满足或获取便是社会福利。福利有广义与狭义之分。广义的福利是由政府支持或提供给所有个人的公共服务与产品，涉及个人生活的各个方面，旨在提高个人生活质量；而狭义的福利则是面向弱势全体，提供某些方面的救助与支持。

民生一词，最早出现在《左传·宣公十二年》中，"民生在勤，勤则不匮"，主要是指人民的生活。虽然"民生"与"福利"是两个词汇，但本质上二者有相通之处，即都是指涉人民的福祉，民生和福利的指涉非常广泛，具体内容历来为学界所争论。张香云认为民生包括居民收入与分配

---

① 钱宁：《现代社会福利思想》，高等教育出版社 2006 年版，第 1 页。

公平、教育文化发展水平、社会保障水平、公共服务水平、生存环境及安全水平五个方面。① 北京市统计局民生统计课题组指出民生包括就业收入、福利保障、文化教育、健康医疗卫生、居住交通、社会安全、资源环境七个领域。② 全国人大财经委课题组列出了居民生活、生态环境、社会环境和公共服务四个方面。③ 综合来说，我国的民生主要包括收入支出、就业、社会保障、教育、医疗卫生、住房、文化体育、社会安全、公共服务和人居环境十个方面。④

在中国，现代意义上的民生概念，由孙中山先生提出。1894年，孙中山在《上李鸿章书》中提出"民生"概念，1905年则提出了"民族、民权、民生"三大主义，到1924年，孙中山先生对民生做了完整的界定。⑤ 1924年1月23日，他在《国民政府建国大纲》中强调："建设之首要在民生。故对于全国人民之食衣住行四大需要，政府当与人民协力，共谋农业之发展，以足民食；共谋织造之发展，以裕民衣；建筑大计划之各式屋舍，以乐民居；修治道路、运河，以利民行。"⑥

中国共产党人进一步丰富了"民生"的内涵。1938年，毛泽东拟订"新三民主义共和国"建国方案，在《论新阶段》的报告中提出要建立一个"三民主义共和国"，"这个国家是一个民生主义的国家……一句话，使人人有衣穿，有饭吃，有书读，有事做"。⑦ 毛泽东之后的历代领导人，结合国际国内发展形势，不断丰富民生内容，形成了特色社会主义民生的内涵。

刚刚召开的党的十九大对民生做了系统阐述，十九大报告指出"增进民生福祉是发展的根本目的……在幼有所育、学有所教、劳有所得、

---

① 张香云：《民生指标体系的构建及评价导向》，《中国统计》2010年第6期。
② 北京市统计局民生课题组：《北京市民生统计指标体系构建研究》，《数据》2010年第7期。
③ 全国人大财经委课题组：《构建民生指数指标体系、初步发现及政策建议》，2011年。
④ 刘敏：《适度普惠型社会福利制度——中国福利现代化的探索》，中国社会科学出版社2015年版，第49页。
⑤ 孙来斌、刘近：《中国民生概念发展论要》，《湖北社会科学》2014年第6期。
⑥ 《孙中山全集》第9卷，中华书局2006年版，第355页。
⑦ 中国人民解放军军事科学院：《毛泽东军事文选（内部本）》，战士出版社1981年版，第189—190页。

病有所医、老有所养、住有所居、弱有所扶上不断取得新进展,深入开展脱贫攻坚,保证全体人民在共建共享发展中有更多获得感,不断促进人的全面发展、全体人民共同富裕,确保国家长治久安、人民安居乐业","到建党一百年时建成经济更加发展、民主更加健全、科教更加进步、文化更加繁荣、社会更加和谐、人民生活更加殷实的小康社会","人民生活更为宽裕,中等收入群体比例明显提高,城乡区域发展差距和居民生活水平差距显著缩小,基本公共服务均等化基本实现,全体人民共同富裕迈出坚实步伐"。① 人民的生活状况、人民的幸福,是民生最本质最核心的内涵。

以人为本、注重民生的发展理念,指示当代政府将积极保障和改善民生作为职责和使命。政府保障和改善民生的基本途径就是发展基本公共服务。公共服务是指建立在一定社会共识基础上,为实现特定公共利益,一国全体公民不论其种族、性别、居所、收入和地位等方面的差异,都应公平、普遍享有的服务。包括:国防、外交、基础教育、公共卫生、社会保障、基础设施、公共安全、环境保护、基础科技、文化媒体、一般公共服务等。而基本公共服务是指保护个人最基本的生存权和发展权,所必须提供的公共服务,非由政府提供不能有效满足和充分保障的基本条件与基本福利水准。②

过去,由于城乡二元分割的社会福利体系以及户籍制度的制约,生活在同一个城市中的居民,很难享受到同等的公共服务。近年来,随着经济社会的发展及进城务工人员各项权利重视程度的提高,破除旧的社会体制机制的约束,保障社会公正,让城乡居民享受改革发展的红利,实施惠及更多人口、更加公正的社会福利制度,推进基本公共服务均等化成为各级党委、政府的重要工作目标。③

---

① 习近平:《决胜全面建成小康社会 夺取新时代中国特色社会主义伟大胜利》,2017 年 10 月 18 日。
② 陈昌盛:《基本公共服务均等化:中国行动路线图》,《财会研究》2008 年第 2 期。
③ 习近平:《决胜全面建成小康社会 夺取新时代中国特色社会主义伟大胜利》,2017 年 10 月 18 日。

(二) 建立适度普惠型民生福利体系

民生福利体系分为两种模式,一种是选择型福利模式,一种是普惠型福利模式。选择型的福利模式一般面向特定的群体,提供特定方面的福利,如我国的低保制度和残疾人保障制度,只面向满足特定条件的部分人群;而普惠型福利是面向所有的群体。过去一段时间,由于经济发展水平所限,我们的民生福利制度更多的是选择型或者是"补缺型"福利制度,重视对弱势群体生活的兜底保障,随着中国特色社会主义事业的推进,这一制度已经无法满足人民群众日益增长的福利需要,同时中国经济快速发展也逐步为提高福利水平奠定了财政基础,我国的民生福利制度也逐步从"补缺型"向"适度普惠型"转变。

什么是适度普惠?王思斌认为,适度普惠型社会福利是向全体国民提供的、涵盖其基本生活主要方面的社会福利,具有广覆盖、适度性的特点。[①] 彭华民提出,普惠型社会福利是指国家提供社会福利普及具有公民权的每个社会成员,是满足国民需要、提高公民能力的方式。[②] 戴建兵等则认为适度普惠型社会福利是从补缺型社会福利向全面普惠型社会福利转变的一个中间形态,它与不发达的社会发展程度相联系。[③] 刘敏系统总结了适度普惠型社会福利的特征:(1) 适度普惠化,服务对象范围扩大;(2) 城乡一体化,城乡社会福利发展水平差距不断缩小;(3) 机会均等化,具有特定的公民权的人都能享受社会福利,且享受的基本是均等的;(4) 福利多元化,涵盖基本生活、社会保障、就业、医疗卫生、住房和社会服务等多元福利服务;(5) 福利水平适度,与特定经济社会水平相适应,属于广覆盖、保基本、多层次、可持续的适度福利模式。[④] 总之,适度普惠型社会福利模式是国家采取的阶段性战略措施,内容会

[①] 王思斌:《我国适度普惠型社会福利制度的构建》,《北京大学学报》(哲学社会科学版) 2009 年第 13 期。

[②] 彭华民:《需要为本的中国本土社会工作模式研究》,《社会科学研究》2010 年第 3 期。

[③] 戴建兵、曹艳春:《论我国适度普惠型社会福利制度的构建与发展》,《华东师范大学学报》(哲学版) 2012 年第 1 期。

[④] 刘敏:《适度普惠型社会福利制度——中国福利现代化的探索》,中国社会科学出版社 2015 年版,第 35 页。

随着时代而变化。

在积极推进普惠性民生福利体系建设方面，深圳以强烈的担当精神，探索适度普惠的民生发展之路，不断拓展民生福利的内容和覆盖面。经济特区发展的过程，就是将民生福利的内涵和覆盖面不断拓展，使更多的民生福利惠及更广泛市民的过程。

2006年，深圳市"十一五"期间规划的"新型社会福利体系"，制定了以下指标："实施'儿童福利设施建设蓝天计划'、养老机构的老年床位数每千名老人24张以上、社区居家养老服务覆盖面占老人的15%以上、每个社区拥有一家星光老年之家。"① "十一五"期间，深圳累计投入1422亿元用于改善民生。② 就业方面，城镇居民登记失业率控制在3%以内，零就业家庭户数保持动态归零。社会保障体系方面，深圳已经在全国率先实现"全民医保"，社会福利、社会救助和优抚安置三大体系基本建立。教育方面，高等教育发展规模和层次继续提升，基础教育均衡化取得进步，每年解决约50万非深户籍学生的就学问题。医疗卫生方面，全市医疗机构总数增长68.8%，健康服务网络实现全覆盖。社会组织和社工方面，社工和义工队伍建设走在全国前列，建立了社会组织培育实验基地，建立向社会组织购买服务机制，推动社会组织探索承接政府职能和工作事项，促进社会组织在社会建设和社会管理中发挥越来越重要的作用。

"十二五"期间，全市财政安排优先支持民生事业，五年内在深圳累计投入5000亿元来改善民生，年均增长22.6%。民生福祉不断增进。社会保障体系日益完善，最低生活保障标准和最低工资标准均居内地大中型城市最高水平，社会保险参保人数大幅增长；率先构建多层次住房保障体系。积极推进基本公共服务全覆盖和均等化，在36个领域实现"同城人、

---

① 陈遂：《适度普惠型社会福利制度研究——以深圳为例》，硕士学位论文，湖北大学，2010年。
② 本统计数据主要基于深圳统计年鉴，受限于官方公布的统计结果的不完整，以及用于民生支出与其他领域支出可能存在的目的性不一致问题，本书主要选取了教育、文化体育与传媒、社会保障和就业、医疗卫生、环境保护、城乡社区事务、农林水事务、交通方面的支出来列为民生有关的财政支出。尽管像公共安全等涉及民生的也应该被列入，但自2008年之后，公共安全的支出被列入一般预算支出之内，无法获取准确统计信息，因此只能暂时剔除。而基建方面，也没有事关民生的详细数据，因此也未列入其中。但总体来说，"十一五"期间，深圳直接投入到民生的财政远不止1422亿元。

同待遇"。教育事业发展取得突破，成为广东省推进教育现代化的先进市，率先达到国家义务教育发展基本均衡标准。医疗卫生事业加快发展，医疗基础设施不断完善，公立医院管办分离、医药分开改革取得重大进展，养老等事业稳步推进。

近年来，深圳市积极利用现有的经济发展条件和没有城乡分野的人口条件，积极发展福利事业，扩大民生福利的受益范围，并不断增加财政投入，确保深圳所有的儿童、老年人等重点群体享受到公平公正的社会公共服务。2015年，时任深圳市委书记马兴瑞在深圳市第六次党代会上所做报告中提出，要将深圳市建成更高质量的民生幸福城市。2016年，深圳市"十三五"规划纲要，将建设更高质量的民生幸福城市作为未来五年深圳的发展目标，牢固树立以民为本的执政理念和价值追求，实现全体市民共建共享、包容发展。全面实现基本公共服务均等化，努力让群众享有更优质的教育、更稳定的工作、更满意的收入、更可靠的社会保障、更高水平的医疗、更舒适的居住条件、更优美的生态环境、更有品质的文化服务，[①]民生保障水平居全国前列，使群众对美好生活的向往不断变成现实。

三　积极构建民生财政[②]

前文提及，无论是基本公共服务均等化，还是适度普惠性民生服务体系，其发展都是在目前我国经济社会发展还处于社会主义初级阶段这一现实条件下实行的阶段性战略，高水平的经济发展和财政收入是民生建设的物质基础。民生由于其公共性、收益周期长和初期投资量大，个人、企业投资民生领域的意愿相对较低。因此，民生发展主要依赖于政府的财政支出。过去较长时间，党和政府的工作重心主要是把蛋糕做大的问题，以经济建设为中心。21世纪以来尤其是十六届四中全会以来，"民生"成为每一届政府工作的重点领域，增加财政收入，缩减"三公"经费，积极投入

---

① 《深圳市国民经济和社会发展第十三个五年规划纲要》，2016年6月。
② 本小节所有数据，如无特殊说明，均来源于《深圳市统计年鉴2016》及《深圳市国民经济和社会发展第十三个五年规划纲要》。

民生领域，被写入每一年的政府报告中。深圳作为改革开放的排头兵，除了发展经济，民生建设也走在了全国前列，突出体现在民生投入上。

（一）民生财政支出逐年增加

根据图 1-1 所示，从 2007 年开始，深圳在民生领域的财政投入逐年上升，民生支出占财政总支出的比例也在不断加大。尤其是从 2008 年到 2014 年，年平均增长率超过 30%。在政府每年的财政支出中，民生支出是深圳公共财政支出的重头戏。民生财政支出平均占比 42% 左右，图 1-1 中显示，该比例呈逐渐上升趋势。根据近两年政府财政报告，九大类民生领域内的财政支出逐年加大，2016 年支出合计 2380 亿元，[①] 2017 年支出达 3198 亿元，增长 34.4%，占财政支出的比重约七成。[②] 这与深圳加强民生建设规划，不断加大民生财政力度有关。深圳市委、市政府坚持以人为本的发展思想，持续加大财政投入，优先重点保障民生工程和民生实事资金需求。在"十二五"和"十三五"规划中，均把增加民生财政投入作为改善民生的重要手段，在深圳市六届人大一次会议上，市长许勤所做的政府工作报告鲜明提出，要坚持发展为民、发展惠民，持续加大民生投入，努力增加优质公共产品和服务。从全国的民生财政支出情况来看，深圳一直走在前列。根据深圳市马洪经济研究发展基金会联合中国（深圳）综合开发研究院、深圳市迪博企业风险管理技术有限公司 25 日在京发布的"2017 中国政府（民生支出）信息公开金秤砣奖"显示，深圳在六大类基本民生领域（教育、文化体育与传媒、医疗卫生与计划生育、社会保障及就业、住房保障、节能环保）的人均财政支出在各市中位列最高，为 11274.23 元，高出全国平均水平 5669.50 元，在人均支出环比变化率一项也位居第一，高出全国平均水平 47.44 个百分点。[③]

[①]《九大类民生领域支出合计 2380 亿元》，2017 年 12 月 1 日，晶报在线（http://jb.sznews.com/MB/content/201708/18/c148604.html）。

[②]《2017 年深圳财政收入首破 8600 亿 民生投入占财政支出约七成》，2017 年 12 月 1 日，深圳新闻网（http://www.sznews.com/news/content/2018-01/16/content_18272222.htm）。

[③]《2016 年中国政府民生支出绩效排名公布 深圳位居 32 个中心城市第三》，2017 年 12 月 1 日，深圳新闻网（http://www.sznews.com/news/content/2018-02/26/content_18523434.htm）。

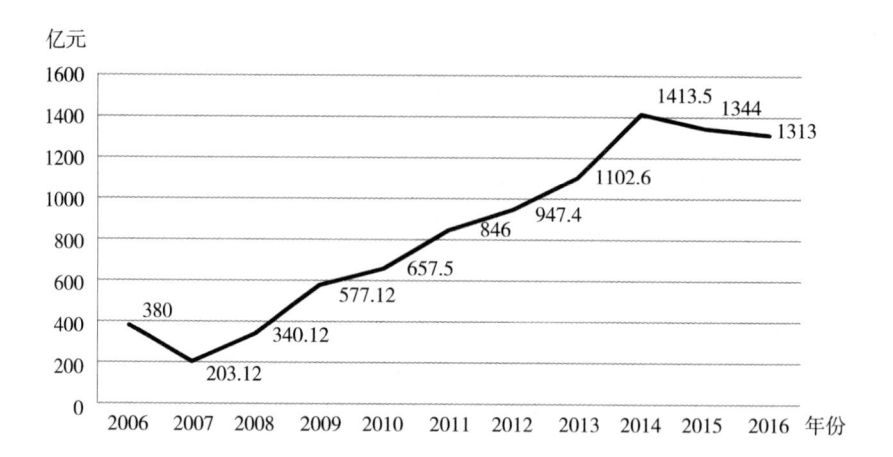

图 1-1　深圳市主要民生领域的财政年支出情况（2006—2016）

注：由于统计口径和数据可得性等方面的原因，这里主要统计了教育、文化体育与传媒、社会保障和就业、医疗卫生、环境保护、城乡社区事务、农林水事务、交通等方面的支出。

教育、医疗、就业和基础设施建设是深圳市民生支出的重点领域，在每年的财政支出中占据很大的比重。近几年，深圳财政支出增加了两个新的重点——环境保护和住房保障。随着深圳的产业结构不断升级、人民生活水平不断提高，对于干净、美丽的生活环境的需求更加迫切。深圳市积极落实党中央五位一体的战略布局，积极开展生态文明建设，增加环境治理的财政投入，仅 2013 年就投入了 140 亿元治理环境污染，极大地改善了当地居民的生活环境。同时，随着经济发展，深圳房价也水涨船高，甚至曾经遥遥领先国内其他城市房价水平。为此，深圳市不断加大住房保障力度，投入资金建设保障房和人才公寓。

经济建设与社会建设并重通过深圳公共财政的投入生动地体现出来。近些年，深圳在全面加强民生建设的同时，也突出社会重点，针对教育、医疗、就业、社会保障和公共交通等重点领域，不断进行开拓创新，加大财政投入力度，取得了积极的成效。

（二）重点民生领域财政支出情况

2001 年到 2015 年，深圳几乎每年的教育投入都在增加，年均增长率在11.5%左右（见图1-2）。在教育投入规模扩大的同时，教育公共财政支出结构也在不断变化，从最初重点支持中小学教育建设，促进义务教育持续发展，到中期推动学前教育、高等教育、职业教育等各项教育均衡发展，现在相对更加注重高等教育和职业教育开放式、跨越式发展。深圳市教育财政支出符合教育发展的一般规律，也改变了深圳的城市定位，使得深圳从一个吸引人才的城市，变成了培养人才的摇篮。高等教育方面，创办一些新的大学并积极吸引国内外知名院校在深圳创办分校，其中，南方科技大学、香港中文大学（深圳）等已经建成招生，除此之外，还成功创办、引进一批特色学院，不断提升办学规模和质量，增强深圳高等教育开放性和国际化水平。职业教育方面，建设具有国际先进水平的现代职业教育体系，将教育教学和生产发展相关联，促进科研向生产力的转化。基础教育方面，加大中小学学位供给，提升基础教育质量。"十二五"期间深圳新增中小学学位13.2万个，普惠性幼儿园达825所。2012年，深圳财政性教育经费投入占政府财政预算支出比例为15.7%，高于美国的12.0%，在教育现代化方面深圳已经接近现代化国际化创新型城市标准。①

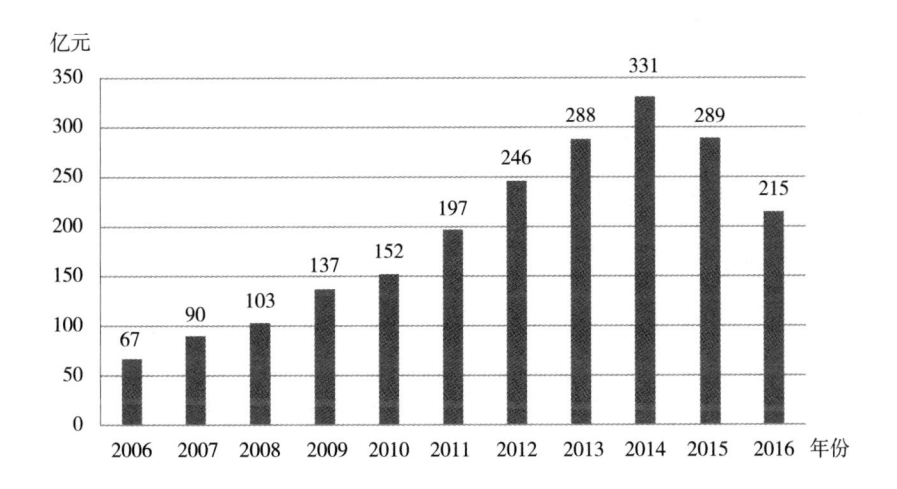

图1-2 深圳市教育财政支出（2006—2016）

---

① 深圳市社会科学院课题组：《深圳努力建成现代化国际化创新型城市研究报告》，2015年12月。

在医疗卫生领域，深圳公共医疗卫生支出也逐年增加，新增了一大批医疗机构和医疗设施，集中资源解决医疗收费降价的经费缺口问题，不断加强社区康复中心和劳务工合作医疗网点建设，努力缓解"看病难，看病贵"的问题。

从图1-3中可知，在过去的十五年，医疗服务财政支出从2001年的10亿元增长到2015年的150亿元。尤其是"十二五"期间，医疗领域财政支出年均增长19.3%，其中2015年比2014年医疗服务财政投入增加40.84%。在不断加大的财政投入支持下，深圳医疗卫生事业发展迅速，医疗基础设施不断完善，医疗体制改革等稳步推进。"十二五"期间，深圳公立医院管办分离、医药分开改革取得重大进展，名医（名科）、名院、名诊所"三名"工程顺利推进，香港大学深圳医院、中国医学科学院肿瘤医院深圳医院、南方医科大学深圳医院投入运营，三级医院从9家增至25家，三甲医院从3家增至10家，病床数从2.3万张增至3.7万张，新增执业医生6900名，[①] 极大地提高了全市整体的医疗服务水平。

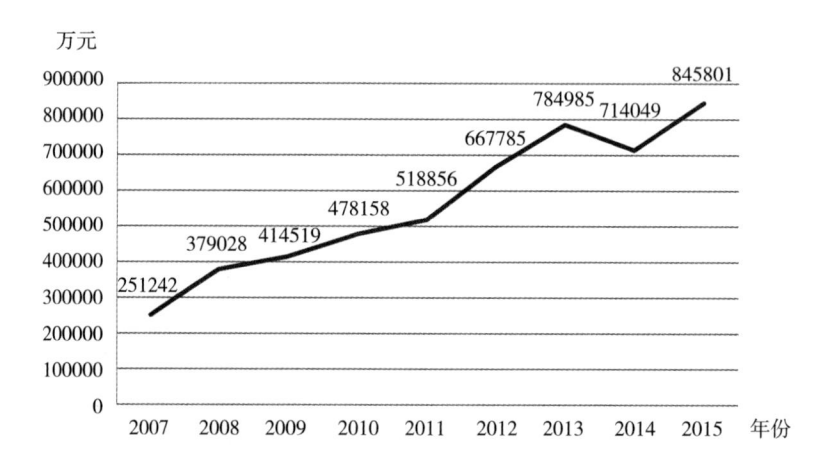

图1-3　2007—2015年深圳市社会保障财政支出

孟子在《滕文公上》中说"民之为道也，有恒产者有恒心"，丰衣足食，安居乐业，是老百姓美好生活的重要体现，也是社会安定和谐的重要

[①]《深圳市国民经济和社会发展第十三个五年规划纲要》，2016年6月。

根基。为此,深圳市不断在就业和社会保障领域下功夫,投入大量的财政资金,用于解决社会就业和其他民生问题,不断完善困难群体的社会福利和救助体系,不断发展社会养老保险事业,既从源头上增强人民收入,又降低劳动者对晚年养老问题的后顾之忧。2007年到2015年,深圳市在社会保障领域的财政投入除2014年外,均呈现出逐年增加的趋势,9年间深圳在社会保障领域财政支出年均增长率为17.47%(由于统计口径问题,这里只统计分析9年的数据)。目前,社会保障和居民生活水平不断提高,居民人均可支配收入、最低工资标准、最低生活保障标准均居全国领先水平。2015年,全市失业登记率仅为2.34%,城镇职工基本养老保险参保率达到95%,居民平均预期寿命79.9岁。

基础设施投资建设是一项耗资巨大、效益回收周期长但对城市长期发展极为有利的一项社会工程。深圳在不断完善原特区内的基础设施建设的同时,也在不断完善原特区外区域的基础设施建设,缩减地区间硬件发展水平的差异,改善原特区之外居民的民生状况,通过不断完善新区的基础设施建设,增强其公共服务能力,以实现全市基本公共服务均衡发展。住房保障是民生保障的重要内容,仅2011—2016年间,在土地资源紧张的情况下,深圳市加大投入,逐年增加财政支出,年均财政支出48亿元用于保障性住房安居工程,新增安排保障性住房24万套(见图1-4)。

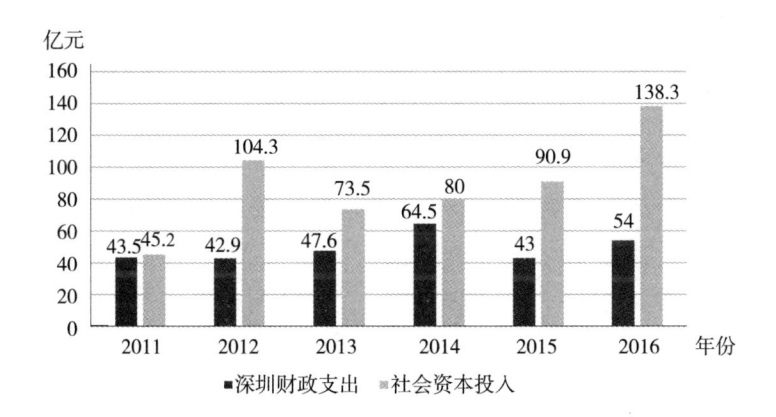

图1-4 深圳市财政年投入建设保障性安居工程的支出情况(2011—2016年)

资料来源:《深圳市保障性安居工程年度计划(2012—2017年)》。

四 推动民生福利的一体化与均等化

民生福利的一体化体现在三个维度上：一是内容组成和谐统一，即各个组成部门相互衔接，没有冲突，涉及一个公民的方方面面，涵盖着每个公民整个生命历程；二是公民机会平等，尽管民生福利对于不同群体会有不同的内容，但是每个公民都应该拥有平等的机会来获得相应的民生福利；三是突破制度边界，主要是行政边界，比如跨省就医依然可以享受一样的医保报销比例。一体化的目的是消除区域差异、身份差异、职业差异，在促进社会公平正义的同时，推动社会福利整体提升。深圳经济特区作为国家先行先试的窗口，积极落实国家对区域公共服务一体化的相关要求，积极推动扩大特区范围，实现原特区内外社会公共服务一体化，缩小原特区内外的区域发展水平差距。

（一）深圳经济特区一体化建设

国务院于2010年5月27日批复同意将深圳经济特区范围扩大到全市，为深圳经济特区一体化发展提供了契机。深圳经济特区一体化建设，是突出以人为本、建设民生幸福城市的有力环节。2010年7月，深圳市即制定出台了《深圳经济特区一体化发展总体思路和工作方案》，明确提出"加快教育、卫生、交通、文化、保障性住房以及社区公共服务设施、社会福利设施等方面的建设，促进社会事业发展和基本公共服务均等化，尽快缩小地区差别，全面提升社会治安水平，让广大市民真正享受到特区一体化所带来的实惠"的工作要求，①明确提出要以公共服务均等化为目标，以转变发展方式为核心，以体制机制创新为动力，以财政体制改革为抓手，以基础设施建设为支撑，以"四大新城"发展为依托，全面推进法规政策、规划布局、基础设施、管理体制、环境保护和基本公共服务"六个一

---

① 《深圳市人民政府关于印发深圳经济特区一体化发展总体思路和工作方案的通知》，《深圳市人民政府公报》2010年第25期。

体化",不断提高城市管理和社会管理标准和水平。① 该文件还提出了当年初见成效、五年根本改观、十年基本完成,分阶段基本实现经济特区一体化的目标。

从 2010 年开始,深圳先后实施了 2010—2012 年、2013—2015 年两轮《深圳经济特区一体化建设三年实施计划》。第一个三年实施计划的重点是做好法规政策的规范统一、经济特区一体化建设规划计划编制以及重要基础设施项目建设准备工作;加快基础设施建设、理顺相关管理体制、推进先行示范区建设,初步实现管理体制、环境保护和基本公共服务的一体化。② 第二个三年实施计划的重点是突出一体化发展质量、实施重点和机制创新,支持原特区外地区加快提升城市建设软硬件水平,全面缩小与原特区内地区的发展差距。③ 具体规划目标如表 1-1 所示。

深圳经济特区的一体化不仅是经济发展或环境硬件设施的一体化,更是民生社会福利的一体化,从交通设施、市政管网、人居环境到医疗、教育和治安等,都提出了一系列具体的一体化目标。到 2015 年,前两个实施计划确定的指标和任务基本完成,深圳经济特区一体化建设取得良好预期效果。全市整体基础明显加强,公共服务稳步提升,功能布局逐步优化,发展空间得到拓展,社会治安大幅提升,原特区内外差距显著缩小,居民满意度显著提高。但是,原特区内外发展不协调、不平衡的问题尚未完全消除,"西强东弱""西密东疏"现象仍然突出,社会保障和民生福利方面仍有不少短板和软肋。④ 为此,2017 年 3 月,在前两轮实施计划的基础上,深圳市制定出台了《深圳经济特区一体化建设攻坚计划(2017—2020 年)》(以下简称《攻坚计划》)。

《攻坚计划》提出,在积极服务国家"一带一路"建设,深化泛珠三角区域合作、参与共建粤港澳大湾区的背景下,按照建设现代化国际化创新型城市和国际科技、产业创新中心以及全国积极中心城市的新要求,以基础设施和公共服务为重点,以实施东进战略为契机,找准薄弱领域和重

---

① 《深圳经济特区一体化建设三年实施计划(2010—2012 年)》,2010 年 7 月。
② 同上。
③ 《深圳经济特区一体化建设三年实施计划(2013—2015 年)》,2013 年 10 月。
④ 《深圳经济特区一体化建设攻坚计划(2017—2020 年)》,2017 年 3 月。

表1-1　　　　　　　深圳经济特区一体化建设规划指标

年份 指标	2010	2012	2015（规划）	2015（实际）	2020
建设用地范围内次干道以上路网密度（千米/平方千米）	2.2	2.7	3.2	3.0	3.3
500米公交站点覆盖率（%）	78	90	92	93	95
累计新增污水管网（千米）	—	—	600	—	4052
城镇污水处理率（%）	64	70	—	93	98
燃气管网覆盖率（%）	16	30	55	64.7	74.7
生活垃圾无害化处理率（%）	65	90	94	93	98
人均公共绿地面积（平方米）	11.6	13	14.2	—	—
建成区绿化覆盖率（%）	42	46	—	—	—
总体学位（人/千人）	78	90	110	115	120
每千人口病床数	1.8	2.5	2.4	2.66	4.0
人均公共体育用地面积（平方米）	0.86	1.0	1.05	1.4	1.6
空气质量指数（AQI）（%）	—	—	80	—	—
无限宽带网络覆盖率（%）	—	—	90	—	—
每万人暴力案件立案数（件）	—	12.2	11.5	—	—
每万人八类刑事案件立案数（件）	—	—	—	—	<4.5
光纤入户率（%）	—	—	—	38	88

资料来源：《深圳经济特区一体化建设三年实施计划（2010—2012年）》，2010年7月；《深圳经济特区一体化建设三年实施计划（2013—2015年）》，2013年10月；《深圳经济特区一体化建设攻坚计划（2017—2020年）》，2017年3月。

点区域，全力以赴攻坚克难，推动全市空间结构布局、区域均衡发展、城市功能提升和公共服务改善，为深圳实现有质量的稳定增长、可持续的全面发展打下坚实基础。《攻坚计划》从六个方面对推进特区一体化做出了部署，即以新型城镇化统筹推进城市功能布局一体化；以国际化先进城市标志推动基础设施一体化；以补齐民生短板推动基本公共服务一体化；以最严格监管推进城市安全保障一体化；以建设美丽深圳推动环境保护一体化；以深化供给侧结构性改革推动管理体制一体化。①《攻坚计划》制定了2017—2020年间深圳一体化建设的具体目标（具体内容参见表1-1），在做好跟前两期行动计划的指标对接的同时，新增了信息化建设的内容，提出到2020年光纤入户率提高至88%，比2015年高出50%；重要公益性公共场所免费无线宽带基本实现全覆盖。

在前两期奠基性建设的基础上，经过第三轮攻坚行动，深圳经济特区一体化将基本建成。原特区外地区的经济社会发展水平、城市建设水平基本达到全市平均水平，基本公共服务和社会治理水平与原经济特区实现均衡协调发展。

（二）实现区域内包容性发展

深圳是一个典型的移民城市，素来以开放包容著称，其快速发展也得益于敢闯敢试、多元包容的移民城市文化品格。深圳的开放和包容不仅体现在对人才求贤若渴，聚天下英才而用之的人才观念，更在于其尽可能地为每一个来深圳打拼的劳动者提供基本的服务保障。宽松的户籍政策、居住证梯度赋权、对外来人口的权益的充分尊重，是深圳兼容并包精神的生动体现。

实施比较宽松的户籍政策。自2007年以来，深圳实施产业、人口、城市空间三方联动调控，进一步完善居住证制度和积分入户制度，有序提高户籍人口比重。以具有合法稳定就业和合法稳定住所（含租赁）、参加城镇社会保险年限、连续居住年限等为主要条件，实行差异化的落户政策，提升"积分制"办理便利化水平。同时，加强流动人口服务管理，健全"以证管人、以房管人、以业管人"工作机制，实现人屋对应动态服务管理。

逐步提高公共服务的普惠化。"十二五"期间，以居住证为载体的基本公共服务梯度赋权供给机制在深圳基本建立。② 2014年10月，在总结

---

① 《深圳经济特区一体化建设攻坚计划（2017—2020年）》，2017年3月。
② 深圳市人民政府：《深圳市人口与社会事业发展"十三五"规划》，2016年11月9日。

前期实施居住证经验的基础上，深圳市人大常委会通过了《深圳经济特区居住证条例》，强化居住登记管理，建立完善流动人口居住登记自主申报制度。提高居住证含金量，整合梳理涉及流动人口的权利待遇，建立与居住年限等条件挂钩的公共服务差异化提供机制，实行梯度化赋权。探索以居住证为载体实行"一证通"，提升城市信息化管理和服务水平。随着财政对民生领域的超常规投入及城市东进战略的实施，深圳加速补齐社会事业领域短板，"同城人、同待遇"正在梯度覆盖。

《深圳经济特区居住证条例》的实行，从制度上保障了外来人口的权益。"十二五"期间，义务教育阶段72.5%、公办学校58.7%的学位提供给了非深户籍学生，保障了全国最大规模移民城市外来人口子女的就读需求；积极鼓励非户籍居民参与居委会建设，探索非户籍居民参与社区自治的新途径。可以说，外来人口在深圳凭借一纸《居住证》，将享受深圳市户籍人口绝大多数的便利和政策优惠。居民可以通过居住证申领机动车驾驶证、办理机动车注册登记和检验手续；申办普通护照、往来港澳通行证、往来台湾通行证及签注；申请职业技能培训补贴和职业技能鉴定补贴、基本公共医疗卫生服务、计划生育基本服务、免费婚前健康检查、基本殡葬服务补贴及各种证明等，持证人符合市政府规定的居住年限、就业年限、社会保险参保年限等条件的，还可以依照有关规定享受公共文化、就业扶持、基本公共教育、社会救助、住房保障等方面相应的权益。[①] 一张居住证基本满足了外来人口在深圳的基本服务需要，从制度上保障了非户籍人口与户籍人口在基本公共服务方面的一体化。

五 加强民生幸福的规划和评价

什么是民生幸福？民生幸福应该包括哪些方面？民生幸福怎样衡量？为了保障将经济社会发展成果转化为具体的民生实惠，深圳市加强了民生幸福的规划和评价。

---

① 《深圳经济特区居住证条例》，2017年3月27日。

（一）加强民生规划：建设更高质量的民生幸福城市

深圳市十分重视民生建设规划，将民生建设作为经济社会发展规划的重要内容。《深圳市国民经济和社会发展第十一个五年总体规划》确定的"十一五"期间社会建设方面目标为："坚持和谐深圳的发展目标，立足人的全面发展和改善民生促进社会和谐，优先发展社会事业，保持社会与经济的全面协调发展，使发展成果惠及全体市民，建设环境更加和谐、科教更加进步、文化更加繁荣、民主更加健全、人民更加富裕的现代文明社会。"规划明确提出优先发展社会事业，对人口、教育、文化、卫生、体育、公共服务、就业和社会保障、公共安全和社会稳定等方面做出了详细部署。①

《深圳市国民经济和社会发展第十二个五年规划纲要》明确提出了，"十二五"期间的目标是率先建成民生幸福城市，努力争当"加速转型升级、建设幸福广东"的先进市。制定了发展民生的路线图，即坚持民生优先，加快以改善民生为重点的社会建设，积极推进基本公共服务均等化，完善公共服务体系，整合公共服务资源，提升就业、社保、教育、卫生、文化体育等公共服务供给能力，着力加大对原特区外公共设施建设力度，不断提高民生幸福水平。并提出实现居民收入增长与经济发展基本同步、劳动报酬与劳动生产率提高基本同步，到 2015 年居民人均可支配收入达到 4.9 万元，登记失业率控制在 3% 以下。②

《深圳市国民经济和社会发展第十三个五年规划纲要》提出社会领域的总体发展目标是努力建成更高质量的民生幸福城市。《规划纲要》提出："牢固树立以民为本的执政理念和价值追求，实现全体市民共建共享、包容发展。全面实现基本公共服务均等化，努力让群众享有更优质的教育、更稳定的工作、更满意的收入、更可靠的社会保障、更高水平的医疗、更舒适的居住条件、更优美的生态环境、更有品质的文化服务，民生保障水平居全国前列，使群众对美好生活的向往不断变成现实。"规划从推动教

---

① 深圳市人民政府：《深圳市国民经济和社会发展第十一个五年总体规划》，2006 年 3 月。
② 深圳市人民政府：《深圳市国民经济和社会发展第十二个五年规划纲要》，2011 年 1 月。

育开放创新发展、实现医疗卫生优质均衡发展、提升民生保障水平、夯实城市安全发展基础几个方面,对民生和社会事业做了具体部署。①

在教育方面,创新发展高等教育推动高校分类发展,积极引进国内国际顶尖学校,实施高校卓越发展计划,提升办学规模和质量,构建有深圳特色的开放式国际化高等教育体系。积极促进职业教育发展,促进产教深度融合、中高职有效衔接,加快建设具有国际先进水平的现代职业教育体系。强化基础教育,加大中小学学位供给,加快推进义务教育学校和普通高中新改扩建工程,新增义务教育学位21万个,推动教育开放创新发展。

在医疗方面,优化医疗资源布局,加快构建17个以上区域医疗中心和50家以上综合医院和专科医院建设,强化4000家以上门诊部、诊所和社康中心的医疗服务能力,到2020年实现平均预期寿命达到81岁,城镇居民登记失业率控制在3%以下,国民体质综合达标率超过89%,新增病床数25500张,新增养老床位数3000张。合理划分不同层级医疗服务机构的服务功能,以信息化为手段,逐步实现基层首诊、双向转诊、急慢分治、上下联动的分级诊疗模式。加强公共卫生服务,统筹院前急救、慢性病、职业病防治以及疾病预防等综合管理,完善重点疾病及新发传染病的检测、预警预报和防控体系,实现医疗卫生优质均衡发展。

在民生保障方面,实施更加积极的就业政策,推动创业带动就业,加强对各种新就业形态的支持,促进劳动者自主就业,帮扶就业困难人员实现稳定就业,保持零就业家庭动态归零。积极构建"高端有市场、中端有支持、低端有保障"的城市住房体系,大力实施保障性安居工程,多渠道筹集和建设保障性住房,全力推进棚户区改造工作,完善公共配套设施,探索建立住房保障城际合作机制,提升民生保障水平,到2020年,实现居民人均可支配收入达到6万元,新增公共文化设施面积40万平方米,新增体育场地面积200万平方米,新增供应保障性住房和人才住房35万套。

在城市公共安全方面,努力维护食品安全,用最严谨的标准、最严格的监管、最严厉的处罚、最严肃的问责,建立食品药品安全治理和监管体系,实现生产、流通和消费环节的全过程监管,重点品种食品监测合格率

---

① 深圳市人民政府:《深圳市国民经济和社会发展第十三个五年规划纲要》,2016年2月。

超过96%，药品评价性抽样合格率超过99%。完善立体化社会治安防控体系，推进协同预警与联动治理，提升治安社会化共管共治能力，实现万人八类刑事案件立案数控制在3.5宗以内，增强市民群众安全感。以风险治理为导向，提高自然灾害、事故灾难、公共卫生、社会安全等各类突发事件的预防、监测、预警和应急处置能力，增强重特大突发事件应对能力，亿元GDP生产安全事故死亡率累计下降40%，通过加强社会诚信建设，在行政管理、市场交易及社会监督等领域实施守信激励和失信惩戒制度，营造让"守信者一路畅行、失信者寸步难行"的诚信环境，为城市安全发展夯实基础。

随着规划的实施，让群众享有更优质的教育、更稳定的工作、更满意的收入、更可靠的社会保障、更高水平的医疗、更舒适的居住条件、更优美的生态环境、更有品质的文化服务，使群众对美好生活的向往不断变成现实。

（二）加强民生的评价和考核

毫无疑问，无论是财政投入，还是发展规划，深圳市在民生建设方面投入了大量的资源和精力。为了切实将政府的投入和工作，转化为老百姓看得见摸得着的实惠，深圳市委、市政府注重将民生建设和社会简化量化成具体的指标，并因此加强对各部门和各行政区（新区）的工作考核和评价，从而推动全市民生发展。

2007年，中共深圳市委、深圳市人民政府制定了《深圳市民生净福利指标体系》（以下简称《指标体系》）。《指标体系》以福利经济学为理论背景，立足深圳实际，坚持以人为本，实现人的全面发展和社会公平。民生净福利以物质财富的增长为基础，以政府有效提供公共产品和公共服务作为保障社会公平的重要条件，内容涵盖市民的生活安全、教育质量、健康水平、舒适程度以及自然和社会环境等方面，力求从收入分配、政府公共产品和公共服务等多环节反映深圳市民的生存、生活和福利状况。[①]《指标体系》共选用21项指标，据此计算民生净福利指数，以综合反映居民的生活福利状况（见表1-2）。

---

① 《深圳市民生净福利指标体系》，2007年1月31日。

表1-2　　　　　　　　　深圳市民生净福利指标

1. 居民人均可支配收入增长率。	12. 劳务工工伤保险参保率。
2. 基尼系数。	13. 劳务工医疗保险参保率。
3. 主要农产品质量安全监测超标率。	14. 社会保障和就业支出占财政支出比例。
4. 药品安全抽样合格率。	15. 社会捐赠款。
5. 达到Ⅰ级和Ⅱ级空气质量的天数。	16. 财政性教科文卫体支出占财政支出比例。
6. 主要饮用水源水质达标率。	17. 财政性环保投资经费占财政支出比例。
7. 交通事故死亡率。	18. 财政性公共基础设施建设支出占财政支出比例。
8. 城镇登记失业率。	19. 人均受教育年限。
9. 零就业家庭户数。	20. 职工培训人均学时数。
10. 应届大中专毕业生就业比例。	21. 人均公共图书馆馆藏图书。
11. 社会保险综合参保率。	

《指标体系》由市政府组织实施，每年考核一次。总体来说，它是一个全面衡量深圳市经济社会和谐发展程度的评价体系，为考察各级领导班子的工作业绩提供了客观指标尺度，也为检验是否为民办实事提供了重要的参考标准，既反映了人的生存和发展的一般规律，又反映了深圳经济社会发展实际，特别是人口构成的特殊性以及社会整体福利水平的状况。

2011年深圳市委、市政府出台了《中共深圳市委　深圳市人民政府关于加强社会建设的决定》（以下简称《决定》），《决定》从改善民生、创新社会管理、加强社区服务、发展社会组织、提升市民素质、深化改革、强化组织领导七方面对推进社会建设做出了部署。提出到2015年"十二五"末，社会建设达到国内一流水平，民生幸福城市初步建成，基本公共服务体系和社会保障体系基本完善，原经济特区内外一体化水平全面提高，社会组织作用明显增强，市民素质显著提升，社会管理科学高效，社会更加和谐稳定。①《决定》研究制定了社会建设考核指标体系。从市民生活、公共服务、社区服务、社会管理、社会服务产业5个领域31个方面，建立政绩评价考核指标，切实把社会建设考核放在与经济建设考核同等重要的位置，作为各级领导班子考核和干部选拔任用的重要依据（见表1-3）。

---

① 《中共深圳市委　深圳市人民政府关于加强社会建设的决定》，2011年。

表1-3　　　　　　　　　　　深圳市社会建设指数

领域	序号	指标名称	单位	领域	序号	指标名称	单位
市民生活	1	常住人口增长率	%	社区服务	17	每万人持证社工人数	人
	2	平均预期寿命	岁		18	社区服务设施达标率	%
	3	平均受教育年限	年		19	居委会直选率	%
	4	居民人均可支配收入	元		20	登记失业率	%
	5	恩格尔系数			21	残疾人就业率	%
	6	保障性住房建筑面积增幅	%		22	国民经济各行业平均工资标准差系数	%
公共服务	7	高中入学率	%	社会管理	23	主要农产品质量安全监测超标率	%
	8	高等教育毛入学率	%		24	食品生产监督抽查合格率	%
	9	每万人病床数	张		25	药品安全抽样合格率	%
	10	每万人执业医生数	人		26	亿元GDP生产安全事故死亡人数	人/亿元
	11	人均公共图书馆图书藏量	册		27	每万人暴力案件立案率	宗
	12	公共交通出行分担率	%		28	非户籍人口和出租屋登记率	%
	13	每万人社会组织数	个		29	生效案件执行率	%
	14	每千名户籍老人机构养老床位数	个		30	社会治安满意度	
	15	职工基本养老保险参保率	%	社会服务产业	31	社会服务产业增加值占GDP比重	%
	16	社会事业和公共服务人均财政支出水平	元				

《深圳市国民经济和社会发展第十三个五年规划纲要》开篇即回顾了"十二五"期间，深圳社会民生的发展状况。从居民人均可支配收入、城镇登记失业率、市区财政一般预算支出中教育拨款增加比例、千人病床数、城镇职工基本养老保险参保率、公共交通占机动化出行分担率、人均公共图书馆图书藏量、主要农产品质量安全检测合格率、食品生产监督抽

查合格率、药品安全抽样合格率、每万人暴力案件立案数、居民平均预期寿命12个方面全面衡量了过去五年的社会建设状况及目标完成情况，并制定了"十三五"期间民生和社会建设的指标（见表1-4）。

表1-4 "十三五"经济社会发展调控指标体系（部分）

类别	序号	指标	目标	指标属性
社会发展	1	居民人均可支配收入（万元）	6	预期性
	2	千人病床数（张）	4.3	约束性
	3	大专以上受教育人口比重（%）	30	预期性
	4	食品及食用农产品抽检覆盖率（批次/千人）	9	约束性
	5	药品评价性抽样合格率（%）	≥99	约束性
	6	居民平均预期寿命（岁）	81	预期性
	7	人均公共文化设施面积（平方米）	0.2	预期性
	8	每万人注册志愿者人数（人）	980	预期性
	9	城镇登记失业率（%）	≤3	约束性
城市发展	10	光纤入户率（%）	90	预期性
	11	公共交通占机动化出行分担率（%）	65	预期性
	12	每平方公里轨道交通运营里程（千米）	≥0.2	预期性
	13	亿元GDP生产安全事故死亡率累计下降（%）	40	约束性
	14	绿化覆盖率（%）	50	预期性
生态文明	15	新增供应保障性住房（万套）	35	约束性
	16	万元GDP水耗累计下降（%）	18.5	约束性
	17	细颗粒物（PM2.5）年均浓度（微克/立方米）	28	约束性
	18	万元GDP能耗累计下降	完成国家和省下达任务	约束性
	19	万元GDP二氧化碳排放量累计下降		约束性
	20	化学需氧量排放量累计下降		约束性
	21	氨氮排放量累计下降		约束性
	22	二氧化硫排放量累计下降		约束性
	23	氮氧化物排放量累计下降		约束性

量化指标体系的制定，加强了规划任务的落实和评估考核，提升了规划实施监测评估能力，保障规划目标和任务顺利完成。可以说，通过一系列的量化指标考核，显示出深圳市委、市政府对于民生建设和社会建设的重视，也体现了深圳市委、市政府着力改善民生，"社会建设"与"经济建设"并重的决心，为评估深圳社会民生发展提供了依据，也将政府惠民承诺变成了可具体量化的数字。

六 构建共建、共治、共享的民生之路

党的十九大报告指出，"发展是解决我国一切问题的基础和关键，必须坚定不移贯彻创新、协调、绿色、开放、共享的发展理念，坚持在发展中保障和改善民生，增进民生福祉"，"在发展中补齐民生短板、促进社会公平正义，在幼有所育、学有所教、劳有所得、病有所医、老有所养、住有所居、弱有所扶等民生问题上不断取得新进展，保证全体人民在共建共享发展中有更多获得感"，"打造共建共治共享的社会治理格局，加强社会治理制度建设，完善党委领导、政府负责、社会协同、公众参与、法治保障的社会治理体制，提高社会治理社会化、法治化、智能化、专业化水平"。[①] 深圳积极贯彻党中央的决策部署，不断加强社区治理体系建设，推动社会治理重心向基层下移，发挥社会组织作用，实现政府治理和社会调节、居民自治良性互动，走出了一条共建、共治、共享的民生发展之路。

深圳市积极探索一核多元治理格局，注重理顺各治理主体之间的关系，发挥各种治理主体在社会建设和社会治理中的作用。在一核多元的治理格局中，"党委领导"和"政府负责"并未发生事实性的改变，只是更加强调公众参与的"全面性、广泛性"、治理过程的"共建性"和治理目标追求的"共享性"。[②] 在加强党委领导和政府负责的治理架构的同时，深圳市注重发挥志愿者、专业社会工作者、基层干部队伍和市民群众等社

---

① 习近平：《决胜全面建成小康社会 夺取新时代中国特色社会主义伟大胜利》，2017年10月18日。
② 曾维和：《共建共享社会治理格局：理论创新、体系构筑、实践推进》，《理论探索》2016年第3期。

会主体的作用,激发全社会共商、共建、共享的活力与热情。

一是积极发展社会组织参与社会共建共治。2011年,深圳制定出台的《中共深圳市委　深圳市人民政府关于加强社会建设的决定》提出"加快培育发展和规范社会组织,扩大市民有序参与和共享,形成和谐社会人人有责、人人共享的生动局面"。通过出台《深圳市社会组织发展"十三五"规划》《社会组织信息公开指引》《关于构建社会组织综合监管体制的意见》,社会组织登记管理体制改革,建立社会组织分类培育发展清单制度等,深圳大力培育发展和规范社会组织,提升社会组织的能力,率先将社会组织直接登记范围扩大到工商经济类、公益慈善类、社会福利类等8类,成为全国首批社会组织建设创新示范区。截至2017年3月31日,全市共有社会组织11754家,其中登记8928家,备案2826家。直接登记的社会组织数量为3023家,占全市社会组织总数的25.72%。[①] 每万人社会组织数量排在全国大城市前列。深圳市政府积极引导社会组织参与公共服务,将政府承担的部分社会管理和公共服务职能交给社会组织行使,提高了公共服务的供给效率和质量,社会公共服务供给主体呈现多元化。志愿服务是社会文明程度的重要体现。改革开放以来,深圳市志愿服务工作快速发展,成为全国志愿服务的一面旗帜。2011年,市委、市政府做出了建设"志愿者之城"的决定,不断发展壮大以实有人口为主体的城市志愿者队伍,2016年,全市涌现出9464个志愿服务组织,120.9万名志愿者活跃在各个领域,在促进社会和谐共建、提升城市文明水平、培育践行社会主义核心价值观等方面发挥了重要作用,"来了就是深圳人,来了就做志愿者"的理念深入人心。[②]

二是完善社区居民议事制度,健全基层共建共治机制。在积极发挥居民委员会自我管理、自我服务、自我教育、自我监督作用的同时,为进一步推进社区居民议事会工作的规范化建设,改进和提高社区居民议事工作效率,深圳市制定出台了《深圳市社区居民议事会工作规程》,开展社区

---

① 张玮:《深圳拟重点扶持政府职能承接型社会组织》2017年11月1日,南方网（http://kb.southcn.com/content/2017-09/27/content_177850176.htm）。

② 共青团深圳市委员会:《关于"志愿者之城"建设工作情况的报告》,载张骁儒、陈东平主编《深圳社会建设与发展报告（2016）》,社会科学文献出版社2016年版。

党组织领导下的,以社区居民委员会为主导,以民主提事、议事、协商等为主要内容的社区议事活动,^① 以充分提高社区居民参与社区建设的积极性,形成共建、共治、共享的基层社会治理格局。社区议事会制度充分调动了社区居民参与社区治理的积极性,通过对社区事务的讨论,对议题的意见建议和执行结果的监督,社区居民的知情权、参与权得到保障,对改善社区治理,提升社区福祉具有积极意义。

三是推进民生民主。无论是办人民满意的政府,还是推行"共建、共治、共享"的治理格局,都必须发挥民主精神。民生的出发点和落脚点都是在"民"上,既要以人民的需求为出发点,又要以满足人民的需求为落脚点。倾听人民的声音,方知出发点在何处,只有根据人民之声,了解人民的需求,才能落实民生。听民之意,办民之事,就是要将民生民主化。人民参与到民生建设中,不再是被动的接受者,而是主动的建设者。对于深圳这样一个经济社会快速发展的新兴城市,新的需求和新的问题不断地出现,而政府对于这些需求和问题的回应并不一定及时和准确,因此更加有必要推进民生民主。近年来,为了举办好民生实事项目,深圳市政府每年公布年度民生实事清单,广泛征求市民意见,在综合市民意见的基础上,确定全市性的民生实事项目。为了推进社区居民关心的实事项目,2015 年深圳出台了《全面推广实施民生微实事指导意见》,该《指导意见》明确了群众点菜,政府服务并全程接受群众监督和评议的社区实事办理规程,使老百姓迫切需要、热切关注的民生小项目,以最佳途径落地、最快速度见效,以此激发社会活力,推动基层治理。民生微实事充分发挥社区居民自我管理、自我服务的基层群众自治作用,做到了民生工作服务民需、尊重民意、体现民愿,增强了基层公共服务能力,持续改善和提升了社区居民生活质量,为探索共治、共建、共享的社会治理模式提供了有益实践。

---

① 深圳民政局:《深圳市社区居民议事会工作规程》,2016 年 1 月 13 日,深圳政府在线(http://www.sz.gov.cn/zfgb/2016/gb946/201601/t20160113_3426072.htm)。

第二章　来了就是深圳人

自1980年深圳经济特区成立以来,在短短的30多年时间里,深圳就从一个人口仅30万人的农业县发展成为一个拥有上千万人口规模的现代化大都市,创造了世界城市史上的一个奇迹。市生产总值从1980年的1.96亿元增长到2016年的19492.6亿元,增长了近9944倍,跻身国内大城市前列。产业结构凸显"三个为主":经济增量以新兴产业为主,截至2016年底,新兴产业对GDP增长贡献率提高至53%左右;工业以先进制造业为主,先进制造业占工业比重超过75%;三产以现代服务业为主,服务业占GDP比重60.5%,现代服务业占服务业比重提高至70%以上,[①]从一个农业占主导地位的农村经济形态一跃发展成为第二产业和第三产业在国内占据领先地位的城市经济形态。城市常住人口从1979年的31.41万人增长至2016年的1190.84万人,[②]成为国内第一个城市化率高达100%的城市。深圳市在城市化过程中一路披荆斩棘,坚持稳中求进的工作基调,不断尝试开辟新型城市化路径,着力推进供给侧结构性改革,持续打造深圳质量、深圳标准,加快建设现代化、国际化创新型城市,实现了有质量的稳定增长以及可持续的全面发展,为新型城市化跨越式发展提供了宝贵的经验。

城市化是现代化的重要标志和必由之路,而新型城市化的核心是人口

---

① 深圳市人民政府:《2016年深圳市政府工作报告》,2017年1月。
② 深圳市人民政府:《深圳市人口与社会事业发展"十三五"规划》(深府〔2016〕86号),2017年1月。

市民化。深圳一直在户籍制度和流动人口管理制度改革方面进行着积极探索，努力创造良好的人口流动政策环境。通过1992年和2004年两次农村地区的整体城市化，深圳成为全国第一个"无农民、无农村"的城市。在此过程中，深圳市不断深化推进户籍政策改革，积极拓宽入户渠道，全面实施积分入户政策，优化户籍管理办法，积极稳妥地吸纳外来人口落户深圳，截至2016年，全市在册户籍人口已达404.8万人，[①] 实现了户籍人口的大幅增长，推进了外来流动人口向市民身份的转变；以居住证管理办法代替暂住证制度，实行居住证梯度赋权政策，赋予居住证持有者在医疗卫生、教育养老、就业服务、职业培训、计划生育等基本公共服务事项上更多的市民待遇，逐步消除户籍隔离制度屏障，推动基本公共服务均等化，进一步增强了外来人口对深圳的认同感和归属感。在推进人口市民化的道路上，深圳一直秉持稳中求进的改革精神，推动户籍改革创新，实行较为宽松的落户政策，有层次地赋予全市居民社会福利待遇，以基本公共服务均等化为杠杆，以各项民生文化活动为载体，积极促进社会融合，从身份、权利、观念三个维度出发全面推进人口市民化进程，取得了卓越的成效。

一　人口市民化的重大意义

人口市民化是指在人口城市化进程中，农民逐渐转化为市民的一种过程和状态。市民化不仅表现为在地域上从农村到城市，在职业上从农业到非农行业，在身份上从农民到市民，在待遇上从农民权利到市民权利等方面的转变，其间还伴随着价值观念、思维方式、生活方式和行为方式的冲突与交融。

按照发展阶段的不同，人口市民化呈现出不同的层次和维度，其一，身份的市民化，农村居民取得城市户籍，获得市民身份。其二，权利的市民化，农村居民获得市民身份之后，享受与其市民身份相对应的社会福利

[①] 周红梅：《深圳市2016年国民经济和社会发展计划执行情况与2017年计划草案的报告》，2017年2月。

待遇，此外，针对尚未获得有效户籍的城市居民，权利的市民化也同样具有意义，如深圳市推行居住证梯度赋权政策，赋予居住证持有者在医疗卫生、教育养老、就业服务、职业培训、计划生育等基本公共服务事项上更多的市民待遇，逐步消除户籍隔离制度屏障，让尚未获得正式户籍身份的城市居民也享受到各项社会公共服务，逐步减少由于户籍身份壁垒给外来城市居民带来的生活障碍和公共服务缺失现象，推动基本公共服务均等化。其三，观念的市民化，让完成身份、权利市民化的市民真正认同自己的市民身份，实现价值观念、思维方式、生活方式以及行为方式等向现代化的转变，完成与原有市民之间的社会融合。

党的十八大报告指出，"加快改革户籍制度，有序推进农业转移人口市民化"，人口市民化不仅是推进新型城市化、工业化和现代化的重要途径，也是解决"三农"问题和统筹城乡发展的关键环节和重要突破口。①

首先，人口市民化是统筹城乡发展和解决"三农"问题的根本出路。长期以来，城乡分割的二元体制使得农业转移人口难以落户城市，不能享受应有的社会福利待遇，城乡区域间差距不断扩大。人口市民化可以从根本上改善城乡要素资源的配置，使"三农"问题的解决由农业内部向城乡统筹发展转变。一方面，通过推进城镇化进程，促使大量的农村剩余劳动力向城镇和非农产业转移，使农民成为市民和稳定的产业技术工人，大幅增加其收入；另一方面，把大量的农村剩余劳动力从土地上解放出来，把置换出来的土地资源适度集中到其他从事农业生产的农民手中，可以实现农业的规模化、集约化经营，发展现代农业，提高农业劳动生产率，加快农业现代化进程，实现农业及农村经济社会的可持续发展。

其次，人口市民化有利于提升城市发展质量，推进城镇化健康发展。人口市民化是新型城市化的核心和实质，新型城市化不仅意指城市人口的增加和城市规模的扩张，更意味着城市化发展质量的提高，在人居环境、公共服务、社会保障、城市融入等方面真正实现人口市民化。按能享受到政府提供的教育培训、医疗卫生、社会保障等公共服务的户籍人口观看，

---

① 胡锦涛：《坚定不移沿着中国特色社会主义道路前进　为全面建设小康社会而奋斗》，2012年11月8日。

我国大部分农民工及其家属处于"半市民化"状态，不能享受与城市居民同等的社会福利待遇，其背后潜藏的诸多矛盾和社会问题也日益凸显。有序推进人口市民化有利于权衡城市化发展质量，有效保障农业转移人口在就业服务、医疗卫生、子女教育、社会保障、居住条件等方面的福利改善，促进城市化健康发展。

此外，人口市民化是扩大内需、促进消费以及加快转变经济发展方式的重要引擎。推动农业转移人口实现市民化转变，使之享受与城市居民相同的教育、医疗、住房和社会保障等公共服务，不仅能促进人们生活方式的改变，推动消费结构和消费方式升级，大幅度提升投资需求和消费需求，还能引导人口和产业聚集，发挥规模集聚效益和分工协作效益，推动产业结构升级，释放出巨大的产业发展潜能和新兴服务需求，带动战略性新兴产业和第三产业发展，有利于提高资源集约利用、促进技术创新和管理创新，极大地推动经济社会转型发展。人口市民化将成为未来中国经济增长的重要引擎，更是转变经济发展方式的重要条件。①

二　深圳人口市民化的制度演进

（一）国家户籍制度改革精神

自 2010 年以来，政府加速了新型城市化和人口市民化的进程。2010 年 10 月 18 日中国共产党第十七届中央委员会第五次全体会议通过的《中共中央关于"十二五"规划的建议》中强调，"要把符合落户条件的农业转移人口逐步转为城镇居民作为推进城镇化的重要任务"②，表明了我国在推进城乡一体化过程中农业转移人口市民化所面临的挑战与问题以及党中央解决此问题的决心和力度。

党的十八大报告指出，"加快改革户籍制度，有序推进农业转移人口市民化"③。随后的 2012 年中央经济工作会议、2013 年中央城镇化工作会

---

① 欧阳力胜：《新型城镇化进程中农民工市民化研究》，财政部财政科学研究所，2013 年。
② 中共第十八届中央委员会：《中共中央关于"十二五"规划的建议》，2010 年 10 月 18 日。
③ 胡锦涛：《坚定不移沿着中国特色社会主义道路前进　为全面建设小康社会而奋斗》，2012 年 11 月 8 日。

议均提出把促进有能力在城镇稳定就业和生活的常住人口有序实现市民化作为首要任务。2013年《城市蓝皮书：中国城市发展报告》认为推进农业转移人口市民化，到2025年前全国平均每年需要消化1400多万的存量和1100万的增量，即每年共需解决约2500万人，这是一项长期艰巨但力所能及的任务。① 2014年3月，《国家新型城镇化规划（2014—2020年）》指出，按照尊重意愿、存量优先、带动增量的原则，以农业转移人口为重点，兼顾高校和职业技术院校毕业生、城镇间异地就业人员和城区城郊农业人口，健全农业转移人口落户制度，统筹推进户籍制度改革和基本公共服务均等化。② 2014年7月国务院《关于进一步推进户籍制度改革的意见》要求，以居住证为载体，建立健全与居住年限等条件相挂钩的基本公共服务提供机制，建立居住证制度，为有能力在城镇稳定就业和生活的人口有序实现市民化提供政策支撑，争取到2020年实现1亿左右农业转移人口和其他常住人口落户城镇。这些政策和规划的出台，从更高层面为全面推进户籍制度改革和人口市民化提供了准则和方向，为深化居住证制度提供了政治保障，标志着市民化进程进入了一个全新的阶段。③

2016年3月，《中国国民经济和社会发展第十三个五年规划纲要》（以下简称《纲要》）明确指出，"统筹推进户籍制度改革和基本公共服务均等化，健全常住人口市民化激励机制，推动更多人口融入城镇"，为新时期进一步推进人口市民化进程指明了方向。《纲要》提出，一方面要不断深化户籍制度改革，推进有能力在城镇稳定就业和生活的农业转移人口举家进城落户，与城镇居民享有同等权利和义务，并鼓励大城市以具有合法稳定就业和合法稳定居所、参加城镇社会保险年限、连续居住年限等为主要条件，实行差异化的落户政策。另一方面在全国范围内全面实施居住证暂行条例，推进居住证制度覆盖全部未落户城镇常住人口，保障居住证持有者在居住地享有义务教育、公共就业服务、公共卫生服务等国家规定的基本公共服务。在此基础上，《纲要》还强调应健全促进农业转移人口

---

① 潘家华等主编：《城市蓝皮书：中国城市发展报告》，社会科学文献出版社2013年版。
② 国家发改委发展规划：《国家新型城镇化规划（2014—2020年）》，2014年。
③ 《国务院关于进一步推进户籍制度改革的意见》（国发〔2014〕25号），2014年7月24日。

市民化的配套机制,健全财政转移支付同农业转移人口市民化挂钩机制,建立城镇建设用地增加规模同吸纳农业转移人口落户数量挂钩机制,建立财政性建设资金对城市基础设施补贴数额与城市吸纳农业转移人口落户数量挂钩机制等。通过建立健全一整套促进人口市民化的支持体系,妥善跟进与农业转移人口市民化过程相配套的社会保障制度及基本公共服务,避免使其陷入经济上接纳、社会上排斥的"半市民化"状态,促进人口市民化全面、健康、有序发展。[①]

(二) 深圳户籍制度改革的历程

《国家新型城镇化综合试点总体实施方案》中指出,"全面贯彻落实党的十八大、十八届三中、四中全会和中央城镇化工作会议精神,以人的城镇化为核心,以提升质量为关键,推进新型城镇化工作"[②],着重突出了人口市民化对于新型城市化的重要性。深圳市户籍制度改革始终坚持以人为核心,秉持国家户籍改革精神,稳步提高,扎实推进,有计划、有次序地逐步落实改革政策,率先打破户籍制度坚冰,积极探索流动人口管理制度创新,兼顾改革速度与实施质量,创造出了良好的人口流动政策环境。

深圳市的人口市民化进程主要包括深圳原农村地区的城市化和外来人口的市民化两个层面。在推进原农村地区城市化的过程中,深圳市通过1992年和2004年两次农村城市化转制,顺利完成了对原住农村居民就地城市化的任务,使深圳成为国内第一个实现城市化率高达100%的城市,与此同时,市政府还配套出台了一系列相应的保障政策,确保"农转非"居民充分享受城市居民在就业、教育、养老以及社区治理等方面的市民待遇。

而在推进外来人口市民化的过程中,深圳市的人口管理政策经历了由粗放型管理到人性化综合治理,由单纯关注外来人口身份的市民化到逐渐重视对外来人口进行公共服务赋权乃至深度城市化的转变。改革开放后的

---

① 《中国国民经济和社会发展第十三个五年规划纲要》,2016年。
② 国家发改委:《国家新型城镇化综合试点总体实施方案》(发改规划〔2014〕2960号),2015年2月4日。

10年间,深圳"三来一补"工业迅速崛起,劳动力需求急剧增加,为增强外来人口来深意愿,深圳市率先改革劳动力市场,完善外来人口就业平台,保障外来务工人员的劳动权益,在计划指导的基础上实行较为宽松的人口迁入政策。此后10年间,由于外来人口的大量涌入,深圳市出现了户籍与非户籍人口比例倒挂、公共资源供给严重不足的问题,在此情形下,深圳市开始对外来人口的迁入进行适当控制和严格管理。20世纪90年代中期以来,深圳市开始对户籍制度改革进行积极探索,一方面加大了对技术技能人员入户的政策倾斜力度,扶持高新技术企业发展,坚持技术技能优先的户籍迁入政策导向;另一方面则开创了购房奖励入户指标蓝印户口这一具有过渡模式的户籍制度,为外来人口提供了新的入户途径,此外,入户政策还进一步向着社会关系落户方面扩展,率先推行"户口挂靠"管理制度。近10年间,深圳更是大刀阔斧,锐意改革,进一步降低入户门槛,有计划地放宽入户指标,通过区分人才引进入户、纳税迁户、政策性迁户以及居住社保迁户等类别,有差别地推进积分入户政策以及居住证制度的实施;在此基础上,建立健全居住证梯度赋权制度,加强对外来人口的服务意识,保障非户籍人口的合法权益,有次序、有差别地推进非户籍人口公共服务赋权,逐步缩小非户籍人口与城市人口在各项基本市民待遇方面的差距。

上述深圳市户籍制度及人口管理政策的演进为深圳市推进人口市民化提供了有效的政策保障,从严格把控、粗放式管理到逐步开放、人性化治理,有序推进,稳步提升,深圳市人口管理制度遵循科学宽松、适度门槛的原则,不仅使深圳市的人口市民化水平不断提高,也促进了城市社会融合。

(三) 深圳户籍制度改革的特征

在过去的三十几年间,深圳市不断探索户籍制度改革及人口管理制度创新,为我国户籍政策改革实践提供了优秀的样板,在此期间,深圳户籍制度改革主要沿着身份获得、享有市民待遇以及深度城市化三个维度逐次演化推进,呈现出特有的创新精神和改革特征。

第一,身份的市民化。30多年间,深圳以户籍制度改革为杠杆,通过区分人才引进入户、纳税迁户、政策性迁户以及居住社保迁户等类别，有序实现原农村居民与外来人口身份市民化的转变，成就显著。自改革开放以来，深圳常住人口增长了 1000 多万人，户籍人口增长了 300 多万人，近年来，户籍人口每年增加 30 余万人，增长速度超过常住人口。

第二，待遇的市民化。在有序放开人口入户的同时，积极扩大基本公共服务的覆盖范围，如率先在企业实行社会保险、按照常住人口规模配置公共服务资源、通过人口管理"1+5"政策保障外来人口享受基本公共服务、率先实行与市民待遇挂钩的居住证制度、率先实行积分入户政策、创造性提出居住证梯度赋权政策等。通过制定和完善相关政策，保障外来人口在社会保障、教育、医疗、文体、交通等方面享有基本公共服务的权利。先待遇后身份的实施策略既保证了市民化政策的有序推进，又充分考虑到城市的承载能力，为城市人口市民化过程开辟了一条创新路径。

第三，观念的市民化。在保障外来人口享有与城市居民同等基本公共服务权利的基础上，深圳市的人口市民化策略更加关注外来人口观念的市民化过程，通过鼓励各个城区开展综合培训活动，搭建学习、交流以及职业发展综合服务平台，提高来深建设者综合素质，提升专业技能，培育现代化观念；通过逐步推进居民基层民主参与制度化，让外来人口真正融入到社区建设管理之中；通过和谐社区建设活动，促进外来人口与城市人口之间的互动与交流，积极推动外来人口对深圳市的情感融入以及观念的市民化。

三 深圳原农村地区的城市化

经过 1992 年和 2004 年两次农村城市化转制，深圳市实现了原住居民就地城市化的身份转换，将所涉农村地区全部村委会转制为居委会，全体农村居民转变为城市居民，使深圳成为全国首个"无农村、无农民"的城市。

（一）落实"农转非"居民的市民身份和待遇

深圳原住居民是指深圳建市以前即在深圳定居的居民及其后代。深圳市成立以前，深圳原住居民主要以农耕为主业，截至1978年底，农业人口共计270838人，占全市总人口的81.21%。1992年，深圳市政府出台《关于深圳经济特区农村城市化的暂行规定》，启动了深圳罗湖、福田和南山区的农村城市化进程，同年6月，深圳市办公厅颁发《转发〈关于深圳经济特区农村农业人口一次性转为非农人口的实施方案〉的通知》，随后正式展开了对特区内原住居民"农转非"的工作，该项工作于1992年底基本完成，原特区内68个行政村共计45491名农村集体经济组织成员在这次城市化运动中"一次性"转化为城镇居民。在这一次城市化进程中，深圳顺利完成了对深圳原特区内所有农村户口的转制工作。2003年，深圳市政府启动了第二次农村城市化，随着《关于加快宝安、龙岗两区城市化进程的意见》的出台，深圳市原特区外的宝安、龙岗两区的整体城市化也逐步展开。此次城市化将原特区外两区18个镇218个村的27万农民在2004年底之前全部转为了城市居民。同时，在两次推进城市化转制过程中，配套出台的《深圳市宝安区、龙岗区城市化人员基本养老保险过渡办法》等法规文件确保了原住居民充分享受城市居民在就业、教育、养老等社会保障的"市民待遇"。截至2004年底，深圳原特区外原住居民身份转换工作全部结束，成为国内第一个城市化率达到100%的城市。

1992年城市化过程中，由集体企业按照城市企业的统一办法，组织在职人员参加工伤、医疗、待业、养老和住房等社会保险。2004年城市化进一步完善了村改居居民的社会保障制度，将年满18周岁农村从业人员直接纳入城镇养老保险体系，由市区财政为已经退休和15年内将要退休，但缴费不足15年的村民补缴社会养老保险费；同时，每年从两区国土基金总收入中划拨3%—5%用于弥补村民养老保险共济基金的不足。劳动就业方面，政府采用免费培训、创业就业扶持以及安排公益性岗位等多种方式推动原村民就业。在最低社会保障和其他各项公共服务方面，原农村居民与其他城市居民一样，享受无差别市民待遇。

（二）完善社会保障制度，维护"农转非"居民的财产权益

其一，通过留地安置保障原村民财产权益。为解决村改居居民生产生活的出路问题，深圳市制定了全国范围内最早的留用地政策，用以保障原住村民财产权益。1992年和2004年城市化采用划拨非农建设用地的方式进行土地留置，非农建设用地根据村改居社区的人口和户数，划定每人100平方米工商发展用地，户均100平方米私宅用地（建筑面积不超过480平方米），户均200平方米公共基础设施用地。

其二，对征转原农村集体土地给予适当补偿。在1992年城市化中，对原村集体和村民进行征地拆迁补偿，补偿包括土地补偿费、青苗补偿费、安置补助费和附着物补偿费。2004年城市化中，原特区外土地依法转为国有，除已建成区、经批准尚未使用的建设用地（安置留用地）、山林地和坡度大于25度不作为建设用地的四类地以外，宝安、龙岗两区政府对原集体组织的继受单位或者经济组织和个人分期分批给予适当补偿，补偿费用包括土地补偿费、青苗补偿费和地上附着物补偿费等。两区转地补偿范围合计约为235平方公里。

其三，由集体经济组织承担部分福利职能。按照两轮城市化的相关政策，除发展经济外，股份合作公司还承担着解决原住居民就业，举办社区福利的职能。1992年城市化相关政策规定，集体企业应优先安排原本村劳动力就业，对就业困难者尽可能给予照顾，并按照城市企业的统一办法，组织在职人员参加全市的工伤、医疗、待业、养老和住房等项社会保险。此外，集体企业还应从集体的收入中提取一定的比例作为社会保险和福利基金。第二次城市化转制中，明确规定集体股权的收益主要用于为原村民购买养老和医疗保险、改善和维护社区内部公共服务设施，以及原村民的福利等方面。[①]

[①] 吴文恒、李同昇、朱虹颖、孙锦锦：《中国渐进式人口市民化的政策实践与启示》，《人口研究》2015年第3期。

(三) 基层行政管理体制的城市化变革

1992年《关于深圳经济特区农村城市化的暂行规定》提出，对特区农村现行的管理体制按照职能分解、归类理顺、分步实施、不断完善的原则进行转变。即将原村民委员会的发展集体经济和组织村民自治的两大职能分开，分别由新的集体经济组织、居民委员会和街道办事处承担。在原各村集体企业的基础上组建和完善城市集体经济组织，独立承担发展集体经济的职能。除上述职能以外的其他职能，原则上由区政府的派出机构街道办事处承担。

2003年《关于加快宝安、龙岗两区城市化进程的意见》提出，宝安、龙岗两区行政管理体制变革主要是撤销镇，建立街道办事处和居民委员会，撤销镇建立街道办事处后，街道办事处作为区级政府派出机构，受政府委托行使管理社会经济的职能。原镇属企业归街道办事处管理的，必须政企分开，条件成熟的可以进行改制。街道办事处要把主要精力放在加强社区建设和城市管理方面，切实加大社区管理和公共服务的力度。[①]

(四) 着力破解原特区内外二元结构

20世纪90年代后，原特区内外发展差距的问题日益凸显，为破解原特区内外的二元机构，深圳开始了特区一体化进程，努力缩小原特区内外在法规政策、规划布局、基础设施、城市管理、环境保护和基本公共服务领域的差距。2010年，在原特区内实施的法规条例范围扩大至原特区外，清除了特区一体化的制度障碍。同时，加大原特区地区重点基础设施建设和公共设施建设力度，规定从2010年起将全市用于一般民生服务，特别是基础设施建设和教育、文化、卫生等方面支出的70%投放于原特区外，以快速拉平其与原特区内公共服务水平的差距。此外，深圳还面向市内欠发达地区，特别是原特区外城市化地区实施了同富裕工程，解决集体经济欠发达地区居民的生活难、发展难、上学难、看病难、社保缴纳难等问题，切实提高原村民的生活水平和质量。

---

① 吴文恒、李同昇、朱虹颖、孙锦锦：《中国渐进式人口市民化的政策实践与启示》，《人口研究》2015年第3期。

四 深圳外来人口的户籍身份获得

为健全常住人口市民化激励机制，统筹推进基本公共服务均等化，推动更多人口融入城镇，多年来深圳市政府对户籍迁移制度改革进行了一系列有效的探索，有序放开外来人口迁入政策限制，优化人才流动的政策环境，有计划、有次序、有条件地推进各类建设人员的市民化，提升外来人口对深圳的认同感和归属感，促进外来人口融入城市，保持深圳的吸引力和竞争力。具体而言，深圳户籍迁移制度改革大致可以分为如下四个阶段。

（一）对外来人口迁入实行较为宽松的指导性计划（1979—1986）

这一时期，深圳进入以工业迅猛发展为主导的经济发展时期，尤其是深圳"三来一补"工业迅猛发展，劳动力需求十分迫切；另外，全国粮油等基本生活必需品处于依据当地户口配给时期，非户籍迁移式的人口流动将面临生存危险，全国人口流动意愿较低。鉴于此，深圳率先在国内取消粮油、猪肉、蔬菜等购物票证，通过打破粮油计划供应，确保迁移到深圳市的外来人口无须凭借本地户籍身份就可以购买生活必需品，为外来人口的流动提供了基本的生活物质保障；其次，深圳加大了对劳务用工制度的改革力度，于1980年率先在国内实现劳动合同制度，通过建立和发展劳动力市场，进一步完善外来人口就业平台，促使外来人口在深圳就业成为可能，并出台了《深圳市实行社会劳动保险暂行规定》《深圳市实行劳动合同制暂行办法》等一系列保障劳动权益的政策，以撬动当时阻碍人口流动限制，为深圳吸纳大量外来人口提供了基本保证。此外，深圳还逐步解开固定户籍身份与居住权的捆绑，鼓励外来人口在深租赁或买卖房屋。

在这一阶段，深圳对于外来人口迁入数量上主要以指导性计划为主，对外来人口的迁入数量并未给予过多约束，深圳市政府计划部门和其他政府主管部门均未对人口和劳动力的机械增长制订年度计划，外来人口引进数量完全按用人单位提出的数量为依据，且由各个主管部门随时审批迁入。

(二)对外来人口迁入实施有计划的控制(1987—1994)

随着外来人口的持续快速流入,1989 年深圳非户籍人口首次超过户籍人口,截至 1993 年底,深圳市的人口规模就突破了 1991 年制订的 2000 年的 300 万人口计划。这一时期,深圳市在公共资源供给不足以及大批劳务人员流入与滞留的现实情况下,开始对外来人口的迁入采取了有计划的控制手段。1987 年,深圳市政府下发了《转批市计划局、人事局、劳动局〈关于进一步加强和改善我市职工人数计划宏观管理的意见〉的通知》,开始将招收职工列入计划管理,对超出计划的部分不予落户;1990 年,《关于加强招调和聘雇外地人员管理的决定》和《关于加强人口管理和收取城市增容费的实施办法》出台,深圳首次将非就业迁入的户籍人口正式纳入指令性计划管理轨道,开始全面对全市户籍人口机械增长实行指令性计划管理;同时,深圳开始尝试向迁入特区的常住户口和办理暂住户口的外来人口分别征收城市基础设施增容费,以补偿公共资源成本,并通过采取计划指标控制、政策控制、经济手段、入户指标卡等综合措施,有效调控人口机械增长,进一步优化深圳人口素质和人口结构。

(三)适应经济发展需要,实行差别化的入户政策(1995—2005)

10 年间,深圳市对户籍制度改革进行了积极有效的探索,相继出台了一系列户籍制度改革的政策措施,主要体现在以下三个方面。其一,深圳市为扶持高新技术企业发展,加大了对技术技能人员入户的政策倾斜力度,坚持技术技能优先的户籍迁入政策导向,将"双高"人员[①]和"三类"企业[②]纳入核准入户计划,并开辟了服务深圳经济发展与产业升级转型的调工招干入户,为深圳吸引高层次人才和提高户籍人口素质起

---

① "双高"人员核准入户实施对象是具有博士(归国留学生可放宽至硕士)学位以上人员、拥有国家认可的副高级以上技术职称的专业技术人员和享受国家特殊津贴的人员,其配偶和随迁子女的入户指标列入专项计划。

② "三类"企业指投资高新技术项目、市重点建设项目和社会福利性项目的企业(实行按投资额分配入户指标核准制)。

到了积极作用。其二，出于对城市经济发展的考虑，深圳市政府出台了《深圳市户籍制度改革暂行规定》，开辟了购房奖励入户指标蓝印户口这一具有过渡模式的户籍制度，为长期未能解决户口的外来人员提供了新的入户路径，对社会安定和经济繁荣起到了积极作用。其三，深圳入户政策开始向社会关系落户等方面拓宽，更加重视"人性化视角"。2003年，深圳市政府制定了《深圳市招调迁户暂行规定》等相关政策，进一步拓展了政策性迁户等入户政策，为夫妻、子女及老人申请随迁等符合国家政策的迁户人员保驾护航，全力推动符合条件的外来随迁人口转为户籍人口的工作。

这一时期，深圳市的户籍制度改革有所突破，开辟了一系列有效的入户途径，但也依然存在着入户门槛较高，入户对象也以高学历、高技能以及对经济发展有直接贡献的外来人口为主等问题。

（四）有序放宽入户条件，稳步落实积分入户政策（2006年至今）

为进一步优化人口结构，吸引和引进适合深圳社会经济发展需要的各类专业人才，深圳一方面取消了蓝印户口等入户政策，另一方面，则开始建立考核人才综合优势的量化指标分值体系，打造更为公开、透明的入户政策。近年来，深圳市更是进一步降低入户门槛，继续放宽入户政策，入户规模得到了大幅度的提升。

首先，深圳在户籍制度改革上实现了两个"统一"。其一，伴随2008年《深圳市户籍迁移管理办法》的出台，深圳市取消了原特区内外入户政策差异限制，全市在户籍迁移、引进人才的标准、办理程序及社会养老保险等方面实现了全市无差别统一管理；其二，深圳在继2010年实施积分入户制度以后，出台了《深圳市外来务工人员积分入户暂行规定》《深圳市人才引进实施办法》等法规文件，通过进一步完善积分入户政策，有效整合招工调干与积分入户政策等措施，深圳在全市范围内实行了统一的入户标准和审核标准，入户深圳渠道更加公正、透明。

其次，逐步改革入户审批方式，全面放开入户指标数量限制。2000年以后，深圳市改变了过去层层分解、下达指标、层层审批的办法，开始探索计分核准制，将个人素质及拟调入单位的情况等调入政策定量化计分，对入选人员直接办理入户手续；与此同时，深圳市改变以往对深圳户籍人口机械增长实行严格控制的做法，原则上不再设置引进人才指标数量限制。凡符合深圳城市建设发展需要的外来务工人员都可通过所在工作单位或以个人身份委托人力资源服务机构提出积分入户申请。

最后，逐步打破干部、工人身份界限，适度放开农业户籍人员引进限制。2012年以后，深圳市进一步改革人才引进制度，将招调工调干与积分入户政策予以整合，打破了干部、工人身份界限，对市外人才（除接收应届毕业生外）统一实行综合评价、量化积分的人才引进政策，干部、工人同一标准同一方式引进，实现从身份管理转向职位管理，并逐步取消对农业户籍人员引进限制，推出了"农民工积分入户"制度，民工在学历、职业资格或专业技术职称、缴纳社会保险、参加义工等社会服务以及获得一定级别以上表彰奖励等方面达到相应标准，即可累积相应分值。一旦积满相应分值，就具有申请户口的资格，入户深圳门槛适度降低。

2017年，《深圳市人口与社会事业发展十三五规划》（以下简称《规划》）发布，明确指出进一步扩大深圳市户籍人口规模的战略部署。《规划》提出"继续实施适度宽松的户籍迁入政策，实现户籍人口有质量的稳定增长。调整人才引进千户政策要求，将专业技术职称、技能等级等作为人才引进迁户底线条件，确保各类人才无障碍入户。适度放宽政策性迁户中的夫妻随迁和老人投靠申请条件。增辟居住社保入户渠道，以在深圳参加养老保险年限和拥有合法产权住房年限为指标，建立积分入户制度，将长期在深工作和居住的存量人口，有序转为户籍人口"。据此规划，2017年深圳市推出了全新的积分入户政策，政策进一步向高学历和高技能人才倾斜，同时将工作及居所的稳定性作为入户的重要考量标准。针对人才引进，将人才落户积分制改为核准制，人才落户不设指标数量限制，满足条件的四类人才可直接入户：35岁以内全日制大专学历且有社保者；45岁以内全日制本科及以上学历且有社保者；35岁以内有深圳市高级紧缺工种证书且有三年深圳社保者；35岁以上40岁以下初高中学历考技师且有一年社保者。深圳市的积分入户政策已经从原来的以外来务工人群为重点，逐步延伸到以知识与技能并重的城镇人群为重点。

（五）深圳市人口结构及其变化

伴随深圳人口城市化水平快速提高，深圳人口规模迅速扩大。1979年，深圳市常住人口总量仅有31.41万人，截至2016年，深圳常住人口已经发展到1190.84万人，比深圳特区成立之初增加了1059.43万人，增长了36.91倍。与此同时，深圳户籍制度改革措施成效凸显，深圳人口结构发生重大变化，呈现出良好的发展态势。

1. 近年来深圳市户籍人口实现跨越式增长

首先，从深圳市户籍人口发展变动情况来看，受相关户籍政策和入户指标的限制，历年来深圳户籍人口规模增长幅度一直比较平稳，1979年至2016年间，除个别年份户籍人口增速较高，其余年份的户籍增长率均保持在7%—9%的增长幅度。与此同时，伴随户籍迁移政策的持续放松，户籍人口规模在迅速扩大，且以机械增长为主。37年间深圳市户籍人口总量增加近12倍，从1979年末的31.26万人增至2016年末的404.8万人，净增长373.54万人。

其次，从户籍人口增长幅度来看，2003年以前，深圳户籍人口年度增长数量均没有超过10万人，2003年以后，深圳户籍人口增长量开始以两位数高速增长。2016年，深圳对入户标准进一步放松，并出台了人口服务管理系列新政，包括提高新引进人才一次性租房补贴、成立人才安居集团等。随着一系列宽松落户政策的实行以及人才培育引进力度的持续加大，2016年深圳市户籍人口增量竟高达50万人，增幅达到14%，净增长量达历史最高，实现了户籍人口的跨越式增长。①

2. 近年来非户籍人口规模稳中有降

从深圳市非户籍人口发展变动情况来看，2000年以前，深圳市非户籍人口增长迅速，使得非户籍人口比重稳步提高，非户籍人口增长率总体上呈现先升后降趋势。2001年以后，伴随经济转型升级，社会建设稳步推进，基础设施逐渐完善，深圳非户籍人口进入平稳低速增长阶段，非户籍人口增长率呈现明显下降的趋势。

---

① 资料来源于历年《深圳统计年鉴》。

从非户籍人口增长幅度来看，深圳非户籍人口增长量在 1994 年达到峰值，随后，深圳在 1995 年至 1998 年出台了一系列政策，开始从各个方面加大对本地户籍人口就业的保护力度，深圳非户籍人口增量开始下降。然而，随着近年来深圳低端加工业的持续转移，深圳物价的持续高涨，自 2011 年起，深圳非户籍人口已呈现多年负增长态势。①

3. 户籍与非户籍人口比例倒挂现象得到有效缓解

深圳市是全国户籍人口与非户籍人口比例失衡最为严重的城市，这也成为深圳市人口状况有别于其他城市人口状况的一个特别之处。2000 年以前，深圳非户籍人口增长迅速，绝大多数年份非户籍人口增长率均明显高于户籍人口，使得非户籍人口比重稳步提高，逐渐出现户籍与非户籍人口比例倒挂现象，2000 年非户籍人口占常住人口比重达到峰值点 82.2%。2000 年以后，深圳采取多项措施加大人口优化置换力度，尤其是市政府 2005 年出台了人口管理"1 + 5"文件，降低入户门槛，拓宽入户渠道，带动户籍人口加快增长，户籍人口占常住人口比例已从 2000 年的 17.8% 稳步升至 2016 年的 34.0%，非户籍人口比例相应地从 2000 年的 82.8% 逐渐降至 2016 年的 66.0%。由此可见，深圳市户籍与非户籍人口比例倒挂现象得到了有效缓解。②

五 深圳居住证制度和居住证梯度赋权

（一）全面推行居住证制度

2008 年 8 月，深圳市出台了《深圳市居住证暂行办法》（以下简称《办法》），在全国率先实行流动人口居住证管理制度，实施了近 24 年的暂住证制度正式退出历史舞台。居住证制度的实施，进一步增强了外来人口对深圳的认同感和归属感，并赋予了居住证持有者在医疗卫生、就业服务、职业培训、计划生育等基本公共服务事项上更多的市民待遇。《办法》中规定了居住证持有者在深圳免费享受公共就业服务机构提供的就业服

---

① 资料来源于历年《深圳统计年鉴》。
② 同上。

务；实行计划生育的育龄夫妻，免费享受国家规定的计划生育基本项目技术服务；按照市政府有关规定符合相应条件的可以享受子女就学、公共租赁住房的有关权益；按照有关规定办理出入港、澳地区的商务出境手续等14项基本公共服务事项权益。[①] 通过在外来人口管理体系中不断注入社会福利和公共服务等内容，将游离于主体体制以外的外来人口纳入到城市公共管理服务的体制中，逐步缩小外来务工人员在医疗卫生、子女教育等社会保障方面与户籍居民的政策差距，积极促进外来人口基本公共服务均等化。

2015年6月，深圳市颁布新版《深圳经济特区居住证条例》（以下简称新版《条例》），进一步建立健全与居住年限等条件相挂钩的基本公共服务提供机制，实行居住证梯度赋权政策，有序推进外来务工人员市民化。其中，区别化对待各类外来人员是深圳市居住证政策的重要方面。新版《条例》详细规定了非深户籍人员申领居住证应符合的条件：其一，在特区有合法稳定居所。非深户籍人员自办理居住登记之日起至申领居住证之日止，连续居住满十二个月的，视为有合法稳定居所。其二，在特区有合法稳定职业。非深户籍人员自办理居住登记之日起至申领居住证之日止，在特区参加社会保险连续满十二个月或者申领居住证之日前两年内累计满十八个月的，视为有合法稳定职业。此外，符合特区人才引进规定和正在特区接受全日制中高等学历（职业）教育的非深户籍人员，依照本条例规定在特区办理居住登记的，可以直接申领居住证。[②]

新版《条例》实施后，新版居住证持有人享有以下权益：第一，申领机动车驾驶证、办理机动车注册登记和检验手续；第二，申办普通护照、往来港澳通行证、往来台湾通行证及签注；第三，申请职业技能培训补贴和职业技能鉴定补贴；第四，申请基本公共医疗卫生服务；第五，申请计划生育基本服务；第六，申请免费婚前健康检查；第七，申请基本殡葬服务补贴；第八，申请开具居住证明及与身份相关的证明；第九，市政府规

[①] 深圳市人民政府：《深圳市居住证暂行办法》（深府令第185号），2008年8月1日。
[②] 《深圳经济特区居住证条例》（深圳五届人大常委会公告第171号），2014年11月11日。

定的其他权益。① 可见对于非稀缺性、非排他性的基本公共服务，居住证持有人凭证可直接享有与户籍居民同等的权利。与此同时，新版《条例》也规定了若干依靠积分（年限）赋权方式才可以享受到的公共服务权利。持证人必须符合市政府规定的居住年限、就业年限、社会保险参保年限等条件，才可以依照有关规定享受公共文化、就业扶持、基本公共教育、社会救助、住房保障等方面相应的权益。同时，持证人符合市政府规定的居住年限、就业年限、社会保险参保年限等入户条件的，可以申请转为深圳市户籍居民。

深圳市居住证政策明确区分了分别适用于资格（身份）赋权和积分（年限）赋权的两类不同性质的基本公共服务内容，积极打造利于吸引高层次人才资源来深创业就业的相关举措，在居住证梯度赋权制度的建设方面继续走在全国的前列。

为进一步深化户籍制度改革，提高户籍人口比例及结构优化，促进深圳人口与经济、社会、资源、环境协调发展，深圳市政府于2016年8月先后印发《深圳市人民政府关于进一步加强和完善人口服务管理的若干意见》（深府〔2016〕58号，以下简称《意见》）、《深圳市户籍迁入若干规定》（深府〔2016〕59号，以下简称《户籍规定》），以及《深圳市居住登记和居住证办理规定》（深府〔2016〕60号，以下简称《居住规定》）等系列文件。深圳市新时期的人口服务管理政策，将进一步提高人口公共服务水平，在加大民生领域财政投入力度、推进公共服务均衡化的同时，重点分类保障非深户籍人口公共服务，使居住证的赋权功能落到实处。②

其中《居住规定》进一步放宽了申领居住证的条件，规定已在深圳市办理居住登记且符合下列条件之一的引进人才，可以直接申领居住证。第一，经市人力资源和社会保障部门人才资格认定的高层次专业人才、海外高层次人才、具有较高专业技能及深圳产业发展需求的人才；第二，取得

---

① 《深圳经济特区居住证条例》（深圳五届人大常委会公告第171号），2014年11月11日。
② 邱川芷：《深圳人才落户政策 深圳人才落户不设上限无需积分》，《深圳特区报》2016年8月25日。

深圳市出国留学人员资格证明的留学回国人员；第三，具有全日制大专及以上学历的人员。这一规定大大降低了申领深圳市居住证的门槛，在继续向高层次人才和高专业技能人才倾斜的同时，进一步提高了一般外地来深人员申领居住证的可能性。①

而《户籍规定》则将深圳市的户籍迁入划分为人才引进迁户、纳税迁户、政策性迁户和居住社保迁户四个类别。其中，人才引进迁户和投资纳税迁户由原有的积分制转为核准制执行。政策性迁户和居住社保迁户则按审批制执行，开辟新的积分制入户通道。具体来讲，在新的人才引进方面，将纯学历型人才入户条件放宽至大专，技术型人才入户条件放宽至中专+中级职称，技能型人才入户条件放宽至紧缺急需工种高级工，只要满足条件即可申请入户，不设指标数量限制。在存量人口方面，增辟存量人口专用"居住+社保"入户渠道，对持有居住证，且在深圳具备合法稳定就业和合法稳定住所（含租赁）条件的人员，开辟新的积分制入户通道，积分主要指标为参加深圳社会养老保险年限和拥有深圳合法产权住房年限（或合法租赁住房）。在投靠类迁户政策方面，入户条件同样有了适度的放宽。②

居住证新政调整实施后，户籍门槛大大降低，使得深圳市成为全国一线城市中户籍政策最为宽松的城市之一，充分体现了深圳市作为经济特区的开放性和包容性。一方面，人才引进迁户门槛的降低不但有利于吸引高层次人才来深创业就业，且使得人才引进迁户与存量人口入户双系统并行不悖，有利于居住证梯度赋权制度的不断完善；另一方面，重新调整后的积分制入户通道为符合"居住+社保迁户"类型的人群提供了更为明确的积分入户标准，强化了深圳市居住证与深圳市户籍之间的联系，大大增加了深圳市居住证的含金量。居住证新政的调整实施有助于推动深圳市户籍人口的稳定增长，实现规模与结构双优化。

---

① 邱川芷：《深圳人才落户政策 深圳人才落户不设上限无需积分》，《深圳特区报》2016年8月25日。

② 同上。

(二)逐步落实全口径人口市民化待遇

1. 分阶段建立覆盖全体市民的社会保险制度

完备的社会保障是城市化的重要标志之一,从全国各地城市化的经验来看,社会保险的参与率和保障水平已经成为影响人口市民化进程的重要因素。

(1)逐步消除户籍职工和非户籍职工养老待遇上的差距

深圳市的养老保险制度经历了三个阶段:从最初保障城镇职工,逐步扩展到农村居民,到逐步缩减甚至取消户籍居民与非户籍居民的养老待遇差距。

自20世纪90年代起,深圳市养老保险的保障范围开始从城镇居民向农村居民和外来务工人员扩展。1998年,《深圳经济特区企业员工基本养老保险条例》颁布,开始建立新型的社会保险体系,涵盖了城市户籍在编企业员工、临时工、本地农民以及外来劳务工,初步具有基本公共服务均等化的精神实质,不过仍然保留了在缴费基数及缴费额度上的户籍差别部分。21世纪以来,养老保险政策开始向着均等化目标大步迈进。2000年,深圳市修订了《深圳经济特区企业员工基本养老保险条例》,除了户籍居民额外享受1%的地方补充养老保险外,取消了户籍与非户籍职工缴费上的差距,基本实现了养老保险的均等化。2004年,实现了农村城市化人员与城镇基本养老保险的衔接,社会保障基本公共服务均等化又向前迈出一大步。2006年对《深圳经济特区企业员工社会养老保险条例》进行修改,放宽外来务工人员的退休养老政策,维护非户籍人口的养老保险保障权益。

(2)成人医保和少儿医保相结合推动医疗保险全覆盖

从劳务工医疗保险到综合医保,深圳市是全国第一个建立劳务工医疗保障的城市。2005年开始实施《深圳市劳务工合作医疗暂行办法》,将劳务工合作医疗升级为医疗保险,从此建立了外来务工人员医疗保障制度,降低了缴费标准,减轻了企业负担,而且在保住院的基础上增加了保门诊。2008年实施的《深圳市社会医疗保险办法》(旧),在继续实施劳务工医疗保险的基础上,首次提出鼓励用人单位为非户籍员工参加综合医疗保险和住院医疗保险。2000 年，深圳市发布《关于将深圳市少年儿童及大学医疗保险纳入住院医疗保险的通知》，将在深圳市中小学校和幼托机构、大学在册的非深户籍儿童和青少年纳入医疗保险范围，缴费由少儿家庭缴费和财政补助两部分组成。2013 年修订的《深圳市社会医疗保险办法》（新），将劳务工医疗保险和城镇职工医疗保险整合，提出本市户籍职工应该参加基本医疗保险一档，非本市户籍职工在基本医疗保险一档、二档、三档中选择一种形式参加，自此医疗保险实现全覆盖和均等化。

2. 以固定住所和劳动社保为基础解决非户籍居民子女入学问题

外来人口子女的基础教育问题一直是困扰我国城市化的难题，深圳市在城市化发展过程中，较早将外来务工人员子女纳入深圳市的义务教育范围，并通过居住证以及积分入学予以进一步完善，基本解决外来人口子女的入学问题。截至 2012 年，深圳义务教育阶段非深户籍学生达到 61.2 万人，占在校生的七成以上，所占比重在全国副省级以上城市中排名第一。

（1）将外来务工人员子女纳入深圳市义务教育范围

2005 年 8 月，深圳出台了《深圳市关于加强和完善人口管理工作的若干意见》及有关户籍、居住、就业、计生、教育管理的 5 个配套文件①。从此将外来务工人员子女纳入深圳市的义务教育范围，每年财政补贴 3 亿元用于取消符合政策②的非深户籍学生义务教育借读费，可以入读公立学校，片区公立学校学位不足的，政府采取购买服务的方式购买附近优质民办学校学位予以安排。

（2）通过积分入学政策弱化户籍在基础教育上的影响

为了进一步减少户籍因素对适龄儿童在深接受义务教育的影响，2013

---

① 5 个配套文件包括《深圳市户籍迁入若干规定（试行）》《深圳市流动人口计划生育工作管理办法（试行）》《深圳市暂住人口证件和居住管理办法（试行）》《深圳市暂住人口子女接受义务教育管理办法（试行）》《深圳市暂住人员就业管理办法（试行）》。

② "凡年满 6—15 周岁，有学习能力，父、母在深连续居住 1 年以上，且能提供以下材料的暂住人口子女，可申请在我市接受义务教育：（一）适龄儿童出生证、由公安部门出具的适龄儿童及其父母的原籍户口本、在深居住证或暂住证；（二）适龄儿童父母在本市的有效房产证明和购房合同，或由当地街道办事处房屋租赁管理所提供的租房合同登记、备案材料；（三）适龄儿童父母持有本市劳动保障部门出具的就业和社会保障证明，或者本市工商部门核发的营业执照副本等证明；（四）适龄儿童父母现居住地街道办事处计划生育工作机构出具的计划生育证明材料；（五）适龄儿童原户籍地乡（镇）以上教育管理部门开具的就学联系函，或学校开具的转学证明。"

年深圳市制定《关于义务教育公办学校试行积分入学办法的指导意见》，对深圳户籍和符合就读条件的非深户籍儿童入学实行统一积分，并根据积分情况统一安排学位，深圳市在基础教育均等化的道路上又迈出了一大步。

3. 技能培训与就业指导并举解决全口径人口的就业服务

在市民化过程中，深圳市逐步将外来务工人员纳入到就业公共服务中去。

（1）提供系统的就业指导

2005年，深圳市出台了《深圳市暂住人员就业管理办法（试行）》，提出建立暂住人员就业宏观调控机制，充分发挥劳动力市场对暂住人员就业的调节和导向作用，提高暂住人员就业管理水平，使暂住人员就业规模、结构与经济社会发展和产业结构调整要求相适应。[①]

随后，深圳市各区政府组织开展了为外来务工人员的各项就业服务工作，改善用工环境。同时提供免费职业指导、职业介绍、政策咨询、就业信息等"四免"公共就业服务；区公益性职业介绍机构举办免费专场洽谈会和咨询活动。

（2）通过居住证为外来人口提供综合的就业服务

2008年，居住证政策实施之后，拥有居住证的外来务工人员可以参加深圳市的专业技术职务任职资格评定或者职业（执业）资格考试、登记，免费申请就业辅导培训，同时可以申请职业技能培训补贴和职业技能鉴定补贴等，政府每年用于外来务工人员的职业劳动技能培训金额达到1亿元。

4. 通过特区一体化逐步实现公共服务数量和质量的双均衡

深圳市的外来人口八成以上都集中在原特区外地区，而由于城市规划和发展定位的不同，原特区外地区在市政基础设施、公共服务、城市环境等方面与原特区内存在较大差异，导致外来务工人员比较集中的城中村公共服务的质量严重落后。为此，深圳市通过特区一体化弥补原特区内外之

---

① 深圳市人民政府：《深圳市暂住人员就业管理办法（试行）》（深府〔2005〕125号），2005年8月1日。

间在基础设施和公共服务上的差距，间接缩小了户籍人口与非户籍人口在公共服务质量上的差异。

2010年，深圳经济特区拓展到全市范围，101项特区法规、41项政府规章适用于全市，长期困扰深圳的"一市两法"等问题开始破冰解决，改善民生成为深圳推进特区一体化建设的出发点和落脚点。同年发布特区一体化第一个三年实施计划即《深圳经济特区一体化建设三年实施计划（2010—2012年）》，经过三年建设，原特区外地区城市建设得到较大改观，初步实现了原特区内外协调发展。① 2013年，发布第二个三年实施计划即《深圳经济特区一体化建设三年实施计划（2013—2015年）》，以加强基础设施和基本公共服务等薄弱环节为切入点，继续完善原特区外城市功能，提升城市面貌，优化空间布局，支持原特区外地区加快提升城市建设软硬件水平，全面缩小与原特区内地区的发展差距。②

六 深圳的观念现代化与社会融合

完整的市民化过程包含身份、权利和观念的市民化三个维度，三者缺一不可。在推进人口市民化的过程中，深圳市不仅积极稳妥地推行户籍制度改革，落实与之相配套的一系列综合管理、服务政策，确保农业转移人口身份、权利市民化转变的顺利实现，还在推动人口观念市民化、促进社会融合的道路上开始了全新的探索。

（一）搭建学习交流综合平台，培育现代化观念

为提高来深建设者综合素质，提升专业技能，培育现代化观念，深圳市积极鼓励各个城区开展综合培训活动，搭建学习、交流、发展综合平台，以提升人口现代化水平。坪山新区在这一方面的实践探索十分亮眼。

---

① 王晓晴：《特区一体化建设三年计划发布》，《深圳特区报》2013年10月14日。
② 中共深圳市委、深圳市人民政府：《深圳经济特区一体化建设三年实施计划（2013—2015年）》（深发〔2013〕8号），2013年10月21日。

为落实"抢抓东进机遇"、打造深圳"东北门户、智造新城"的战略目标，努力让4万户籍人口富起来、62万流动人口稳下来，吸引优秀来深建设者融进来，率先搭建针对来深建设者的学习、交流、发展的综合平台——"新坪山人"融合学堂，通过开展"公共服务""法律知识""专业知识"三大板块培训内容，让务工人员掌握基本常识，增强法律意识和法制观念，提升自身文明素养，从而更好融入坪山。在融合学堂的开学典礼上还成立了全市首个以促进人群融合为目的的和轩融合学堂基金，主要用于外来务工人员参与青工学堂以及老人、儿童的扶弱慈善事务。目前"新坪山人"融合学堂已开了第一课，新区各企业员工代表近200人参加，反响热烈，进一步提升来深建设者对坪山的认同感与归属感，融入坪山、扎根坪山、服务坪山，成为真正幸福的"新坪山人"。

（二）扩大社区政治参与，推进居民自治制度化

以"四个扩大比例"为核心，将居民基层民主参与制度化，让他们真正融入社区建设管理中。

其一，扩大外来人员参与社区党组织选举比例。实行社区综合党委"兼职委员"制度，驻社区单位党组织负责人以"兼职委员"身份进入社区综合党委领导班子；探索建立"同业村"党支部，通过构建区域统筹、条块联动的基层党组织，保证党组织的领导核心和战斗堡垒作用能动地落实到社区，夯实党在基层联系人民群众和执政的基础。

其二，扩大外来人员参与"两代表一委员"（区党代表、区人大代表、区政协委员）选举的比例，充分保障外来人员的选举权与被选举权，在区党代表、区人大代表选举中，取消户籍限制。

其三，扩大外来人员参与社区居委会选举的比例。只要是在市内连续居住两年以上的外来人员，都平等享有选举权和被选举权，鼓励其主动行使权利，充分发动外来人员参加选举。

其四，扩大外来人员参与社区议事管理的比例。将议事会对接"两代表一委员"网格化联系居民的民意畅达机制和民意畅达信息系统，及时将议事中的问题上交区有关部门协调解决，培育社区事务大家议、大家管的

自治机制。①

（三）打造社区和谐文化，助力社会融合

文化是人与人认同的桥梁、心与心融合的纽带，深圳市通过倡导各个城区打造和谐社区文化，开展丰富多彩的文化交流活动，着力培养原城市居民的多元包容意识和外来人员的家园共建意识。

以盐田区永安社区为例，一是打造文化品牌，开展春节同吃大盆菜、"四海一家"物流行业晚会、社区居民歌舞表演、社区居民体育活动等交互式开展、融汇式互动的文化活动；利用"和谐幸福大讲堂"，为居民举办育儿、心理健康、家庭保健等专题讲座，打造"和谐永安"文化品牌。二是丰富社区服务，推进社区服务中心项目建设，面向社区外来人员提供公共公益服务、自助和互助服务、志愿服务、商业服务、专项服务等11项基本服务。三是引导自我服务，整合社务服务中心、爱心企业、爱心门店、爱心家庭和爱心人士力量，成立"永安社区爱心联盟"和社区邻里互助会，通过"爱心接力""爱心结对"等多种形式，为社区居民开展义务理发、60岁以上老人买药打八折、帮扶困难家庭等爱心活动，"永安社区爱心联盟"被评为第十届深圳关爱行动"百佳市民满意项目"。②

而坪山新区更是通过开展一系列文化活动努力营造"来了就是坪山人"的社会氛围。一是以"南粤幸福活动周"为平台，促进文化融合。"南粤幸福活动周"坪山新区系列活动共分为5个板块、43个小项，基本覆盖全区23个社区，旨在展现新区"和谐、创新、健康、幸福"的精神品质，打造"幸福坪山·活力新区"的社会氛围，目前已取得良好的社会成效。新区根据本地居民实际情况，聚焦医疗、文体、服务等民生板块，开展了义诊进企业、健康百家行问访、社区U站服务、环卫工人问访、亲子手工DIY等项目。累计发动广大外来务工人员、非户籍常住民、户籍居

---

① 李金泉：《外来人员参与基层社会治理的保障机制研究——以深圳市盐田区盐田街道永安社区为例》，硕士学位论文，厦门大学，2013年。
② 张骁儒主编：《深圳蓝皮书：深圳社会发展报告（2012—2013）》，社会科学文献出版社2013年版。

民约6万人次参与其中,累计投入经费160多万,形成"政府搭台、群众唱戏"的全民参与热情,促进本地居民与外来建设者更好地融合。二是连续实施新"盆景"培育计划,初步构建"盆景"促"风景"的路径模式,成功培育了一批具有"防风抗沙"功能的"风景林",开展盆景项目注重人的培养,提升居民家园意识,使其成为促进人群融合的重要载体。目前,坪山新区完成了2015年度"新盆景"项目的遴选,"环卫之家——环卫工人关爱帮扶计划""社区长者居家安全改善计划"等11个项目成功入选。"治安义工社会组织项目""微'孝'行动爱满社区项目"入选2015年度全市创新项目培育计划。截至目前,新区共开展各类项目活动3477场次,服务群众37071人次。坪山新区社会建设,促进了人的转型,推进了特区一体化建设。[1]

七 深圳户籍制度改革和人口市民化展望

长期以来,深圳市始终秉持稳中求进的改革精神,积极落实国家户籍制度改革政策,在推动人口市民化的过程中勤于探索,勇于创新,尤其在落实差别化积分入户政策、建立健全居住证梯度赋权制度以及实现外来人口与户籍人口之间公共服务均等化等方面已然走在了全国前列,深圳经济特区居住证已被广泛认为是我国"含金量"最高的居住证之一。然而,深圳市在进一步推动人口市民化的道路上仍有较大的进步空间,针对市民化过程中身份的市民化、待遇的市民化以及深度城市化三个维度,我们做出以下展望。

在实现外来人口身份与待遇的市民化方面,我们将进一步优化积分办法,有计划地降低入户门槛,将积分入户与居住证梯度赋权制度有效地结合起来,全面推动外来人口公共服务赋权。

其一,加强社会保障赋权,提升居住证持有者的保障水平。积极配合社会养老保险关系的转移、审核与接收,提升居住证持有者的社会保障水平。政府应通过各种手段和办法鼓励及支持企业和用人单位依据居住证持

---

[1] 《坪山新区推进全市社会建设"风景林工程"项目实施方案》,2012年8月。

有人的收入状况，逐步调高其养老保险、医疗保险等社会保险的参保档次及待遇级别，使之逐步与户籍居民接近甚至持平，以达到阶梯化赋权的目标。

对于深圳市自行实施的高龄老人津贴项目，建议相关部门可以按照梯度赋权的原则，适当放宽发放对象的范围，降低申领标准。

其二，优化积分办法，提升外来人口子女教育质量。一是依积分赋权和依资格赋权相结合，调整完善积分入学政策。对于非深户籍学生的入读，可综合考虑申请人夫妻双方的居住证持有时间、医疗保险与养老保险的缴纳年限和档次、是否在政治经济文化等方面做出突出贡献等情况进行加分设置，保证公办、优质的学位中持居住证的来深建设者子女占有适当的比例。对于引进人才的子女入学，可按照人才资格给予其子女优先入读的权利，将人才的社会贡献纳入子女入学积分权重；对于高层次人才的非本市户籍子女，在就读义务教育阶段和高中阶段学校时享受本市户籍学生待遇。

二是全面提升教育质量，使非深户籍学生能同享优质教育资源。办好公办学校。加强对公办学校的队伍、制度和校风建设；加强教育质量监测，均衡校际间的资金投入、师资配备、课程发展和学校生源，推进"教与学"方式的转变，全面启动基础教育国际化，试点进行小班教学。建立科学的培训制度和业务激励机制，加强市内外优秀公办和民办学校之间的交流，提升教师队伍的专业素质和整体水平。同时也要鼓励社会力量兴教办学，拓宽社会力量办学渠道，放宽民办学校办学市场准入，积极发展混合制学校，引进国内外名校来深合作办学。

三是贫困生资助适度向非户籍学生开放，避免其因家庭特殊情况辍学。对于持证非深户特困生，可视财政情况拨设专项资金，对所有符合条件的特困生提供午餐补贴，也将持居住证的特困生纳入到午餐补贴中。同时，借助社会力量建立教育慈善基金会，完善贫困生资助体系，使得持证特困生有机会获得资助，保证其能继续接受教育。

其三，通过积分赋权与资格赋权相结合，提升住房保障水平。以积分赋权的方式强化对一般居住证持有者的住房保障。住房保障作为典型的稀缺可排他的服务类型，建议深圳市财政与住建部门在未来的建设与改革过程中以持有居住证为基础，全面采用积分赋权的手段，划定相应的积分标准，以决定居住证持有人是否能够申请廉租住房，参与公共租赁住房轮候等，并将持有居住证的人口数量纳入到住房保障建设规划的考量之中。同时，以资格赋权的方式强化对高层次人才和特殊贡献人群的住房保障。

其四，加强人力资本投资和赋权，激活就业创业。加强就业指导与培训，对居住证持有者进行就业扶持。为居住证持有者提供创业支持，包括贴息贷款、项目培育和资助等。此外，还可以帮助持居住证的创业者成立创客空间或创客同盟等社会组织，整合社会资源，并支持其举办创业培训和创业交流等活动。

在实现外来人口的深度城市化方面，要充分认识到外来人口市民化的重要性和必要性，引导全社会树立外来人口的"市民"观念，将人口市民化作为文明城市建设的重要环节和标准，引导城市居民培养包容亲善观念，推进外来人员与城市居民之间的社会融合。

其一，为外来人口提供多种就业服务，提升其劳动技能水平。首先，完善就业服务网络，提高就业服务质量。进一步推进基本公共服务全覆盖，完善公共就业服务网络，开展多层次、多形式、全程免费的公共就业指导和服务，及时发布劳动需求信息和空岗信息、举办专场招聘会，开展职业指导、创业指导和创业帮扶等，由单项的就业服务推向建立综合性服务平台。其次，开展职业技能培训，加大教育培训力度，建立政府支持、企业主导、个人自愿、社会参与的培训机制。

其二，增强城市人文关怀，培育健康市民文化。首先，加强城市居民与外来人口之间的沟通交流，建立健全有利于外来人口融入城市的新政策、新举措，主要着眼于农民工融入企业、农民工子女融入学校、农民工家庭融入城市社区的"三融入"，消除影响农民工与当地居民关系的潜在隔阂，营造城市居民和外来人员间相互交流、融洽相处的和谐氛围。其次，将丰富外来人口的精神文化生活统一纳入全市文化事业发展规划和公共文化服务体系范围，推动街道、社区公益性文化体育设施面向外来人口开放。依托社区、企业、行业协会、文化组织等有针对性地开展社会公德、法制宣传、科普知识、诚实守信、市民素质等建设及教育活动，引导外来人口遵守市民规范，增强法制观念，履行社会义务。最后，增加外来人口参与城市管理的机会和渠道,为不同社会群体提供参与城市管理的机会,听取他们对城市发展的意见和建议,继续保持从外来务工人员中招聘公务员、职员的政策,以地籍为纽带建设党组织,吸收外来人口成为党代表、人大代表、政协委员,把他们的利益诉求纳入体制内的表达渠道。①

其三,增进居民文化体育服务的参与,促进社区共享与融合。一方面要加大文体资金的投入,合理规划建设文体场所,提高人均文体设施面积;另一方面也要充分利用学校运动场馆,设置学校运动场馆开放日盘活运动场馆。同时,大力发展文体社会组织,加大对该类组织的扶持力度,激发其参与公共服务的积极性。借鉴文体类社会组织参与公共文化服务的"福田路径",创新运营机制,发挥协同效应,破除文体类社会组织发展的障碍,从资金、准入、登记、评估定级等方面改善其成长和发展的生态环境,搭建孵化平台,规范文化行业协会的发展,培育造血机能,建立政府、社会、市场多元主体各尽其责共同参与公共文化服务的治理模式。此外,要提高户籍人口与非户籍人口对文体活动和设施的参与率与利用率。充分了解群众的需求,组织多层次、多样化的群众文化体育活动,发挥社区工作站和社区党群服务中心的功能,在社区中加大宣传,使非户籍居民也敢于接受服务、积极参与活动,加强非户籍居民对新区的认同感和融入感;同时,对于举办的文体活动采取激励措施。

---

① 顾欢:《上海外来务工青年管理——包容性治理角度的分析》,硕士学位论文,复旦大学,2014年。

第三章 努力办人民满意的教育

教育乃民生之基。教育不仅关乎国家发展的大计，还关系着每一个人的切身利益，寄托了国家、社会、家庭、个人的社会期待。十九大报告明确提出：建设教育强国是中华民族伟大复兴的基础工程，必须把教育事业放在优先位置，加快教育现代化，办好人民满意的教育。"致天下之治者在人才，成天下之才者在教化，教化之所本者在学校。"[①] 治理的关键在于人才，而人才的养成在于教育，教育的地方则是学校。无论是对于个人发展还是对于一座城市、一个国家的发展而言，教育的重要性都不言而喻。

深圳历届市委、市政府坚持教育优先发展战略，《深圳市中长期教育改革和发展规划纲要（2011—2020）》确立了"教育成就民生幸福，教育决定深圳未来"的战略定位。近年来，深圳全面加快了教育改革和发展的步伐，全面实现教育事业发展的主要目标，率先成为广东省推进教育现代化先进市，为城市经济社会发展和民生幸福做出了积极贡献。

一 深圳教育事业所取得的成就

2015年，深圳全市财政教育经费投入341.16亿元，投入结构进一步优化，增加学位建设、学位补贴、设备设施标准配置、民办和学前教育专项资金等方面的投入。投入约15亿元用于发放民办学位补贴、在园儿童健康成长补贴、教师长期从教津贴等，惠及38.8万名学生、在园儿童和3.6万名教

---

① 胡瑗：《安徽通志·松滋县学记》卷10，光绪四年刻本。

师；投入9.2亿元资助民办学校更新设备设施，进一步促进教育均衡，提升民生福利。① 2015年深圳财政支出3521.6708亿元，② 教育经费占深圳财政总支出近10%。深圳教育事业所取得的成就离不开深圳市政府的大力支持。

（一）办学规模日益扩大

截至2015年，深圳市共有各级各类学校2195所，其中普通高等学校12所，教职工9061人，在校学生90112人；职业教育学校15所，教职工3136人，在校学生38145人；高中335所，教职工57146人，在校学生385221人；小学334所，教职工28157人，在校学生864841人；幼儿园1489所，教职工62817人，在校学生438498人③。

将1979年以来深圳各级学校的数量变化情况与各级学校在校学生数量整理成折线图（见图3-1和图3-2），可以看到不管是各级学校的数

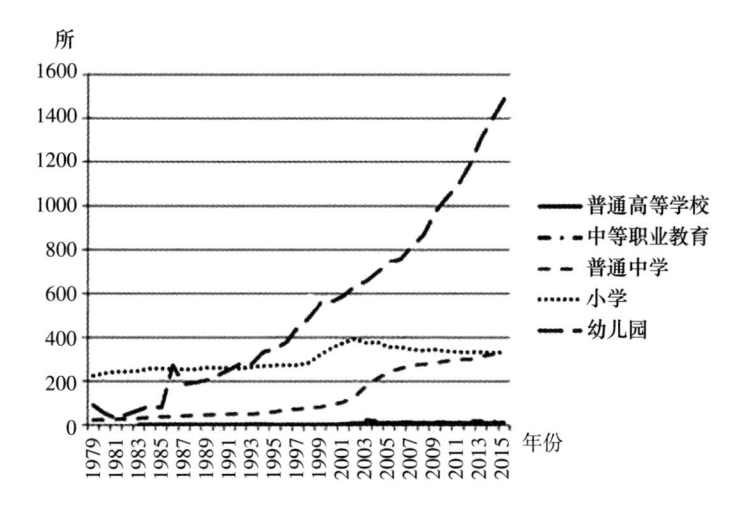

图3-1 深圳1979年以来各级学校的办学数量变化情况

资料来源：根据《深圳统计年鉴2016》整理。

---

① 深圳市史志办公室：《深圳年鉴·教育》，2017年7月20日，深圳政府在线（http://www.sz.gov.cn/cn/zjsz/nj/201707/t20170720_7908581.htm）。
② 深圳市统计局、国家统计局深圳调查队编：《深圳统计年鉴2016》，中国统计出版社2016年版。
③ 同上。

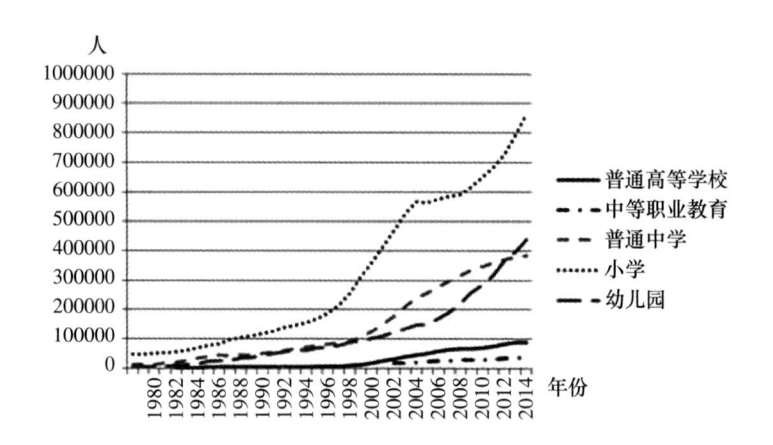

图 3-2　深圳 1979 年以来各级学校在校学生数量变化情况

资料来源：根据《深圳统计年鉴 2016》整理。

量还是在校学生的数量都呈现出明显的上升趋势。学校数量方面，幼儿园的增长速度最快且数量最大，普通中学也有一定的增长，普通高等学校的数量也在增长。学生数量方面，小学的学生数量增长最快，其次是幼儿园、普通中学和普通高等学校的在校学生数。

（二）教育体系日臻完善

完善的教育体系包括严谨的体系和合理的结构。深圳经过近 40 年的改革开放，逐步形成了包括普通教育和职业教育两翼，初等、中等、高等教育各个层次，成人教育和继续教育各个阶段在内的比较完备的深圳教育体系。

2015 年 11 月，《深圳市深化教育领域综合改革方案（2015—2020年）》获国家教改办备案实施。根据改革方案，到 2020 年，深圳市将努力建立充满活力的现代教育治理体系，创新高等教育发展模式，构建与产业深度融合的城市现代职业教育体系，深入推进考试招生制度改革，打造教育国际化先锋城市，鼓励社会力量兴教办学，打造全国教育信息化高地。[①]

---

① 深圳市教育局政策法规处：《深圳教育综合改革方案获国家同意备案实施》，2015 年 12 月 3 日，深圳政府在线（http://www.sz.gov.cn/jyj/home/jyxw/jyxw/201512/t20151203_3375704.htm）。

（三）教育质量稳步提升

《深圳市深化教育领域综合改革方案（2015—2020年）》强调，要构建教育领域的深圳标准，打造教育领域的深圳质量，以一流的标准和质量推动教育改革创新，构建开放创新、充满活力的现代城市教育体系。深圳市作为教育部正式宣布的30个中小学教育质量综合评价改革实验区之一，要在《国家中小学教育质量综合评价框架》的指导下，结合深圳关于提升学生综合素养的改革试验项目修订指标体系，重点加强对学生评价的研究和关注，围绕学生发展这个中心，增加反映学生发展情况的具体观察点。

近些年，深圳在教育质量与教育成果方面取得了突出的成绩。深圳市高考成绩居全国全省前列，以2016年深圳高考成绩为例，一本上线率达到24.3%，本科上线率达到59.5%，本专科上线率达到88.3%，各项上线比例高居全省之首。省级普通高中比例、公办标准化义务教育学校比率、教师职称学历达标率等指标也均在全省领先。学生在申请国外名校方面也表现卓著，以深圳中学为例，2016年申请学生被排名前五十大学录取的学生比例再一次达到了90%，这在留学竞争空前激烈的大环境下实属不易。这些都是深圳基础教育优秀成果的生动体现。

深圳市的民办教育、国际学校对公办教育形成了重要补充。截至2016年8月，深圳市共有民办中小学校240所，在校生47.7万人，几乎占据了深圳基础教育的半壁江山。国际教育方面，深圳市教育局还注重提升教育资源和师资水平，推动国家化学校的建设。

高等教育方面，经过10年的努力，全市高等院校的教育质量和水平有了长足的发展，顺应了深圳的创新化、现代化与国家化的要求，形成结构合理、支撑有力、充满活力的具有深圳特色的开放式、国际化高等教育体系，成为区域高等教育中心和人才高地。

二 多措并举提升基础教育质量

（一）优化教育资源

不断引进优质的教育资源，体现了深圳城市发展与教育发展的开放性，以开放促建设和发展。

1. 培养优质的教师资源

2012年，深圳市出台《关于进一步加强教师队伍建设 提高教育核心竞争力的意见》，① 把教师队伍建设作为提高教育质量、促进教育事业科学发展的核心环节。实施教师队伍质量提升工程，包括：（1）为人师表工程。建立师德档案，将师德表现作为教师评优评先、职称评聘、绩效考核的重要内容，将师德建设作为衡量学校办学水平的重要指标。（2）教师专业素质提升工程。加强教师职业能力建设，提高教师专业水平。（3）教育英才工程。引进与培养并重，集聚教育高层次人才。（4）民办学校教师队伍建设工程。规范对民办学校（含幼儿园，下同）校长、教师的准入和管理。（5）师资建设国际化工程。大力开展师资国际交流与合作，扩大外籍教师引进规模。到2020年，全市聘请外籍教师的中小学比例达50%以上。推进教师管理体制机制创新：（1）改进教师招聘制度。教师招聘以用为本，规范准入。（2）加强教职工编制和职称管理。探索完善教师核编方式，科学核定中小学教职工编制，优化编制结构。（3）实现师资均衡配置。（4）改革校长选拔任用机制，以竞争上岗、交流提拔、公开遴选等多种方式选拔校长，建立健全开放式的后备校长培养选拔制度。（5）健全教师评价激励机制。目前，全市正高级教师和特级教师282人，数量居全省第一，队伍优势明显。

2. 积极引进国内外优质教育资源

根据《深圳市推进教育国际化行动计划（2013—2020年）》的规划要求，深圳市将从推进深港澳教育深度合作、建设国际化教育人才队伍、提高国际化人才培养能力、构建教育国际合作交流平台和提高深圳教育输出能力五个方面，全面推进深圳教育国际化进程。

"十二五"期间，深圳高校与100余所国外大学签订校际交流协议，积极引进国际先进课程和原版教材，职业院校还按照国际标准制定人才培养方案，引进国际通用职业资格证书。深圳民办普通高中开设国际高中课程试验，在全国率先引进A-Level国际高中课程，毕业生直接申请国际名

---

① 深圳市教育局：《关于进一步加强教师队伍建设 提高教育核心竞争力的意见》（深府〔2012〕22号），2015年6月5日。

校。2011年，设立深圳大运留学基金会，注入原始基金2亿元，吸引国外优秀学生来深学习，深圳大学、深职院还与国外7所高校签订合作办学协议，累计联合培养学生近4000名。

深圳还引进国内名校建设深圳校区。2016年，与北京大学、清华大学、中国人民大学、武汉大学、北京中医药大学、中国科学院大学6所高校签署合作协议或备忘录，共建深圳校区。

3. 通过集团化办学、强校帮弱校等办法提升整体教育质量

集团化办学会促进优质教育资源的均衡化，名校的辐射力和带动力会为区域教育提供驱动力，公办学校的集团化办学采取实体化合并或联盟发展、委托管理等形式，充分输出名校的管理机制和经验，有助于孵化一批新的学校，进而扩大优质的教育资源。除了鼓励公办学校，深圳市教育局为了提升民办中小学的办学水平，提高基础教育的整体质量与实力，还鼓励民办学校的集团化发展。

早在2006年，深圳市教育局就制定《深圳市义务教育学校结对帮扶实施办法》，这一办法主要针对深圳教师队伍建设与深圳义务教育学校发展不平衡的情况。深圳"十二五"期间，在全市统一中小学校生均拨款标准和设施设备配置标准，连续开展两轮"百校扶百校"活动，组织优质学校对口帮扶薄弱学校发展。深圳还起草《深圳市民办高中学校质量提升工程行动方案》，提出公办高中帮扶民办高中，还设立帮扶经费，帮扶经费主要用于公、民办高中在帮扶工作中产生的教研、培训、代课、讲座、宣传、交通、误餐、场租、住宿及资料等费用。

近年来，深圳市集团化办学驶入了快车道，相继成立深圳红岭教育集团、宝安中学（集团）、深圳高级中学（集团）、宝安区新安中学（集团）、南方科技大学实验教育集团、南山第二外国语学校（集团）、龙城高级中学教育集团7个公办基础教育集团。

2017年6月15日南科大实验教育集团挂牌成立，该集团的成立迈出了高校、政府合作共建公办教育集团的第一步，校地联姻，合作办学被应用于集团化办学领域。

（二）推动互联网+教育，提升教育信息化水平

2012年深圳发布《智慧深圳规划纲要（2011—2020年）》，在教育方面提出要实施智慧教育工程，打造"智慧校园"的要求。同年12月，深圳市被教育部确定为首批全国教育信息化试点单位，任务是开展"采用云计算技术的公共服务体系建设与应用探索"。全市5个区还被批准为广东省首批"以信息化促进义务教育均衡发展实验区"。

为了有效完成教育部教育信息化试点工作，助力智慧深圳建设，创建深圳教育云，真正实现以教育信息化引领教育现代化，深圳市于2013年初下发了《深圳市教育局关于开展教育部教育信息化试点工作的通知》，决定组织开展首批"智慧校园"建设与应用试点。2014年，"智慧校园"试点工作被列入深圳市政府重点工作计划和近三年承接国家部委和省改革任务。2015年《深圳教育信息化发展规划（2015—2020年）》随即出台，该《规划》绘就未来五年教育信息化发展蓝图，实施中小学教育信息化"十百千"培养行动计划，提升教师信息技术应用能力。出台《深圳市中小学"智慧校园"建设与应用评价标准（试行）》，建成60所"智慧校园"和12个优质数字教学资源共建基地，累计制作优质课程视频资源2万多节，点播量超1600多万人次。

深圳将教育信息化纳入城市信息化重点规划，较早地建成了深圳教育城域网，100%的公办学校和部分民办学校光纤接入教育城域网，实现市、区、校三级互联互通。建成千兆校园网、无线局域网、全方位校园电子监控系统、智能广播系统基本框架，实现"校校通""班班通"，教室普遍配备平板电脑、电子白板，公办中小学100%建成校园网和多媒体网络课室。

深圳市还实施中小学教育信息化"十百千"培养行动计划，提升教师信息技术应用能力。目前，深圳全市学校信息技术管理人员100%获得省级培训考核合格证书，中小学教师教育技术应用能力培训普及率100%，90%以上教师能熟练掌握信息技术与学科课程整合技术。各区教育信息化建设不断加码，全年教育信息化建设总投入近5亿元。

(三) 提升国际化办学水平

《国家中长期教育改革和发展规划纲要（2010—2020 年）》提出"扩大教育开放，提高教育国际化水平，适应国家经济社会对外开放的要求，培养大批具有国际视野、通晓国际规则、能够参与国际事务和国际竞争的国际化人才。在经济全球化的背景下，教育国际化是一种必然的趋势。国家化的办学水平要求我们立足于中华民族主体文化，借鉴国际先进教育理念、经验和方法，借助国际优质教育资源，培养社会所需的国际化人才"。同新加坡等国家和香港等地区相比，深圳教育的国际化程度有待提高，需要进一步增强对外国留学生的吸引力，让更多国家的学生来深圳接受学历教育，并留在深圳就业。

深圳福田区成为全国教育国际化试验区，出台了《加快推进教育国际化工作实施方案》。该方案强调提升校长的国际化办学水平。福田区还开设了区域性国际理解教育的相关课程，推动该区各学校引进优质的国际学科和活动课程，此外，还积极构建双语课堂教学机制，鼓励各中小学开展双语教学实践。

高校是国际化的重点。深圳发挥毗邻港澳优势，加强与国际高水平大学、科研机构合作，引进国际优质教育资源，构建与国际接轨的教育质量标准和评价机制，提升深圳高等教育国际影响力和竞争力。各高校以国际化为目标，例如深圳吉大昆士兰大学是由吉林大学和昆士兰大学合作举办独立设置的中外合作办学机构，定位为国际化、专业化、创新型的高水平大学。未来 10 年，高校布局向东延伸，在龙岗区建设深圳国际大学园，形成中外合作举办的高校集聚区。

三　逐步提升教育公共服务的普惠范围

深圳在推进基本公共服务均等化的过程中，教育公共服务也是重要的一环。

首先是学前教育资源持续扩大，近年来，学前教育坚持公益普惠方向，财政投入大幅增加，初步建立了学前教育成本合理分担机制，"入园难、入园贵"问题得以有效缓解。深圳加快推进改革创新，走出了一条具有自身特色的发展之路。以普惠园为主体，以财政定向奖补为调控手段，构建起广覆盖、保基本、有质量的学前教育公共服务体系。深圳的学前教育办园行为更加规范，师资队伍更加稳定，保育教育质量稳步提升。

其次是义务教育的优质均衡与特色发展。深圳积极落实教育部与省教育厅的有关要求，切实做好义务教育阶段学生的入学工作。目前，深圳市65%的基础教育学位提供给非深户籍学生就读。

2005年，深圳出台了《关于加强和完善人口管理工作的若干意见及五个配套文件》（"1+5"文件），"按照管理以流入地政府为主，接受入学以全日制公办中小学为主的原则，制定《深圳市暂住人口子女接受义务教育管理办法》，明确管理范围、职责和程序，逐步有序地解决暂住人口子女接受义务教育问题"。《深圳市暂住人口子女接受义务教育管理办法》规定，"凡年满6—15周岁，有学习能力，父、母在深连续居住一年以上，且能提供以下材料的暂住人口子女，可申请在我市接受义务教育。……学校应做到不分学生户籍，平等实施教育教学。对于学习存在困难的暂住人口子女，要适当给予个别辅导等关心和帮助。市、区政府将民办教育发展纳入教育发展整体规划。教育行政部门按照'规范、调整、提高'的方针加强对民办学校的指导和管理，建立健全民办教育质量监管、财务监督、安全监控和风险防范机制，多途径解决符合在深就读条件的暂住人口子女义务教育问题，保障适龄儿童的教育权益"。2008年深圳市全面实现了义务教育阶段学生免试入学、免交学费、免交书杂费。

2013年深圳创造性地在全市实行积分入学制度，按照各区统一的积分标准计算，按照志愿次序和积分高低依次录取学生。以深圳市宝安区①为例：（1）学位类型划分为8类，包括，宝安户籍，学区购房（父母、祖父母、外祖父母或其他法定监护人有学区合法产权房（含政府出售的人才住房、安居房、经济适用房）或祖屋，且产权份额≥51%，下同）；深圳其他区户籍，学区购房；宝安户籍，学区租房（父母或其他法定监护人在学区租房且经过备案，下同）或有特殊住房（含自建房、军产房、集资房、集

---

① 深圳市宝安区教育局：《宝安区义务教育阶段学校积分入学办法》（深宝教〔2017〕103号），2017年4月13日。

体宿舍等，下同），并且父母双方或其他法定监护人和子女在深圳无产权房（提交房产信息登记部门在入学当年出具的无房证明）；非深户籍，学区购房；宝安户籍，学区租房或有特殊住房，不提交无房证明；深圳其他区户籍，学区租房或有特殊住房，并且父母双方或其他法定监护人和子女在深圳无产权房（提交房产信息登记部门在入学当年出具的无房证明）；深圳其他区户籍，学区租房或有特殊住房，不提交无房证明；非深户籍，学区租房或有特殊住房。（2）积分计算方法。深圳户籍学生：按照在学区居住时间及计生情况积分，深圳户籍学生的积分包括居住时间积分与计生积分两项，两项积分之和为其有效积分。非深圳户籍学生的积分包括社保积分与计生积分两项，两项积分之和为其有效积分。（3）职能部门核定积分。相关职能部门分别进行相关信息的审核确认，以职能部门审核结果作为确定入读资格、学位类型、最终积分和录取顺序的依据。（4）按照先类别后积分的顺序录取。按照从第1类到第8类依次录取，同一类学生则按照积分从高到低录取，公办学校招生计划录满为止。未录取到公办学校的学生，由家长在录取名单公布后一周内自主选择到政府委托的民办学校申请学位，过期不到民办学校申请学位的，将无法保证学位。

积分入学政策打破了户籍与学位之间的藩篱，有利于解决深圳外来人口子女的入学问题，对深圳的教育发展以及经济社会发展具有积极正向的意义，扩大了教育公共服务的普惠范围。

四　实现基础教育的均衡发展

（一）优化资源配置、保障教育公平

为了保障教育公平，深圳不断优化对教育资源的配置，探索完善居深人口平等接受义务教育政策，进一步完善免试就近入学管理政策与操作办法，严格执行《深圳市就近入学管理办法》和免费义务教育政策，非深圳户籍和深圳户籍适龄人口按统一程序网上申请免试就近入学，免费接受义务教育，确保符合条件的大部分适龄人口能够入读公办学校，或享受免费的民办学校义务教育。

"十二五"期间，深圳市在全国率先基本实现所有符合条件的非深户籍学

生免试就近入读公办学校，做到"三个纳入"（纳入教育发展规划、年度发展计划、教职工编制配置基数）和"四个统一"（统一网上申请学位、免费管理、学籍管理、教育管理）。2014年，深圳启动"基础教育工程"，计划在3—4年内投资近100亿元，新改扩建130所中小学校，新增16.3万个学位。

全市推行的义务教育积分入学政策补分户籍标准，优化了学位的分配并有力促进了阳光招生和公共服务均等化，较好解决了全国最大规模移民城市外来人口子女受教育问题。5年来，深圳市教育均衡水平不断提高，全市义务教育规范化学校达标率100%。

深圳"十三五"教育发展思路是构建优质均衡的基础教育体系。中小学教育要着力优质均衡，特色发展；出台加快义务教育优质均衡发展的意见，加快高中多样化特色化发展；认真研究人口政策，正视教育资源短缺问题，及早规划学位建设，多渠道、多手段扩大资源供给。

除了增加学位的供给，深圳还非常重视民办教育的发展，对民办教育进行补贴。深圳通过《深圳市民办教育发展专项资金管理办法》《深圳市民办学校义务教育阶段学位补贴办法》《深圳市民办中小学教师长期从教津贴实施办法》《深圳市民办教育发展专项资金奖励和资助项目实施细则》和《深圳市幼儿园保教人员长期从教津贴实施办法》，通过多项政策支持民办教育发展。为推进义务教育均衡优质发展，进一步促进教育公平，减轻学生家长的负担，符合条件在民办学校就读的学生享受学位补贴，教师享受民办教师津贴，符合条件的幼儿园保教人员也享受从教津贴。从2012年起，民办学校学生符合条件的，小学每人每年、初中每人每年分别享受5000元和6000元的学位补贴。从2017年9月开始，深圳民办学校小学生每年最高学位补贴从5000元上涨至7000元，初中生每年最高补贴从6000元上涨至9000元，教师从业津贴上涨50%。[①]

（二）加快教育结构调整，促进各级各类教育协调发展

深圳一直坚持教育优先发展，全面实施素质教育，普及和巩固九年义

---

① 发放条件为：(1) 连续从教满3年的，每人每月450元；(2) 自3年以上每满1年的，每人每月增加150元，增加金额累计至从教满10年止；(3) 10年以上的，按照从教满10年计发。

务教育，大力发展职业教育，提高高等教育质量，深化教育体制改革，不断协调优化教育结构，开放发展拓展教育资源，共享发展促进教育公平，努力办好人民满意的教育，协调各级各类教育的发展。

2015年深圳教育财政投入2885520万元。据深圳市教育局统计，2016年，现有高校单位13个，在校学生11.23万人；普通中小学689所，在校学生130.74万人；中等职业学校（含技工学校）24所，在校学生7.46万人；幼儿园1579所，在园儿童46.33万人；特殊教育学校4所，在校学生970人；工读学校1所，在校学生51人。

由图3-3可见，教育层次越高，教育规模则越小。我们看到，在高中及以上的在校人数中，深圳的高中（含中等职业教育和技工教育）教育规模最大，占到了62.83%；其次是专科教育，所占比重为18.42%，二者之和为81.25%。

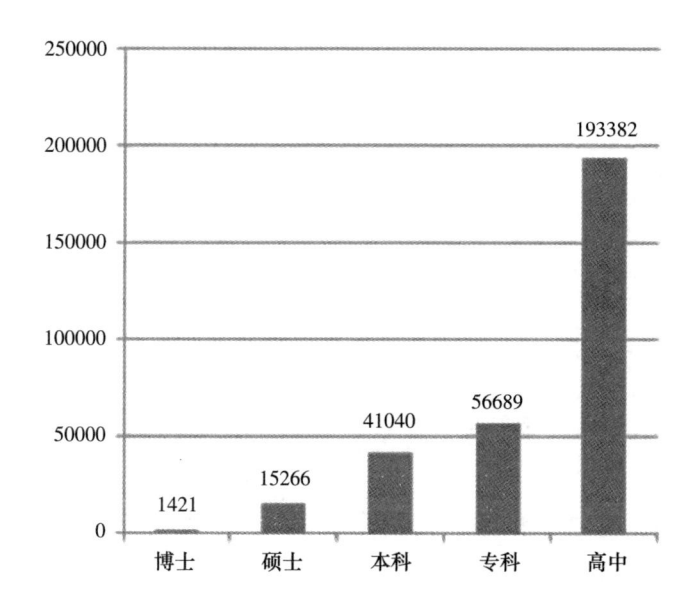

图3-3 高中以上在校生人数

资料来源：深圳市教育局：《深圳市教育事业统计手册（2010—2015）》。

表3-1展示了2011—2015年深圳高中及以上学历的学校数量，5年

间，深圳含中职和技工学校的高中学校数量最多且逐年增加。高等教育学校数量相对稳定，除2015年研究生与本科学校各增加1所外，其余4年各级学校数量保持不变。

表3-1　　　　　2011—2015年深圳高中及以上学历的学校数量

年份	研究生	本科	专科	高中（含中职和技工学校）
2015	5	4	4	96
2014	4	3	4	94
2013	4	3	4	92
2012	4	3	4	89
2011	4	3	4	85

从表3-2中可以看出，普通高中和职业学校数量2011—2015年间都有所增加，普通高中由66所增加到73所，职业学校从19所增加到23所。

表3-2　　　　　2011—2015年深圳普通高中和职业学校变化情况

年份	总数/所	普高/所	职业（含技工）学校/所	职教校数:普高校数（%）
2015	96	73	23	31.51
2014	94	71	23	32.39
2013	92	70	22	31.43
2012	89	67	22	32.84
2011	85	66	19	28.79

为了促进各类教育协调发展，还要建立健全各级各类教育质量监测指标体系，要根据实际情况，开展相应的质量监测工作。财政投入方面，需要进一步加大保障力度，优化教育投入结构，在制度上保障教育结构的优化。

五　跨越式发展高等教育

在当今的城市发展甚至国家发展过程中，高等教育发挥着越来越重要的作用，体现了一个城市甚至国家的核心竞争力。深圳的经济发展水平一直处于全国的领先位置，而高等教育则是发展的短板，深圳高等教育的地位难以与其经济地位相匹配。因此，有必要大力发展高等教育。

（一）抓住机遇，推进高等教育的改革

为了抓住高等教育体制机制改革的重要机遇，深圳市委、市政府围绕全市实施创新驱动战略、建成更高水平的国家自主创新示范区和现代化国际化创新型城市，建设国际科技、产业创新中心，大力推进高等教育办学体制机制改革，探索高等教育创新发展的新模式、新路径，在办学体制、管理体制、开放合作、人才培养、产学研结合等方面取得重要突破，推动高等教育跨越式发展。这包括：加强顶层设计，统筹高等教育办学体制机制改革；深化管理体制改革，促进高校分类发展；建设现代大学制度，进一步完善大学治理结构；创新人才培养模式，着力培养创新创业人才；促进产教融合，服务经济社会发展。

深圳的改革探索也取得重要突破。深圳大学致力于探索建立现代大学制度，成为省教育综合改革试点单位。南方科技大学率先在公办高校建立理事会治理机制，市政府颁布的《南方科技大学管理暂行办法》，成为我国内地第一部专门针对高校改革制定的政府规章，学校探索的高考综合评价招生模式在全国多所高校推广。香港中文大学（深圳）成为首个可同步招收博士生、硕士生、本科生的中外合作办学机构。2013年，市政府颁布《鼓励社会捐赠　促进高等学校发展的意见》，引导各高校吸引社会资金支持办学。2015年，深圳大学共接受捐赠2.99亿元，位列全国高校第九、广东高校第二。同时，深圳市积极与民办企业洽谈，鼓励民办企业投资兴建高水平民办大学。

2016年10月，深圳市委、市政府针对高等教育发展的《关于加快高等教育发展的若干意见》正式发布，提出"坚持以打造高水平学科为基

础，较大规模高校和特色学院建设并举，普通高等教育和职业高等教育同步推进，经过10年左右努力，建立国际化开放式创新型高等教育体系，建设成为南方重要的高等教育中心"。

（二）引进国内外高水平大学

深圳在"十二五"期间，高等教育有了突飞猛进的发展，主要体现在高等教育资源快速集聚，深圳不断引进国内外优质的大学与相应的教育资源。

深圳新增南方科技大学、香港中文大学（深圳）2所高校，并分别于2012年、2014年获教育部批准设立招生；中山大学·深圳获批建设；哈尔滨工业大学深圳研究生院获教育部同意筹备本科教育；深圳北理莫斯科大学获教育部批准筹建；在全国首创特色学院发展模式，清华—伯克利深圳学院、湖南大学罗切斯特设计学院（深圳）2015年开始招生；深大列宾班、天津大学—佐治亚理工深圳学院电子工程硕士项目开班办学；深圳墨尔本生命健康工程学院、深圳国际太空科技学院、哈尔滨工业大学（深圳）国际设计学院等签约筹建。

（三）高等教育质量不断提高

截至2015年底，全市高校有教职工9568人，其中专任教师4994人，具有博士学位教师占50.92%；全职院士从2010年的4人增至8人，鹏城学者特聘教授从2010年的50人增至111人。全市高校2015年一本线以上招生计划增至4250人。大学城成为全市高层次人才培养聚集、高水平科研、高新科技信息和高层次国际交流的平台，深圳职业技术学院成为国家示范性高职院校，深圳信息职业技术学院成为国家骨干高职院校。

除此之外，深圳高校的创新支持能力不断增强。深圳市高校有市级重点实验室89个，占全市40.1%；国家级实验室、工程中心、研究基地14个；科研水平逐年提升，承担诸多"863""973"等国家级科研项目。2015年，全市高校获科研经费达14.13亿元，是2010年的4.24倍。

六 深化教育体制机制改革

2009年,国务院批准《深圳市综合配套改革总体方案》,在教育方面,深圳争创国家教育综合改革示范区。2010年,国务院办公厅印发了《关于开展国家教育体制改革试点的通知》,深圳市获准承担省级政府教育统筹综合改革、改善民办教育发展环境和中小学课程改革三项试点项目任务。

2013年底,国家三项改革试点任务中期检查验收以后,深圳进入全面深化教育领域综合改革阶段。为贯彻落实党的十八届三中全会关于全面深化改革的总体部署,加快推进教育治理体系和治理能力现代化,率先探索全面建成小康社会的教育发展新路径,2014年2月,深圳市起草了《深圳市深化教育领域综合改革方案》(以下简称《方案》),并多次向国家教育体制改革领导小组和教育部汇报教育改革工作。2015年11月6日,国家教育体制改革领导小组办公室函复深圳市,同意《方案》备案实施。

(一) 创新教育体制改革

(1)加强教育行政统筹和法治,推进特区教育一体化。这其中包括:统筹市区政府教育事权财权;改进教育统筹管理方法方式;统筹规划全市教育事业发展;统一实行中小学生均拨款制度;统一全市中小学校建设标准;统一实施中小学办学水平评估。

(2)深化学校管理体制改革,建立健全现代学校制度。其中包括大力创新高等教育管理体制;完善大学章程,制定大学条例;健全公办高等学校党委领导下的校长负责制,完善高校法人治理结构,完善大学校长遴选任用办法;探索建立高校理事会,健全社会支持和监督学校发展的长效机制;探索高校去行政化管理和教授治学的有效途径,构建以学术为导向的高校运行机制;尝试设立大学拨款委员会和理事会,鼓励高校设立发展基金,建立高校法人财产权制度,自主管理和使用学校财产和经费。中小学校的管理体制也不断完善,包括:完善中小学校章程,完善中小学校长负责制,完善中小学法人治理结构,实行校务会议等管理制度;健全教职工代表大会制度和家长委员会制度；推动社区、家长及其他社会人士参与学校管理和监督；等等。

（二）改善民办教育发展环境，推进教育均等化

为了改善民办教育发展环境，深圳市需要不断加强对公办、民办教育的统筹规划，加大对民办学校的扶持和补助的力度，探索出独特的奖励、资产、产权制度，探索建立民办学校教师队伍新机制。

深圳需要不断探索实行民办学校分类管理，多途径吸纳社会办学投入，增强社会力量的办学实力和社会价值追求，促进民办教育在提供基本教育公共服务和满足市民对优质、特色教育的选择性需求等方面发挥重要作用，为全国民办教育优质特色发展创造经验。鼓励支持民办教育提供优质、选择性教育服务。加快推行义务教育阶段民办学校标准化建设，鼓励和支持民办学校逐步达到或超过公办学校建设标准。将民办学校纳入全市教研科研指导和教师培训工作体系，鼓励民办学校在实行小班制教学、中英文双语教学、开设国际课程等方面先行先试，为市民提供优质的多样化、选择性教育服务。

通过加大对民办学校的支持力度，深圳的民办教育发展环境改善成效显著。

（三）构建国际化教育、现代职业教育和均衡的基础教育三大支撑体系

构建先进的国际化教育。深圳致力于成为教育国际化先进城市和区域教育合作枢纽城市。具体来说，包括：加强教育国际交流与合作，打造中外合作办学试验区，以深港合作为重点开展中外合作办学试验，推动深港合作常态化，支持发展留学教育，全面提升教育国际化水平，构建与国际接轨的教育质量标准和评价机制，深化与国际教育组织合作，积极引进海外高层次智力资源。

构建与产业深度融合的城市现代职业教育体系。重点是提升职业教育发展重心，大力发展高职教育，促进中职学校特色发展，推进产教深度融合，打造"双师型"队伍，提升职业教育国际化水平，构建灵活开放的终

身教育体系。为了统筹职业教育的发展，还需要完善职业教育统筹管理体制；建立健全中、高职教育协调发展的现代职业教育体系；对全市中职中技学校实行"五统一"管理。

构建均衡的基础教育。这包括：探索完善居深人口平等接受义务教育政策；探索完善居深人口接受高中教育政策；进一步扩大高中教育规模，凡符合入学条件的本市初中毕业生，均可在深报考高中阶段学校；开展普通高中招生制度改革试点，一定比例普高招生名额分配到初中，促进初中教育均衡发展。

（四）实施中小学课程改革与高等教育办学改革

1. 中小学课程改革

（1）全面贯彻落实国家课程计划，加强地方课程和校本课程建设。（2）创新教育教学方法和教学管理制度，推进课堂教学改革。（3）建立健全中小学教育质量监控体系。（4）探索切实减轻中小学生课业负担的有效途径。（5）构建有利于学生全面发展的评价体系。（6）探索推动中小学校特色发展的有效措施。

2. 深化高等教育办学体制机制改革

近年来，深圳市委、市政府紧紧抓住国家高等教育体制机制改革的重要机遇，围绕深圳市实施创新驱动战略、建成更高水平的国家自主创新示范区和现代化国际化创新型城市，大力推进高等教育办学体制机制改革，探索高等教育创新发展的新模式、新路径，在开放合作、办学体制、管理体制、人才培养、产学研结合等方面取得重要突破，推动高等教育跨越式发展。

通过实施系列改革举措，多途径构建区域高等教育体系，探索普通高校扩大招生自主权的有效途径，为深圳经济社会发展提供强有力的人才和科技支撑，为全国新兴经济发达区域高等教育快速发展探索新路。（1）创新体制机制，建设南方科技大学。借鉴世界一流大学成功经验，创新管理体制和运行机制，确立学术主导运行模式，探索拔尖创新人才培养模式和高水平大学建设经验。（2）全方位深化改革，提升深圳大学办学水平。（3）发挥市校合作优势，办好深圳大学城。（4）推进虚拟大学园实体化。

（5）探索产学研用结合新机制。制定优惠政策，调动行业企业参与产学研用合作积极性。创新高校、企业、行业交流合作机制，加快科技成果转化，促进优秀人才资源共享。支持高校与企业联合攻关研发，联合培养人才。

深化高等教育办学体制机制改革取得明显成效。一是国际化开放式创新型高等教育体系加快形成。二是高等教育综合实力快速提升。三是创新支撑能力不断增强。

七　深圳教育事业发展展望

（一）面临的问题

1. 学位供给面临前所未有的压力

深圳属于超大型城市，快速增长的人口数量带来了巨大的学位需求，国家出台"异地高考"政策后，未来三年，深圳市高中学位压力更大。由于深圳土地资源有限，如何加强学位统筹，调整用地规划，缓解学位压力，满足市民的教育需求是深圳教育面临的重要问题。在义务教育方面，据测算，2020年，全市符合小学一年级就读条件人数达15.1万人，但公办学位仅能供给10.5万个，缺口4.6万个。在高中教育方面，2016年深圳市初三毕业生升入公办普高的比例约为47%。基础阶段学生规模较大（高中阶段规模较小），学校数量较少，校均规模班均规模偏大（园）数目相对较少，存在学校规模偏大的问题。这种状况严重影响了深圳基础教育的质量。

2. 高等教育办学体制机制改革还有待进一步深化

这其中包括如何深化体制机制改革，与国内名校合作创办深圳校区和与境外合作院校建设特色学院，加快世界一流大学建设以及如何进一步完善高校治理结构，加快高等教育管理和投入体制机制改革等问题。

3. 深圳中等职业教育规模较小

同其他城市相比，深圳中职学校数目较少，距离国家普职学生规模大体相当的要求尚有较远距离。目前，深圳市中职和高职还没有做到融会贯通，应用型本科、专业硕士教育还没有发展起来。中职和高职学生的上升通道还不够畅通，中、高职院校毕业生的学历层次和技能水平提升机会还需要进一步增加。此外，深圳民办中职教育规模相对较小，不足整体规模的 1/3。

4. 民办教育法规政策的配套衔接亟待加强，民办教育发展不均衡

民办学校法人性质不明，并存在和税收等领域的法律法规不相衔接之处，还没有形成相关配套政策法规，推进民办学校营利与非营利分类管理的政策法规不配套，地方政府在民办学校法人身份、教师社保收费管理、税收减免等方面的改革受到限制。深圳民办幼儿园发展最为迅猛，民办中小学发展相对也较快。但社会力量兴办职业教育和高等教育的活力没有得到激发。民办中职业教育规模相对较小，不足整体规模的 1/3；民办高等教育发展过于缓慢，民办高等教育规模太小。此外，深圳还需加大民办教育分类管理试点工作推进力度，规范民办学校登记，分类支持制度，加大对非营利性民办学校支持力度。

5. 发挥深圳教育区域优势需要更多政策支持

深圳市在加强与香港教育的合作上做出了探索，但要进一步发挥区位优势，深化合作，需要更多的政策支持，尤其在中外合作办学与引进国际课程等方面需要有更多自主权。

6. 学生不堪重负，学业压力大

和多数大城市的学生一样，深圳的学生在学校学习之余，还需要参加大量的培训班。虽然深圳教育局对义务教育阶段提出"减轻学生负担的八项要求"，但是各种来自培训班宣传的推波助澜与学生的个人因素，都导致各种培训班盛行。培训班也参差不齐，究竟是否能真正提升学生的学业成绩与各项素质都有待考量与政府监管。

（二）展望

党的十九大报告提出，要全面贯彻党的教育方针，落实立德树人根本任务，发展素质教育，推进教育公平，培养德智体美全面发展的社会主义建设者和接班人。推动城乡义务教育一体化发展，高度重视农村义务教育，办好学前教育、特殊教育和网络教育，普及高中阶段教育，努力让每个孩子都能享有公平而有质量的教育。完善职业教育和培训体系，深化产

教融合、校企合作。加快一流大学和一流学科建设，实现高等教育内涵式发展。健全学生资助制度，使绝大多数城乡新增劳动力接受高中阶段教育、更多接受高等教育。支持和规范社会力量兴办教育。加强师德师风建设，培养高素质教师队伍，倡导全社会尊师重教。办好继续教育，加快建设学习型社会，大力提高国民素质。

1. 进一步深化教育综合改革

一是深化教育治理体系改革。加快推进教育治理现代化，完善现代城市教育体系和人才培养体系，率先建成高水平学习型城市和人力资源强市，在深圳城市进入成熟发展的新阶段，增强本土人才培养能力，培养适应未来发展要求的各类人才，将教育打造成为城市创新创业的发动机，为市民群众提供高水平的教育服务。在此基础上，进一步形成与深圳城市治理体系相适应的教育治理体系，推动深圳教育向国际先进水平看齐。

二是改善教育综合改革的系统配套政策环境。在梳理教育综合改革目标、任务、重点和策略，不断推进和深化改革的过程中，进一步发现和厘清制约深圳市教育改革发展的难点问题，明确推进教育改革发展所需的人事、财政、金融、税收、高校设置、学位专业、对外合作等方面的政策支持，更有针对性地向中央和省争取支持，并及时调整优化深圳市对教育的综合统筹管理，形成有利于强力推进教育综合改革的系统配套政策环境，通过改革争取深圳教育政策新优势。

2. 打造深圳教育发展新特色与自己的教育品牌

办学主体、办学模式、办学投入多元化，加强学位统筹，调整用地规划，着力增加义务教育学位和普通高中学位数量，缓解学位压力，满足市民的教育需求，形成管理体制机制灵活，社会办学踊跃，教育活力焕发新局面；资源开放：各级各类教育资源流通渠道开放畅通，国际化元素丰富，优质教育资源通过现代信息技术等手段普及共享，形成良好、良性的教育竞争环境和机制。负面清单式管理成为教育管理的基本方式，以育人为核心和导向的资源配置机制全面建立，政府依法管理、学校依法自主办学、社会各界依法参与和监督的教育公共治理新格局全面形成。教育理念科学，教育质量导向体制机制全面树立，学校内涵发展，学生全面发展。学校布局合理、资源配置均衡、受教育机会均等，特区教育一体化程度高,各级各类学习型组织发达,城市文化内涵和全民素质全面提升。

还需要树立深圳教育新品牌。在人才培养方面,汇聚境内外优质教育资源,与深圳经济社会发展环境交融,走出创新创业型人才培养新路,为城市创新发展提供强大的智力支持和人才支撑,为落实国家创新发展战略和人才培养战略提供新思路。在教育治理方面,充分发挥深圳市场经济、法治建设、社会治理三方面的优势和经验,整体推进管办评分离,优化调整政府、学校和社会的关系,率先形成政府依法管理、学校依法自主办学、社会各界依法参与和监督的制度体系和治理格局,为国家教育治理体系建设做出新探索。在改革创新方面,充分利用深圳已取得的教育改革经验,继续发扬敢闯敢试的特区精神,成为全国教育综合改革的"风向标",为全国闯出新路,提供可复制、可推广的经验和机制。

3. 根据具体实际调整发展战略

(1) 学前教育的调整结构策略

深圳市学前教育发展仍面临一些困难和问题,未来几年政府部门应加大公办普惠园建设的力度;大力支持民办幼儿园发展,扩大民办幼儿教育规模。对民办幼儿园实行分类管理,改进对民办幼儿园的资助方式,对幼儿园规范化管理。

(2) 义务教育规模发展与结构调整策略

据预测,"十三五"期间,深圳市义务教育将会存在巨大的学位缺口。为了解决这一问题,需要加强民办学校建设,优化调整义务教育学校规划布局。

(3) 普通高中和职业高中规模发展与结构调整策略

同其他城市高中规模和深圳的义务教育规模相比,深圳普通高中规模较小。以后要新改扩建公办普通高中;进一步提升民办高中办学水平,扩大办学规模;适度扩大公办中职教育规模;鼓励社会力量兴办多种形式的中职学校。按照《深圳市中等职业技术教育改革发展行动计划(2012—2015年)》的民办教育扶持计划,需要完善职业教育体系,增加中职教育吸引力,改革中等职业技术教育招生选拔制度和人才培养模式。

(4) 高等教育发展策略

继续跨越式发展高等教育,完善高等教育办学和投入体制,充分挖掘现有高校的潜力，扩大高等学校学生规模。此外，还需要营造良好的政策环境，切实支持民办高校发展。应设法营造良好的政策环境，鼓励民间资本进入高等教育，培育民办高等教育发展的沃土。

4. 创新办学模式与办学理念

为了培养更具个性的适应时代发展的人才，深圳还需要创新办学模式与办学理念。深圳的基础教育领域正在兴起"名企+政府"的新型办学模式。以深圳明德学校为例，该校是为推动教育综合改革，探索教育国际化、现代化办学模式的改革实验学校。这种教育模式创造适合每个学生的个性化教育，促进不同兴趣爱好、不同资质的学生，在原有基础上得到相应的发展。这种新的办学模式与办学理念有助于减轻当前基础教育存在的"千校一面"、体制机制僵化等问题。深圳未来的教育还会兴起更加多元实际的办学模式，从而为深圳基础教育带来新的资源和活力。

第四章　着力解决看病难、看病贵问题

医疗卫生公共服务与广大人民群众的切身利益密切相关。实现基本医疗卫生服务均等化，不断提高人们的健康水平，是人民生活质量改善的重要标志，是全面建设小康社会、推进社会主义现代化建设的重要目标，也是实现经济与社会协调发展，构建社会主义和谐社会的重要内容之一。近年来，看病难、看病贵已经成为关乎民生的重要问题。推进医疗卫生公共服务建设，深入落实医药卫生体制改革，适应广大人民群众日益增长的医疗卫生需求，切实解决人们看病难、看病贵的问题，是全方位、全周期维护和保障市民健康的必经之路，是推进和谐社会建设的重大举措。

党的十八大着重强调了提高人民健康水平的重要性，为推动医疗健康事业的发展指明了方向。十八大指出健康是促进人的全面发展的必然要求，"要坚持为人民健康服务的方向，坚持预防为主、以农村为重点、中西医并重，按照保基本、强基层、建机制要求，重点推进医疗保障、医疗服务、公共卫生、药品供应、监管体制综合改革，完善国民健康政策，为群众提供安全有效方便价廉的公共卫生和基本医疗服务。健全全民医保体系，建立重特大疾病保障和救助机制，完善突发公共卫生事件应急和重大疾病防控机制。巩固基本药物制度。健全农村三级医疗卫生服务网络和城市社区卫生服务体系，深化公立医院改革，鼓励社会办医。扶持中医药和民族医药事业发展。提高医疗卫生队伍服务能力，加强医德医风建设。改革和完善食品药品安全监管体制机制"①。党的十九大更是将实施健康中国战略作为提高保障和改善民生水平的重要部分,强调人民健康是民族昌盛和国家富强的重要标志,并明确指示"要完善国民健康政策,为人民群众提供全方位全周期健康服务。深化医药卫生体制改革,全面建立中国特色基本医疗卫生制度、医疗保障制度和优质高效的医疗卫生服务体系,健全现代医院管理制度。加强基层医疗卫生服务体系和全科医生队伍建设。全面取消以药养医,健全药品供应保障制度。坚持预防为主,深入开展爱国卫生运动,倡导健康文明生活方式,预防控制重大疾病。支持社会办医,发展健康产业"②。

深圳市按照健康中国精神和党中央关于医疗卫生改革的部署,以强基层、建高地、增活力、促健康为主线,全面深化医药卫生体制改革,加快推进卫生与健康领域供给侧结构性改革,努力开创卫生与健康领域改革发展的新格局,为提升医疗服务能力,解决看病难、看病贵问题,提升市民健康水平进行了一系列开创性探索。

一 深圳医疗卫生事业的改革发展概况

深圳特区成立之初,医疗卫生事业规模小、底子薄,医疗机构不足,医师队伍薄弱,医疗资源严重短缺。面对严峻的医疗卫生形势,深圳市多年来始终坚持问题和目标双导向,不断加大投入和探索,全面深化医药卫生体制改革,改革完善计划生育服务管理制度,加快推进卫生与健康领域供给侧结构性改革,推动全市医疗卫生事业的发展和完善。目前,深圳市已经建立了较为完备的医疗卫生服务体系。

(一)医疗卫生资源总量不断增加

针对人口快速增长带来的医疗卫生资源总量不足问题,深圳市加快推

---

① 胡锦涛:《坚定不移沿着中国特色社会主义道路前进 为全面建设小康社会而奋斗》,2012年11月8日。
② 习近平:《决胜全面建成小康社会 夺取新时代中国特色社会主义伟大胜利》,2017年10月18日。

进了医疗卫生重大项目建设。自"十二五"以来到2016年,深圳政府卫生总投入超过800亿元,新改扩建医疗机构58家,新增病床1.8万多张。目前,全市正在新建、改建、扩建以及迁建医院60家,其中新建医院25家,改扩建和迁址重建医院32家,社会投资建设3家。全部项目完工后,预计新增床位6万张,全市总床位数至少达到9.5万张,到2020年预期能完成2.6万张。

目前,深圳市共有医疗卫生机构3871家,其中医院134家,包括公立医院62家,民营医院72家;三甲医院12家。共有床位41512张,千人床位数3.5张(按2016年末常住人口1190.84万人计算,下同),包括公立床位33862张,民营床位7650张。共有执业医师29296人,千人医生数2.5人。2016年,全市门急诊总量9596.5万人次,出院138.2万人次。①

表4-1　　　　　2016年深圳市医疗机构数量概况

医疗机构总数	医院		门诊部	私人诊所	医务室	社康中心
	公立医院	民营医院				
3871	62	72	609	2231	274	623

表4-2　　　2016年深圳市医院床位数、医生数及诊疗量概况

类别	床位数（张）	执业医生数（人）	总诊疗量（万人次）	出院（万人次）
全市	41512	29296	9596.5	138.2
公立机构	33862	19942	7442.5	120.6
民营机构	7650	9354	2154.0	17.6
民营占比（%）	18.5	31.9	22.4	12.7

---

① 深圳市卫计委:《深圳市卫生与健康事业改革发展情况》,2017年6月。

(二) 医疗卫生服务质量和水平显著提升

针对整体医疗水平与一线城市的差距，深圳市实施了"医疗卫生三名工程"，加快名医（名科）、名医院、名诊所建设，努力构建医疗卫生高地。现已建成了27家名校名院附属医院（其中政府委托名校名院运营的直属附属医院9家），培育了14个国家级重点学科，引进了166个高层次医学团队[①]，另有8个已预立项引进。

在复旦大学医院管理研究所发布的中国最佳专科声誉排行榜上，深圳市康宁医院精神科排名第十。在医信天下网发布的中国医院影响力排行榜上，市儿童医院儿科排名第六，市人民医院风湿免疫科排名第十一。全市有22个学科进入了全国医院科技影响力评估同学科排名前100名。在Nature出版集团发布的2016年中国医院自然指数排名中，市第二人民医院排名第三十一，市第三人民医院排名第八十七。[②]

(三) 医疗资源布局更加合理

针对各级各类医疗卫生机构联动不强、基层不强、关外不强等问题，深圳市坚持以区域卫生规划为引领，努力构建整合型医疗卫生服务体系，在全市范围内构建16家基层医疗集团和17家区域医疗中心。区域医疗中心主要由市级医院、大学附属医院承担，功能定位是医疗、教学和科研协同发展平台，承担医学人才培养、重点学科建设、重大医学科技攻关和疑难复杂病症的诊疗服务。基层医疗集团由区级综合医院与社康中心组成紧密型医疗联合体，主要承担区域内的基本公共卫生、基本医疗和家庭医生服务。

一方面，深圳市全面贯彻落实习总书记提出的"推动医疗卫生工作重心下移、医疗卫生资源下沉"的指示要求，以基层为重点，全面加强基层医疗卫生机构能力建设，加快建立分级诊疗制度。截至2016年底，全市现有社康中心623家，基本实现了"一社区一社康中心"。2016年，全市

---

① 高层次医学团队指全国同学科排名前十或国际前沿医学团队。
② 深圳市卫计委：《深圳市卫生与健康事业改革发展情况》，2017年6月。

基层医疗卫生机构（含社康中心、门诊部、诊所、医务室和一级医院）门诊量占全市门诊总量的比例达到64.5%。

另一方面，深圳市大力推进原特区外医疗卫生基础设施建设，在原特区外均衡布局建设12个区域医疗中心。预计到2020年，原特区外地区新增床位1.8万张，每千人口床位数从2015年的2.66张增加到4.0张。[①]

（四）医疗卫生服务公共性增强

深圳市承担了全国首批城市公立医院改革试点任务，坚持将公平可及、群众受益作为改革出发点和立足点，着力破除公立医院逐利机制，控制医药费用不合理增长。2016年，全市公立医院次均门诊、住院费用分别为230元、9547元，同比分别增长5.5%、4.7%，维持在国内同级城市的较低水平；个人卫生支出占卫生总费用的比例降至19.29%。[②]

（五）全面推进多元化办医格局

深圳市坚持"放管服"，颁布实施《深圳经济特区医疗条例》，出台促进社会力量办医加快发展的系列政策措施，破除制约社会办医疗机构发展的体制机制障碍，支持社会力量在全科医疗、专科医疗、前沿医疗、个性医疗、互联网医疗等领域创新发展模式。截至目前，全市社会办医疗机构总数达到3157家，占全市医疗机构总数的81.5%；床位、执业医师分别占全市总量的18.4%、31.9%，门诊量、住院量分别占全市总量的22.4%、12.7%，初步形成多元化办医格局。

（六）稳步推行计划生育服务管理政策

深圳市坚持计划生育基本国策不动摇，围绕全面两孩政策实施，加快计划生育服务管理制度改革，着力加强卫生、计生公共服务资源的优化整合，不断完善"奖、优、扶、补、免、保"计生利益导向政策体系，提高妇幼健康水平、增强计划生育家庭保障发展能力。全市生育水平保持适度

---

① 2015年和2020年原特区外地区常住人口分别为745.01万和949.53万。
② 全国医改目标为30%以内。

稳定，人口长期均衡发展的基础扎实，深圳市连续 5 年被省委、省政府评为"计划生育工作先进单位"。2016 年，全市计划生育服务管理人口总数为 1607.2 万人；出生 24.04 万人，出生率和自然增长率分别为 15.13‰ 和 14.67‰；政策生育率 93.86%，同比提高 8.73 个百分点，政策外多孩率 1.17%，同比下降 1.17 个百分点；出生性别比为 109.34，保持在合理区间。① 2016 年，深圳市被评为全国计划生育先进单位，被确定为第二批国家级医养结合试点单位，深圳市计生特殊家庭帮扶关爱创新项目"苔花计划"受点赞并向全国推广，市计生协会荣获"全国计划生育协会先进单位"称号。

（七）市民健康水平不断提高

深圳市全面落实国家和广东省规定的基本公共卫生服务项目，促进适龄儿童计划免疫、老年人健康体检、妇女儿童保健等基本公共卫生服务均等化，常住人口人均基本公共卫生服务经费财政补助标准达到 70 元。② 加强慢性病、艾滋病、精神病等重大公共卫生防控工作，6 个行政区获评为"国家慢性非传染性疾病综合防控示范区"，福田、罗湖、宝安区获评为"全国艾滋病综合防治示范区"；并在全国率先开展"心理卫生进社区"项目、精神卫生综合管理试点工作。2016 年，深圳市民人均期望寿命 80.86 岁。孕产妇死亡率为 8.46/10 万、婴儿死亡率为 1.64‰，达到先进发达国家水平。③

二 深圳市医疗卫生事业改革历程和重点

自 1985 年开始至今，中国医疗体制改革已经历经 30 多年历程。从改革之初的简政放权、放开搞活，到后来的医疗市场化，鼓励各医疗机构合作、合并，2009 年新医改强调坚持公共医疗卫生的公益性、完

---

① 深圳市卫计委：《深圳市卫生与健康事业改革发展情况》，2017 年 6 月。
② 全国 2017 年目标为 45 元。
③ 2015 年，全国平均水平分别为 20.1/10 万、8.1‰。

善医保体系,再到近年来鼓励社会办医、开展基层医疗集团改革、构建分级诊疗制度、加强医疗卫生综合监管等政策的推行,深圳市一直密切把握我国医改动向,贯彻国家医疗体制改革精神,开展了一系列积极的探索。

1985年4月,国务院批转了卫生部起草的《关于卫生工作改革若干政策问题的报告》,提出"必须进行改革,放宽政策,简政放权,多方集资,开阔发展卫生事业的路子,把卫生工作搞好"。在这一政策推动下,1985年成为医疗体制改革的启动年,其核心改革方向在于放权让利,扩大医院自主权。

1989年,国务院批转了卫生部、财政部、人事部、国家物价局、国家税务局《关于扩大医疗卫生服务有关问题的意见》,文件着重提出五点改革方向:第一,积极推行各种形式的承包责任制;第二,开展有偿业余服务;第三,进一步调整医疗卫生服务收费标准;第四,卫生预防保健单位开展有偿服务;第五,卫生事业单位实行"以副补主""以工助医"。其中特别强调"给予卫生产业企业三年免税政策,积极发展卫生产业"。该文件进一步提出通过市场化来调动企业和相关人员积极性,从而拓宽卫生事业发展的道路。1991年,全国人大第七次会议提出了新时期卫生工作的方针,"预防为主,依靠科技进步,动员全社会参与,中西医并重,为人民健康服务,同时把医疗卫生工作重点放到农村"。这一方针也是对此阶段卫生政策的高度总结。[①]

这一时期深圳市紧跟国家医改步伐,遵循"给政策不给钱"的改革路径,主要关注管理体制、运行机制方面的问题,政府直接投入逐步减少,市场化逐步进入医疗机构。此时医疗改革尚处在初级阶段。

1992年是向"医疗市场化"进军年。当年9月,国务院下发《关于深化卫生改革的几点意见》。卫生部贯彻文件提出的"建设靠国家,吃饭靠自己"的精神,要求医院要在"以工助医、以副补主"等方面取得新成绩。深圳市在落实这项卫生政策的过程中刺激了医院创收,弥补收入不

---

① 王虎峰:《我国卫生医疗体制改革30年》,2008年11月8日,社会学人类学中国网(http://www.sachina.edu.cn/Htmldata/news/2008/11/4178.html)。

足,但同时也影响了医疗机构公益性的发挥,酿成"看病问题"突出的后患。① 这一阶段围绕政府主导还是市场改革,卫生系统内部争论不休,各项探索性改革仍在进行当中。

2000年2月,国务院《关于城镇医疗卫生体制改革的指导意见》公布,鼓励各类医疗机构合作、合并,共建医疗服务集团,营利性医疗机构医疗服务价格放开,依法自主经营,照章纳税。② 由此拉开了医院产权改革的序幕。在此背景下,深圳市进行"医药分开"的尝试,按照"医药分家"的模式将药房从医院中剥离,但未获得重大进展。

2006年,深圳市实施医疗卫生"一大一小"建设发展战略,"一大"即大型医疗卫生设施建设,"一小"即社区健康服务网络建设。深圳建立了以社区医院为骨干、社区健康服务机构为主体的不同机构间协调有序的双向转诊机制,实现了社区健康服务中心承担基层公共卫生服务和基本医疗服务职能,最大限度地方便了社区居民,提供有效的综合卫生服务,较好地实现了"小病在社区、防病在社区、健康在社区"。

2009年,新一轮医改全面启动。2009年3月17日,国务院公布了《关于深化医药卫生体制改革的意见》,明确指出坚持公共医疗卫生的公益性质,实行政事分开、管办分开、医药分开、营利性和非营利性分开,强化政府责任和投入,完善国民健康政策,健全制度体系,加强监督管理,创新体制机制,鼓励社会参与,建设覆盖城乡居民的基本医疗卫生制度。新时期的医改主要从五个重点方面展开:扩大医保覆盖面、建立基本药物制度、社区卫生机构建设、基本公共卫生服务均等化及推行公立医院改革试点。③

在国家医改政策指引下,深圳市针对医疗卫生体制改革进行了一系列探索,逐步推进分级诊疗、现代医院管理、全民医保、药品供应保障、卫生综合监管"五位一体"的基本医疗卫生制度建设。

---

① 王虎峰:《我国卫生医疗体制改革30年》,2008年11月8日,社会学人类学中国网(http://www.sachina.edu.cn/Htmldata/news/2008/11/4178.html)。
② 国务院:《关于城镇医药卫生体制改革的指导意见》(国办发〔2000〕16号),2000年。
③ 王虎峰:《我国卫生医疗体制改革30年》,2008年11月8日,社会学人类学中国网(http://www.sachina.edu.cn/Htmldata/news/2008/11/4178.html)。

三 推进医保和医药分开改革

长期以来，深圳市一直致力于建立健全全民医保体系，推进医保服务模式的深层次变革。在推进医疗保障体系建设的过程中，深圳市不断推进分级诊疗制度建设，完善药品供应保障制度及医疗服务价格体系，深化医保支付方式改革，推进医疗、医保、医药三医联动，共同配合全方位提高医疗保障水平。构建多层次医疗保障体系，基本医疗保险、地方补充医疗保险及由商业保险机构承办的重特大疾病补充医疗保险三个层次相互配合，不断提高医疗保障服务效率和覆盖范围，健全医疗保险稳定可持续筹资和报销比例调整机制。截至2016年，深圳市医保参保人数已超过1200万，基本实现了医疗保障体系全覆盖。大力推行智慧医保，开展医疗保险移动支付试点，大大提高了挂号缴费效率，为参保人员提供了方便。推出重疾险，逐步将符合规定的医养融合、临终关怀及康复护理等服务项目纳入医保支付范围，发挥医保的预防保健功能，进一步拓展医保药品和医疗服务项目。[①] 为增加医疗卫生服务资源，扩大服务供给，提高服务效率和质量，满足人民群众多层次、多元化的医疗服务需求，自2009年起，深圳市开始鼓励和引导社会资本发展医疗卫生事业，构建投资主体多元化、投资方式多样化的办医体制。2016年8月，《深圳经济特区医疗条例》审议通过，该《条例》将深圳市近年来在鼓励社会力量办医方面的一些探索和实践加以制度化，以法律形式保障社会办医疗机构在准入、社保定点、等级评审、学科建设、政府购买基本医疗服务等方面，享有与公立医疗机构平等的权利，支持社会资本举办三级医院、名医诊疗中心等。对于新建的公立医院，按照所有权与经营权分离的方式，全部引进名院名校或知名医院管理机构运营，以合作引进管理、人才和技术，以合作推进医院管理体制机制创新。[②]

---

① 《深圳医保实现全民医保构建三大保障体系》，《南方都市报》2016年11月28日。
② 深圳市卫计委：《深圳经济特区医疗条例》（深圳市第六届人大常务委员会公告第三十五号），2016年9月1日。

针对卫生系统中利用卫生行政审批权、执法权等以权谋私的腐败现象以及医疗卫生机构中存在的收受红包回扣、过度检查治疗等有损患者利益的行为，深圳市始终致力于加快转变政府职能，深化"放管服"改革，积极创新监管模式，加快构建医疗卫生全行业综合监管新格局，从完善政府、社会、公众多元化监管体系、健全医药卫生监管法律体系、建立医疗卫生机构医疗费用等信息公开机制以及加大医疗卫生行业监督执法力度等方面推进综合监管体系的构建。

为维护公立医院的公益性，调动医护人员工作积极性，加强对公立医院的专业化、精细化管理，深圳市开始推进现代医院管理制度建设。成立市公立医院管理中心，实行政事分开、管办分开，推动所有权与经营权分离，切实推进人事薪酬制度改革及财政补助机制改革。

而针对深圳市医疗卫生领域存在的资源总量不足、分布不合理且医疗水平有限的问题，为了全面提升深圳市医疗服务水平，均衡医疗资源布局，解决市民"看病难"的问题，自2015年起，在《国务院办公厅关于推进分级诊疗制度建设的指导意见》指引下，深圳市着力构建医院—基层医疗机构分工协作的分级诊疗服务体系，通过医院与各基层医疗机构之间的合作、分工与资源共享，来实现全市范围内医疗资源的流动共享与充分利用，推动医疗卫生资源下沉，提高基层医疗机构服务能力。

为解决市民"看病贵"的难题，深圳市着力改革医疗服务收费和药品价格，根除"以药养医"的痼疾。2012年，在全国率先实行公立医院医药分开改革。一方面，对医疗机构实行"医药分家"，通过实行药品购销差别加价、设立药事服务费等多种方式逐步改革或取消药品加成政策，同时采取适当调整医疗服务价格、增加政府投入、改革支付方式等措施完善公立医院补偿机制。另一方面，积极响应建立基本药物制度的政策，政府统一制定和发布国家基本药物目录，退出药品集中招标体系，基本药品定点生产、直接配送、统一定价，并提高报销比例。基层医疗卫生机构应全部使用基本药物，其他各类医疗机构也要将基本药物作为首选药物并确定使用比例。

2012年《深圳市公立医院医药分开改革实施方案》颁布，自7月1日起，深圳市开始启动医药分开改革，在公立医疗机构全面取消医保目录药品 15%—25% 的加成费用，允许患者凭医院处方到社会药店购药，深圳市由此成为全国首个全面推行医药分开改革的城市。同时在实行药品零加成政策的基础上，通过适当提高医生诊疗费及住院诊查费，由医保基金兜底等方式对公立医院收入进行补偿，从而保障公立医疗机构的正常运营。① 取消药品加成政策的实施切实减轻了长期用药患者的医疗负担，同时也进一步推进了公立医院诊疗服务收费方式的合理化，有利于引导医疗卫生资源布局的优化。改革后，全市公立医院"药占比"从 2012 年的 38.7% 下降到 2015 年的 32.6%（不含中药饮片为 28.4%）。2013 年，出台了完善政府卫生投入政策实施方案，全面落实了国家规定的 6 项公立医院财政补助项目。全市公立医院财政补助收入占其总收入的比例从 2009 年的 17.2% 提高到 2015 年的 28.5%。②

此外，深圳市还逐步完善对医疗服务收费及药品价格的监管机制。一方面，深圳市着力对医疗收费制度进行改革。如在香港大学深圳医院全科门诊服务按每人次 200 元收取，包括挂号、诊金、常规检查、用药和治疗；住院服务按每床日 180 元收取，包括常规诊疗、护理等费用（除药品、检查项目）。2016 年以来，对"甲状腺全切术"等 20 种手术病例，以及持续吸痰护理、静脉留置针护理等 30 项综合治疗类医疗服务收费项目与开展该项目时可以另行收费的耗材实行"打包收费"，促进医院主动控制医疗服务成本。2015 年，全市个人卫生支出占卫生总费用的比例下降到 19.62%。③ 另一方面，改革药品和耗材采购制度。自 2014 年起，深圳市对一次性注射器等 5 类医用低值通用耗材实行量价挂钩的集团化采购，各类耗材的采购价格比原来各单位自行采购降低约 28%。④ 2016 年启动公立医院药品集团化采购改革试点，通过公开遴选方式确定一家第三方专业化药品集团采购组织，由其在保障用药质量安全和控制采购总费用的前提

---

① 郑升：《深圳药品零加成破局》，《21 世纪经济报道》2012 年 7 月 12 日。
② 深圳市卫计委：《保障投入，简政放权，强化监督——深圳市加快建立健全现代医院管理制度》，2016 年 11 月。
③ 深圳市医改办：《香港大学深圳医院改革经验》，2017 年 6 月。
④ 深圳市卫计委：《保障投入，简政放权，强化监督——深圳市加快建立健全现代医院管理制度》，2016 年 11 月。

下，统一为全市25家试点公立医院采购1000多种临床常用药品，实现以量控价，降低公立医院药品采购费用。同时，降低的药品采购费用，为医疗服务价格改革腾出空间，一部分用以提高体现医务人员技术劳务价值的医疗服务项目价格，一部分让利给群众。[1]

四 构建医疗卫生综合监管制度

在卫生系统中，利用卫生行政审批权、执法权等以权谋私、损害群众利益的腐败现象仍时有发生，医疗卫生机构中存在着重经济效益和医疗技术、轻医德医风的现象，部分医务人员医德差、收受红包回扣、过度检查治疗，这些行为不但严重影响医疗卫生行业形象，而且导致医患关系紧张。由于医疗卫生系统缺乏有效监管而引发的社会矛盾成为我们医药卫生体制改革急需解决的难题。

2016年4月，国务院通过《深化医药卫生体制改革2016年重点工作任务》，文件指出，"要全面贯彻党的十八大和十八届三中、四中、五中全会精神，认真落实党中央、国务院决策部署，牢固树立并切实贯彻创新、协调、绿色、开放、共享的发展理念，坚持保基本、强基层、建机制，进一步突出重点领域和关键环节，增强改革创新力度，进一步推进医疗、医保、医药三医联动，强化改革整体性、系统性和协同性，进一步提高改革行动能力，推进政策落实，为实施'十三五'医改规划确定的各项改革任务布好局、起好步，确保取得更大成效，促进建立覆盖城乡居民的基本医疗卫生制度，切实推进健康中国建设"[2]。任务强调要从健全医药卫生监管法律体系、建立医疗卫生机构医疗费用等信息公开机制以及加大医疗卫生行业监督执法力度等方面推进综合监管体系的构建。深圳市认真贯彻党中央、国务院部署，着力深化医改，在建立健全综合监管体系方面进行了积极的探索。

---

[1] 深圳市卫计委：《保障投入，简政放权，强化监督——深圳市加快建立健全现代医院管理制度》，2016年11月。

[2] 国务院：《深化医药卫生体制改革2016年重点工作任务》（国发办〔2016〕26号），2016年4月26日。

（一）建立健全多元监管体系

深圳市不断完善政府监管主导，第三方广泛参与，医疗卫生机构自我管理和以社会监督为补充的多元化综合监管体系，建立健全社会共治机制，主动接受社会监督，强化综合监管。

首先，深圳市着力推进"管办分开"，强化政府监管。在全国率先设立"大部制"的卫生计生部门，着力构建大卫生、大健康服务体系。推进公立医院"管办分开"，专门成立市公立医院管理中心，将卫生行政部门从对公立医院微观事务管理中脱离出来，突出加强行业规划、市场准入、标准制定等全行业监管职能。

其次，深化"放管服"改革，强化行业自律。近年来，深圳市累计取消转移下放医疗卫生行政职能事项34项。鼓励行业组织承接政府职能转移事项，并以立法形式明确医师协会承担执业注册、医师考核等职能。引入中国医科院医学信息研究所等第三方机构，开展公立医院综合评价，以更客观科学的评价体系引导行业规范发展。

此外，深圳市还全面加大信息公开，强化社会监督。全方位公开医疗机构服务项目、收费价格、卫生监督执法结果等信息，建立非法行医、非法采供血等违法行为举报奖励制度，提高公众参与监督的积极性。

（二）全面构建立体化监管模式

深圳市着力构建信息化监管网络，一方面，深入推进医疗、医保、医药等监管部门信息互联互通、开放共享，建立覆盖所有公立医院的基本医保智能审核系统，全流程智能监控诊疗服务、费用控制、医疗广告等行为。另一方面，建立公立医院信息化监管平台，实现对医院决策、人事、财务、采购、设备"五权"的实时监督管理。

健全三级公立医院财务管理核心制度，要求其设置总会计师，负责财务和资产管理。市医管中心通过购买服务的方式，委托会计师事务所对市属医院的财务和资产运营情况进行周期性监督检查。建立了医院运行综合监管平台，实现对公立医院的常态化监测、动态化考核。建立了公立医院决策、人事、财务、采购、设备"五权"标准流程和监管平台，公立医院管理系统和相关数据与监管平台对接。完善公立医院信息公开制度，公立医院的机构职能、规划、计划、资金信息、服务项目与价格等全部向社会公开。

此外，深圳市还致力于健全常态化监管机制。加强市场监管、卫生等部门协调联动，强化注册登记、执业许可、日常运营等动态监管。推进行业诚信体系建设，实施医疗机构、医师不良执业行为记分管理和"黑名单"制度。推行量化分级监督，防范管控行业关键风险点。

（三）稳步落实依法监管

深圳市开创性地打造了行业监管"深圳标准"，着力以标准引领行业规范发展，率先制定中医馆、远程医学影像诊断中心等设置标准；编制13项中医药标准，其中7项获得ISO标准立项，3项成为国家标准。先后出台医疗服务、公共卫生服务质量评价标准，每年定期开展评估。制定卫生行政处罚自由裁量规则，规范行政执法行为。出台全国首部地方综合医疗条例，对执业管理、纠纷处理、医疗监管等做出明确规定。同时，先后制定人体器官捐献移植条例、控制吸烟条例等法规，加快院前急救、健康促进、公立医院管理等立法，着力以立法促进医疗行业健康发展。

在医院具体运营管理规范方面，市医管中心组织制定了公立医院运行管理办法、领导班子聘任管理办法、医院人力资源管理指引、医院财务工作指引、医院运营绩效评价方案、医院服务规范等基本管理制度，明确医院运营的边界和"红线"，保障医院健康运营。完善多元化的第三方医患纠纷调处机制，推动全市二级以上公立医院购买医疗责任险。

在做到监管有法可依的基础上，深圳市着重突出制度约束，综合施策遏制大处方、大检查等过度医疗行为，严格落实处方点评、阳光用药信息登记报告等制度，建立医疗费用定期通报机制，引导医院主动规范诊疗、控制费用。开展药品第三方集团采购改革试点，积极降低药品价格。①

而在执法环节上，深圳市则致力于推动执法重心下移，强化"网格化"监管，实施执法"双随机、一公开"制度。2016年，全市共对医疗

---

① 许勤：《深圳市综合监管制度建设情况报告》，2017年3月。

卫生机构做出行政处罚898宗，罚款1360多万元，取缔无证行医机构470余处，查处违法医疗广告行为50余宗，并给予259名医师不良执业行为记分。①

五　建立现代医院管理制度

深圳市自2010年承担全国公立医院改革试点任务以来，始终遵循"维护公益性、调动积极性、保障可持续性"的公立医院改革总体要求，以转变政府职能为抓手，实施政事分开、管办分离，全面落实政府对公立医院的领导责任、保障责任、管理责任、监督责任，初步建立了权责清晰、管理科学、治理完善、运行高效、监督有力的现代医院管理制度。

（一）建立高效的政府办医体制

自2013年5月起，深圳市开始在各大公立医院推行"管办分离、政事分开"的管理办法，将原由卫生行政部门承担的"医疗行业监管""举办公立医院"两项职能予以分离，并成立了深圳市公立医院管理中心（以下简称医管中心），代表市政府执行完善并监管公立医院运行机制的职责。

医管中心在公立医院的管理系统中承担着极为重要的责任，主要负责贯彻落实党和国家方针政策和重大部署在公立医院的贯彻执行，保证公立医院办院方向；拟定并落实公立医院运营管理制度并对其实施情况予以监督和考核；组建医院管理团队；积极推进公立医院绩效考核制度的运行等。

医管中心内部设理事会，代表市政府执行包括政府对医院的功能定位、发展规划、运营管理目标的界定，院长人选的审定，投资计划、财政补助经费的确定，以及每年运营绩效的考核等在内的诸项重要职能。理事会由市领导任理事长，编办、发展改革委、财政委、人力资源保障局、卫生计生委、医管中心等部门负责人，以及人大代表、政协委员和社会知名人士作为理事。市医管中心作为理事会的日常办事机构，负责组织实施理事会决议。

---

① 许勤：《深圳市综合监管制度建设情况报告》，2017年3月。

此番改革之后，公立医院微观事务与宏观事务的管理职责得到了明确划分，卫生行政部门实现职能转变，主要负责公立医院的发展建设、规划设置、财政补助、人事编制、薪酬分配、社会保险、收费和医药价格等政策措施、标准规范的制定和实施，拟定公立医院所需政府投入资源总规模，致力于构建"大卫生""大健康"发展新格局。而涉及医疗资源总体配置以及公立医院的监督管理等职责，则由市医管中心理事会行使。

（二）健全公立医院法人治理机制

深圳市致力于落实公立医院独立法人地位，力图探索建立法人治理结构。在香港大学深圳医院、南方医科大学深圳医院等新建医院推行所有权与经营权分离的治理机制，委托名校名院管理医院内部运营事务。建立以董事会（医管会）、医院管理团队、监事会为管理架构的法人治理结构。董事会（医管会）作为医院内部决策机构，以院长为法人代表的医院管理团队行使对公立医院的经营权，监事会负责监督董事会（医管会）、医院管理团队成员的职务行为。同时，取消新建公立医院行政级别，推进医院管理团队的职业化建设，提升专业化、精细化管理水平。

在探索法人治理结构的同时，切实落实医院用人自主权。在香港大学深圳医院、南方医科大学深圳医院等新建医院建立以岗位管理为核心的全员聘用制度，由医院根据功能定位、工作需要自主设置工作岗位，建立按需设岗、按岗聘用、以岗定薪、同岗同酬同待遇的人事薪酬制度。健全公立医院人员招聘管理规范，由医院自主组织招聘。

（三）完善绩效评价制度

为健全公立医院绩效考核制度，深圳市颁布了《深圳市公立医院运营绩效评价指导意见》，并据此对医院完成工作任务、支持基层、控制成本、加强财务管理、推动学科和人才队伍可持续发展等情况进行综合评价，而医院基本医疗服务补助、医保支付以及领导班子的薪酬、任免、奖惩等也将与该考评结果直接挂钩。试点建立了覆盖16个专科的临床医生专业技术等级评价体系临床医生专业技术等级评价制度，淡化职称、学历、论文等要素，强化专业技术实力和工作实绩。建立健全以岗位工作量、服务质量、技术能力、行为规范、医德医风和患者满意度等要素为核心的内部考核机制，将考核评价结果与医务人员的岗位聘用和薪酬分配挂钩。①

与此同时，深圳市破除人员编制壁垒，只以基本医疗卫生服务的数量、质量、群众满意度等为标准向公立医院提供基本医疗卫生服务补助，并对基本医疗服务补助实行分级分类、动态调整，在降低对三级医院的普通门诊补助标准的同时，提高对社康中心的补助标准；对专科医院实行倾斜政策，儿童医院和中医院、精神病院、职业病防治院的补助标准分别为综合医院的 1.2 倍和 1.3 倍。②

六 推动形成多元化办医格局

（一）全面开放医疗市场

深圳市推动社会办医发展主要从全面放开医疗市场准入限制入手，降低医疗市场准入条件及限制，鼓励社会资本、社会力量介入医疗市场，承接基本医疗服务项目。

首先，在推动社会办医的制度建设方面，深圳市逐渐取消了对社会力量办医在机构数量、等级、床位规模、选址距离以及医保定点协议机构等方面的限制，将医保定点审批改为核准备案；进一步放开了基层医疗机构、康复护理机构、家庭医生服务等领域的准入条件；建立以人员技术服务能力为核心的社会医疗机构医疗技术准入审批制度。优先支持社会资本进入医疗市场，将公立、非公立三级医院等重大项目一并规划，全面简化对医疗机构的立项、开办、执业资格等审批手续，并在大型医用设备配置的配额使用上向社会办医疗机构倾斜。

其次，逐渐完善政府购买基本医疗服务的机制。改革公立医院陈旧的人事管理制度，实行岗位管理和全员聘任制，按照社会养老保障 + 年金制度的形式对聘任人员发放薪资，为公立医院减轻运营负担。在此基础上，

---

① 深圳市卫计委：《保障投入，简政放权，强化监督——深圳市加快建立健全现代医院管理制度》，2016 年 11 月。

② 同上。

加大政府对居民参保的补助力度，向公立、非公立医疗机构购买基本医疗服务。2015年，市财政核拨社会办三级医院基本医疗服务补助经费共计1000多万元。①

在此基础上，深圳市大力支持社会力量承接基本医疗服务。鼓励社会力量举办社区健康服务中心，承接家庭医生服务；鼓励社会力量举办康复、护理、老年病、临终关怀等慢性病医疗机构，形成"治疗—康复—长期护理"基本医疗服务的完整链条，在组建医疗联合体、开展预约转诊服务、政府购买基本医疗卫生服务等方面，享受与政府办同类医疗机构同等的待遇。

2016年8月25日，《深圳经济特区医疗条例》审议通过，该《条例》将深圳市近年来在鼓励社会力量办医方面的一些探索和实践加以制度化，以法律形式保障社会办医疗机构在准入、社保定点、等级评审、学科建设、政府购买基本医疗服务等方面，享有与公立医疗机构平等的权利。同时，还确定了电子病历的合法性，以推动互联网+医疗的发展和医疗资源的高效配置。②

（二）支持社会办医疗机构提升发展档次

截至2015年底，深圳市社会办医疗机构总数达到2869家，占全市医疗机构总数的97.8%。床位数、卫生专业技术人员数分别占全市总量的21.1%、33.8%，门诊量、住院量的比例分别占全市总量的24.16%、14.85%。但是，社会办医疗机构总体规模偏小、发展档次和水平不高。③为此，深圳市进行了诸多探索。

1. 支持社会力量举办三级医院

深圳市出台《关于鼓励社会资本举办三级医院的若干规定》，积极引进有实力的企业、医疗机构、慈善组织、基金会、商业保险机构等来深举办高层次、高水平的三级综合或专科医院，并予以诸多方面的政策支持。

---

① 深圳市卫计委：《深圳市推动形成多元化办医格局的政策导向和配套措施》，2016年10月。
② 同上。
③ 庄一强等编：《民营医院蓝皮书：中国民营医院发展报告》，社会科学文献出版社2015年版。

在用地政策方面，社会力量举办三级医院的用地被纳入深圳市近期建设与土地利用规划年度实施计划，享受医疗用地地价优惠政策。在财政补贴方面，提供基本医疗服务床位的，按照每床 10 万元标准给予一次性奖励；为本市参保人提供基本医疗服务的，按每门诊 20 元/人次、每住院 60 元/床日的标准给予补贴，[①] 补贴标准实行动态调整；取得三级乙等和三级甲等资质的，分别一次性给予 1000 万元和 2000 万元奖励；上一年度已经缴纳企业所得税的，可按照实际缴纳企业所得税总额的 40% 予以奖励。在学科建设方面，享受与公立医院同等的学科建设扶持政策；取得市级医学重点学科资格的，纳入深圳市医学重点学科建设体系，市财政按每年每学科 70 万元标准予以相应资助。[②] 在设备配置方面，配置甲、乙类大型医用设备的，可优先上报、优先使用配额。

2. 支持社会资本举办名医诊疗中心

鼓励社会资本联合国内外一流医学机构或学科团队，建设以"平台化、网络化、专业化、国际化"为特征的国际名医诊疗中心，为国内外名医开办独立诊所或医生工作室提供配套服务。

其中，"平台化"指改变传统医院运营模式，名医诊疗中心作为医疗服务平台，主要为医疗、护理、医技、研究等团队为病人提供医疗健康服务提供协作平台和配套支持。名医诊疗中心与医务人员之间不是雇用与被雇用关系，而是医疗合作关系。"网络化"则指名医诊疗中心运用"互联网+"技术，建设影像诊断、处方审核等集中服务中心，以及远程会诊中心，形成"服务网点+中央处理"的医疗服务新模式，汇聚国内外专家资源为市民提供最权威的诊断和治疗服务，并将专业的服务覆盖至基层医疗机构。"专业化"意在推动医疗护理团队细分专业，引导医学影像、病理、B超、心电图、脑电图、麻醉等专业医疗护理团队的发展。名医诊疗中心主要配备医疗、护理、医技等基础服务团队，与国内外高水平的临床医生、影像医生、病理医生等医疗团队建立协作关系。而"国际化"则致力于打造国际医生俱乐部，为境外名医来深开展医疗执业办理手续，提供医

---

① 其中，儿科类按上述标准的 1.3 倍执行，康复科类按上述标准的 1.1 倍执行。
② 深圳市卫计委：《深圳市推动形成多元化办医格局的政策导向和配套措施》，2016 年 10 月。

疗协作，以及医疗责任保险等服务。与境外名院名校，以及名医团队建立合作关系，引进国际前沿的医疗健康服务理念、诊疗服务新模式、医疗新技术。开展国际远程诊疗、转诊转介、学术交流活动，为市民提供国际权威的诊断诊疗服务。

政府在业务用房、医保定点、大型医用设备配置许可、医师多点执业、名医引进和医疗服务价格等方面，对名医诊疗中心建设给予相应扶持：（1）放宽准入，鼓励医师多点执业。支持公立医疗机构与名医诊疗中心签订医师多点执业合作协议，支持国家级、省级和市级医学重点学科的专家到名医诊疗中心多点执业。鼓励和支持港澳台医师和外国医师到名医诊疗中心执业。（2）医疗保险。名医诊疗中心取得医疗机构执业许可证并经市社会保障部门核定后，取得医保定点资格。鼓励名医诊疗中心与商业保险机构开展合作，列入商业健康保险的定点服务范围。（3）价格政策。放开名医诊疗中心的医疗服务价格，其提供的所有医疗服务价格实行市场调节价，并可自行设立医疗服务项目。名医诊疗中心的用水、用电、用气与公立医疗机构享受同等优惠价格。（4）人才引进。引进名医和医疗团队，经核定符合深圳市高层次人才有关标准的，可适用深圳现行高层次专业人才优惠政策和"医疗卫生三名工程"政策措施关于引进名医（名科）的规定。（5）财政资助。符合《深圳市生命健康产业发展规划（2013—2020年）》标准的名医诊疗中心，适用《深圳市未来产业发展政策》有关扶持措施。各区在场地租赁、招聘名医和团队引进等方面给予项目扶持的，市政府对有关区政府（新区管委会）给予一定奖励。（6）对口支持。名医诊疗中心可与三级综合或专科医院建立双向转诊机制，如有需要，可由卫生行政部门协调联系。名医诊疗中心的名医可采取多点执业等形式，参与三级医院临床带教和医学博士、硕士研究生的合作培养。三级医院与名医诊疗中心在明确权利义务的前提下，可联合创建重点学科、申请科研项目，并享受相应政策。[①]

[①] 《深圳市人民政府关于印发"医疗卫生三名工程"政策措施的通知》（深府〔2014〕99号），2014年12月。

3. 以开放合作促进医疗行业开放发展

对于新建的公立医院，按照所有权与经营权分离的方式，全部引进名院名校或知名医院来负责机构的管理和运营，通过合作办医来推进医院管理体制机制创新。

在合作办医体系中，切实落实公立医院所有权与经营权分离制度。其中，深圳市政府主要负责医院的投入和运营监管事务，行使对医院的所有权，主导医院董事会工作。合作医院则作为医院运营方，在岗位设置、人员聘用、工资薪酬分配以及内部资源调配等方面享有充分自主权。而市医管中心则代表市政府履行"出资人"职能，负责协调政府相关部门落实对医院的投入责任，对医院的具体运营情况进行监督，实现政府办院目标。在此基础上，建立法人治理结构。组建了董事会、医院管理团队、监事会，实行董事会领导下的院长负责制，形成决策、监督、执行既相互分离又有机衔接的医院权力运行架构。其中医院监事会主要负责监管董事会、医院管理团队的职务行为，监督医院运行和管理，以及审核财务制度执行情况，维护国有财产安全。

在社会办医疗机构内部，为了促进医疗人才合理流动，提高其技术水平、塑造专科品牌，深圳市按照"放管结合"的原则，全面放开医师执业地点限制，在2015年实施了医师执业区域注册制度，目前，全市多点执业注册医师达到2800多个。自2015年7月1日起，在市、区卫生行政部门注册的临床、口腔、中医、公共卫生类医师，[①] 可以在全市所有取得医疗机构执业许可证的医疗、预防、保健机构执业，实现"统一注册，全市通用"[②]。一方面，深圳市进一步完善医疗机构与医师之间的合约管理关系，积极倡导全职聘用、兼职聘用等多元化的用人制度。另一方面，则不断完善医患纠纷第三方调解机制与医师执业行业自律机制，建立医师执业记分管理制度，对医师执业过程实施动态、全程监管，建立医师诚信服务数据库，发挥市医师协会对医师的服务管理作用。

[①] 含执业助理医师，以及取得深圳市核发的《港澳医师短期行医执业证书》或《台湾医师短期行医执业证书》，且上述证书在执业有效期内的香港、澳门特别行政区和台湾地区永久居民。

[②] 李创：《深圳全面放开医师多点执业　允许助理医师执业注册》，《中国卫生》2016年5月。

香港大学深圳医院便是多元化合作办医模式推广下的重要经验成果。

香港大学深圳医院是由深圳市政府全额投资，香港大学负责运营管理的综合性公立医院，是香港大学的附属医院。港大深圳医院既是深圳市公立医院综合改革试点单位，也是实践多元化办医疗格局的重要试点医院。医院自开业以来，实行了一系列改革创新举措，为实现多元化办医疗格局提供了重要的实践经验。

（1）推进医院运营机制创新

推进编制、人事、薪酬以及财政补助、医疗收费和医保支付等关键领域、重点环节的改革，建立"维护公益性、调动积极性、保障可持续性"的公立医院运行机制。①

在人事管理方面，推行岗位管理和全员聘用制度，取消医院员工的事业单位编制，实行养老保险＋年金形式的薪酬保障制度。在聘用和任免方面，医院建立了一套包括公开招聘、以事定岗、按岗聘用等在内的全新人事管理制度，用人目标更加清晰，医疗人才的遴选也逐渐走向了专业化和规范化。与此同时，合同聘用制的实行不仅有利于调动员工的积极性，还可促进优质医疗资源的流动。

在薪酬制度方面，推行"以岗定薪、岗变薪变、绩效管理"的岗位绩效工资管理制度。员工薪酬由基本工资、岗位津贴和年度绩效工资三部分共同组成。同时，医院打破传统公立医院的院—科二级分配制度，根据医务人员的类别推行差别化的薪资制度，合理拉开医疗、医技、护理、行政、工勤人员的工资待遇差距。其中，年度绩效工资的绩效考核考核标准包括医生的医疗质量、手术效果、病人投诉数量、合作团队医护人员的评价等。

（2）推进医院服务模式改革

为了向患者提供更加优质高效的医疗服务，香港大学深圳医院建立了一套与国际接轨的诊疗服务模式。首先，在诊疗过程中推行"先全科、后专科"的就诊模式，降低了院内转科、错挂号的频次，有利于病人得到全面的治疗，同时也让专家集中精力看大病，带徒带教。其次，推行团队式

---

① 《国务院办公厅关于建立现代医院管理制度的指导意见》（国办发〔2017〕67号），2017年。

服务，专家领导下的"团队诊疗"服务以集体智慧为病人提供优质的服务，并按照"循证医疗"原则制定治疗最佳模式，保障医疗质量。此外，医院还建立了一套急诊预检分诊制度，将急诊病人进行分类处理，分为濒危、危重、紧急、次紧急、非紧急；濒危、危重病人将被优先诊治，避免耽搁延误治疗最佳时机，有效提升了急症危重患者的救治效率及效果。

同时，港大深圳医院还十分重视对于优秀医护人才的培养和储备。一方面建立了系统化的人才培训机制，实施医护人才"一人一计划"，培养重点人才、骨干人才、基础人才三个梯队，为员工提供有系统的持续培训。另一方面还积极开展对于国际医疗人才的培养。2015年，医院急诊科获批成为香港医学专科学院的训练中心，取得培训基础急诊科专科医生的资格，医生可在此接受符合国际标准的培训，完成训练并考试合格后，将成为香港急症科医学院院士，资格受到国际认可。医院的麻醉科成为香港医学专科学院的分科学院培训基地。2015年10月31日，国家卫生计生委与香港医学专科学院续签订关于开展全科/专科医师规范化培训的合作备忘录，加强中深港两地在专科医师培训、卫生应急等领域的合作，建立系统化、规范化专科医生培训制度。香港大学深圳医院作为深港医疗领域合作的平台，将在其中扮演重要角色。

七 构建分级诊疗制度

当前深圳市医疗卫生领域存在着资源总量不足、分布不均、结构不合理且医疗水平有限的问题，为了全面提升深圳市医疗服务水平，降低医疗机构运作成本，解决市民"看病难"的问题，满足市民的便捷就医需求，深圳市构建了一整套资源均衡布局、医院—基层医疗机构分工协作的分级诊疗服务体系，通过医院与各基层医疗机构之间的合作、分工与资源共享，来实现全市范围内医疗资源的流动共享与充分利用。为此，近年来深圳市着力推进医疗服务体系的供给侧结构性改革，建立健全分级诊疗引导机制，积极完善医院—社康中心分工协作机制，不断提高基层医疗机构服务能力，以实现"医院愿意放、人才下得了、基层接得住、群众愿意去"的服务目标。

（一）优化医疗资源布局

长期以来，深圳市医疗卫生领域都面临着医疗资源布局不合理的问题，一方面医疗资源的规模尚有不足，医疗水平得不到有效提升；而另一方面由于分配的不均衡又导致了部分医疗服务的浪费，可以说医疗资源的不足与浪费现象并存。为了进一步提升医疗卫生服务水平，优化资源分配布局，深圳市逐步构建了一套以区域医疗中心、基层医疗集团为主体，公益目标明确、布局合理、规模适当、结构优化、层级分明、功能完善、富有效率的城市基本医疗服务体系。

区域医疗中心主要以市级医院为主体，包括综合性医院和专科医院。区域医疗中心在全市均衡规划布局，以建设医疗、教学、科研协调发展的市、省、国家级医疗中心为发展方向，承担着急危重症、疑难病症诊疗，人才培养、学科建设和重大科研任务。而基层医疗集团则以区级医疗卫生机构为主体，构建"三级综合医院＋社康中心"紧密型医疗集团。[①] 以集团化改革或"院办院管"的方式，将各区或各街道范围内的社康中心集中交由区属三级综合医院管理。目前，全市每个街道至少有一家二、三级综合医院，每个社区有一家社康中心，实现了服务网点便捷化。

改革后的医疗服务体系针对社康中心发展水平不均衡的问题，以三级综合医院的资源优势，助力基层医疗服务体系建设，主动下沉优质资源，做强社康中心，打通了医疗资源之间纵向流动的关卡，优化了医疗资源布局，医疗卫生服务水平得到了有效的提升。

（二）完善医疗服务体系结构

1. 以"院办院管"管理体制做强社康中心

对于政府举办的社康中心，深圳市主要实行"院办院管"的体制。"院办院管"强调在政府的引导下实现管理的专业化，政府主要负责向社康中心提供基本建设经费、全科医师培训经费、业务用房租赁费，以及基本公共卫生服务、社区基本医疗服务、政策性减收等补助经费；而社康中

[①] 深圳市卫计委：《深圳市分级诊疗制度建设的路径和实践》，2016年7月。

心的具体运营则由医院全权管理，通过医院与社康中心之间的紧密合作，充分调动医院的管理经验和人才技术优势，提升社康中心的整体医疗服务水平，使社康中心的运营逐渐走向专业化、规范化和精细化。

2. 完善"医院—社康中心分工协作"机制

妥善安排不同层级医疗机构之间的分工合作，在集团化管理或"院办院管"模式下，三级综合医院主要承担急诊、住院服务，为社康中心提供人才、技术及管理经验等方面的支持，而社康中心则主要承接普通门诊、家庭医生和基本公共卫生服务，分流三级医院在基本诊疗和健康管理等方面的工作。

在患者就诊过程中，推行"先全科、后专科"的就诊模式。让非急诊和非疑难复杂病患先在社康中心由家庭医生服务团队接手治疗，如有需要进一步治疗的患者再转入相应三级综合医院接受专科诊疗。其中，家庭医生服务团队由医院专科医生和社康中心全科医生及护士共同组建，为团队提供临床专科技术支撑，并通过"社康检查+医院诊断"的模式来完善团队的检验检查服务。为了优化"先全科、后专科"的诊疗模式，各医院设置了社康服务科，专门负责协调双向转诊工作，将专科号源优先配置给社康中心家庭医生服务团队，为其签约服务对象提供优先接诊、优先检查、优先住院服务。①

"医院—社康中心分工协作"机制的推行使社康中心成为医院工作重心下移、医疗资源下沉的平台；家庭医生成为连接医院—社区医疗、预防、保健、康复服务的桥梁和纽带，真正实现家庭医生签约服务的全程性、接续性、综合性，全方位提高了医疗卫生服务水平，有效解决了市民"看病难"的问题。

（三）提高基层医疗机构服务能力

1. 完善硬件设施

针对医疗资源总量不足、分布不均的问题，深圳市持续加强区域医疗中心、基层医疗集团的基础建设。"十二五"期间，全市财政卫生总投入

---

① 《深圳未来五年将建48项医疗卫生重大项目》，2016年6月16日，中国数字医疗网（cio.it68.com/a 2016/0616/2715/00000/715673.shtml）。

599.1亿元，年均增长13.9%，基本实现每个区有一家三级综合医院、每个社区有一家社康中心。① "十三五"期间，将再投入约1400亿元，加快推进48个卫生重大项目建设，加快构建以17个区域医疗中心为引领、60个三级综合医院和一批重点专科医院为骨干、4000个社康中心、门诊部和诊所为依托的多元化城市医疗服务体系。②

2. 加强基层医务人员队伍建设

一是着重加强对社区医务人员的培训。对从医院进入社康中心工作的转岗人员进行全科医师转岗培训；并组织新招录的高校应届或毕业2年内的医师参加为期3年的全科医师规范化培训。二是推进医院专家进社区。市财政安排专项补助③，支持市属医院专家进社区，开展诊疗服务和技术指导工作，鼓励公立医院在职或退休专家到基层医疗机构执业或开设医生工作室。三是推进预防保健人员进基层。促进医疗卫生人力资源下沉，推动原公共卫生机构中的妇幼保健、慢病管理、健康教育等方面的医疗人才进入社区，为社区居民提供高质量的健康管理服务。在此基础上，进一步提高社区医务人员待遇，实施"一同等、两自主"政策，按照卫生强省、卫生强市的意见，明确政府办社康中心与其举办医院的人员工资总额按同等标准核定、分开管理，基础性和奖励性绩效工资比例由举办医院自主调整；举办医院可从单位上年度收支结余部分自主提取一定比例，用于增发社康中心医务人员的奖励性绩效工资，保障社康中心医务人员的薪酬待遇不低于举办医院同类同级医务人员的平均水平。同时，在全科医生当中推行"年薪制"，提高全科医生的工资待遇，调动社区医务人员的服务积极性。

（四）完善分级诊疗引导机制

1. 推行社区首诊和医保差别支付制度

深圳市根据人口结构，整合了城镇职工和城镇居民医保制度，设置了

---

① 深圳市卫生计生委：《深圳市分级诊疗制度建设的路径和实践》，2016年7月。
② 《深圳未来五年将建48项医疗卫生重大项目》，2016年6月16日，中国数字医疗网（cio.it/68.com/a 2016/0616/2715/00000/715673.shtml）。
③ 按照派出医院副高级以上职称医生的平均工资水平，以及用于安排专家进驻社康中心的实际岗位数，经考核后向派驻专家的市属医院安排专项补助。

三类保险,深户居民以及符合条件的非深户居民参加一档医疗保险,非深户职工可自愿选择参加二、三档医疗保险。二、三档医保参保人必须到社康中心首诊并按规定转诊,至2015年底,绑定此类参保人数达858.7万。对于一档参保人到基层医疗卫生机构、社会零售药店就诊、取药的,医保个人账户支付70%,另外30%从统筹基金中支付;如直接到医院,则全部从个人账户中支付。①

2. 实行财政分级补助

在基本医疗服务补助方面,改革公立医疗卫生机构财政补助机制,以公立医疗卫生机构完成基本医疗服务的数量、质量和群众满意度为标准核拨财政补助。从2017年起,逐步提高三级医院的急诊、住院和专科门诊补助标准,降低三级医院的普通门诊补助标准,提高基层医疗卫生机构的基本医疗服务财政补助标准,引导各级医疗卫生机构落实各自功能定位。②

在公共卫生服务补助方面,从2015年起,常住人口人均基本公共卫生服务补助标准从40元提高到70元。其中10元用于补助社康中心开展家庭医生签约服务。各区为鼓励开展家庭医生签约服务分别制定了激励措施,给予全科医生每人口10元的岗位补助;部分区对开展家庭医生签约服务的岗位和辅助岗位按每岗800元/月予以补助;各区按每签约1户予以30—50元的标准奖励全科团队。③

3. 推行医疗收费分级管理制度

二级医院、一级医院、社康中心的收费标准,分别在三级医院收费标准的基础上下调5%、10%和20%。按照国家统一要求,将社康中心的挂号费、诊查费、注射费、药事服务成本统一打包成一般诊疗费,标准为10元/人次,④ 促进了基本医疗卫生服务的公平可及。

---

① 赵敬菡:《医改的深圳经验:用好财政的钱、社保的钱、患者的钱》,2016年8月1日,人民网—健康卫生频道(health.people.com.cn/n1/2016/0801/c398004-28599363.html)。
② 周伟良:《深圳:基层医院看病更省 药品价格大幅度下降》,《广州日报》2016年6月15日。
③ 赵敬菡:《医改的深圳经验:用好财政的钱、社保的钱、患者的钱》,2016年8月1日,人民网—健康卫生频道(health.people.com.cn/n1/2016/0801/c398004-28599363.html)。
④ 余海蓉:《大医院专科号源优先给社康》,《深圳特区报》2016年6月15日。

八 开展基层医疗集团改革

深圳市基层医疗集团改革的开展以罗湖医院集团的实践最为突出。长期以来,罗湖区政府一直致力于基本医疗服务建设,然而,罗湖区始终面临着医疗资源匮乏、结构不合理以及医疗卫生水平较低等问题。2015年8月,罗湖区开始开展罗湖医院集团的建设,将区属5家公立医院和23家社康中心整合到一个医院集团下进行管理,借助集团一体化管理的优势,推动医疗人才、技术、资源向基层社区转移;[①] 整合公立医院资源,实行差异化、专业化发展,在统一协调管理的基础上优化医疗资源布局,提升医疗集团的整体医疗服务能力。

整合后,集团现有床位1172张,员工3479人,卫生技术人员778名,其中,高级专业技术职称443人,博士51人。有国家级技术准入资格的学科2个、国家级综合医院中医药示范单位1个、省级特色专科建设单位6个。[②] 医疗资源得到了合理的分配和布局,基层医疗水平显著提升,公立医院专业化程度不断加强。

两年来,罗湖区为推进基层医疗集团改革,优化辖区医疗卫生资源配置,进行了一系列开创性的改革实践。

(一) 构建区域医疗卫生服务共同体

1. 组建基层医疗集团

罗湖医院集团由罗湖区人民医院、区中医院、区妇幼保健院、区康复医院、区医养融合老年病科医院5家公立医院和23家社康中心整合而成,设有社区健康服务管理中心,对下属社康中心进行一体化管理,统一规划、统一标准、统一功能、统一运营。下设三级社康中心,罗湖社康管理中心将社康改为三级设置,每个街道设一家区域性社康中心,其下统筹管

---

① 吕二函、盛佳婉:《社康中心"化零为整"助推分级诊疗》,《深圳特区报》2015年11月24日。

② 深圳市医改办:《罗湖区基层医疗集团改革调研报告》,2017年6月。

理 3 至 4 个二级社康中心,并在第三级设立健康管理自助站,有效地推动了区域内医疗资源的一体化进程。①

改革后,按照"人员编制一体化、运行管理一体化、医疗服务一体化"的原则,全面整合区属医疗卫生机构的资源,以加强基层基础能力建设、推进分级诊疗、打造健康罗湖为目标,错位配置集团内各医疗卫生机构的功能,构建区域医疗卫生服务共同体,明确医院集团在满足辖区居民基本医疗卫生服务需求、维护和增进居民健康方面的责任,为辖区居民提供院前预防(主要由社康中心负责)、院中诊疗(主要由医院负责)、院后康复(主要由康复护理机构和社康中心负责)的全程医疗健康服务。

2. 优化医疗卫生资源配置

对各医院的功能进行重新定位,整合各医院的重点学科、特色专科资源,集中人财物等资源优势推进学科建设、开展人才培养和医学研究,形成发展各有重点、服务各有特色的差异化发展新格局,改变了过去学科资源重复配置、力量分散的弊端。合并集团内部运营支持体系的"同类项",成立医学检验、放射影像、消毒供应、信息、健康管理和物流配送 6 个资源共享中心,成立人力资源、财务、质控、社康管理、科教管理和综合管理 6 个管理中心,降低了医疗服务体系运营成本。

3. 以信息化提高运行效能

罗湖医院集团全面整合各医疗卫生机构的信息系统,推进集团内信息一体化建设。打通了医院—社康中心信息共享渠道,整合了区属医疗卫生机构服务链条以及前 15 年来各医疗卫生机构的居民就诊信息,开发"健康罗湖 APP",建立居民健康信息数据库,对居民健康进行全流程的记录、管理和服务。

(二)着力加强社康中心建设

2015 年底,罗湖区政府投入 2 亿多元,重新规划配置社康中心资源。将原罗湖区人民医院东门门诊部转型为区域性一类社康中心,并计划在东

---

① 吕二函、盛佳婉:《社康中心"化零为整"助推分级诊疗》,《深圳特区报》2015 年 11 月 24 日。

门、黄贝、莲塘、笋岗、桂园、东湖、东晓、清水河8个街道设立一类社康中心，每个一类社康中心服务区域将下设6个左右二类社康中心，共同承担区域内16万左右居民的医疗健康服务职责。①

罗湖区还着力加强社康中心设施建设，提高社康中心设备配置标准，如为东门社康中心等一类社康中心，新增配置了CT、胃镜、眼底照相等设备；建立"基层检查、医院诊断"模式；建设罗湖医学影像远程诊断中心，通过定点预约的方式，安排社区流动诊断车到社康中心提供检查拍片服务，并通过远程系统即时传送诊断结果至远程诊断中心。建立药品集团配送机制，在集团医院构建统一的药品目录，由集团统一采购、统一配送，完善社康中心药品种类。② 在社康中心设置智慧药房，实现智能自动发药，降低人力资源成本。自主开发移动审方APP，由医院集团的药师为社康中心提供集中在线审方支持，解决社康中心药师配置不足和临床合理用药水平不高等问题。

与此同时，大力发展家庭医生签约服务，整合医疗、康复护理、预防保健等资源、项目和链条，组建和扩大家庭医生服务团队，为辖区居民提供集医疗、护理和预防保健于一体的医疗健康服务。统筹辖区公共卫生服务资源，将区疾控中心、慢病中心的慢病管理、健康教育等相关人员整合到社康中心家庭医生服务团队当中，推动公共卫生工作重心向基层下沉，由原来的数据收集变为直接为居民提供健康促进服务。大力拓展家庭病床服务，一年来在辖区的渔邨、黄贝岭、翠宁三个社康中心积极开展老人日托、短期照料和长期托老等医养融合工作。

（三）推动医疗卫生服务向"以健康为中心"转变

罗湖区坚持以预防为主，提高辖区居民健康水平。区政府出台《罗湖区居民健康促进实施方案》，将健康促进的责任落实到各街道、各社区。罗湖医院集团通过培训居民健康素养讲师来组建讲师团，向居民提供健康促进服务。开展"健康少年行动计划"，面向5000名学生、家长开展健康

---

① 深圳市医改办：《罗湖区基层医疗集团改革调研报告》，2017年6月。
② 闫龑：《让基层医生不再单打独斗》，《健康报》2016年8月9日。

知识讲座；为近2000名学生进行免费窝沟封闭；实施独居老人家庭防跌倒工程，目前已为1580位老年人免费体检，为256户老人家庭安装防跌倒扶手装置。[①]

与此同时，罗湖区还致力于建立健全慢病管理和疾病筛查体系，加强人群慢性病和重大疾病风险管理，降低医疗卫生费用支出。将高血压、糖尿病、重性精神病、尿毒症、慢性心衰竭、慢性阻塞性肺部疾病纳入慢病管理当中；将乳腺癌、宫颈癌、肺癌、肝癌、胃肠癌等发病率高和居民致死原因中排名靠前的疾病列入基因早期筛查项目，努力实现让罗湖区家庭医生签约居民不得晚期癌症的终极目标。做好出生缺陷早期筛查，降低出生缺陷率。

九　医疗卫生事业发展的问题与展望

十九大报告强调人民健康是民族昌盛和国家富强的重要标志，并为未来医疗卫生事业的发展指明了方向，报告指出，"要完善国民健康政策，为人民群众提供全方位全周期健康服务。深化医药卫生体制改革，全面建立中国特色基本医疗卫生制度、医疗保障制度和优质高效的医疗卫生服务体系，健全现代医院管理制度。加强基层医疗卫生服务体系和全科医生队伍建设。全面取消以药养医，健全药品供应保障机制。支持社会办医，发展健康产业"[②]。结合十九大报告中的政策目标，我们尝试在如下方面对新时期深圳市医疗卫生事业发展进行展望。

（一）在医药卫生重点领域及关键改革环节

1. 存在的问题

其一，分级诊疗制度尚未全面建立，基层医疗集团建设刚起步，引导医疗卫生工作重心下移、资源下沉的体制机制尚不健全，市民对家庭医生

---

① 深圳市医改办：《罗湖区基层医疗集团改革调研报告》，2017年6月。
② 习近平：《决胜全面建成小康社会　夺取新时代中国特色社会主义伟大胜利》，2017年10月18日。

签约服务的获得感不强,基层首诊、双向转诊、上下联动、急慢分治的合理就医秩序尚未形成。其二,公立医院编制、人事、薪酬制度改革需要加快推进,符合医疗卫生行业特点的人力资源管理方式和薪酬分配制度未全面建立,医疗、医保、医药"三医联动"改革推进机制亟须完善,公立医院运营管理自主权、公益性运营目标落实不到位,医务人员的积极性仍需进一步激发。其三,医疗卫生综合监管制度尚不健全,卫生法律法规、服务管理标准有待完善。医保对医疗机构及其执业人员的监管作用未充分发挥。人口健康信息系统不完善,医疗、医药、医保等领域的信息孤岛、信息烟囱依然存在,医疗卫生服务、卫生综合监管信息化水平不高。

2. 展望

首先,进一步推进基层医疗集团建设,完善分级诊疗制度,优化家庭医生服务,切实构建"小病在社区、大病到医院、康复回社区"的合理就医秩序。其次,在进一步完善公立医院改革的基础上,尝试公立医院管理机制创新,建立更加高效、合理的人事、薪酬制度。此外,在综合监管方面,进一步完善医疗卫生综合监管制度,建立健全人口健康数据共建共享机制,提高卫生与健康领域治理的法治化、标准化、信息化水平。深圳市期望在 2020 年之前,率先建立比较成熟定型的分级诊疗、现代医院管理、全民医保、药品供应保障、综合监管 5 项基本医疗卫生制度。①

(二) 在落实"健康中国"战略方面

1. 存在的问题

其一,深圳人口多、密度大、流动快,人口老龄化进程加速,城市国际化水平提升,市民生活方式多元化,多种影响健康因素相互交织,新发传染病不断出现,居民慢性病死亡数占总死亡人数的 85% 以上,市民健康保障问题面临新问题、新挑战。"十二五"期间,全市高血压、糖尿病病人管理人数增加了 3 倍。据测算,全市高血压、糖尿病病人共 85 万人。其二,随着经济社会发展和人民群众生活水平的提高,市民健康需求快速增长,并呈现多元化、高质量和差异化特点,对卫生与健康产品供给提出

---

① 深圳市卫计委:《关于构建卫生与健康发展新格局的报告》,2017 年 6 月。

了更高的要求。其三，健康影响因素具有广泛性、社会性和整体性，健康深圳建设涉及经济社会发展各部门、各领域、各环节，需要全面加强党委、政府统筹协调责任，充分调动全社会参与健康深圳建设的积极性、主动性和创造性。

2. *展望*

把健康放在优先发展的战略地位，在进一步完善卫生医疗制度的基础上，将工作的重心转移到对市民日常健康情况的保障与服务上来，提高日常健康监测信息化水平，为市民提供更加优质的疾病预防、健康检测以及健康保障服务。期望到2020年，人群主要健康指标达到中等发达国家水平，基本建立涵盖健康生活、健康服务、健康保障、健康环境、健康产业在内的全民健康制度。

（三）在构建医疗卫生高地方面

1. 存在的问题

其一，医疗资源总量不足，优质医疗资源缺乏，且原特区内外不均衡，供需矛盾仍然比较突出。目前，深圳千人床位数为3.5张（2015年，北京5.5、上海8.5、广州5.6）、千人执业医师数2.5名（2015年，北京4.4、上海4.4、广州3.15）。其二，整体医疗技术实力不强。三甲医院仅12家（2015年，北京53、上海32、广州36），国家级医学重点学科14个（北京209、上海156、广州106），与北上广相比仍存在较大差距。其三，缺少高水平医学院校支持，目前只有深圳大学医学院、深圳职业技术学院医学技术与护理学院，医疗卫生人才自我"造血"能力不足，医教研协调发展水平较低。

2. *展望*

坚持"增量优质、存量优化"原则，加大政府对于医疗卫生资源服务的投入力度，进一步加强与国内外优质医疗机构的合作与学习，全方位提升医疗技术水平，优化医疗资源、人才、技术配置，最大限度地发挥医疗资源的功用。期望到2020年，全面建成卫生强市，初步形成在粤港澳大湾区具有一定辐射力和影响力的医疗卫生高地。

(四) 在推动卫生与健康科技创新方面

1. 存在的问题

其一,医研企协同创新网络、链条不健全。高水平的医学创新基础设施、基础研究机构、创新平台等资源不足,临床医学研究体系不完整,临床研究等领军人才匮乏。其二,医疗卫生机构的创新活力有待进一步激发。医学科技创新人才培养、评价、激励机制不完善。其三,卫生与健康科技创新成果转移转化和推广应用体制机制不健全。

2. 展望

瞄准生物医药科技前沿,以保障健康、促进健康产业发展为目的,加快卫生与健康技术创新,推进科技创新与医疗卫生服务全面融合,引领和支撑卫生与健康事业改革发展。期望到2020年,初步建成协同高效的卫生与健康科技创新体系,科技创新在卫生与健康事业发展中的引领支撑作用显著增强。①

---

① 深圳市卫计委:《关于构建卫生与健康发展新格局的报告》,2017年6月。

第五章 实现公民的劳动权利

就业乃民生之本，保障和实现公民的劳动权利是民生幸福的基础。人只有获得这种权利，才能实现在对自然改造基础上的保持自身存在的交往、生存和发展。① 劳动权涉及人权的各个层次，是一种综合权利。其中属于人身方面的权利有职业安全权、自由择业权、休息权；属于财产和经济方面的权利有劳动报酬权、福利权和社会保障权；属于政治文化方面的权利有结社权、职业教育权、民主管理权和罢工权等。从逻辑结构来看，工作权是基础和前提，报酬权和福利权是核心，其他权利是保障。② 针对资本主义国家失业问题，马克思曾指出"劳动权在资产阶级的意义上说是一种胡说，是一种可怜的善良愿望"③。社会劳动问题首要的而且核心的问题是基本劳动权问题，即就业权或者工作权问题。解决社会劳动问题的基本进路也需要从保障就业权开始，进而扩展至其他内涵的劳动权。④ 因此，我们要保障公民的劳动权利，首先要保障的就是作为其基础的工作权，有了工作权这个基础和前提，才能进一步实现报酬权和社会保障权等其他权利。党的十八大报告提出，要推动实现更高质量的就业，并将就业更加充分作为全面建成小康社会的重要目标。党的十九大报告指出，就业是最大的民生。要坚持就业优先战略和积极就业政策，实现更高质量和更充分就业。深圳经济特区成立以来，一直以丰富的就业机会不断吸引大量的劳动

---

① 李炳安：《劳动权论》，人民法院出版社2006年版，第31—33页。
② 冯彦君：《劳动权论略》，《社会科学战线》2003年第1期，第167—175页。
③ 《马克思恩格斯选集》第1卷，人民出版社2012年版，第426页。
④ 薛长礼：《劳动权论》，科学出版社2010年版。

力流入，保障就业、充分实现公民的劳动权利是深圳这座城市的优势和使命。

一 深圳人力资源和社会保障事业改革发展概况

深圳经济特区设立和发展的历史，就是一段创造就业、解决就业的历史。1980 年，深圳市劳动者人数为 13.95 万人，2016 年，深圳劳动者人数为 906.14 万人，35 年间累计劳动人次为 13905.21 万人。[①] 由于劳动力流动的原因，从第一代来深务工的人员算起，深圳在三十几年的历史中，累计创造的就业岗位当在数千万之巨（图 5-1 为改革 30 年来深圳就业人数变化图）。[②]

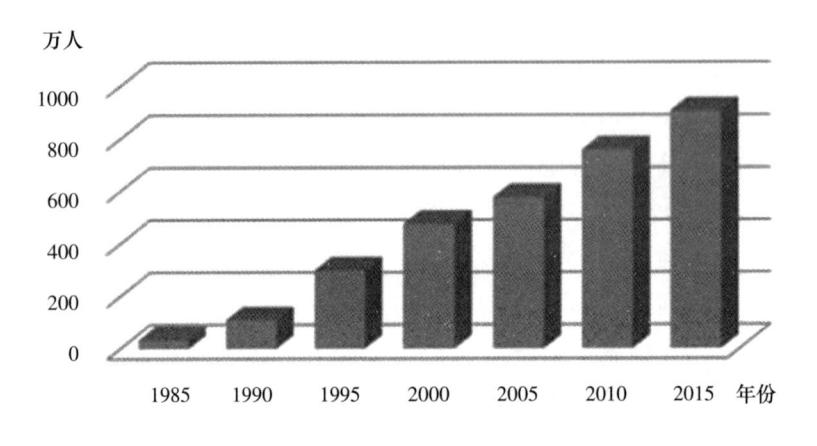

图 5-1 1985—2015 年深圳就业人数变化

近 10 年来，根据深圳市人力资源与社会保障局的统计数据，深圳市就业形势保持稳定，平均每年新增就业人数接近 10 万，失业人员实现再就业人数接近 6 万，城镇登记失业率保持在 2.5% 以内，"零就业家庭"

---

① 深圳市统计局、国家统计局深圳调查队编：《深圳统计年鉴 2016》，中国统计出版社 2016 年版。

② 同上。

动态归零（图 5-2 为近年来深圳失业率变化图）。①

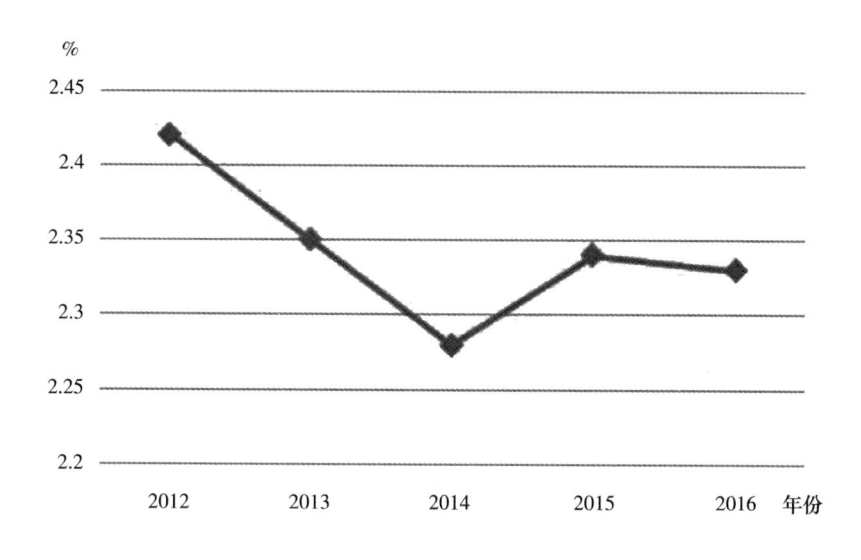

图 5-2　2012—2016 年深圳市失业率变化

同时，社会保障能力不断增强，在"十二五"末期，全市各险种参保总人数达到 5207.57 万人次，基本养老、医疗、工伤、失业和生育保险参保人数分布接近 1000 万人（图 5-3 为"十二五"期间深圳社保参保人数变化图）。②

其中，工伤保险参保人数在全国范围内居首位，各险种参保总人数在全国范围内排名靠前。劳动关系也保持和谐稳定，已建工会企业集体合同签订率为 82.1%，各级劳动人事争议仲裁机构立案 14.46 万宗，涉及人数 30.86 万人。劳动人事仲裁通过"开标准庭、办规范案"等活动提升了办案规范化水平和仲裁办案效能，提升了社会影响力。

---

① 深圳市统计局：《劳动保障事业主要指标》，2017 年 12 月 20 日，深圳市人力资源和社会保障局网（http：//www.szhrss.gov.cn）。

② 同上。

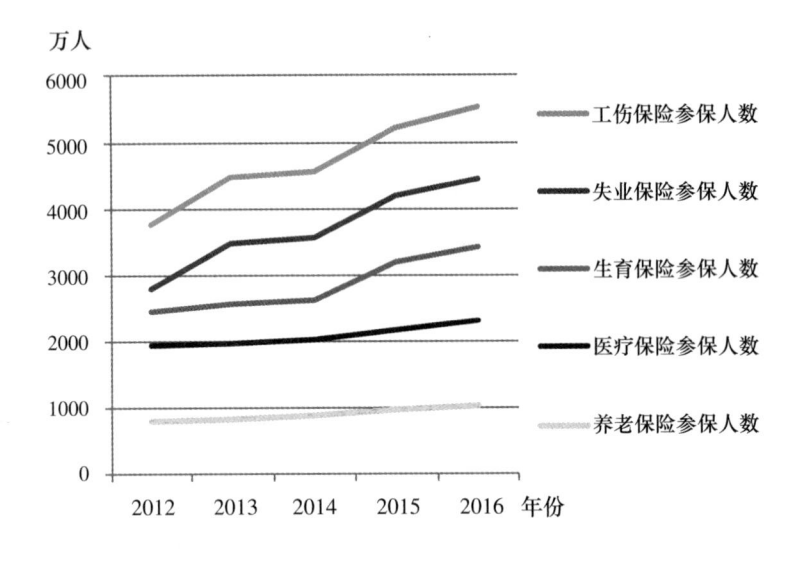

图 5-3　2012—2016 年深圳社会保险参保人数

二　完善公共服务，大力促进就业

（一）提升培训服务，增强就业能力

完善的公共就业服务应该能够保证覆盖到最大多数的劳动者，同时要不断提高公共就业服务的数量和质量，增强服务能力，凸显服务水平。所谓覆盖到最大多数的劳动者，就是在做制度安排和政策制定时，要顾及不同经济水平，不同户籍来源，不同受教育程度和不同年龄段的劳动群体，在这个意义上，可以说是要实现区域内的公共就业服务均等化。公共就业服务均等化的本质在于公平，即能够让不同层次的劳动者公平地享受到公共就业服务，它包含两个方面：从政府方面来说，就是要对公共就业服务产品进行公平分配；而对劳动者而言，则是从政府那里平等地享有政府提供公共就业服务的权利。[1] 因此，关注普通劳动者乃至弱势群体，是公共就业服务均等化的题中应有之义。

---

[1] 王飞鹏：《我国实现公共就业服务均等化面临的问题及对策研究》，《当代经济管理》2012 年第 2 期。

公共就业服务均等化必须要考虑最基层的就业需要。面对深圳五花八门的制造业工厂，对各式各样的技术的掌握越来越成为求职就业的敲门砖或门槛。但是事实上，不论是外来务工人员，还是深圳户籍人口，大多数的劳动者并没有经受过良好的职业培训，因而不仅在职业素养上有所欠缺，更重要的是技术人才不足造成了供需不平衡。因此，职业技能培训乃是一项大众需求，而由相关部门提供适当的职业培训将会是促进就业的重要因素。

2010年10月27日，时任国务院总理温家宝在国务院常务会议上指出，职业培训是提高劳动者技能水平和就业创业能力的主要途径，要建立健全面向全体劳动者的职业培训制度，全面提高劳动者职业技能水平，为促进就业和经济社会发展提供强有力的技能人才支持。而要建立健全职业培训制度，一是要开展各种形式的职业培训，二是要切实提高职业培训质量，三是要加大资金支持力度。

深圳市作为国家经济改革的窗口，早在2006年就开展了"农民工技能提升培训行动"。该行动坚持培训与就业相结合方针，紧密结合企业人才需求，综合运用职业培训补贴、技能人才津贴政策，动员和组织企业、职业院校和培训机构大力开展农民工培训，为在深就业农民工提供有效的培训和服务，提高其技能水平和就业能力。建立和完善政府统筹、产业引导、行业推进、企业和职业院校自主、民间力量积极参与的多元化农民工培训体系，逐步形成就业导向、政策扶持、社会参与的运行机制。有效整合运用社会资源，重点推进农民工技能培训工作，着力建设一支适应产业结构调整需求的农民工技能人才队伍。截至2010年，共500万在深就业农民工参加了技能提升培训，年均培训100万人；培训后获得结业证书或相应职业资格证书的比率达到90%以上，与用人单位签订一年以上劳动合同的比率达到80%以上，提高收入的比率达到60%以上。通过职业培训服务，劳动者不仅增加了原有劳动技能的熟练度，其中多数甚至获得了新的劳动技能，增强了自主择业创业能力和失业再就业能力。

深圳市自"十一五"开始建立职业培训新体制，进一步完善职业培训体系，加强政府对职业培训宏观指导和服务工作，大力推行国家职业资格证书制度，落实就业准入制度。建立起政府各职能部门职业教育和培训联席会议制度，统筹协调全市职业教育和培训工作。同时，加强机构建设，积极发挥深圳市公共实训管理服务中心的作用，为全市职业培训发展和技能人才培养提供宏观指导服务。建设市、区两级技能人才公共实训平台，提升培训规模和能力，为社会提供公益性职业训练服务。鼓励行业和企业举办公共实训基地，利用现有教育培训资源，为社会服务。并且，重点建设100家大型企业培训基地，其中有5家国家级高技能人才培训基地。民办培训机构达到300家，职业技能鉴定机构发展了60家，加强了与香港及国外对技能人才培训的合作。建成深圳高级技工学校新校区，三个校区在校生达到11000人。加大对实训设备投入，提高实训水平。在深圳市第二技工学校的基础上，经过发展建设第二高级技工学校，在校生规模5000人，实现办学规模加倍扩展，办学条件基本实现现代化，着力新建2所公办技工学校和5所民办技工学校，在校生达到2.5万人。创新技能人才培养使用制度，建立技能人才津贴制度，制定并实施紧缺技能提升培训的政府补贴培训费用制度。创建技能人才评价新体系，完善职业技能鉴定方式，抓好技能鉴定新职业、新工种、新项目的开发，完善行业、企业考评办法，对政府确定的支柱产业、优先重点发展产业和高新技术产业，其特有工种从业人员，可以由企业组织以业绩为核心、兼顾职业能力的现场考评，根据考评结果，政府部门颁发相应国家职业资格证书；创新政府认定评价方式，对技艺高超、业绩突出的特殊人才，经专家评审，政府部门认定其技师、高级技师职业资格，实现技能人才评价标准多元化，评价方式多样化，评价主体多极化。通过一系列培训改革措施和考评机制的建立，深圳市职业培训质量得到了大幅提升。

  目前来说，深圳市着力强化技工教育培训，实现在职劳动者素质提升、人力资本结构改善。由于技能人才储备不足，结构不合理，难以适应高端制造、精密制造、智能制造等先进制造业发展需要。因此，仍然要根据深圳市的产业结构和人才需求，全面实施"劳动者技能素质提升工程"，推行终身职业技能培训制度，优化培训政策，促进职业培训市场健康发展。

(二) 健全公共就业服务制度

要完善公共就业服务，建立面向全体劳动者的职业培训制度仅仅是一个方面，除此以外，还要不断扩展公共就业服务范围，不断推出公共就业产品，同时不断革新公共就业服务制度。

所谓公共就业服务（Public Employment Service）产生于19世纪末的工业化国家，是西方资本主义国家为改善失业者的生存状况和维护社会稳定而对劳动力市场采取的直接干预手段。具体指以政府为主导，社会各方共同参与，通过就业服务组织帮助劳动者获得就业岗位和提升就业能力，帮助用人单位找到合适劳动力的一系列服务性工作。其本质是促进就业，尤其是以实现公平就业和人力资源充分开发利用为目的，由政府向社会全体劳动者提供，旨在满足其基本就业需要的公益性服务。[①] 随着中国市场化改革不断深化，要实现充分就业，完全由市场这只"看不见的手"来调控劳动力市场并不能充分保障劳动者的劳动权利，而必须依赖于制度性的力量，于是由政府提供公共就业服务来调控劳动力市场，在保障就业的同时也有利于实现劳动者的其他劳动权利。常见的公共就业服务包括提供就业侦测、法规咨询、职业供求信息、市场工资指导价位信息、职业培训、职业指导和介绍，防止公民由环境、政策以及市场失效等原因导致的就业风险，以保障所有劳动者公平地进入劳动力市场和保护弱势群体实现劳动权利。[②]

为了应对市场化改革中伴随的结构性失业和摩擦性失业的问题，深圳市自2002年开始建立起了比较完备的公共就业服务制度，其基本服务项目涵盖了求职者、劳动者在求职就业过程中应当享有的主要服务内容。针对相对弱势的求职群体，围绕就业服务中最直接、最重要的促进就业的服务环节，提供免费的公益性服务，包括就业政策法规咨询；职业供求信息、市场工资指导价位和职业培训信息发布；职业指导和职业介绍；办理

---

① 王飞鹏：《我国实现公共就业服务均等化面临的问题及对策研究》，《当代经济管理》2012年第2期。

② 同上。

失业登记；就业援助等免费服务。随着公共服务产品的不断推出和普及，在深劳动者的劳动权利得到了有力保障。

2012年，深圳市公共就业服务体制机制改革开始。此次改革推动了就业创业服务规范化建设，全面梳理优化全市各项基本公共就业创业服务的办理流程和办事程序，编印了《深圳市公共就业服务规范手册》，并发放全市各级公共就业服务系统，工作人员人手一册，作为全市公共就业创业服务的统一标准和共同规范。并且，为了适应"信息时代"的要求，简化办事流程，公共就业创业服务的信息化建设也是改革的一个重要方面。失业登记和失业金申领"一站式"服务系统上线，其功能包含失业登记办理和失业保险申领，并增加了资料扫描、信息查询、统计与台账、失业登记网上预申报等功能，开创性地与社保数据库、工商数据库对接，建立信息互联和信息共享，简化了业务流程，减轻了服务人员和服务对象的工作量。在完善平台各项功能的同时，积极配合全市"一门式、一网式"政务服务模式的试点推广，在各区推行公共就业创业服务"区内通办"，即服务对象可在辖区内任一办事窗口申请各项就业创业服务，真正实现"走最少的路、花最少的时间、获得最多的服务"。同时，公共就业服务队伍加强了专业化建设。严格把控公共就业服务队伍的入口关，吸引高素质的人才充实各级公共就业服务队伍，组织公共就业服务系统工作人员进行政策解读、系统操作等多种轮训，切实提高全市公共就业服务队伍的业务操作水平。另外，组织了公共就业创业服务人员参加指导师和人力资源师等从业资格考试，提高了持证率，将深圳公共就业服务水准推上了一个新高度。

根据《深圳市人力资源和社会保障事业发展"十三五"规划》，深圳市将进一步提高公共就业服务水平，健全公共就业创业服务体系。加强公共就业服务制度设计，完善服务功能，简化服务流程，统一服务标准，为劳动者和用人单位提供优质高效的就业服务。首先，明确市、区和街道三级公共就业创业服务机构的职能定位。财政投入和资源配置向基层倾斜，强化硬件建设。统一基本服务免费制度、就业信息服务制度、失业登记管理制度、就业援助制度、就业信息监测制度等，推进公共就业服务规范化和标准化建设。逐步建立起涵盖职业指导、职业介绍、技能培训、创业指导、补贴发放等服务的质量标准体系。鼓励社会组织参与就业创业服务，创新公共就业创业服务提供方式。公共就业服务能由政府购买提供的，政府不再直接承办。其次，加强公共就业服务能力建设。优化全市统一的公共就业创业服务信息系统，提供更加高效、便捷、优质的公共就业创业服务。充实基层公共就业服务力量，加强基层公共就业服务机构人员队伍的专业化培训，按比例配备持证的职业指导师、人力资源管理师。建立公共就业创业服务质量考核体系，定期开展绩效考核和评价，提升服务质量。最后，加强就业形势研判。充分利用本市数据资源共享平台，做好就业失业动态分析监测。建立健全企业用工需求信息平台，掌握各类企业用工信息，准确预测劳动力供求发展趋势，实现企业用工动态监测和跟踪服务。加强与主要劳动力输出地的信息对接，及时掌握劳动力流动趋势。

三　大力培植创新创业活动

深圳在改革开放之初建立特区时，就携带了创新的基因，凭着"开拓者"的精神和敢为天下先的魄力，深圳作为国家改革的试验田，始终走在时代的前列。改革开放40年来，深圳已经取得了举世瞩目的成就，无数的普通劳动者无疑是建设深圳的中坚力量，同时在市场机制作用下，也为年轻的深圳带来了解决就业问题的压力。而要解决就业问题，就不能仅仅依靠既有的企业塞入不断增多的劳动人口，而是要发动广大劳动者发扬创新精神，推动自主创新创业活动。

李克强最早在2014年的夏季达沃斯论坛上提出了"大众创业、万众创新"的号召。他曾讲到，要在960多万平方公里的土地上掀起"大众创业""草根创业"的新浪潮，形成"万众创新""人人创新"的新态势。中国自20世纪90年代建立社会主义市场经济以来，一直以投资、出口、消费"三驾马车"拉动国民经济迅猛增长。2008年经济危机之后，随着国际经济形势的变化和国内经济结构的调整，再加上人口红利期的衰退，中国的经济形势凸显出疲态，急需新的动力刺激经济的进一步增长。而从"移动互联网元年"2011年开始，以互联网为核心媒介的创新创业之潮汹涌而来，成为带动中国经济活力，促进产业结构转换升级的重要力量。李克强的号召正是借助互联网创业的契机，通过给予政策上的支持，注入政府的力量，推进了大众创业之潮。

2015年国务院发布了《关于大力推进大众创业万众创新若干政策措施的意见》，指出了当前推进大众创业、万众创新的重要意义。《意见》强调，推进大众创业、万众创新，是发展的动力之源，也是富民之道、公平之计、强国之策，对于推动经济结构调整、打造发展新引擎、增强发展新动力、走创新驱动发展道路具有重要意义，是稳增长、扩就业、激发亿万群众智慧和创造力，促进社会纵向流动、公平正义的重大举措。首先，推进大众创业、万众创新，有利于培育和催生经济社会发展新动力。随着我国资源环境对于经济增长方式的约束越来越强，传统的、依靠要素规模驱动的、高投入高消耗的粗放式发展不能再适应如今的自然环境和社会结构的要求，经济发展方式需要从要素和投资驱动，转向创新驱动。推荐大众创业、万众创新，就是要通过体制机制的结构性转变，放开束缚创业创新的条条框框，进而支持产品创新、个人创业和行业开拓，形成推动经济可持续发展的新动力。其次，推动大众创业、万众创新，有利于扩大就业，缓解大城市的就业压力，同时促进民生，提升人民生活水平。这个过程要注重转变政府职能，实现从管理型政府到服务型政府的转变，营造公平公正的创业环境，激发青年劳动者的创业活力，实现创新支持创业，创业带动就业的良性循环。最后，推进大众创业、万众创新，有利于激发全社会的创新潜能和创业活力。目前来看，在我国，创业创新的思维还不够普及，善于创造、勇于创业的能力不足，鼓励创新、宽容失败的良好环境尚未形成。推进大众创业、万众创新，就是要不断树立创新创业的榜样，普及创业创新的价值取向，培养相应的思维导向，培育创新文化。

深圳市作为中国经济的窗口和互联网经济的发源地之一，也必须抓住大众创业、万众创新的时代机遇，做好公共就业创业服务，建立教育与就业之间的有机联系，促进高质量的就业，推动创业创新，建设"创新型"城市。

《"十三五"规划》建议，要营造大众创业良好氛围。围绕"大众创业、万众创新"，广泛宣传促进创业带动就业政策，营造利于创业的政策环境和社会舆论环境。打造"珠三角自主创业项目推介会""创业指导校园行"等创业活动品牌。举办形式多样的创业大赛，筛选优秀创业项目给予精准扶持、助力成长。支持发展青年创业组织，推动成立创业协会、大学生创业联盟，鼓励社会力量支持青年创业。树立一批创业典型，在全社会营造良好的创业氛围。健全政府激励创业、社会支持创业、劳动者勇于创业新机制，建设政策最优、环境最好的创业型城市，以创新创业带动就业，激发经济社会发展新动力。扩大创业政策扶持范围。完善和落实好扶持创业各项优惠政策，激发社会创新创业活力。深入实施大学生创业引领计划，加大对最具创新创业活力的青年大学生的创业扶持力度。逐步扩大创业扶持对象范围，使更多的创业群体获得创业扶持。加快创业服务平台建设。推广新型孵化模式，加快发展众创空间，建设一批创业带动就业孵化基地，为劳动者创业提供项目开发、开业指导、融资服务、跟踪扶持等服务。进一步加强创业服务体系建设，创新公共创业服务模式，充分利用"互联网＋"创业服务，提升创新创业服务水平。加强创业教育和创业培训。鼓励普通高等学校、职业学校、技工院校开展形式多样的创业教育，将创业教育纳入教学大纲。支持有条件的高校创办创业学院。以需求为导向，加大创业培训力度，科学设置创业培训课程，加强创业师资队伍建设，实现考培分离。围绕培养创业意识、掌握创业基本知识、加强创业实践，全面提高创业者创业能力。

深圳市先后发布实施《深圳市关于促进创客发展的若干措施（试行）》（深府〔2015〕46号）、《深圳市人民政府关于加强创业带动就业工作的实施意见》（深府〔2015〕70号）、《深圳市促进创客发展三年行动计划（2015—2017年）》（深府函〔2015〕165号）、《关于扩大自主创业扶持补贴对象范围及提高补贴标准的通知》（深人社规〔2016〕18号），相关职能部门出台了一系列配套文件和操作细则。2015年，深圳市政府提出了相应的任务目标。一是完善就业创业政策体系。修订失业登记管理办法、失业人员职业技能培训管理办法等，完善职业能力测评、职业指导、技能培训等政策措施，提升失业人员就业竞争力。制定创业培训政策，修订创业孵化基地认定和管理办法。二是重点抓好高校毕业生、就业困难人员等群体就业工作。为离校未就业毕业生提供"五个一"服务，推出更多适合高校毕业生的就业岗位。深入实施大学生创业引领计划，加大青年大学生创业扶持力度。加强对灵活就业、新就业形态的支持，健全就业困难人员的援助制度，托底帮扶就业困难人员。大力实施劳动者技能提升计划，促进异地务工人员就业。三是促进创业带动就业。扩大创业政策扶持范围。加快发展众创空间，推广新型孵化模式，建设一批创业带动就业孵化基地。加大创业培训力度，科学设置创业培训课程，全面提高创业者创业能力。继续打造"珠三角自主创业项目推介会""创业指导校园行"等创业服务品牌。四是提升公共就业创业服务能力。推进公共就业服务标准化建设。优化全市统一的公共就业创业服务信息系统，实现"线上""线下"服务相结合。按比例配备职业指导师、人力资源管理师，加强基层公共就业机构人员队伍的专业化培训。五是加强就业形势研判。加强公共就业服务的调研，完善就业调查统计制度，重点抓好趋势性问题的研判和分析。

深圳市为激励创新创业活动，提供了充分的资金保证，拉动了相应活动的展开。为促进创客发展，设立了2亿元规模的创客专项资金，在创客空间建设、创客人才培育、创客公共服务强化、创客文化营造、创客融资渠道拓宽五个方面给予了充分的制度保障，着力降低创新创业的门槛，吸引全球创客汇集深圳。为促进创业带动就业，将高校毕业生创业扶持对象范围扩大到本市普通高校、职业学校、技工院校毕业学年的在校学生及本市户籍毕业5年内大学生；加大初始创业扶持力度，创业担保贷款个人最高额度提高到20万元，初创企业最高可补贴5万元，创业带动就业最高可补贴3万元；自主创业人员中的毕业生、在校学生、留学回国人员和就业困难人员，申请创业担保贷款，可免反担保手续。

同时，着力转变政府职能，打造服务型政府，建立有利于创业创新服务的制度环境。全面深化创业扶持服务工作，多渠道多角度全方位宣传创业扶持政策；招募创业导师队伍，开展创业导师进基层系列活动，为创业者提供更加专业的创业指导服务；加强创业孵化园、创意创业园等创业载体建设，目前深圳共有18家市级创业基地；扩大创业担保贷款放贷规模，发挥创业融资扶持作用。打造全市公共就业创业服务品牌。多年来，积极参与组织并主办大学生创业大赛，参与组织并主办珠三角九市联动自主创业项目推介会，举办创业大讲堂，开展创业指导校园行，组织全市性青年见习岗位推介及招聘会等全市性的大型专项活动，努力打造有深圳特色的公共就业创业服务品牌。

另外，创新提供公共就业创业的服务模式。积极探索并推行公共就业服务"互联网＋"的服务模式，建设公共就业服务、创业服务和大学生就业服务的微信服务号。开发建设高校毕业生微信服务平台，初步打造了高校毕业生就业服务"互联网＋"的新办理模式，让符合条件的本市离校未就业高校毕业生可直接通过"深圳市公共就业服务平台"网站或微信公众号"深圳大学生公共就业服务"在线进行实名登记办理。

最后，还开展了一系列具体的创新活动。深圳市于2015年先后成功举办首届"深圳国际创客周"和"国家双创周"深圳分会场活动，大力营造双创氛围，激发全民双创活力。深圳国际创客周以加强创客交流合作、汇聚创客创新资源、培育创客文化为宗旨，围绕"创客深圳（MAKER@SHENZHEN）"主题，展示创客发展成果，共有26.7万人参加了各项活动，来自35个国家和地区的60余家创客机构携带精品在创客周亮相。本届创客周展现出了深圳的创新优势，营造了国际创客中心的良好氛围，进一步树立了创新型城市的形象。2015年10月，国家双创周深圳分会场在深圳拉开帷幕。通过举办创客工坊、太空创客主题、创业者与投资机构接洽会、创客马拉松、VR虚拟现实嘉年华、"中美创投硅谷行考察成果"主题分享会、创新创业论坛、建行创客行系列活动启动仪式、鲲鹏智能硬件创新项目路演、创新与创业——全球经济走势高端论坛、深圳市创客教育跨界交流暨少年创客导师俱乐部成立大会等29场特色鲜明的主题活动，吸引了13.48万人参加，大众创业、万众创新的理念更加深入人心。

创新基层平台服务理念和模式也是创新创业公共服务的重要内容。"就业创业超市"和"创业加油站"两项服务，运用市场机制开展"点菜式"自选服务，采用微信等信息技术拓展服务领域，助推就业创业，成效显著。"就业创业超市"即是福田区莲花街道携手社会组织精心打造的，由政府主导建设、社会资本投资运作的创新性就业创业服务平台。"超市"面积约406平方米，创设以来已经接待咨询群众3031人，开办创业就业培训16场，参加培训人数2036人，发布4200个岗位信息，成功帮助172

人实现就业，孵化创业人员 38 人，意向创业人员 15 人。而"创新创业加油站"则同时在龙岗区的各个街道建立，为创业者就地就近接受创业指导、参加创业培训、进行创业交流提供了便利场所。另外，还运用互联网技术开发了"创新创业空中加油站"微信平台。两个加油站成为创新创业导师团和创新创业特聘导师团开展工作的主要场所。"创新创业加油站"创设以来，累计对 5200 余人进行了创业指导，其中高校毕业生约 600 人。2015 年，全区培养了 490 名创新创业人才，带动就业 10008 人。

四 健全社会保险体系

劳动权作为一种综合权利，除了工作权以外，获得社会保障的权利也是劳动权的重要内容之一。而要实现这一权利内容，则不仅要在制度安排上不断改革创新，还要积极转变政府的角色，通过从管理型到服务型的转变，实现服务模式的不断完善和服务效率的不断提升。历年来，深圳社保积极推进参保覆盖、不断提升保障水平、持续强化管理优化服务，努力构建民生保障体系，为广大参保人谋福祉，充分发挥出社会保险稳定器、减压器、避震器的保障职能，同时也保证了劳动者权利的充分实现。

深圳市社会保险服务在社保机构全责征收模式下，参保覆盖面逐年扩大，社保基金运行稳健。深圳市作为省内唯一实现五险合一经办的城市，参保覆盖成效显著。近年来，以社保全责征收为工作基础，社保参保扩面有效推进，全面推进全民参保登记。参保规模逐年扩大，稳居全省首位，五险合一经办模式得到社会各界充分肯定。参保覆盖面逐年扩大。2010—2016 年，养老、医疗、工伤、生育、失业五大社保险种总参保人次以年均 8.88% 的增幅递增，参保总量逐年攀升，参保覆盖面逐年扩大。基金收入逐年攀升。自 2010 年以来，全市社保基金收入保持稳定增长，从 2010 年的 340.15 亿元增长到 2015 年的 930.20 亿元，年复合增长率 22.29%，历年滚存结余从 2010 年的 1198.95 亿元增长到 2015 年的 3735 亿元，年复合增长率达到 25.52%，社保基金体量不断增大。截至 2017 年 6 月底，各项社保基金当年结余 501.566 亿元，历年滚存结余 4933.583 亿元。

深圳市社会保障体系，率先推行均等化公共服务，精心做好制度设计，建立了多层次的社保体系。根据城市特点、人口特点，在社保制度覆盖方式上，以保障需求为导向，建立以险种特色为主导的分类覆盖、逐项推进的推进模式。在模式创新上，深圳率先实行社会统筹与个人账户相结合的模式，为国家建立现行社会保险体系框架提供改革范本。并且，在建立社保制度之初，就以开放、可持续的角度，敞开胸怀，将来深务工群体纳入深圳市社保体系之中，真正实现了区域内的公共服务均等化。特区建立初期，市外户籍务工群体即被纳入深圳市养老保险体系，实现了参保户籍平等化。在医疗保障方面，2006年深圳率先建立了农民工医保制度，通过每月个人交4元、单位交8元的合作医疗实现广覆盖、低缴费、门诊住院同步的医疗保障，将来深务工群体全部纳入深圳市医保体系。并且，逐步建立起包含城镇职工、城镇居民以及少儿、大学生在内的多层次医保体系，力促法定人群全覆盖。工伤保障方面，在兼顾劳动者与用工单位双方权益的前提下，开放工伤保险优先参保，低缴费、强保障，有效提升广大用工单位参保积极性。生育保障方面，深圳在全国范围内最早建立了深圳特区生育医疗保险制度，并且纳入了市医疗保险体系一并实施。2013年，非深户籍参保人纳入深圳失业保险体系，根据当年6月的数据统计，深圳市失业保险参保927.01万人、同比增长192.4%；2015年初，深圳市生育医疗与广东省生育保险制度实现顺利过渡、无缝衔接，最大程度保证参保人权益。

近年来，为了适应经济结构转型和国家政策的转变，深圳积极助推供给侧结构性改革，社保减负举措实施效果显著。2015年底以来，积极实施"三降两补一浮动"减负举措。2015年底至2017年6月底，累计为参保单位及个人减负133.64亿元。2015年底开始，人力资源与社会保障局落实降费率政策，陆续下调生育、失业、工伤保险费率，实行失业保险浮动费率，同时启动稳岗补贴及生育津贴发放，积极配合实体经济企业降成本。在2016年落实发放28.47亿元企业稳岗补贴的基础上，持续开展稳岗补贴申报工作。统计显示，2015年度符合发放稳岗补贴的企业34484家，2016年度符合发放稳岗补贴的企业42703家，2017年度符合发放稳岗补贴的企业102781家，涉及补贴金额共计15.06亿元，稳岗补贴款项预计于2017年10月底一次性发放到位。

在服务模式改革方面，深圳服务权限持续下放，服务前移，力促便民。近年来，以推进企业在线自助办理3个月内社保欠费，大大方便参保企业为开端，进一步下放非深户修改为深户调入个人窗口参保权限，取消审批环节；2017年2月起新增行业类别、单位地址、工商注册号、法人姓名、法人身份证号等单位信息变更共11项服务项目通过企业网上申报系统自助办理。同时，开始执行新修订的《深圳市社会医疗保险定点医疗机构管理办法》《深圳市社会医疗保险定点零售药店管理办法》，进一步放宽医药机构社保定点资格申请备案条件，上半年全市新增社会医疗保险定点医药机构共287家，包括43家医疗机构、244家零售药店；积极配合开展全省离退休人员养老金领取资格的异地验证工作，通过社保经办窗口、中国邮政储蓄银行代办网点等渠道，为在深圳居住的省内离退休老人提供便捷高效的认证服务；优化养老经办，通过政府购买服务，试点开展参保人员档案视同缴费年限审理，建立视同缴费年限电子档案，旨在缩短退休审档耗时，同时为顺畅办理退休手续赢得查漏补缺的时间，更好地保障参保人合法权益。

为加快社会保障信息化建设，在社保经办中积极广泛引入互联网服务要素，不断提升社保领域管理服务水平。根据服务对象年轻化、互联网信息渗透强度大的群体及地域特点，同时借助深圳技术信息产业发达的平台优势，以服务需求为导向，多路径实施网上服务，持续便民利民。一是开放参保网上申报，满足了巨量服务需求。自2003年起，深圳社保征缴开始推行网上参保自助申报、银行联网托收，由单位登录服务网页为员工参保，极大方便了参保群众。目前统计显示，网上申报业务笔数已达总参保申报量的95%。根据近5年数据统计，社保征缴类业务网上服务量约每月236万笔。二是打造"三位一体"服务平台。建立门户服务网页、官方微信、社保自助服务终端三位一体"互联网+社保经办"模式，持续拓展线上服务路径。深圳全市已投放社保自助服务终端设备超过700台，实现社保服务网点全覆盖，自助服务终端设备已进驻部分街道政务服务大厅及部分银行网点。除业务查询外，已实现个人窗口参保人自助社保参保及缴费、补扣费等33项自助服务功能（含17项个人缴费项目）。自助服务终端的覆盖点和数量也逐步提升，并且引入了无线4G专线技术，消除了自助服务终端的网络盲点，将自助服务终端延伸至社区、医院（社康）、学校（深圳大学）、银行服务大厅、参保集中的大规模企业等，打造零距离服务平台。持续推进自助服务渠道不断延伸，在社保微信平台中整体移植承接自助服务终端应用功能，同步自助终端的 33 项自助服务功能，打造掌上社保，进一步便民惠民。对官方网站进行"自适应"的全新升级改版，可在电脑、平板、手机等不同终端友好显示，进一步提升用户体验。深圳市人力资源与社会保障局网站"社会保险服务个人网页"，为参保人提供 20 多项社保信息查询及业务办理服务。三是实现医保移动支付。为了解决就医挂号排队、就诊排队、缴费排队、取药排队等问题，与腾讯、阿里、平安等合作建立第三方移动支付平台，通过手机终端实现预约挂号和缴费，为参保人节省了宝贵时间、提高了医院窗口资源使用效率。截至 2017 年 6 月底，第三方接入支付平台累计 5 家，开通试点医院 25 家。

另外，为实现不同区域医保的顺利对接，推进异地就医直接结算民生工程，近两年来，深圳市持续积极推动异地结算增点扩面。2015 年 10 月，广东省医疗保险异地就医直接结算平台正式上线，在全国率先建成全省异地就医直接结算系统，2015 年 11 月 24 日，深圳市龙岗区第二人民医院上线省平台，标志着省平台深圳端正式上线。省内异地及跨省就医直接结算工作目前已取得阶段性成果：截至 2017 年 6 月 30 日，全省实现联网结算医疗机构 404 家，其中深圳市 58 家；省内 20 地市的 346 家上线省平台的医疗机构已全部纳入深圳市市外定点医疗机构。深圳市参保人在上述医疗机构住院发生的医疗费用均可以直接结算，切实让参保人少"跑腿"、少"垫资"。目前，深圳通过省平台结算达 811.3 万人次，涉及费用 1.99 亿元。跨省异地就医方面，已完成对跨省异地就医住院预付金的测算、建立责任人联系机制及工作台账制度；已选定深圳市中医院、南方医科大学深圳医院等 6 家医院作为首批对接国家平台的医疗机构。现已完成市级医保业务系统的接口改造工作，并指导医疗机构完成相应的接口改造工作。2017 年 6 月深圳已通过部分平台的联调测试，6 月底正式接入跨省平台，深圳市中医院、深圳市第三人民医院及南方医科大学深圳医院 3 家医疗机构已接入国家平台，可以实现跨省异地安置退休人员的住院费用直接结算，并将按照部署，逐步扩大到符合转诊人员的异地就医住院费用直接结算。

五　保障劳动者基本待遇

最低工资保障制度是我国的一项劳动和社会保障制度。《劳动法》第四十八条规定，国家实行最低工资保障制度，也就是在劳动者提供正常劳动的情况下，国家强制规定用人单位必须支付的最低工资报酬。用人单位支付劳动者的工资不得低于当地最低工资标准。最低工资标准每年会随着生活费用水平、职工平均工资水平、经济发展水平的变化而由当地政府进行调整。《深圳市员工工资支付条例》及《最低工资规定》规定，由劳动部门会同市国有资产管理部门、市总工会、市总商会研究拟订最低工资标准调整方案，报市政府批准。最低工资标准每两年至少调整一次。

十八大报告明确指出，要在改善民生和创新管理中加强社会建设，要千方百计增加居民收入，努力实现居民收入增长和经济发展同步。《中共中央关于全面深化改革若干重大问题的决定》提到，要努力实现劳动报酬增长和劳动生产率提高同步，完善最低工资制度，提高低收入者收入。十八届五中全会明确提出："缩小收入差距，坚持居民收入增长和经济增长同步、劳动报酬提高和劳动生产率提高同步，健全科学的工资水平决定机制、正常增长机制、支付保障机制，完善最低工资增长机制，完善市场评价要素贡献并按贡献分配的机制。"《中华人民共和国国民经济和社会发展第十三个五年规划纲要》提到，在提高发展平衡性、包容性、可持续性的基础上，到2020年国内生产总值和城乡居民人均收入比2010年翻一番；坚持居民收入增长和经济增长同步、劳动报酬提高和劳动生产率提高同步，持续增加城乡居民收入；实行有利于缩小收入差距的政策，明显增加低收入劳动者收入，扩大中等收入者比重；完善最低工资增长机制。

深圳市历来重视最低工资制度，保障劳动者的基本待遇，通过不断深化体制机制改革来提升服务水平和有效覆盖。以下四项改革措施完善了最低工资标准调整机制：一是开展最低工资标准实施效果动态评估工作，选择200家定点企业，每季度通过发放回收问卷方式，准确了解最低工资标准调整对企业影响，同时听取企业对最低工资标准调整的建议。二是建立专家咨询工作机制。持续提高最低工资的政策导向如何与企业生存发展的利益需求相平衡，向政府职能部门的管理能力、方式方法和专业水平提出了新的更高要求。建立劳动关系专家咨询机制，引进专业群体开展咨询和论证，充分发挥专家知识资源的优势，有效降低重大决策社会稳定风险，提高行政决策科学化、合理化、规范化水平。三是建立全口径的劳动关系数据报送与共享机制，将深圳市企业薪酬抽样调查数据、市统计局企业直报数据、国民经济和社会发展统计公报、市社保局业务数据、全国各地最低工资标准调整情况等纳入报送共享范围，为最低工资测算准备扎实的数据基础。四是广泛征求意见。一方面通过座谈研讨、有针对性的走访、发文函商等多种渠道同市总商会、市企业联合会、市外商投资企业协会、市总工会、市国有资产监督管理委员会、各区政府、相关政府部门以及行业协会等征求各方意见。另一方面，大幅增加网上公开征求意见时间，更直接地了解民情民意、把握社会舆论对最低工资调整的态度和看法。

最低工资制度是保障基本民生的重要手段。最低工资制度既调节了国民收入的分配，又保护了低收入劳动者的合法权益，是实现"提低、扩中、限高"收入分配改革的基本方式，是深化收入分配制度改革的重要组成部分。最低工资政策重点调节的是低收入劳动者的工资水平，2017年，深圳市全日制就业劳动者月最低工资标准为2130元/月，处于全国前列。最低工资标准的适度调整，提高低收入劳动者工资收入水平，让劳动者共享改革发展成果，有助于保障低收入劳动者实际生活水平不因物价上涨而降低。同时，最低工资制度也有效缓解了就业缺口。最低工资标准是刚性政策，及早、适度调整最低工资标准，一方面意味着劳动者基本待遇的提高，展示了深圳对劳动者基本权益的高度重视；另一方面也向市场发出了强烈的调控信号，体现了深圳对劳动力价值的高度尊重。从求职者方面看，相关抽样调查显示，近年来，深圳市在当年初提高最低工资标准以后，几个大型人力资源市场普遍反映春节后用工形势好于往年同期。2016年11月，通过开展最低工资政策评估了解到，超过60%的员工会考虑根据最低工资标准的高低选择就业城市。从企业角度看，由行业企业座谈调研了解到，不少企业常态缺工比例达到20%。与此同时，内地劳动力输出地区的最低工资标准连年大幅提高，体现出对劳动力资源的强劲争夺，江西、湖北、四川等地月最低工资标准均已达到1500—1600元。因此，考虑到外来务工人员承担的房租、交通、物价等生活成本，深圳市最低工资的适度调整，将对其是否来深就业产生较重要的影响（图5-4为2010—2017年深圳市最低工资变化图）。①

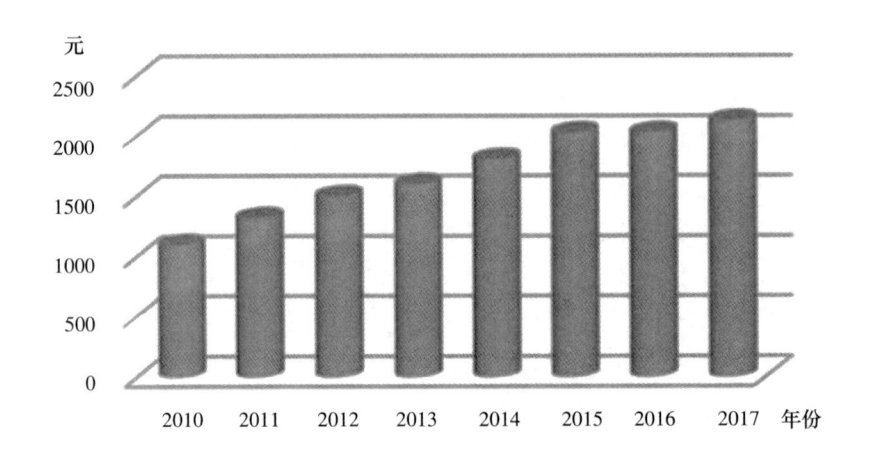

图5-4 2010—2017年深圳最低工资增长趋势

六　构建和谐劳动关系

促进就业发展，保障劳动者权利，不仅要有相应的政策支持，还需有一定的监察与调解制度的支撑。就深圳市而言，劳动者就业选择权加强，话语权增加，权益诉求及表达方式发生明显变化，劳资纠纷调处难度越来越大。但是通过劳动执法体制的改革，仲裁调解效能的提升，信访法制化建设的推进，劳动者法律意识的增强，目前来说已经取得了相当不错的成绩。"十二五"末期，已建工会企业集体合同签订率为82.1%。各级劳动人事争议仲裁机构立案14.46万宗，涉及人数30.86万人。办结案件14.56万件，结案涉及金额34.51亿元。逐年稳步提高最低工资标准，月最低工资标准从2011年的1100元提高到2015年的2030元，居全国前列。

---

① 深圳市统计局：《劳动保障事业主要指标》，2017年12月20日，深圳市人力资源和社会保障局网（http://www.szhrss.gov.cn）。

依据企业薪酬调查数据,科学制定发布企业工资指导价位。劳务派遣行政许可、特殊工时审批、集体合同审查和经济性裁员报告等事项实现属地化管理。通过"两网化"改革试点,建立了覆盖市、区、街道、社区的劳动监察网格化体系和网络化平台,实现对全市用人单位劳动用工信息的分类监管、动态监管。劳动人事仲裁通过"开标准庭、办规范案"活动,提升了办案规范化水平。推行要素式办案模式改革,提高了仲裁办案效能。引入兼职仲裁员办案机制,充实了办案力量,提升了仲裁的社会影响力。

(一)劳动人事争议仲裁

近5年,全市劳动人事争议仲裁机构共立案劳动争议案件14.91万件,涉及32.83万人,其中,10人以上集体争议案件4532件,涉及18.20万人。同期,共办结15.37万件,涉及金额45.58亿元。仲裁案件终结比例逐年提高,目前约80%的案件在仲裁阶段实现了案结事了。

2011年,响应深圳市委、市政府提出深圳发展模式要由"深圳速度"向"深圳质量"转变的号召,编写首部劳动人事争议仲裁办案指导手册,在全市推进"开标准庭、办规范案"活动,通过对裁判断案这个仲裁最本质的核心环节的规范化建设,促进仲裁程序、办案标准双统一,做到"程序规范化、文书标准化、管理制度化",从而实现提高仲裁办案效能,提升仲裁办案质量,树立仲裁权威之目的,打造仲裁的"深圳质量"。

随着劳动争议案件的持续攀升,为进一步增效提速,缓解办案压力,2012年底,在研究借鉴市中级人民法院民事审判改革经验成果的基础上,在全市启动要素式办案模式改革,创新了庭前、庭中和庭后的工作方式,建立快捷、简便、高效、便民的仲裁办案新模式,有助于当事人更好、更准确地主张和行使仲裁权利;有助于仲裁员正确把握庭审方向,快速查明案件事实,提高庭审效率;有助于节省裁决书制作时间,提高结案效率。

仲裁队伍建设是仲裁事业发展的基础保障机制之一。为打造一支专业、稳定的仲裁人员队伍,更好地发挥劳动仲裁依法及时化解争议、维护劳动关系稳定的积极作用,率先在全国探索建立仲裁人员分类管理,将专职仲裁人员分为仲裁员、仲裁辅助人员和仲裁行政人员三类,科学核算人案配比,破解案多人少难题;创新性地提出仲裁案件"案均用工成本"概念并进行科学测算,建立"预算管理、以事定费"的编外仲裁人员经费保障机制;结合仲裁工作"程序法定、专业性强、可量化考核"的特点,建立深圳市仲裁员等级评定机制,为仲裁员职业发展提供晋升通道;首创积分注册制度,改革仲裁业务培训模式,解决仲裁员因开庭日期与脱产式培训时间相冲突的问题,打造学习型仲裁团队。

随着标准化、规范化水平的逐步提升,2011年根据全市仲裁信息系统一体化原则,正式启动了新仲裁信息系统项目建设,并于2012年3月正式在全市三级联网使用,基本实现"两个全覆盖"和"五个统一"。同时,不断建立完善系统服务功能,如增加社保、工商信息共享、关联案件提醒、同类案件查询等功能,为工作人员提供智能化的办案工具。健全仲裁数据指标体系,对200多项指标进行梳理和明确,并以此为基础建立了包含10张基础数据表、13张工作报表和16张案件情况报表的报表体系,在全国率先实现了仲裁报表的网络化生成。科学化的统计功能为预判仲裁案件发展态势和领导决策提供了及时、准确的数据支撑。

顺应互联网在促进创新发展方面形成独特影响,探索依托"互联网+"提升仲裁工作质效。2015年,在全省率先启动网上预约和查询功能,当事人可登录"深圳市劳动人事争议仲裁申请网上预约"页面,自行选择合适的办事时间段进行预约,也可提前了解仲裁申请流程、所需提交的资料及打印表格等信息。同时,当事人可通过网上查询平台,足不出户了解案件的基本信息与进展情况,具体包括申请人、被申请人、调解员、(首席)仲裁员或其联系人、书记员(办公电话)、开庭地点(时间)、案件状态、结案文书状态等信息。网上预约和查询功能的开放不仅为当事人节省了排队等候、现场查询的时间,也为下一步开展仲裁信息公开工作奠定了基础。

(二) 劳动监察"两网化"

深圳市劳动监察"两网化"管理工作始于2006年。2009年被人社部确定为全国劳动保障监察"两网化"管理工作试点城市,2011年顺利通过部、省验收。2013年,深圳市被国家人力资源和社会保障部评为首批全国劳动保障监察"两网化"管理示范城市。到目前为止,深圳建立了市、区、街道、社区的多层次,网格化劳动监察管理体系,基本摸清了劳动监察工作底数。在案件办理方面，全市各级劳动监察机构全面实现网上办案，并依托信息系统案件处理平台，统一了全市劳动执法基准，进一步规范了深圳劳动保障监察执法工作。同时，根据案件办理信息在信息系统中自动形成的用人单位守法诚信档案库，每年为各有关部门出具大量的企业守法情况证明。

并且，深圳市为加强业务管理制度建设，为两网化提供制度保障，先后出台实施了《深圳市劳动保障监察网格化管理办法》《深圳市劳动保障监察网络监控实施办法》《深圳市劳动保障监察分类监控管理办法》《深圳市劳动保障监察办案规则》和《劳动保障监察法律文书使用管理办法》等一系列业务管理制度。

同时，建立用人单位数据库，摸清工作底数。通过网格巡查采集、信息化办案、企业自行上网申报三大信息采集途径，建立了用人单位数据库，不仅全方位了解了全市用人单位劳动关系的相关情况，也实现了对各项劳动关系事项的动态监察，及时保障劳动者的权益。截至2017年6月底，劳动保障监察信息系统已将374515家用人单位信息纳入管理。

最后，两网化建设也是对深圳市劳动监察资源的整合、优化和再分配，实现了对用人单位的分类监控管理。全新的劳动保障监察信息系统具备了自动评级功能，而建立在自动评级基础上的分类监控管理，增强了监察执法的有效性，提高了工作效率，实现了劳动监察力量的最优分配。不仅如此，信息系统还能将信息采集、案件处理、日常巡查、突发事件等各项工作数据即时录入系统，通过量化统计分析，能够实时获取劳动违法行为高发行业、频发时段、近期热点等重要信息，及时准确把握劳动关系的新动向、新形势、新问题，为决策层发现规律、研判趋势提供客观依据，保障了决策的科学性，构建了劳动权利得以实现的强大支撑。

七　深圳市人力资源和社会保障事业发展展望

世界经济在深度调整中艰难复苏，新兴市场国家经济增速放缓，国际贸易体系加快重构，全球科技竞争加剧。我国经济发展进入新常态，经济转为中高速增长，经济结构将不断优化升级，发展动力转向创新驱动。在决胜全面建成小康社会，率先基本实现现代化征程中，就业既是民生之需，也是发展之需。人力资源和社会保障工作在服务发展和改善民生实践中的重要作用将进一步凸显。同时，新的发展环境和发展阶段，也对人力资源和社会保障工作提出了新的挑战和机遇。

挑战方面，一是目前供给侧结构性改革，生产要素低成本优势逐步减弱，产业转型升级带来的结构性失业阵痛将持续。技能人才短缺、高校毕业生供求不匹配等结构性矛盾逐步凸显。包容性发展对公共就业服务均等化提出了更高要求。二是国内外人才竞争日趋激烈，现有人才规模和人才结构尚难完全适应竞争力影响力卓著的创新引领型全球城市建设的需要。人才队伍总体结构有待进一步优化，人才社会化评价机制有待进一步完善，人才服务保障体系有待进一步健全。三是经济增速放缓，人口老龄化现象加剧，社保基金长期平衡和安全运行压力逐步加大。随着国家统筹力度的不断加强，深圳市社保政策法规系统性、协调性、公平性亟待加强。四是劳动者就业选择性加大、话语权增强，权益诉求及其表达方式发生明显变化，劳资纠纷调处难度越来越大。目前劳资纠纷调处机制尚难适应复杂多变的劳动关系，劳动执法监管和劳动争议调处的服务需求与供给不足的矛盾越来越突出。

机遇方面，一是深圳质量型发展将推进产业结构的优化，势必促进就业结构的优化。二是国家重视就业创业，大众创业、万众创新蓬勃发展，创业服务不断优化，就业创业环境不断改善，有利于实现更高质量的就业。三是随着束缚人才发展体制机制障碍的逐步消除，特区、湾区、自贸区叠加优势的发挥，高新技术产业的迅猛发展，教育医疗住房等公共服务的改善，深圳市宜居宜业的人才环境也将不断优化，人才活力将得到最大限度的激励和释放。四是随着国家实施全民参保计划，社保制度顶层设计日趋完善，更加强调精算平衡，社保的流动性、可持续性将明显改善。信息技术的进步，社会机构的积极参与，政府购买服务机制的完善，为社保经办能力跨越式提升提供了可能。五是随着中共中央国务院关于构建和谐劳动关系意见的贯彻实施，劳动执法体制的改革，仲裁调解效能的提升，信访法治化建设的推进，劳动者法律意识的增强，都有利于营造构建和谐劳动关系的良好氛围。

习近平总书记在十九大报告中提出要坚持就业优先战略和积极就业政策，实现更高质量和更充分就业。并从职业培训、全方位就业服务、体制机制改革、构建和谐劳动关系、完善社会保障体系等各个方面，对实现公民的劳动权利提出了具体要求。

深圳要以十九大报告为根本指针，坚持目标导向和问题导向，大胆改革创新，努力实现更高质量和更充分就业。一是要按照竞争力影响力卓著的创新引领型全球城市的要求，深入研究分析人力资源市场变化趋势，加大人才吸引力度，为实现深圳新时期定位奠定雄厚的人力资源基础，实现就业结构优化和高质量就业。二是要拓展全方位就业服务，促进高校毕业生等青年群体、农民工多渠道就业创业，促进就业困难群体就业，为不同层次劳动者提供匹配的就业服务，推进公共就业服务的均等化。三是要进一步深化改革，破除制约就业创业服务的体制机制障碍，建立统一、高效的就业创业服务体系。四是要加大劳动就业权益保障力度，发挥劳动监察执法和调解仲裁维护公平正义的职能作用。五是要提升公共就业服务的智慧化水平，提高就业服务的质量和效率。

第六章　将文体作为一种生活方式

文化体育是政府公共服务的重要内容，对于市民而言，文化体育更是一种生活方式。它为市民提供了健身乐生的手段，是市民满足高品质生活的重要条件。

习近平总书记在党的十九大上明确指出，新时代我国社会主要矛盾是人民日益增长的美好生活需要和不平衡不充分的发展之间的矛盾。不平衡不充分的发展的一个方面就是文化发展的不平衡不充分，因此，必须明确文化发展在国家发展进程中的战略意义，树立文化自信。习近平总书记还指出，文化是一个国家、一个民族的灵魂。文化兴国运兴，文化强民族强。没有高度的文化自信，没有文化的繁荣兴盛，就没有中华民族的伟大复兴。因此，我们要坚持中国特色社会主义文化发展道路，激发全民族文化创新活力，朝着建设社会主义文化强国的战略目标迈进。

深圳经济特区自成立以来，一直十分重视文化体育工作。深圳市不断加大文化体育事业投入，在全市范围内建设文化体育设施；着力提升文化体育公共产品的供给能力和服务水平，大力发展文化创新创意产业，保障市民的文化体育权利的充分实现；完善文化体育事业发展的体制机制，努力使文化体育成为市民的生活方式，成为民生幸福、品质生活的一大来源。2012年，深圳市发布了《关于深入实施文化立市战略建设文化强市的决定》（以下简称《决定》）。《决定》指出，文化不仅仅在提升民族凝聚力和综合国力方面具有战略意义，而且在城市发展和经济社会建设方面发挥着不可替代的作用，是城市发展的根脉和灵魂，日益影响着城市的未来。在深圳经济特区建设更高水平小康社会和加快转变经济发展方式的攻坚时期，文化要素已渗透到经济社会发展的全过程和各领域，文化资源日益成为城市建设发展的基础资源，文化创意日益成为城市价值创造的重要支点，文化无形资产日益成为城市竞争力的关键因素。而文化繁荣发展的一个重要方面，就是要将文化和体育作为一种生活方式，内化到每一个普通市民的日常生活中，在实现市民文体权利的同时，提升城市的创造活力和发展动力。

本章将首先概述近年来深圳市文体事业发展的概况，然后分别从文化设施建设，市民文化权利，文化体制改革，文化创新创意产业和体育事业发展等方面进行论述，最后通过分析，指出深圳市文体事业发展存在的问题和未来可能的发展前景。

一 文体改革发展概述

21世纪以来，深圳市坚持"文化立市"的发展战略，大力推进文化基础设施建设，充分保障市民文化权利，持续推动文化体制改革，以机制创新带动服务创新，促进文化事业全面发展，尽力满足了市民对文化公共品越来越高的要求以及追求美好生活的愿望，同时，文化创新创意产业如雨后春笋般全面兴起，城市文化软实力得到了显著提升，实现了文化事业和文化产业全面协调发展，向"文化强市"大步迈进。

"十五"期间的深圳市委第三届六次全会上，首次提出确立"文化立市"战略，确立了建设高品位文化城市的发展目标，开启了深圳文化大繁荣大发展的新时期。同年，深圳被列为全国九个文化体制改革综合性试点省市之一，深圳报业集团、深圳电视台被列为全国文化体制改革试点单位。2004年，深圳开始全面推进"文化立市"，并在全市宣传思想工作会议上提出建设"两城一都"（图书馆之城、钢琴之城、设计之都）的发展目标。一方面，深圳市文化局审批权限下放，同时依法取消行政审批事项14项，转移部分职能给社会机构；另一方面，开始了经营性文化单位的企业改制和内部运行机制改革，深圳市歌舞团、深圳交响乐团和粤剧团作为第一批改革试点单位。这一市场化改革的行动激发了文化市场的活力，继而在 2005 年，深圳提出全面实施文化立市战略，确立了将文化产业培植为第四大支柱产业的目标，并开始探索公共文化活动社会化运作的改革，例如第六届鹏城金秋社区文化艺术节首次实行了公开招标和政府采购的形式。

"十一五"期间，深圳进一步深化改革，全面提升公共文化体育服务供给能力。2006 年，根据《深圳市深化事业单位改革指导意见》，深圳市发布了《市属事业单位分类改革实施方案》，深圳音乐厅、深圳大剧院、深圳体育场、深圳游泳跳水馆等事业单位全面进行企业改制。2007 年，深圳制定了《文化产业发展规划纲要（2007—2020）》，7 个市属文化公益性文化场馆全部免收门票向社会开放，实行"零门槛"公共文化服务。2008 年，联合国教科文组织正式批准深圳加入全球创意城市网络，并授予深圳"设计之都"称号，深圳成为中国首个加入全球创意城市网络的城市。2009 年，在全国文化体制改革经验交流会期间，深圳被确定为率先完成文化体制改革任务的 12 个先进地区之一，深圳文化体制改革的经验和成绩被充分肯定。

"十一五"期间也是体育事业全面发展的重要时期。深圳赢得第 26 届世界大学生夏季运动会主办权，在申办和筹备大运会的过程中，体育事业乘势全面发展，深圳先后获得"广东省体育突出贡献奖""全民健身活动优秀组织奖""广东省体育彩票工作特别突出贡献奖"，不但满足市民日益增长的文体活动的空间需求，同时为深圳体育事业的长远发展打好了基础。

"十二五"期间，深圳开始推进文体公共服务体系化标准化建设，提出"文化强市"战略。首先，制定了《深圳文化创意产业振兴发展规划（2011—2015）》，明确了文化创意产业的发展目标，在全国各大城市中率先提出将文化创意产业定位为重点和优先发展的战略性新兴产业。2014 年，又以三大重点项目为抓手深化文化体制改革，即公共文化服务建立协调机制，推动公共文化服务供给多元化，以及文化场馆建立法人治理机构。通过一系列深入的体制改革，深圳市文体公共服务逐渐体系化标准化，并连续四次被评为"全国文化体制改革先进地区"。

"十三五"将加快构建现代公共文化服务体系，不断提高市民文化福利水平。第一，要加快推进文化设施建设，规划建设一批与深圳城市地位相匹配、具有国际先进水平的重大文化设施。第二，要广泛开展群众文化活动，继续办好周末系列、高雅艺术系列，办好鹏城金秋市民文化节等群众性文化活动。第三，要提升公共文化服务效能，进一步推进政府建设的公共文化场馆向市民免费开放。第四，要推进公共文化服务标准化，建立健全公共文化设施运行管理和服务标准体系，规范各类公共文化机构服务项目和服务流程，完善内部管理制度，提高服务水平。

2016年，深圳市文化体制改革和发展工作领导小组会议审议通过了《深圳文化创新发展2020》。根据该文件，未来的深圳将从创新理论思想出发，突出深圳的城市特色，构建国际性文化品牌体系，构建以市民精神文化需求为导向的公共文化服务体系。创新产业发展模式，构建现代新型文化产业体系。《深圳文化创新发展2020》的发布，标志着深圳开始全面实施"文化创新发展2020"工作，深圳市文化事业发展进入新阶段。

二 大力建设文化体育基础设施

（一）文化基础设施建设

深圳市近年来广设文化事项，兴建文化基础设施，不仅在空间上大幅提升了文化场馆的人均使用面积，并且极大地拓展了深圳市民的文化生活，丰富了文化活动的选择，增加了实现文化权利的途径。

"十一五"期间，市属公益文化场馆率先实行免费开放，深圳图书馆、音乐厅、博物馆新馆等一批重大标志性文化设施相继建成，深圳大剧院、关山月美术馆等文化设施完成改造，市级文化设施由9个增加至14个。基层文化设施和服务网络日趋完善，全市城市街区24小时自助图书馆布点达140台，有线数字电视用户达207万户。"两城一都"建设成果显著，全市拥有公共图书馆（室）638个，人均拥有公共图书馆藏书达2册，市民文化大讲堂及自主研发的城市街区24小时自助图书馆获得国家第三届

"文化创新奖"。文化创意产业蓬勃发展,全市形成各类文化产业园区、基地40多个,其中8个被认定为国家级文化产业示范基地,产业集聚效应明显。

"十二五"期间,公共性文化基础设施进一步完善。深圳艺术学校新址建成使用,当代艺术与城市规划展览馆等重大文化设施启动建设,自助图书馆完成布点240台,基层文化设施网络日益健全,公共文化一体化加快推进,文化服务的便利性显著增强。

2012年,深圳市发布了《基层公共问题设施规划和建设标准指导意见》,提出了"城市十分钟文体圈"的建设目标。建设规划以街道、社区设施为骨干,重视大型厂区、大型居民住宅区等常住人口聚集功能区域公共文体服务需求,按照每10万人拥有一个街道级以上公共文体设施,每3万人拥有一个社区级以上公共文体设施,十分钟路程内拥有一个社区级以上公共文体设施的目标,规划基层公共文体设施建设。到2015年,全市基层文体设施总面积力争超过980万平方米,按常住人口1100万计算,人均面积超过0.89平方米。达到建设标准要求的街道、社区公共文体设施总数量超过1300个;到2020年,全市基层文体设施总面积力争超过1100万平方米,按常住人口1100万计算,人均面积超过1平方米。达到建设标准要求的街道、社区公共文体设施总数量超过1500个。

截至2016年,全市共建设图书馆617座,博物馆纪念馆41所,文化广场140多处,电影院253家,登记在册的文化团体达到近300个(见表6-1)。其中,自2003年开始,深圳市开始大力建设"图书馆之城",逐步构建了一个理念超前、资源丰富、设施先进、服务便利、互通互联的图书馆服务网络。到目前为止,全市共有公共图书馆627座,其中3座市级公共图书馆,8座区级公共图书馆,616座基层图书馆,同时还布点240个城市街区自助图书馆。①

---

① 《公共服务》,2017年10月11日,深圳文体旅游局官网(http://www.sz.gov.cn/wtlyjnew/)。

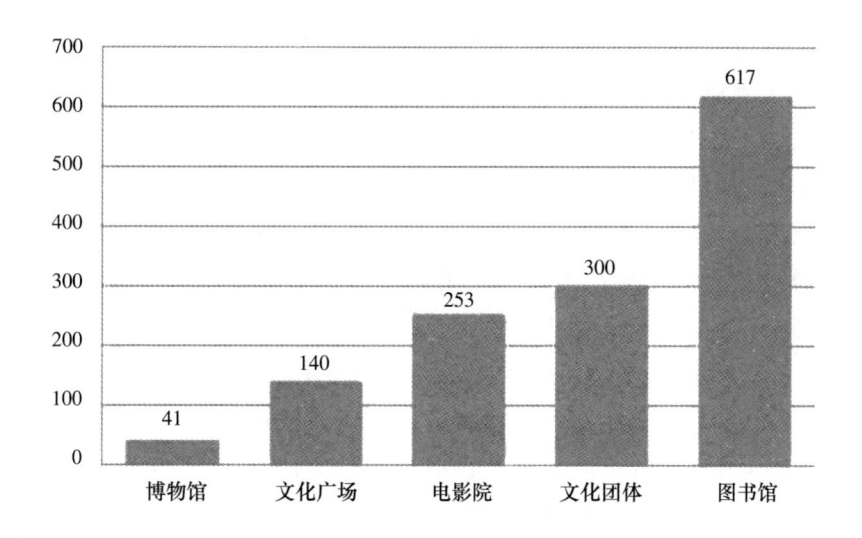

图 6-1　深圳市文化设施建设情况

（数据：博物馆 41；文化广场 140；电影院 253；文化团体 300；图书馆 617）

（二）体育休闲设施建设情况

体育是社会发展和人类进步的重要标志，是城市综合实力和社会文明程度的重要体现，对于提高市民体质、促进人的全面发展，凝聚城市精神力量、促进经济社会发展，均具有重要意义。加快发展体育事业，是全面建成小康社会的基本任务，是建设现代化国际化创新型城市的重要举措，也是广大市民追求有质量生活的必然要求。经济特区成立以来，深圳体育事业迅速发展，较好满足了市民的基本体育需求，有力促进了城市影响力的提升。

深圳市长期以来都十分注重体育基础设施的建设，体育事业稳步前进。借着世界大学生夏季运动会的东风，深圳新建了大运中心、深圳湾体育中心、大学城体育中心、体育运动学校新校址、海上运动基地暨航海运动学校、福田区体育公园体育馆、宝安区体育场、坪山体育中心体育馆等 22 个重大体育设施；维修改造了深圳体育馆、市游泳跳水馆、罗湖体育馆、宝安体育馆等 36 个大型场馆，全市公共体育场地设施面积（不含高尔夫球场）达 1155.1 万平方米。这些城市标志性体育设施的兴建，大幅提升了深圳承办国内外大型赛事和文娱活动的能力，同时，也大幅提高了深圳公共体育空间的占地面积，提升了公共体育服务水平和服务能力，市民健身、休闲环境得到质的改善，进一步地带动了区域经济和基础设施的快速发展。

根据深圳市体育发展"十三五"规划，在"十二五"期间，深圳开始全力发展全民健身事业，不断加大全民健身公共体育设施的投入力度，力图让每一个深圳市民都能够享受到充裕的公共体育资源。据统计，深圳全市健身路径已从1999年的不足20条增加到3075条，室内外乒乓球台1860张、篮球场635个、健身苑69个（见图6-2）。借助大运会的东风，深圳新建了22个体育场馆，维修改造了36个已有的场馆，这些新建和改造的体育场馆，使得深圳不仅拥有承办大型综合性运动会的能力，同时又可以为市民提供更多的公共体育场馆服务。[1]

2016年，深圳以全市12项民生工程建设推进机制为依托，统筹推进全市重大体育设施项目建设。目前，布吉文体中心、观澜文体公园已开工，深圳青少年足球训练基地、龙华文体中心、西丽体育中心、南园文体中心等多个项目，正开展可行性研究和初步选址工作。

进一步加大公园体育设施建设力度，也是深圳推进体育设施建设的重要组成部分。首先是利用体彩公益金及时更新或新建体育器材：自2016年起，由公园管理部门进行详细梳理，提出13个市属公园需要更新及新建体育器材的需求，这部分经费由体彩公益金支出。其次是规划建设主题突出、特色鲜明的文体公园：根据《深圳市公园建设发展专项规划（2012—2020）》，深圳目前规划建设的文体公园有罗湖区的体育休闲公园、特检苑文体公园，宝安区的燕川天鹅山户外文体公园，坪山新区的坑梓文化公园，龙岗区的体育休闲公园等。

另外，2016年深圳制定了《深圳市公共体育场馆惠民开放指导意见》，对现有公共体育场馆如何重塑自身的社会价值提出了要求。该意见在国家和广东省的基础上加大了体育场馆惠民开放力度，进一步规范开放时段、范围、惠民价格等，鼓励和引导公共体育场馆惠民开放。2016年春节、五一、国庆和8月8日全民健身日等节假日，深圳市、区两级体育场

---

[1] 《公共服务》，2017年10月11日，深圳文体旅游局官网（http://www.sz.gov.cn/wtlyjnew/）。

馆向市民敞开大门。2015年，深圳市有12个公共体育场馆，被评为"广东省公共体育场馆免费低收费开放示范单位"。并且，为了应对日益增长的群众体育健身需求，解决健身人口持续增加和场地相对稀缺的矛盾，深圳市还积极推动学校的体育设施场地有序开放。2016年，全市335所公办中小学校在寒、暑假等非教学期间向公众开放体育设施，市民健身、休闲环境得到明显改善。其中，共有12所学校被广东省教育厅和广东省体育局命名为"广东省学校体育场馆向社会开放示范单位"。

为促进体育健身事业进一步发展，2016年深圳颁布了《全民健身计划》。该《计划》提出，到2020年全市体育场地面积达到2590万平方米，新建居住区和社区的体育设施覆盖率达到100%，推进公共体育场地设施向社会免费或低收费开放。并且，具备开放条件的公办学校体育场地设施逐步扩大向社会开放，同时大力推进市政公园因地制宜地配建体育设施。

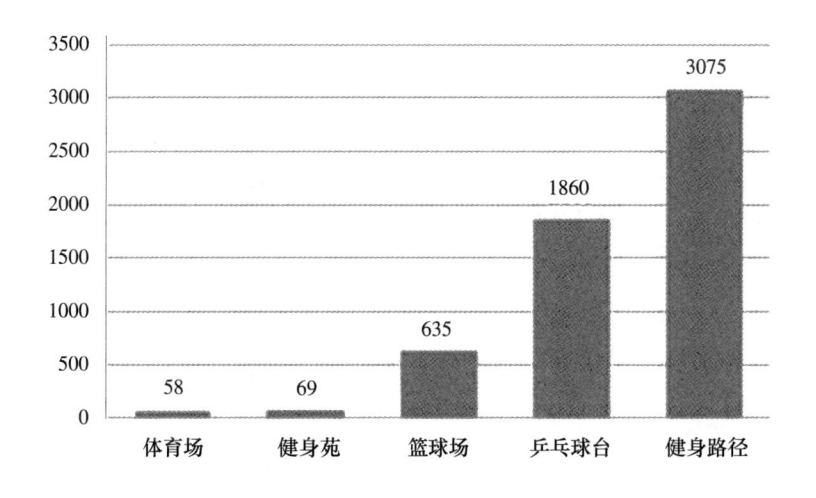

图6-2 深圳市体育设施建设情况

（三）加大公园绿地建设

公园是城市绿肺，也是市民进行休闲娱乐活动，实现文体权利的重要空间。"人均公园绿地面积"则是衡量一个城市公园拥有程度的重要指标。

近年来随着城市建设不断扩大，大城市人口的激增，中国各大城市人均公园绿地普遍偏低。数据显示，2016年全国城市建成区绿地率达36.4%，人均公园绿地面积达13.5平方米。就单个城市而言，北京人均公园绿地面积为13.5平方米，上海7.6平方米；深圳人均公园绿地面积也较低，为12平方米；广州在四个一线城市中排名最高，达到16.5平方米。

近年来，深圳公园的总体数量持续上涨，整体布局更加科学和人性化，公园活动也正在成为市民休闲生活的重要组成部分。

据深圳市城管局统计，截至2015年底，全市建成各类公园911个，是全国公园数量最多的城市。深圳市出台了《深圳市公园建设发展专项规划（2012—2020）》，制定了"千园之城"的总体目标，至2020年深圳公园总数量将达到1000个以上，人均绿地面积将于2018年超过12平方米。最终，深圳公园系统的总体布局是构建一个从自然公园到城市公园，再到社区公园的三级公园体系。其中自然公园总数43个，总面积470平方公里；城市公园总数332个，总面积126平方公里；社区公园总数925个，总面积27平方公里。

所谓三级公园体系指的是，将山林、自然山体和海岸建成森林（郊野）公园等自然公园，形成城市生态基底；以综合公园为基干，打造特色的城市综合公园彰显城市文化和品位；完善社区公园设施，改善舒适性和便利性，使其作为民生基础设施，形成了"自然公园—城市综合公园—社区公园"三级公园体系，搭建起公园发展的"骨架"。自然公园既是深圳市绿地网络系统生态资源保护的重要组成部分，又是市民亲近自然的重要游憩场地。其公园的建设理念就是以保护为主，提供市民基础野外休闲服务。城市综合公园则以文化、景观和人性化的设计，逐步形成各公园独特的景观、植物和文化特色。提高市民游憩、文化和娱乐活动的品质。社区公园专门为城市街区范围内的社区居民提供公共服务，一般面积在1000—50000平方米，配套有儿童游戏、老人康体等游憩活动内容和设施的城市绿地，是市民就近的休憩空间。公园与公园之间通过绿廊、绿带和绿道的串联，形成深圳城市生态的主要脉搏。在目前形成的三级公园体系中，分别有梧桐山风景区、羊台山森林公园等自然公园（森林郊野公园、湿地公园、地质公园、风景名胜区）39个，城市公园（综合公园、专类公园）

109个，社区公园763个（见图6-3）。当公园体系总体布局建成后，可以实现开窗见景、出门入园。公园服务半径达到500米可见社区公园、2公里可见城市公园、5公里可见自然公园，规划公园500米服务半径居住用地覆盖率超过95%。按照国际一流城市公园的标准，完善公园的配套服务设施，使公园更好地服务于各类人群。展现优美的园林景观，挖掘丰富的文化内涵，实现精细的管理，优质的服务。①

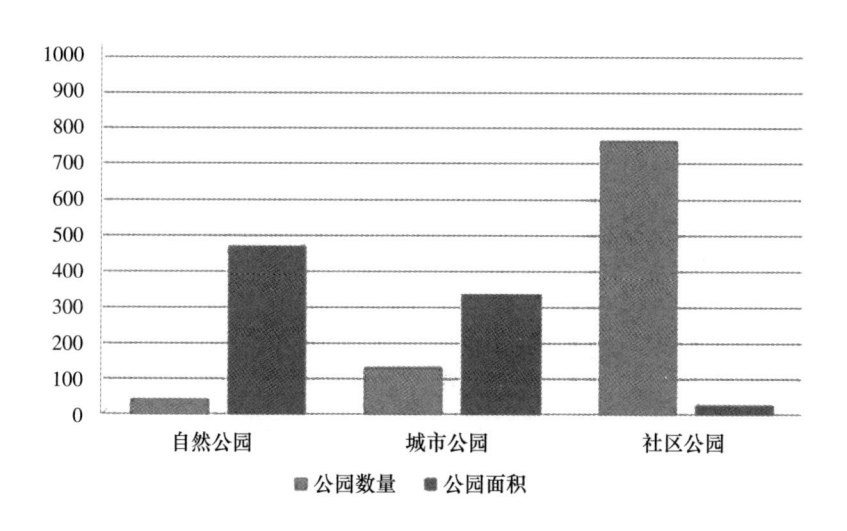

图6-3 深圳市公园绿地建设

三 切实实现市民的文化权利

文化权利是有权参加文化生活、有权享受科学进步及其应用所产生的利益和有权享受其作品所产生的精神和物质利益的权利。② 建立完善的公共文化服务体系是保障市民文化权利的基本手段，而除了公共文化基础设施的多少以外，衡量一座城市公共文化服务水平高低的重要指标即是城市

---

① 深圳市城市管理局：《深圳打造公园之城 2020年公园达到1000个》，2017年10月13日（http://www.szum.gov.cn/zjcg/zh/201608/t201608234316548.htm）。

② 万鄂湘、毛俊响：《文化权利内涵刍议》，《法学杂志》2009年第30卷第8期，第7—10页。

所能提供的公共文化产品的数量和质量。近年来，深圳市大量实施文化惠民工程，在深化公共文化服务体制改革的同时，不断加大对公共文化产品和服务的投入，满足了不同层次群体的文化需求，极大地提升了深圳市民的文化素养，增强了城市的文化软实力。

在提升深圳市民知识水平和培养健康求知习惯方面，深圳市不仅着力打造"图书馆之城"，持续多年不断建设和完善图书馆系统，而且倾心创办了"深圳读书月"，号召全民阅读。深圳读书月，是由深圳市委、市政府于2000年创立并举办的一项大型综合性群众读书文化活动，时间为每年的11月1日至30日。在第一届读书月闭幕之后，时任深圳市文化局长，现任深圳市委常委、宣传部长王京生在《深圳特区报》上发表了一篇文章《实现市民的文化权利——对首届深圳读书月的若干思考》，指出了创办深圳读书月的重要意义。文章从联合国1976年1月正式生效的《经济、社会和文化权利国际公约》谈起，提出创立深圳读书月的目的就是要从读书这一最为基本的文化行为、文化权利入手，使更多的市民群众能参与到这一活动中来，享乐读书的乐趣，满足求知的渴望，达到提升自我以适应社会和未来之目的。①

深圳读书月秉承营造书香社会、实现市民文化权利的宗旨，以"阅读·进步·和谐"为总主题，着力于提升市民素质，建设学习型城市，每年举办数百项读书文化活动，创出了深圳读书论坛、经典诗文朗诵会、年度十大好书、领导荐书、诗歌人间、中小学生现场作文大赛、书香家庭、赠书献爱心、绘本剧大赛、青工阳光阅读、手机阅读季、海洋文化论坛、温馨阅读夜等许多知名品牌活动，年度参与人次逐年上升，由首届的170多万人次上升至逾千万人次。作为由政府推动的一项公众文化节庆，深圳读书月已经走进千家万户，融入市民生活，成为深圳市民的文化庆典，城市的文化名片和实现市民文化权利的重要载体，影响遍及全国和港澳地区。2013年10月，联合国教科文组织特别授予深圳"全球全民阅读典范城市"光荣称号，以表彰深圳坚持不懈推动国际化建设和全球文化交流合作，尤其在推广书籍和阅读方面为全球树立了典范。2017年11月11日，

---

① 《深圳青工文体节》，2017年10月14日，凤凰网（http://news.ifeng.com/a/20150513/4374504）。

第十八届深圳读书月·深圳读书论坛如约而至。作家莫言受邀担任首位主讲嘉宾现身深圳书城中心城，为读者带来"民间艺术对我小说创作之影响"主题讲座，进一步引领了深圳全民阅读的良好风气。①

实现公共文化服务均等化是完善公共文化服务体系的重要目标，而公共文化服务均等化的一个重要内涵就是要具有普惠性，尽可能满足不同阶层、不同群体的文化需求。深圳市作为一个移民城市，有大量的外来务工人口。大量的人口意味着大量的文化需求，深圳市创办了"外来青工文体节"来服务外来青年工人，颇受群众欢迎。王京生表示，外来青工是来深建设者中充满活力的分子，有着自觉的文化需求，他们也是深圳城市文化的创造者、实践者，从早年的打工作家安子到今天的道德楷模丛飞、李传梅等，在超过1000万的来深建设者中涌现出一大批优秀人物，成为铸就城市文化品格的重要力量，生动反映了外来青工健康向上的价值取向和人文追求。

深圳外来青工文体节以关爱来深建设者为核心，以数百万外来青工为服务主体，以丰富其文体生活、提高文化素养和增强体质为目的，通过广泛开展各类文体活动，以实现外来青工享有、参与、创造文化的权利。深圳外来青工文体节自2005年5月开办以来，已连续举办12届，成为外来青工一年一度的文化大餐。作为全国唯一一个以劳务工为主要受众群体的文化节庆活动，深圳外来青工文体节开展11年来，规模不断扩大，影响日益广泛。低门槛、接地气、易参与的文化项目，让生活在这里的每个外来青工，都能轻松地找到适合自己的文化空间及文化载体，施展文艺潜能，释放文化诉求。②

著名学者花建评论青工文体节说，"海纳百川，有容乃大"，深圳外来青工文化活动，显示了深圳巨大的经济和文化包容能力。深圳不仅以"拓荒牛"和"试验田"的先行先试，吸引了成千上万的创业者来到这里，奇迹般地造就了一个春天之城，而且在全国率先树立了"实现市民文化权

---

① 《深圳读书月》，2017年10月14日，百度百科（https：//baike.baidu.com/item/深圳读书月/9945576）。
② 《深圳外来青工文体节》，2017年10月14日，百度百科（https：//baike.baidu.com/item/深圳外来青工文体节）。

利"的旗帜，让包括打工者在内的所有建设者，都可以享有参与文化活动、创造文化产品、享受文化服务以及文化成果受保护的权利。①

深圳外来青工文体节已成为深圳市标志性的文化节庆活动，成为在全国都有广泛影响力的著名公益文化品牌。深圳外来青工文体节在2006年被评为"深圳市十大文化盛事"和"深圳市最受市民喜爱的十大文化品牌"；2007年荣获文化部颁发的全国第十四届"群星奖"服务奖；2013年被评为"全省群众性文化活动优秀品牌"。在这个放飞广大外来青工文化梦想的大舞台上，许多优秀的外来青工和作品从这里脱颖而出，获得更大更好的发展。比如，登上央视春晚舞台的深圳民工街舞团，荣获"鹏城金秋"艺术节金奖并在央视《国庆喜相逢》节目中亮相的小品《恋曲》，荣获"鹏城金秋"艺术节金奖的健身舞《舞动青春》等。

此外，深圳市还开展了一系列的群众文化活动，旨在通过制度化、常规化的文化活动定期地服务市民，并不断提升市民的艺术修养、审美水平和文化素养。

"鹏城金秋艺术节"是深圳最具传统的群众文化艺术活动，最早被命名为"鹏城金秋——92深圳市文艺汇演"，是深圳建市以来第一次大型群众文艺活动和综合文艺汇演。共演出节目23台（17台为创作节目）。艺术节标志着深圳市群众文化活动走进一个新天地，它所开创的面向基层群众艺术的态度与坚持原创的艺术创作精神为后来的艺术节所继承和发展。1995年改名为"鹏城金秋艺术节"，标志着深圳群众文艺由传统不定期的文艺汇演上升为定期举行的、以群众为主要参与对象的艺术节庆。设立了各区文艺汇演、全市美术摄影优秀作品展、"锦绣中华"服饰专场表演等内容并颁奖。本届艺术节具有承前启后的意义：它第一次明确地以节庆的形式出现，使深圳群众文化节庆正式走进人们的视线；其次，它的政府主办、社会协办、广泛发动的组织形式保留至今，成为艺术节的传统因子。2017年第十三届鹏城金秋市民文化节于8月启动，在为期3个多月的时间里，文化节组委会以"晒艺、促创、惠民"为宗旨，先后开展音乐、舞蹈

---

① 《深圳青工文体节》，2017年10月14日，凤凰网（http://news.ifeng.com/a/20150513/4374504）。

类原创作品比赛和美术、书法、摄影比赛；新设市民"晒艺大舞台"项目，结合深圳"藏艺于民"的特点，给全市具有文艺特长的市民提供展示平台，挖掘民间优秀表演团队和演艺人才；举办获奖作品巡展和巡演活动，让优秀的文艺作品惠及更广泛的市民和来深建设者。

2005年，为落实"文化立市"战略，实现"两城一都一基地"发展目标，深圳市创办了"创意十二月"系列活动，截至2017年已经是第十三届。"创意十二月"坚持"政府倡导、市民参与、专业指导、市场运作"，通过培育市民的创意、创造、创新精神，鼓励市民关注创意、参与创意和享受创意，将"创意十二月"办成全体市民参与的文化节庆，实现市民的文化权利。自2005年成功举办第一届至今，"创意十二月"已成为《深圳市文化创新发展2020》（实施方案）指定的重点项目，成为深圳年度综合性城市文化盛事，是创新深圳城市形象符号，以及构建以国际先进城市为标杆的文化品牌体系里不可忽视的内容。12年来，通过"创意十二月"这一平台，创意文化被市民认可，并被广泛分享，裂变出无穷的创造力，催生并加快了深圳文化创意支柱产业的快速发展，让深圳这座创新之城可以拥有更加美好的未来。①

2005年6月，"深圳市民文化大讲堂"开办。以"鉴赏·品位"为主题，以"弘扬人文精神，发展公共文化，丰富市民生活，提升城市品位"为宗旨，文化大讲堂先后邀请了易中天、但昭义、严良堃、徐沛东、张继钢、王蒙、康洪雷、毕淑敏、苏叔阳等300余位名家学者举办了400多场讲座，得到了社会各界的热情参与和大力支持，取得了显著的成效，深受市民的欢迎，先后被市民推选为最喜爱的"深圳市2006年十大文化事项"和"深圳市十大文化品牌"，大讲堂电视节目在深圳电视台66套节目收视率进入前10位。2009年文化部授予深圳市民文化大讲堂"文化创新奖"，大讲堂被认为探索出了一种政府为市民提供公共文化服务的新形式，搭建了一个传播社会主义核心价值观的新平台，构建了一个培养市民健康文化生活的新载体，开拓了一条高雅文化走向社会、走进市民生活的新途径，

---

① 《创意十二月》，2017年11月1日，深圳新闻网（http://baike.baidu.com/item/鹏城金秋社区艺术节/942025）。

打造了一个先进文化全民共享的新模式。①

四 以机制创新带动服务创新

2013年，深圳加强了对全市公共文化服务体系建设的统筹指导，通过印发《深圳市公共文化服务体系建设规划（2013—2015）》《深圳市基层公共文化服务规定》，为基层公共文化服务提供制度保障。文化部门印发《深圳市文化改革创新三年行动计划（2013—2015）》，推出12项文化领域的重点改革创新项目，掀起新一轮文化体制改革热潮。在这方面，深圳除了继续鼓励社会资本投入文化建设、转变政府职能提高文化管理水平以及不断完善服务运行机制外，2013年的重要举措是加强文化惠民活动的政府采购力度，推广文化义工、文化社工和文化钟点工，创新公共文化服务体系，实现市民文化需求与产品质量和数量的合理平衡，逐步扩大市民免费享受文化成果、参与文化创作等活动的便利性和受众面。

在公共文体服务体系中引入市场，强调市场竞争的重要作用，真正使得公共文体服务面向大众，走进社会，在这个过程中，广大的社会性资源才能够调动起来，参与公共问题服务体系的建设过程，才能为广大群众提供更好的公共文体服务产品。

2014年，深圳以三大重点为抓手深化文化体制改革。② 第一个重点项目是公共文化服务建立协调机制。由于深圳市特殊的行政管理系统，一直以来，公共文化服务政策缺乏充分的督导和验收，管理相对落后。建立公共文化服务协调机制，有利于在深圳行政管理系统中的不同区域、不同层级之间有效合作，保证信息和资源的合理化流通。通过制定《公共文化服务体系建设协调机制工作方案》及相关配套制度，完善公共文化服务保障机制。

第二个重点项目是推动公共文化服务供给多元化。党的十九大报告指

---

① 《深圳市民文化大讲堂》，2017年11月1日，百度百科（https：//baike.baidu.com/item/深圳市民文化大讲堂/3281442？fr=aladdin）。
② 《深圳以三大重点项目为抓手深化文化体制改革》，2017年11月1日，深圳新闻网（http：//www.sznews.com/news/content/2014-07/16/content_9816080.htm）。

出，目前中国的主要矛盾已经转化为人民日益增长的对美好生活的需要和不平衡不充分的发展之间的矛盾。这一论断表明群众对文化生活的追求和文化服务的需要变得更加多元化，因此，为满足这一需求，单单由政府提供公共文化服务是不够的，必须引入多元服务供给主体，建立公共文化服务多元化供给机制。通过完善社会化运作机制，制定公共文化服务购买目录和出台公益问题活动捐赠管理办法等措施，调动社会力量进入公共文化服务领域。

第三个重点项目是文化场馆建立法人治理机构。由于行政主管部门与事业单位关系不明晰，不利于充分发挥事业单位的服务效能，因此，在深圳图书馆法人治理结构改革的基础上，推进深圳博物馆、市群众艺术馆、关山月美术馆、深圳少年儿童图书馆、深圳美术馆等文化事业单位的法人治理结构改革，形成既相互理解支持，又相互监督制约的关系，实现决策、执行和监督的有效制衡，最终形成独立运作、自我发展、自我约束、自我管理的现代运行新模式。

2014 年，深圳在促进公共文体服务社会化发展政策制定方面，通过关于政府购买服务的"1 + 2"文件，其中《关于政府购买服务的实施意见》，明确了政府购买服务的指导思想和相关目录，其中包括文化教育类目。文化志愿服务方面，出台发布了《深圳市文化志愿服务促进办法》，明确要求各级公共文化场馆应公开发布招募信息，建立文化志愿服务档案制度，保障经费投入，采取相应激励措施等。与此同时，各区、新区亦出台相应的促进公共文体服务社会化政策措施，激活和调动社会力量，通过建立公共文体服务政府采购、公共文体场馆建设 BOT 模式、公共文体活动面向社会招投标、设立政府公共文体基金等方式，推动多元主体参与和公共文体服务发展。①

各区政府也积极探索公共文体服务社会化发展的政策措施。福田区自 2013 年 11 月获得第二批国家公共文化服务示范区创建资格以来，重点进行了社会力量参与公共文体服务的制度探索。2014 年，福田先后在公共文

---

① 高小军：《2014—2015 年深圳公共文体服务的现状、趋势和展望》，载张骁儒等主编《深圳社会建设与发展报告（2015）》，社会科学文献出版社 2015 年版，第 68—78 页。

体服务机构社会化治理、公共文体服务产品社会化采购、公共文体服务决策社会参与等方面做出了探索和创新。公共文体服务机构社会化治理方面，福田区探索公共文化机构理事会的运行机制，吸纳社会人员、专业人士、群众代表参与公共文化机构的管理与运营。公共文体服务政策社会化决策方面，通过设立文化议事会、文化理事会等机构，建立公共文体服务发展战略及策略的"外脑"，让议事会机制参与到整个示范区创建及公共文体服务重大决策与执行的全过程。公共文体服务产品社会化采购方面，通过设立"宣传文化体育事业发展专项资金"，每年投入1亿元撬动社会力量参与公共文化服务产品供给，激发了文化非营利团体、企业、文艺专才等各类主体参与公共文化服务产品供给的积极性，最终形成了多种主体参与公共文化服务供给的良性互动局面。整体而言，福田的探索是对政府及直属文化事业单位大包大揽公共文化服务决策、生产、评估过程的一种根本性改变，实现了政府、企业、社会、个人广泛参与，各安其位，各显其能的公共文体服务多元治理结构。[1]

宝安区"文化春雨行动"作为深圳唯一项目获评"全国基层文化志愿服务示范项目"，通过深化文化机制体制改革，推动政府职能由办文化向管文化转变，"文化春雨行动"通过整合社会资源，挖掘体制外文化力量，创造性地将社会化运作的目标投向个人，通过发展文化义工，采购文化钟点工，招聘文化志愿者，同时建立相应的资质考核、服务跟踪、评估激励、培训考核机制措施，让具有公共文体服务热情，公共文体服务专业才干的个人以合法主体的身份参与到政府公共文体服务的社会供给体系当中。相比面向企业、文化非营利社团的服务采购，面向个人的服务采购，一定程度上更加符合宝安区外来人口聚集，公共文体服务基础设施及体制内专业人员相对匮乏的实际状况，也符合十八届三中、四中全会精神中关于调动人民群众参与公共文化服务的精神导向。[2]

南山区则从2007年开始就探索公益文化活动社会招标运作的模式，

---

[1] 高小军：《2014—2015年深圳公共文体服务的现状、趋势和展望》，载张骁儒等主编《深圳社会建设与发展报告（2015）》，社会科学文献出版社2015年版。

[2] 同上。

通过采取项目征集、项目招标、项目评审、项目竞价、项目实施与监督五个环节实现对公益文化项目及活动的购买。2011 年,开发了"南山区公益文化活动社会化运作管理系统",引入互联网机制参与公共文体服务活动及项目的公布、资质审核、项目评审等流程,大大简化了公共文体服务项目社会化采购的难度,提升了相关采购的透明度和社会化参与程度。截至 2014 年,已组织了十六期招标,吸引近千家(次)优秀文化企业和社会组织参与,共举办各类文化活动 18341 场,共节约经费近 2000 万元,打造了南山流行音乐节、社区文化艺术节等较有影响的公共文化活动品牌。2014 年,南山实施了高雅艺术票价补贴政策。实现对 25 个演出项目 46 场次的 8513 个座位给予低票价补贴,让高雅艺术走近市民。①

另外,深圳的公共文体服务建设历来重视以完善法律法规体系来为公共文体服务的持续性、稳定性提供坚实的保障。深圳早在 1997 年就制定并通过《深圳经济特区公共图书馆条例(试行)》,该《条例》对公共图书馆的职能、服务、人员等进行规范,把公共图书馆的服务上升到法律层次。2006 年启动事业单位法人治理结构的建设,率先在深圳图书馆建立了理事会,公共文体服务法治化建设走在全国前列。2014 年,深圳遵循十八届三中、四中全会精神,充分利用经济特区在地方立法权方面的优势,加速推进一批有影响力的公共文体服务法律法规建设。《深圳经济特区促进全民健身条例》正式颁布,为国家兴办的体育设施面向社会全面开放、保障市民健身权利等方面提供了法律依据。深圳在全国率先启动阅读立法工作,《深圳经济特区全民阅读促进条例》立法稳步推进,《全民阅读条例(草案)》共 10 章 61 条,通过确立"全民阅读决策指导制度"等十大制度的设计,将全民阅读推广纳入法治化轨道,通过明确和规范全民阅读各行为方的职责、使命、权利与义务,从而更好地保障和维护市民阅读权利,促进和推动全民阅读推广逐步上升到全市公共文化发展战略层面。②

2015 年,中共中央办公厅、国务院办公厅《关于加快构建现代公共

---

① 王慧琼:《南山公共文化服务社会化运作体系评为省示范项目》,《深圳特区报》2015 年 1 月 23 日第 1 版。

② 王士芳:《深圳市公共文体服务现状、问题与改革》,载叶民辉、张骁儒《深圳社会建设与发展报告(2014)》,社会科学文献出版社 2014 年版,第 130—141 页。

文化服务体系的意见》的出台，进一步为公共文体服务法治化发展提出明确目标，即"建立健全公共文化服务法律体系"，同时明确要求中央及地方层面加快出台公共文化服务保障法等相关法律法规，为现代公共文化服务体系建设提供法律支撑。加强公共文化立法与文化体制改革重大政策的衔接，加快制定地方性公共文化服务法律规范，提高公共文化服务领域法治化水平。未来，深圳公共文体服务的法制建设将由个别立法逐渐转向为公共文体服务的整体立法以及公共文体服务机构立法。《深圳经济特区公共文化服务条例》《公共图书馆条例》《公共博物馆条例》《公共美术馆条例》《文化馆条例》《文化站条例》等逐步纳入议事日程。公共文体服务体系将进一步实现法治化，并由法治化均等化保障市民的基本文体权利，提升公共问题服务质量，进而促进民生幸福。

五　创意引领　以文兴业

2003年，深圳确立了"文化立市"的重要战略，确立"以文化定输赢"的发展新路径，坚持发展文化产业。2011年9月，深圳市发布了《深圳文化创意产业振兴发展规划》（以下简称《规划》），开始大力发展文化创意产业，打造"设计之都"，走出一条具有深圳特色的文化产业发展道路，在深化改革，转换经济发展结构的过程中树立新的经济发展支柱，激发城市活力，提升城市文化软实力。事实上，自2003年在全国率先确立"文化立市"战略以来，深圳文化创意产业以年均接近25%的速度快速发展，2010年文化创意产业增加值达726亿元，位居全国大中城市前列。2004—2010年，文化创意产业增加值占全市GDP的比重由4.6%提高到7.6%，成为带动经济快速健康发展的重要引擎。2013年，文化创意产业增加值达1357亿元。2016年，以创意设计业为龙头之一的深圳文化创意产业保持健康快速发展态势，实现增加值1949.7亿元，同比增长11%，占GDP的比重达10%。2017年在德国iF设计大奖中，深圳企业揽得142项，占中国企业获奖项目的36%，连续6年居全国大中城市首位。

根据《规划》对文化创意产业的定义，是指以创作、创造、创新为根本手段，以文化内容、创意成果和知识产权为核心价值，以高新技术为重要支撑，为社会公众提供文化产品和服务，引领文化产业发展和文化消费潮流的新兴产业，主要包括新闻出版、广播影视、创意设计、文化软件、动漫游戏、新媒体、文化信息服务、文化会展、演艺娱乐、文化旅游、非物质文化遗产开发、广告业、印刷复制、工艺美术等行业。就以上行业的发展来看，深圳创意设计业优势地位明显，是中国现代平面设计的发源地，工业设计、室内设计占全国较大市场份额，成为国内第一个被联合国教科文组织认定的"设计之都"。动漫游戏业起步早、发展快，文化软件服务、互联网信息服务、数字电视、数字音乐发展势头良好，涌现出腾讯、A8音乐等一批知名领军企业，汇聚了大批文化创意人才。文化旅游引领国内潮流，华侨城集团、华强文化科技集团是中国最具创意和创新能力的知名文化旅游企业。深圳还是中国最大的高端印刷及黄金珠宝生产基地，占据了国内60%以上的市场份额。新闻出版、广播影视、文化会展等行业也都在全国具有重要的影响力。

深圳的文化创意产业的发展模式具有鲜明的特点。第一，高新技术是文化创意产业发展的强大动力和坚实基础。深圳作为一个高科技引领产业的城市，始终把科技创新作为城市发展的主导战略，全力推进国家创新型城市建设，不断进步的科学技术和日益浓厚的创新氛围，将有力提高文化创意产业的科技含量，丰富文化创意产业的产品和服务形态，让深圳文化创意产业呈现光明的发展前景。第二，坚持内容为王，把内容建设放在突出位置，把提升文化产品的内涵和质量作为发展文化创意产业的基本着力点，推出更多高品位、高水准的文化精品，以内容优势赢得产业发展优势。注重挖掘文化资源、提升文化创意、开发原创作品和打造文化品牌，增强文化创意对各产业领域的渗透，使最新的文化创意和设计理念延伸到文化产品和服务生产、制作、传播、营销的全过程，最大限度地提升相关产业的文化含量和文化附加值，凸显"设计之都""创意城市"的产业特色和城市形象。同时，形成了以文化产权交易所、文化产业投资基金为主导的"文化+金融"模式，不断创新对文化企业的金融支持方式，构建了文化产权交易、文化产业投融资、文化企业孵化的重要平台。以主题公园、文化创意产业园区和基地为依托的"文化+旅游"模式，有效延伸了文化创意产业链。

并且，深圳市的文化创意产业在政府的引导和支持下，呈现专业聚集的形态，逐步显现出集聚效应，进一步推动了行业内部以及行业之间的相互交流和相互碰撞，形成了百花齐放百家争鸣的良好局面。在政府的有力引导和推动下，深圳文化创意产业采用行业集聚、空间集中的发展策略，培育建设了一批文化创意产业重点项目，建立了田面"设计之都"创意产业园、华侨城 LOFT 创意产业园、怡景国家动漫画产业基地、大芬油画村、观澜版画原创产业基地等 40 多个具有一定规模和影响力的文化产业园区和基地，形成了区域发展特色，构建了较为合理的产业布局。

此外，深圳锐意改革，突出市场在产业发展中的地位，强调了市场的决定作用，建立健全市场机制，打造了全国唯一的国家级、国际化、综合性文化产业博览交易会，为文化创意产业发展提供了高端平台和重要推力。丰富文化产品市场，培育文化人才、信息、技术、资本等要素市场，开拓大众性文化消费市场，促进文化产品和服务的合理流动。在国内较早建立了文化产权交易所，参与发起设立了首支国家级大型文化产业投资基金。文化创意产业投资呈现多元化的发展格局，涵盖国有、民营、中外合资等多种模式。同时，由于深圳毗邻港澳，地处珠三角地区核心位置，面向国际、国内两个市场，更好地接受了国内外先进的观念、体制、人才、金融、信息等辐射，推动文化创意产品和服务走向国际市场，打造深圳文化创意品牌。

最后，值得一提的是，深圳文化创意产业的大繁荣大发展，离不开良好的制度环境，离不开深圳文化体制的不断创新和不断改革，离不开必要的政策支持。深圳作为全国首批文化体制改革综合性试点地区之一，不断推动文化体制机制创新，先后出台了《深圳市文化产业发展规划纲要（2007—2020）》《深圳市文化产业促进条例》《关于加快文化产业发展若干规定》《关于扶持动漫游戏产业发展的若干意见》《关于促进创意设计业发展的若干意见》《关于支持和促进深圳文化产权交易所发展的若干意见》等规划、法规和专项文件，把文化产业作为第四大支柱产业加以扶持，为产业发展提供了良好的环境和政策法规保障。

六　加强群众参与，实现全民健身

全面建成小康社会是"十三五"规划的总目标和核心目标。其中，推进健康中国建设是重要目标之一。健康中国的内涵和主体是健康人民，即健康家庭、健康社区、健康学校、健康企业、健康城市等，人人参与，人人健身，人人快乐，人人健康，人人幸福。健康中国的目标主要是全民健身和全民健康指标达到中高收入国家水平。推进建设健康中国的目标是落实"四个全面"战略布局，从促进经济社会发展全局出发以及对维护和促进国民健康做出的制度性安排。全民健身作为一种健康的生活方式，百姓喜闻乐见、门槛低，具有参与人群广、渗透性强等特点。无论是传统体育运动，还是现代体育运动，或是新兴时尚体育运动，它们不仅直接对身体健康有益，还对积极引导心态，释放压力，养成公平公正、诚信和规则意识等道德素养的提升有积极作用。[1]

根据《深圳市体育发展"十二五"规划》和《深圳市体育改革发展规划》，为构建完善的全民健身服务体系，深圳市从各个方面采取了重要举措。第一，进一步完善大型体育设施布局。编制并实施《深圳市文化体育设施建设"十二五"专项规划》，规划建设深圳青少年足球训练基地和深圳青少年业余训练中心，置换建设深圳棋院；推进福田安托山体育中心、光明体育中心、公明文化体育中心、盐田区游泳馆、大梅沙水上运动中心、南山文体中心建设和龙岗区体育中心改造。严格落实国家有关公共体育设施用地定额指标规定，新建居住区及旧城改造要严格实施公共体育设施配套，按室内人均建筑面积不低于0.1平方米或室外人均用地不低于0.3平方米执行，并与住宅区主体工程同步设计、同步施工、同步投入使用。对无群众健身设施或现有设施不达标的社区，要通过改造等多种方式予以完善。重点推进社区体育公园和社区体育中心、小型足球场建设。加大原特区外、工业区、大型居民住宅区、外来工聚居地等区域的体育设施

---

[1] 胡鞍钢、方旭东：《全民健身国家战略：内涵与发展思路》，《体育科学》2016年第3期，第3—9页。

建设，及时更新和维护体育健身器材。充分利用市政公园及城市空置场所等配建全民健身设施，重点建设篮球场、小型足球场等场地设施。市政公园配建体育设施用地不应低于公园绿地面积的2%。鼓励对旧厂房、旧仓库、老旧商业设施等进行改造，建设全民健身设施。支持利用政府储备用地或闲置土地建设临时健身场地。健全绿道网健身设施配套，完善绿道驿站休闲体育功能，进一步打造集体育、休闲、旅游于一体的城市绿道网。鼓励社会力量投资建设和经营小型化、多样化的体育场馆和健身设施。

第二，加强基层公共体育设施建设。制定《深圳市基层公共文体设施规划和建设标准指导意见》，加强指导监督，提高公共体育设施建设的质量和效益，推动公共体育场馆设施免费或低收费开放，并向社会公示开放时间和服务内容，接受社会监督。建立健全免费或低收费开放的财政补助、保险、收费标准、安全管理规范、责任追究等制度，加大执行情况监督检查，盘活体育场馆资源，提高公共体育场馆使用效率。完善学校体育场地设施向社会开放保障机制，鼓励机关、企事业单位体育设施向社会开放，促进实现社会体育资源共享。对社会资本投资建设的公共体育场馆，通过政府购买服务的方式予以补贴。支持建立体育场馆联盟，开发互联网订场平台，方便市民享受场馆服务。按照每10万人拥有一个街道级公共文体设施，每3万人拥有一个社区级公共文体设施的建设目标，对基层体育设施进行合理布局，以街道、社区为骨干，兼顾大型厂区、大型居民区等常住人口聚集功能区域，形成覆盖行政性社区、厂区和大型屋村的公共体育服务网络。充分利用公园、绿地、广场等公共场所，建设市民身边简捷便利的公共体育设施，构建"十分钟体育圈"。着力提升原特区外基层体育设施建设和管理水平，促进全民健身服务一体化发展。

第三，拓展全民健身活动内容。利用全民健身日、市民长跑日、全民健身活动月等时间节点，组织开展长跑、登山、健步走等全民健身活动，打造一批全民健身品牌，引导广大群众积极参与体育锻炼。各区、街道要根据辖区实际，举办各类群众性运动会和单项体育竞赛活动，形成"一区一品"全民健身活动品牌。鼓励机关、企事业单位和社会团体定期举办全民健身竞赛活动。充分发挥各级体育总会、各行业体育协会、各单项体育协会及群众性体育组织作用，经常性地举办丰富多彩的全民健身和竞赛活动。积极组织健步走、健步跑、健身展示等体育健身活动，大力开展广场体育、公园体育等健身活动，打造绿道健步走、绿道骑行等绿道健身活动品牌。推进全民健身与文化、旅游活动相结合，提高全民健身活动的群众参与度。支持机关、企事业单位和社会团体举办不同层次、不同类型的全民健身体育竞赛活动。深入开展体育进社区、进学校、进机关、进企业活动，推广适合不同人群、地域、季节的体育健身新方法，广泛开展绿道网骑行、健步走等小型多样的群众体育活动。积极关注外来务工者身体健康，办好外来青工文体节，为外来劳务工开展体育活动、丰富体育生活创造良好条件。

第四，完善全民健身服务网络。加强街道健身组织和社区体育健身服务站（点）建设，实现全民健身组织网络全覆盖。建立健全社会体育指导员管理体系，提高社会体育指导员素质和技能，及时向基层提供健身指导服务。加强全民健身志愿者队伍建设，坚持示范推广与日常健身指导相结合，形成全民健身志愿服务长效机制。进一步完善市、区、街道"国民体质监测三级网络体系"，不断扩大体质测定工作的覆盖面。加快推进全民健身公共信息服务网络建设，提高全民健身公共信息服务能力。建立和完善全民健身基础数据统计体系，定期公布国民体质测定结果，实现全市体质合格水平以上人数比例超过90%。加强体育和卫生部门合作，推广"运动处方"，发挥体育锻炼在疾病防治以及健康促进等方面的积极作用。加强社会体育指导员队伍建设，建立健全市、区社会体育指导员协会，加强社会体育指导员训练基地建设，积极培养职业型社会体育指导员，逐步完善社会体育指导员培训体系，进一步加大社会体育指导员培训力度，力争5年内全市获得社会体育指导员技术等级证书的人数增加2000人，获得社会体育指导员国家职业资格人数增加200人，全市每万人拥有13名以上社会体育指导员。加强国民体质监测，完善市、区国民体质监测中心建设，扩大测定范围，确保全市常年测定工作覆盖至街道，定点至社区，定期公布国民体质测定结果。加强全民健身宣传引导，充分利用广播、电视、报刊、互联网络等大众传媒，进一步加强对全民健身活动的宣传，普及科学、文明、健康的全民健身知识。广泛开展全民健身志愿者服务活动，不断提高群众身体素质。

第五，推进公共体育场馆向公众开放，加强老年人及外来工等群体体育健身权益保障。探索以政府购买服务的方式推进公共体育场馆向公众开放。建立完善市、区政府促进学校体育场馆开放的政策体系，明确相应的开放条件、服务标准和财政补助、收费标准、安全管理规范，调动学校开放体育设施的积极性，确保开放工作有序持续开展，实现体育资源社会共享。至2015年，积极争取具备开放条件的学校体育场馆向公众开放率达到70%。建立健全老年人体育协会、健身俱乐部或健身团队，广泛开展经常性的老年人体育健身活动，引导老年人参加体育锻炼。创新适合老年人特点的体育健身项目和方法。公共体育设施对老年人参加体育活动提供便利和优惠，老年人活动中心要设置适合老年人体育活动的设施。加强对残疾人体育活动的指导服务，推广适合残疾人的体育健身项目和方法。加强与外来工集中的单位及工业区管理部门的合作，举办形式多样、内容丰富的全民健身活动。进一步加大外来工集中区域（厂区、居住地）的全民健身设施投入，各类公共体育设施要积极创造条件向外来工开放。办好外来青工文体节，加强对外来工的健身指导与服务。

2016年6月国务院正式颁布了《全民健身计划（2016—2020年）》，对新时期全民健身事业发展有了新的指南。为促进深圳市全民健身事业发展，广泛开展全民健身运动，提高市民身体素质和健康水平，根据《全民健身计划（2016—2020年）》（国发〔2016〕37号）、《广东省全民健身实施计划（2016—2020年）》，深入贯彻《深圳经济特区促进全民健身条例》，结合实际和新时期全民健身事业面临的形势任务，深圳市文体部门制订了《深圳市全民健身计划》。该《计划》以创新、协调、绿色、开放、共享为发展理念，以增强人民体质、提高健康水平为根本目标，促进全民健身公共服务标准化、均等化，坚持以人为本、改革创新、协调融合、依法治体、多元互促、注重实效的工作原则，以基层为重点，以社会化、市场化、产业化为方向，着力扩大供给、创新服务模式，旨在更好满足市民多层次、多样化的健身服务需求，促进形成健康文明的生活方式，不断提高深圳市市民的身体素质、健康水平和生活质量。

2017年，《深圳市全民健身实施计划（2016—2020年）》开始向纵深发展，为了在2020年达到《实施计划》的要求，深圳公共体育设施建设

2018年也开始进入关键阶段。为切实保障《实施计划》相关条款落到实处，深圳市文体旅游局制定了三大举措：第一，加快完善体育设施网络，充分发挥全市12项民生工程建设推进机制作用，统筹推进全市重大体育设施项目建设，鼓励各区因地制宜规划建设更多体育场馆。发挥体彩公益金的导向作用，在体彩公益金的使用安排上向基层健身设施建设方面倾斜，鼓励和引导各区进一步完善基层体育设施，满足群众健身需求。第二，积极盘活公共体育场馆，联合市教育部门继续推动学校体育场地设施对外开放，加快实施《深圳市公共体育场馆惠民开放指导意见》，加大公共体育场馆惠民开放力度，积极申报国家和省补助资金。第三，加快建设公园体育设施，在市属公园内尽可能分期分批增加建设体育运动场地和设施，并利用地铁车辆段等地下空间实施后的公园恢复地块，建设中大型体育公园，同时在新建公园内加强公共体育基础设施建设，修建多种多样的健身体育设施，满足市民健身需求。

七　深圳市文化体育事业发展展望

党的十九大报告指出，要大力推动文化事业和文化产业发展，满足人民过上美好生活的新期待，必须提供丰富的精神食粮。要深化文化体制改革，完善文化管理体制，加快构建把社会效益放在首位、社会效益和经济效益相统一的体制机制。完善公共文化服务体系，深入实施文化惠民工程，丰富群众性文化活动。自改革开放以来，随着深圳经济发展水平的不断提高，市民的消费水平不断增长，文化素养和体育素质的需求逐渐凸显出来。深圳市的文化和体育事业在30多年中不断发展，已经在许多方面取得了可喜的进步，但是文体公共服务的供给与文体公共服务的消费需求仍然是不平衡的。深圳市人口迅速增长，而深圳市的公共文化服务水平的发展相对滞后于深圳市的经济发展水平和城市人口规模的发展，公共文化设施建设亟待完善，公共文化产品不够丰富，公共文化服务还不到位，城市文化影响力和竞争力也需进一步提升。因而，可以说，深圳市公共文体服务的发展程度与深圳经济社会发展的整体水平和深圳在全国的经济地位还不太相称，公共文体服务体系还不够健全，体制机制改革亟须进一步深化。而如何不断提高公共文化服务的人口全覆盖，提升文化发展和文化服务的公平性、均衡性，既是深圳未来文化建设应当着力解决的问题，也是新的发展机遇。

为了建设与现代化国际化创新型城市相匹配的文化强市，2015年，深圳市委常委、宣传部长李小甘宣布全面启动"深圳文化创新发展2020"工作。李小甘表示，文化创新发展的文化包括核心层、中间层、外围层三个层次，"深圳文化创新发展2020"将构建对应这三个层次的三大体系。一是构建以社会主义核心价值观为引领的城市精神文化体系。这是文化的核心层，对于城市而言就是城市精神，以此来凝聚人心，彰显城市特质。二是构建以现代化国际化创新型城市为标准的城市文化品牌体系。这是文化的中间层，涉及传播力和影响力，城市文化品牌体系主要由文化精品、文化活动、文化组织三方面组成。三是构建以人民群众精神文化需求为导向的城市公共文化服务体系。这是文化的外围层，主要涉及硬件设施和服务网络。①

就公共文化服务体系来说，要加强文化服务的供需对接，改革供给的体制机制，进一步提升公共文化服务的均衡性。首先，要完善公共文化需求调查反馈机制。目前公共文化服务满意度调查还没有制度化，调查成果还没能充分反映到进一步的政策制定中去。深圳虽然也有了一些非政府性质的调查，但是整个反馈机制仍然不够完善，不能将工作的不同环节有机联系起来。其次，制约公共文化服务管理水平和服务效能的体制机制障碍没有彻底解决，公共文化管理体制机制亟待改革创新。

就公共体育事业而言，首先，必须加快推进体育事业运作和管理制度建设，既要完善顶层设计，又要加强基层管理，既要政府加大投入和政策倾斜，又要积极引入市场竞争机制，推进社会化改革。进一步地，要在加强体育事业全民参与程度的基础上，由政府引导体育产业的发展，形成以体育事业刺激群众需求，再以群众需求拉动体育产业增长，产业增长反过来推进体育事业的良性循环。

---

① 翁惠娟、韩文嘉：《努力建设与现代化国际化创新型城市相匹配的文化强市》，《深圳特区报》2016年1月22日第A3版。

第七章 打造公交都市

交通是城市经济社会持续健康发展的基础保障。随着城市化进程的不断推进与经济发展水平的提高，深圳的机动车拥有量与日俱增。和所有的大城市一样，深圳面临着汽车增长带来的拥堵与可能导致的尾气污染和能源消耗的风险。城市公共交通与人民群众生产、生活息息相关，在城市发展中处于极其重要的地位，是一个城市发展的坚强后盾。发展城市公共交通不仅有利于提高道路资源利用效率、缓解城市交通拥堵、实现节能减排，还有利于实现社会的公平正义、提高城市居民的整体生活质量。

经过近40年的发展，目前深圳已初步建成海陆空铁齐全、资源配置集约、辐射国际国内的一体化综合交通运输体系，为深圳市经济社会的快速发展发挥了至关重要的作用。"十二五"时期，深圳努力打造国际水准的公交都市和构建现代化国际化一体化综合交通运输体系。深圳市政府对公共交通的发展起到了非常重要的推动作用，不论是在立法层面、管理体制层面，还是在投入层面、规划层面，都对公共交通的发展倾注了大量的精力、财力和物力，以确保深圳公共交通的发展。

一 最不拥堵的特大城市

（一）深圳市城市交通发展概况

1. 口岸

深圳是中国唯一的海陆空口岸俱全的副省级城市。截至2015年底，深圳拥有经国务院批准对外开放的一类口岸15个，其中，陆路口岸6个，分别是罗湖、文锦渡、皇岗、沙头角、深圳湾、福田口岸；水运口岸8个，分别是盐田港、大亚湾、梅沙、蛇口、赤湾、妈湾、东角头、大铲湾口岸；空运口岸1个——深圳宝安国际机场。经省政府批准对外开放的二类口岸3个，分别是蛇口装卸点、沙鱼涌装卸点和莲塘起运点，形成海、陆、空全方位口岸开放大格局。

2. 道路交通网

2004年深圳编制完成了《深圳市干线道路网规划》，并经市政府批准。该规划提出了城市化地区一体化的道路功能分级体系，将干线道路系统分为高速公路、快速路、干线性主干道三个层次，重点规划高速公路和快速路。并在此基础上，制定了全市"七横十三纵"的高快速路网总体布局方案。

到2015年，基本建成了"七横十三纵"高快速路网，形成与全市主次干道骨架、支路网协调发展的路网体系。深圳市交委加大全市道路建设投资力度，完成投资超过420亿元，全市累计新增道路里程1234公里。

3. 便捷的城市综合交通枢纽

福田站综合交通枢纽，广深港客运专线福田站及其配套综合交通枢纽于2015年12月30日开通运营，标志着深圳市原规划铁路客运枢纽"两主三辅"格局基本形成。福田站综合交通枢纽作为亚洲第一座位于城市中心区的全地下枢纽，项目以高铁站为核心，整合地铁等多种交通方式在地下无缝衔接，并与周边办公、商业等设施联通，形成聚集交通出行、购物休闲、商务娱乐为一体的地下综合交通体。此外，深圳其他城市综合交通枢纽也在建，以缓解城市拥堵。

4. 日益完善的公共交通体系

2016年，全市累计公共交通客流量353874.79万人次，其中公共汽车为186799.43万人次，出租汽车为37361.87万人次，地铁累计人次为129713.49万人次。轨道三期7、9、11号线开通运营，全市地铁运营里程达285公里，日均客流量达430万人次。新的轨道交通的开通对深圳的交通拥堵有一定的缓解作用。优化调整公交线路152条，开通社区微巴线路

46条、定制巴士线路427条,公共交通占机动化出行分担率达56.5%。推广纯电动公交车9726辆,公交纯电动率达90%,推广纯电动出租车1500辆。新建新一代公交候车亭455座,基本实现全市主干道全覆盖。

5. 快速通达的机场设施

2015年,深圳宝安国际机场旅客吞吐量3972万人次,机场国际航线数量16条,机场货邮吞吐量101.3万吨,是中国境内集海、陆、空联运为一体的现代化国际空港,也是中国境内第一个采用过境运输方式的国际机场。

6. 四通八达的铁路

深圳为了提升在国家铁路网络中的地位,紧紧抓住了国家铁路高速化的发展契机,致力将深圳打造成重要的铁路枢纽。广深港高铁是中国"四横四纵"客运专线中京港高铁的组成部分,该线路将广州、东莞、深圳以及香港连接。

(二)日益好转的拥堵形势

深圳的拥堵状况处于逐年好转的势头。《2016年度中国主要城市公共交通大数据分析报告》统计了全国82个主要城市,综合用户出行核心区域站点覆盖率、线网覆盖率、轨道交通覆盖情况、城市出行单位耗时、单位花费以及用户评价指数等方面,综合计算得出了中国主要城市公共交通排行TOP20,其中上海市、深圳市站点及线网覆盖率高,轨道交通建设相对完善,用户评价指数较好,综合评分列第一、第二位。《中国主要城市交通发展概况》显示2016年第二季度,深圳拥堵排名全国第六位,自2015年第二季度之后,深圳对缓堵采取了多项措施,如:HOV车道开通、地铁11号线、7号线、9号线等相继开通、自动化拉链潮汐车道、单车出现等。深圳整体拥堵有了大幅度的缓解,拥堵降幅8.75%。排名也由之前的第六位降至2017年第二季度的第二十三位。

下面2016年11月对比2015年11月交通拥堵情况的图7-1显示出只有个别路段呈现较深的颜色即拥堵情况上升,其他绝大多数路段的颜色较浅,表明拥堵状况下降。这表明这一年度深圳的交通越来越畅通。

和其他大城市做比较,深圳的高峰拥堵延迟指数要低于北京、上海、广州几大城市,在市内的平均速度也要高于其他几大城市。从表7-1可以看出，深圳的高峰拥堵延迟指数低于其他几个特大城市，平均速度高于其他特大城市。

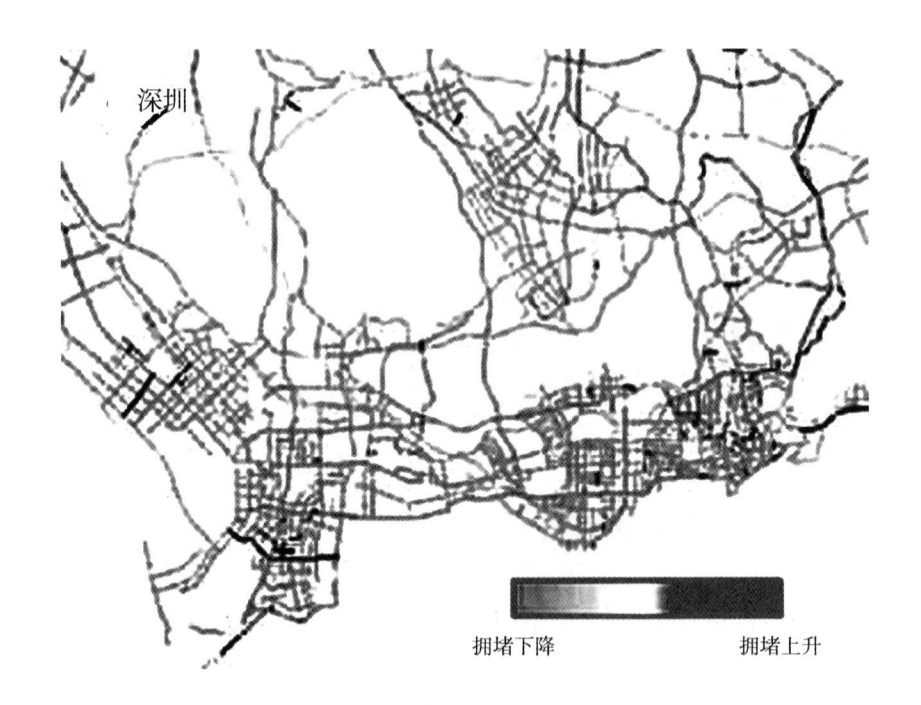

图 7-1　2016 年 11 月对比 2015 年 11 月交通拥堵情况

资料来源：《2016 年度中国主要城市交通分析报告》，2017 年 1 月。

表 7-1　　　　　　　各大城市高峰拥堵延迟指数与平均速度

城市	高峰拥堵延迟指数	平均速度
北京	2.040	22.57
上海	1.854	23.81
广州	1.883	24.96
深圳	1.783	27.24

注：拥堵延时指数 = 交通拥堵通过的旅行时间/自由流通过的旅行时间；城市范围内的平均速度。

资料来源：《2017 年 Q2 中国主要城市交通分析报告》。

基于此，我们可以看到，当前的深圳是中国最不拥堵的大城市，并且是越来越不拥堵的大城市，这与深圳不断完善交通基础设施建设，加大整治力度有很大的关系。

二 确立公交优先的发展战略

（一）公交优先战略及其实施

优先发展公共交通的城市交通发展战略在深圳特区建立初期便已确立。1991年特区公交规划提出的发展目标为："建立一个以公共汽车为主体，轨道交通为骨干，各种客运方式协调发展的城市公共交通体系，为市民提供多层次、安全、可靠、快捷、经济的服务"，也就是要建立一个对小汽车交通有竞争力的交通系统。《深圳市公共交通总体规划》①（以下简称《规划》）提出公交发展策略：协调土地利用与公交发展，建立大运量客运轨道体系；加强接驳换乘设施建设，建立合理的线网结构；大力发展公共大巴、优化公交方式结构；加强中小巴管理，均衡公交供应；利用高科技手段建立科学高效的公交调度系统；明确政府职能，强化市场机制。《规划》还确定了特区内外2010年公交分担率达到50%的目标。2010年深圳市与交通运输部签署了共建国家"公交都市"示范城市合作《框架协议》，推动深圳公交都市建设。

"十二五"期间，公交供应水平和公交服务水平都按期完成，到2015年城市轨道交通运营里程为178公里，达到"十二五"的目标值；公交专用道里程完成883公里，超过"十二五"的目标值700公里；原特区外公交站点500米覆盖率2015年为94%，超过目标水平93%；轨道运营准点率为99.80%，达到超过90%的目标要求；公交车辆运营准点率超过90%，达到"十二五"的目标值；全日机动化出行中公共交通分担比例为56.1%，也达到"十二五"的目标值（见表7-2）。

---

① 《深圳市公共交通总体规划》，2017年10月24日，百度文库（https：//wenku.baidu.com/view/ead23162caaedd3383c4d350.html）。

表 7-2　"十二五"公共交通完成指标情况表

类别	指标	"十二五"目标值	2010年实际值	2015年完成值	完成情况
公交供应水平	城市轨道交通运营里程（公里）	178	22	178	按期完成
	公交专用道里程（公里）	700	—	883	按期完成
	原特区外公交站点500米覆盖率（%）	93	81	94	按期完成
公交服务水平	轨道运营准点率（%）	>99	—	99.80	按期完成
	公交车辆运营准点率（%）	>90	<90	>90	按期完成
	全日机动化出行中公共交通分担比例（%）	56	44.3	56.1	按期完成

深圳"十三五"规划的发展目标提出，努力将深圳建成更可持续发展的现代化公交都市。以构建轨道交通为主体的轨道都市为战略核心，加快形成覆盖更广、品质更高、更可持续的城市公共交通体系，全面促进公共交通引导城市空间拓展，持续推进交通设施立体空间布局，构建现代化一体化的城市交通系统，综合提升城市交通承载力。确定了公共交通出行"70/70目标"，即公共交通占机动化出行量70%以上，轨道交通占公共交通出行量70%以上。

"十三五"规划指出：（1）全面升级公交路权。以"轨道交通+公交专用网"为网络主骨架，重构城市公交体系。围绕彩田路—民治大道、留仙大道、笋岗路、科苑大道、宝安大道、坂银通道、龙岗大道、笋岗路等公交走廊，持续滚动推进公交专用道建设，构建广泛、连续的公交专用路网。（2）多渠道落实公交场站。通过政府建设、社会配建、企业自建等多渠道建设公交场站。建设月亮湾、民治、布吉等26处立体公交综合车场，满足新能源公交车辆更新需求。严格落实城市更新项目配套公交场站建设，合理设置"门厅式"公交停靠站。通过路内挖潜新增20个路段公交始发站，提升福田中心区、科技园等核心地区公交服务水平。（3）提供更有竞争力的公交服务。持续优化调整公交干线网络，积极拓展公交快线网络，着力加强支线公交，尤其是地铁接驳线路服务，形成与轨道交通"优势互补、适度竞争"的常规公交服务体系。完善高峰专线、旅游观光线、夜班线等特色公交线路服务，鼓励和规范互联网定制班车、社区微巴等多元市场服务产品的发展，满足商务、通勤、旅游的个性化公交出行需求。加强与全市保障性住房项目、产业集聚区项目等建设进度的协同，及时优化调整公交线路服务。采用"三分三结合"发展模式，加快推进深莞惠跨市公交网络建设，联通重要城镇、产业节点，与其他客运方式有效衔接和便捷换乘。（4）加强公交经营模式的顶层设计。优化现有公交服务考核补贴机制，实现企业良性发展、科学管控成本、直接惠及民生的目标。建立和常规公交服务品质、运营成本挂钩的票价机制，使公交的社会效益与运营企业的经济效益达到适度平衡。研究整合轨道与公交运营主体的可行性，促进常规公交快速响应需求变化，加强与轨道交通的分工和协作。加大政府监管力度，成立专业化的公交运营管理部门，加强公交服务质量监督和考核，保障公共利益的充分落实。

表 7-3   "十三五"公共交通发展指标

指标	单位	2015年现状指标	2020年发展指标	指标属性
新增城市轨道交通通车里程	公里	—	250	约束性
高峰期间公共交通占机动化出行分担率	%	56.1	≥65	预期性
中心城区工作日高峰常规公交车速	公里/小时	18	20	约束性
中心城区工作日晚高峰交通指数①	—	5.28	≤6.0	约束性
新建及改扩建交通设施无障碍建设率	%	—	100	约束性
新增公交车专用道里程	车道公里	—	200	约束性
新增自行车专用里程	公里	—	≥600	约束性
公交大巴电动化率	%	42	100	约束性

---

① "交通指数"是描述路网整体交通运行状况的定量化指标。交通指数范围为 0—10，数值越高表明一次出行相比顺畅状况（如凌晨时刻）多花费的时间越长，即交通拥堵越严重。按照交通指数将交通运行状况划分为 5 个级别：0—2 为畅通、2—4 为基本畅通、4—6 为缓行、6—8 为较拥堵、8—10 为拥堵。

"十三五"交通规划还对公共交通发展的各项指标提出了要求，其中新增城市轨道交通通车里程要求达到250公里，高峰期间公共交通占机动化出行分担率需要超过65%，中心城区工作日高峰常规公交车速要达到20公里/小时，中心城区工作日晚高峰交通指数要小于等于6.0，新建及改扩建交通设施无障碍建设率要达到100%，新增公交车专用道里程200公里，新增自行车专用里程大于等于600公里，公交大巴电动化率要达到100%。

（二）提升公交服务质量与监管工作

公交服务质量指数是以质量水平、发展能力和质量满意3个质量要素为权数所反映的公交质量的综合水平。可以通过观察正点率、万人公交车辆保有量、投诉率等多个指标来分析公交服务质量的好坏。正是基于对"质量满意"要素的重视，不断提高服务水平，公交服务质量呈稳步增长态势。2011—2014年，深圳公交服务质量指数测评结果分别为140.88、171.26、175.74和196.34。

《深圳市城市交通白皮书》提出"深圳交通运营管理的目标是以世界先进城市为标杆，建设与国际化、现代化城市相适应的交通运行管理体系。创新交通改善工作机制，挖掘交通设施潜力，广泛应用交通科技，提升交通规划决策与运行管理水平，提高交通运行效率"。

公共交通相关部门还不断加大监督力度，推进公交行业的各项安全监管。通过对企业线路月发车班次、线路首末班车服务时间、年运营载客里程、年客运量、车辆保有量五项运营指标及服务质量考核的结果，确定企业的年度财政补贴总额，促进成本的合理管控，提升运营效率，既保障公益性服务质量的要求，又激励企业增收目标。

三 加强交通设施建设

为了适应深圳快速经济与社会发展的需要，深圳需要不断加强交通设施的各项建设。未来5年，深圳的交通建设将围绕着以下几个方面进行。

（一）增加国际航线，推动第二机场建设

为了完善深圳机场的国际枢纽功能，深圳将注重国际航线的建设，增加国际航线与机场的基础设施建设，推动空域方面的改革，提高航运质量。

为了满足人口与发展的需求，深圳还将进行南头直升机场的迁建工作，研究新增新机场服务深圳东部乃至粤东地区。

（二）增强铁路枢纽功能与客运功能，加快珠三角一体化

深圳致力于打造国家铁路枢纽城市，形成"东西贯通、南北终到、互联互通"的铁路布局。优化铁路客运车站的布局，形成包括深圳坪山站、机场东站、深圳北站和深圳站四个主要车站，西丽站、深圳东站、平湖站、福田站四个辅要车站，形成"四主四辅"的铁路运输体系。此外，深圳还注重提升铁路的货运组织能力，以及加强与铁路交通的联系。

为了加强珠三角一体化和深莞惠"3+2"都市圈发展，深圳未来5年将推动珠三角城际铁路建设。未来几年计划穗莞深城际铁路将通车并启动深惠城际铁路项目。

（三）新建道路，完善路网结构

首先，未来5年深圳市将持续完善路网结构，到2020年全市道路通车里程将达到7500公里。5年新增高快速路176公里、主干道路192公里，强化东中西三轴上原特区内外的交通联系。配合全市15个重点片区和23个战略新兴产业集聚区推进道路建设，至2020年形成高快速路、主次干路、支路协调发展的路网体系，新增次干路288公里、支路329公里。

其次是完善对外公路通道，建设国家公路主枢纽。加快推进深中通道建设，新增跨珠江公路通道，研究深珠城际公铁两用建设形式，推动深惠、深汕高速公路扩建，加快建设大外环高速公路，筹划增加联系惠阳、汕尾、汕头的东向通道，启动沿一线快速通道的前期，筹划新增联系香港的南通道。

（四）多手段保障市内道路畅通

在公交都市建设方面，未来 5 年深圳将完成轨道三期规划及新增线路、快速公交走廊、现代有轨电车、立体公交综合车场的建设。还将正向激励绿色交通出行与开展高速公路设置 HOV、HOT 车道的可行性研究，这将优先在一些拥堵片区试点。

（五）调整汽车、公共自行车收费方式

持续推动路内停车泊位建设，逐步形成与道路交通运行指数相关联的路内收费标准调节机制。完善市场化停车价格形成机制，强化停车秩序管理和执法力度。

未来五年深圳市还将建设高品质宜行城市，拓展慢行交通网络，改善"最后一公里"出行环境，包括打造轨道交通接驳慢行系统，建设地下和立体步行系统。

逐渐推进一些片区自行车专用道试点建设，大力发展公共自行车租赁。预计到 2020 年全市公共自行车 4 万辆，统一全市自行车道建设标准、刷卡方式、服务标准和收费标准。

（六）设置网约车准入门槛，鼓励合乘共享汽车

深圳市还将进一步规范出租车和网约车运营监督，政府制定监管标准、监测市场运行、评估监管效果，网约车公司具体实施监管标准并承担法律责任，完善司机和车辆准入退出机制，细化司机考核培训、车辆实时监控等具体监管办法。规范各类打车软件使用的市场准入条件和市场监管规则。有效整合现有出租车调度方式，综合扬招、电调、出租车停靠站、打车软件等，提高打车效率。

未来五年深圳市还将研究出台互联网或汽车等企业进入汽车共享领域的鼓励政策，为共享汽车提供优先的通行权、优惠的停车费用或适当的合乘补贴或者税费减免。鼓励共享汽车及合乘汽车，尤其鼓励多人共享汽车通勤，为共享汽车优先提供专属停车区域、优先通行的路权。

(七) 加快与完善轨道交通建设

深圳的轨道交通建设一直是深圳交通发展的重点。《深圳市综合交通"十三五"规划》要求,"扩大城市轨道交通设施规模,重点加快轨道快线规划建设,建立多层级轨道服务体系,提高关键走廊、关键地区的轨道服务水平。依托轨道枢纽组织周边地区城市和交通功能,引导城市中心体系发展。力争在'十三五'末期建成以轨道交通为主体、多元公交为辅助、适度竞争的一体化公交客运体系。2020年全市范围内轨道站点800米人口和就业岗位覆盖率分别提高到50%和70%以上,全市高峰期间机动化公交分担率提高到65%,其中轨道交通占公交出行比例不低于50%,高峰期轨道交通占公交出行比例不低于70%"。

(八) 建设无障碍的交通设施

《深圳市交通设施无障碍环境建设规划(2011—2015)》强调"对道路环境无障碍化作为民生实事重要内容强力推进。重点地区是原特区内中心城片区、机场、口岸、车站、轨道交通站点、主要商业街区等重点地区范围。提升对象主要是人行道缘石坡道、盲道、安全岛缘石坡道、人行天桥和人行地道无障碍设施等"。

结合新能源公交车推广,深圳市交通委员会将加强无障碍设施在公交车辆上的应用,努力实现每年2%的比例购置投放无障碍公交车,至2015年力争达到全市公交大巴总数的10%。加快无障碍站台改造建设,2015年完成全市各区约800个公交站台无障碍设施改造。

四 构建现代城市交通体系

构建现代城市交通体系,一方面是一个城市传统交通的延续,另一方面又是一个城市交通不断创新的过程。

(一) 轨道交通

深圳的城市轨道交通是为了满足快速增长的轴向交通需求,截至2016

年10月28日，深圳地铁9号线开通运营，深圳已开通运营线路共有8条，分别为：1号线、2号线、3号线、4号线、5号线、7号线、9号线、11号线，共199座车站。全市地铁运营线路总长285公里，地铁运营总里程居全国第4。2016年深圳地铁客运总量12.97亿人次，日均客运量400万人次。

（二）公交汽车

截至2015年深圳共有公交汽车15120辆，公交线路903条，公共汽车客运总人数206892万人次。深圳市交通运输委员会不断开展公交线网规划工作，优化调整公交线路提高特区外公交站点覆盖率。2015年新建约100车道公里公交专用道，全市公交专用道里程882.98车道公里，进一步实现公交专用道规模化、系统化、网络化发展。

深圳还实行智能公交，实现公交车辆深标北斗车载终端全覆盖，全面提升智能公交系统应用水平。轨道公交接驳也更为便捷，截至2015年，地铁站50米范围内配建接驳公交站比例75.4%，全市地铁换乘公交平均距离为134米。

近年来深圳还不断推出新能源公交汽车，目前深圳已实现专营公交100%纯电动化，全市有16359辆纯电动公交，其中双层大巴100辆，大巴13155辆，中巴3055辆。深圳已成为全球新能源公交应用规模最大、车型最齐的城市。

（三）立体交通

深圳的立体交通系统解决的是深圳人流量大的地区的交通拥挤问题。深圳市福田交通综合枢纽换乘中心是深圳市第一个具备车港功能的综合交通枢纽，是国内最大的"立体式"交通综合换乘站。该交通枢纽具有中转与换乘功能、多式联运功能、旅游交通功能、口岸旅客集散功能、零担货运服务功能及"车港"功能，集轨道交通、长途客运、出租汽车、社会车辆与公共交通于一体。

立体交通枢纽的存在使城市交通布局更加合理，路面交通压力有效缓解。而面对人流量大的商圈以及交通问题日益严重的情况，深圳还需建造更多的立体交通系统。

（四）慢行系统

慢行系统主要是建设安全、通达、便捷、舒适的步行和自行车交通网络，满足市民日常出行与休闲健身的需要，积极引导市民短距离出行选择步行和自行车交通，中长距离选择"公交+步行"或"公交+自行车"的出行方式，按照"连续成网、便捷接驳、相互分离、环境提升"的原则推进慢行交通建设。

根据《深圳市城市交通白皮书》，"构建慢行系统包括：1. 构建连续通达、覆盖全市的步行和自行车通道网络。2. 构建连续的步行和自行车通道网络。3. 建立便捷的步行、自行车与公交接驳体系。4. 营造安全舒适的步行和自行车交通环境。5. 增强步行和自行车交通活力和吸引力"。

2014 年，市交通运输委出台了《深圳市交通拥堵综合治理策略措施》，进一步提出再造城市慢行系统，以促进出行结构优化调整，缓解城市交通压力。市交委还以福田中心区作为试点，展开慢行系统规划。根据规划，梅林至福田中心区将建设 2 条自行车通道，而福田南片区将形成总长约 6 公里的"空中连廊"。截至 2016 年 6 月，全市共投放 26454 辆公共自行车。

（五）出租车

2015 年，深圳市有出租车企业 84 家，营运车辆 16597 辆，其中红的 10503 辆、电动车 1161 辆、绿的 4833 辆、无障碍车 100 辆，从业驾驶员 3 万多人，日均载客量逾 110 万人次。全年推广应用 2000 台纯电动出租车。通过新增配比和更新推广动员出租车企业投放纯电动出租车，下达 2960 个新能源出租车指标，截至 12 月 29 日完成投放营运 250 辆纯电动出租车，上牌 1585 辆、签订购车合同 2746 辆。

深圳还推行出租车智能化，深圳于 2017 年 8 月开始了首批新型计程计时车载终端试点，这标志着深圳出租车行业智能化监管得以新的提升。车内车载终端的计程计时、人脸识别驾驶员从业资格管理、离车评价乘车信息主动推送等功能为全国首创，克服了传统计价器成本投入高、安装复杂、年检烦琐、作弊泛滥等缺点。

《深圳市"十三五"综合交通规划》还提出要规范出租车营运监管，促进出租车行业稳定发展，维持合理运力总规模，适度提高对外交通枢纽及公交欠发达地区的运力投放。出台《关于深化改革推进出租汽车行业健康发展的实施意见》《深圳市网络预约出租汽车经营服务管理暂行办法》。推动出租车行业改革，提高企业和司机积极性，促进出租车服务提升，规范网络约租车有序发展，完善司机和各类车辆准入资格审核、营运规则和退出机制。

（六）高铁捷运化

捷运化城际列车沟通了坪山新区、惠州等地与深圳市区，大大缩短了坪山新区、惠阳与深圳市区的距离。

为了沟通坪山新区、惠州和深圳，截至2015年8月，厦深铁路每天开通66对列车，其中23对列车经停坪山站。坪山已开通坪山站到深圳北站的捷运线交通，每天有12个班次的列车输送旅客和上下班通勤人员。目前，捷运线每天运量达到8000人次，日常上座率超过50%。[①] 厦深铁路（高铁）深圳—惠州—汕尾段于2017年1月5日正式开通捷运化城际列车，每天开行7对共14趟列车。惠州市境内经停惠州南站，通过"加早、加晚、加密"的方式推动高铁"公交化"运营。

（七）加快现代智能交通体系建设

建设现代智能交通体系符合深圳市委、市政府提出的全面建设"智慧深圳"的发展战略要求。深圳市交通委员会秉持"制度＋科技＋文化"的理念，构建综合交通数据中心、全行业监管网和公众出行平台，加快现代智能交通体系的建设。近几年，深圳市交通委员会编制了《深圳市智能交通"十二五"规划》《深圳市交通数据资源整合规划》等一系列规划，制订了《深圳市智能交通三年行动计划》，明确了智能交通发展目标和近期建设任务，从规划、体系、制度、标准四个角度为智能交通谋划。在实

---

① 《坪山新区力推高铁捷运化》，《深圳商报》2015年8月10日。

际操作中，深圳市交委通过与企业、科研单位的合作用"云计算"打造综合交通数据中心，汇聚交通运输行业数据，集成建设全市全行业海、陆、空、铁、地综合交通信息化系统，打造综合交通数据中心，实现运行监测、安全管理、应急指挥、决策支持、信息服务五大功能，并与其他单位部门合作汇集信息。

目前，深圳建成了交通运输车辆GPS综合应用监管系统、智慧交通设施信息处置系统，初步搭建了公交政府监管平台基础环境；建成了道路交通运行指数系统、交通运输行业视频联网监控系统，全面提升交通安全管理效率和应急处置能力；建成了公交服务指数系统、公交电子站牌系统，出租车统一电召平台，提升公交服务品质；建成了实时路况系统，合理引导交通出行。此外，深圳市交通委员会还利用新技术搭建公众服务平台，为公众出行带来便利。

五 加强城市交通管理

（一）精细化的常规交通管理

深圳市交警局将精细化的管理流程实施到常规交通管理中。按照"全覆盖、零容忍"的管理理念，采取"严管化、规范化、精细化、人性化、系统化、科技化"的管理措施，加强机动车静态停车管理。开展"铁骑巡城"行动，扩大铁骑队伍，实现"千警千骑"目标。开展"残旧"大货车、人货车清理整治行动，对深圳年检过期、排放超标的"破旧"大货车、人货车进行专项打击。创新电警科技查处工作，提升"电子警察"自行查处执法能力水平，推动行人冲红灯自动抓拍，探索研究低速行驶自动抓拍等先进功能。开展外卖送餐车辆交通秩序规范行动，督促企业加强内部管理，主动、带头遵守交通法规。同时加强路面监管、查处，对企业员工道路交通违法信息进行集中曝光。开展共享单车秩序综合治理行动，建立共享单车管理平台，落实共享单车企业源头管理责任，全力规范共享单车行车秩序、停放秩序。推行"文明交通让行"行动，借助"交替通行"成功管理经验，研究推行"停车让行"等文明交通规则，进一步提升深圳市道路文明交通氛围。启动"新手第一课"行动，结合驾驶人培训升级改革工作，将文明交通宣传工作纳入市民初次申领机动车驾驶证过程，有效提高新手驾驶人的交通文明素质。启动交警窗口服务提升行动，逐步全面整合交警窗口服务，统一窗口硬件、软件要求，统一规范建设，全面提升窗口服务水平。

深圳市交警局还进一步完善全行业应急预案体系，组织开展各类应急演练，提升应急决策指挥能力和救援能力，切实做好春运、重要活动、重大节假日、台风暴雨等恶劣天气以及其他突发情况的交通应急保障。强化风险防控管理以降低交通事故，全面开展大排查，消除交通安全隐患。全力排查重点人员、重点企业，突出抓好重点车辆管理，开展事故多发点段、危险路段排查。针对事故诱因开展管控，严防死亡事故发生。强化交通安全宣传教育，提高市民交通安全意识。为了提升行业发展服务能力，交警局还加强对交通建设、设施养护、公交客运、出租车、长途客运、道路货运、泥头车运输、维修驾培等行业的监管考核，推动传统企业转型升级。

深圳市交警局还深入推进绿色交通，提供便捷的绿色出行环境。加快新能源公交车辆接收、投放，优化充电桩规划布局；提高出租车纯电动车比例；鼓励使用纯电动物流配送车辆；加快绿色港口建设；制定交通噪声治理技术规范标准，加强交通噪声治理，强化交通工程工地扬尘监测和效果评估，防治扬尘污染。

（二）发掘道路设施潜力，全力保障道路畅通

针对严峻的城市交通拥堵问题，市公安交警局升级勤务，着重在交通组织与管理上下功夫，充分挖掘现有道路设施潜力，加快实施改善交通的"短、平、快"工程，全力确保道路畅通。

为了保障道路的畅通，首先要提高快速发现和处置能力，不断提高见警率、管事率，建立扁平化指挥调度工作机制，创新"一键点击，实时呼叫"救援模式。其次还要全力推进交通组织微创新、微改革，启动快速路自动化潮汐车道，设置多乘员车辆专用车道（HOV 车道），深化交通信号精准管控模式。还需要结合动静态交通开展治堵工作，重点做好原特区内外重点片区治堵工作，突出治理重点路段拥堵，全力做好停车管理工作。

（三）坚持民意主导，协同群众力量

深圳市公安交警局以保障和改善民生作为出发点和落脚点，推出重实效、接地气的民生实事项目，进一步拓宽便民服务渠道，提高交通管理工作水平。

首先是充分满足群众交管服务需求。一是推出"文明交通我做主"互联网平台。二是在互联网开设违法申诉栏目。三是与平安保险公司合作道路交通事故在线快速处理项目。

其次是打造惠民服务平台，积极开展便民服务。一是积极打造"不打烊"的互联网交警服务大厅。二是打造星级用户平台良好生态。三是不断深化和推进车驾管便民服务。

交警局还坚持协同共治，打造文明交通，构建和谐警民关系。鼓励社会力量的参与，一是推动道路交通信用机制建设，二是做大做强互联网举报体系，三是借力"外脑"探索社会化服务。营造警民互动良好氛围，创新利用微博开展矩阵视频直播，认真做好交通安全基地建设，及时、妥善处置舆情事件。向不文明交通行为宣战，大力开展对不按规定使用远光灯，"冲绿灯"违法行为与行人及非机动车"冲红灯"、不按规定"礼让斑马线"的整治。开展"交通志愿者"队伍创建行动，发动交警家属、职业驾驶人、网约车司机及广大市民，积极参与文明交通管理。

（四）运用新手段，打造智慧城市交通

市公安交警局运用先进科技，强化信息互联互通，提高防范和服务能力，促进道路交通安全现代治理水平的不断提升。强化交通科技支撑，建立大数据技术支撑平台。加快应用交通仿真系统，推进运维监管中心建设，推进视频专网基础建设。大力推进数据自采、接入、共享和开放，搭建"跨部门＋跨行业＋跨领域"的交通大数据平台，把交通运输全行业数据资源和与交通运输相关的数据资源全面集成、开放共享。

还不断促进交通业态创新发展。紧跟互联网发展趋势，引导规范"互联网＋"公交、货运、道路客运、维修等的发展，加强"互联网＋"其他新业态、自动驾驶等前瞻研究和政策储备，鼓励"互联网＋"交通运输新

业态、新模式创新发展。不断创新服务模式，例如深圳交警在微信城市服务推出手机电子行驶证和驾驶证；从2016年12月5日起，全市交警可借助移动警务执法终端（PDA）附带的人脸识别系统，对无法出示"身份证""驾驶证"或忘记身份证信息的交通违法"三无"人员进行现场拍照生成图片，通过与后台2000余万条人脸数据库进行实时碰撞比对，5秒内即可完成人员身份信息的确认。①

六 加强交通新业态管理和服务

随着互联网技术对人们日常生活的进一步渗透，深圳对这些新出现的交通业态主要是持欢迎与支持的态度。

（一）深圳网约车的管理

近几年依托互联网平台的网络约车开始兴盛，越来越多的人尤其是年轻人习惯于通过手机约车，这种出行方式也越来越普遍。网约车作为一种新的经济业态改变了人们的生活，给出行人带来了不少的便利，深圳作为一个大型城市，也是网约车最早兴起并兴盛的城市。然而在网约车出现之初，也不可避免地存在很多不合理与不规范之处。

2016年7月26日，国务院办公厅引发《关于深化改革推进出租汽车行业健康发展的指导意见》，首次提出将互联网专车纳入预约出租汽车管理，明确了网约车的合法地位。2016年7月27日，交通运输部、工业和信息化部等七部委联合颁布《网络预约出租汽车运营服务管理暂行办法》，明确了按照高品质、差异化经营的原则，明确发展定位，有序发展网约车，并提出各地因地施政，结合本地实际制定具体实施细则。

为进一步规范网络预约出租汽车经营行为，保障运营安全和乘客合法权益，更好地满足社会公众多样化出行需求，《深圳市网络预约出租汽车经营服务管理暂行办法》于2016年12月23日市政府六届六十四次常务会议审议通过，并于2016年12月28日施行。"从事网约车业务需要实名

---

① 《深圳交警推出人脸识别系统　身份比对只需5秒》，《深圳晚报》2017年1月28日。

认证。未在深圳取得《网络预约出租汽车经营许可证》的网约车经营者，不得在深圳行政区域内开展网约车相关业务。同时，深圳市交委同步开展行政执法工作，规范网约车市场秩序，逐步净化巡游车、网约车两个市场营运环境。对于未经许可的平台企业、车辆及人员，深圳市交委将依法从严查处，并向媒体和公众公开通报有关情况。"

（二）对共享单车的规范管理

共享单车的出现在一定程度上解决了城市交通"最后一公里"的窘境。为此，共享单车为解决市民短距离出行和公共交通"最后一公里"、倡导低碳绿色出行发挥了积极作用，但随着互联网租赁自行车的持续、大规模投放，也带来了局部供大于求、随意停放、挤占公共空间、影响正常通行及环境景观等问题。部分用户不按规定车道行驶、不在规定范围停放，在一定程度上影响了道路交通安全，造成安全隐患。深圳交警将共享单车也纳入严管范围，开展整治行动。

深圳交警积极深化共享单车用户诚信机制运用，于 2017 年 6 月 1 日联合在深各共享单车企业共同发布了《关于进一步规范共享单车用户使用行为的联合声明》，对 7 月 1 日以后在深非机动车交通违法行为人正式启动"停用"措施。

截至 2017 年 8 月 13 日，深圳交警已分 6 批对 86249 人次非机动车交通违法行为人采取了共享单车停用措施，通过共享单车停用措施有效推动了企业在引导用户树立安全文明用车理念方面主体责任的落实，提升了用户文明骑行的意识，进一步规范了全市的非机动车道路交通秩序。

为了规范未成年人使用共享单车，减少交通意外的可能性，深圳市公安局交通警察局与深圳市教育局及在深各共享单车企业，发布《规范未成年人共享单车使用行为的联合声明》。为了保护用户合法权益，提升深圳自行车出行环境，规范、引导和促进互联网租赁自行车行业的健康有序发展，深圳市拟出台深圳市互联网租赁自行车管理办法。交警部门、教育部门和共享单车企业三方共同承担起未成年人相关的道路安全的责任。

七　构筑面向未来的公共交通

（一）当前公共交通存在的问题

在新时期，市民对城市交通安全、环保、可持续等方面提出更多元的需求，对交通政策公平性更为关注。城市交通出行环境有待进一步改善，轨道站点周边"最后一公里"接驳设施有待改进，交通安全水平仍需进一步提升，交通无障碍设施较国际先进城市仍存在较大差距，网络约租车等"互联网+交通"服务的管理政策不完善。交通规划建设、特区交通一体化发展、公共交通整体服务水平和交通出行品质都亟待增强。

《深圳市综合交通"十三五"规划》指出，深圳市轨道交通规划建设相对滞后，万人拥有轨道里程仅0.17公里，低于国内其他一线城市，轨道交通站点及综合交通枢纽各类配套交通设施在建设进度、无缝衔接、高效接驳换乘等方面有待进一步提升。公交场站供需缺口较大，常规公交路权优先保障不足。现有经营模式下公交企业缺乏主动响应市场需求、改善服务、提高公交客流量的激励机制。步行、非机动车通道仍存在不连续、不安全问题。原特区外尤其是东部地区高速公路、快速路等干线道路网络尚不完善。全市次支路网建成率不足，密度为5.18公里/平方公里，仅为《深圳市城市规划标准与准则》规定下限（8.6公里/平方公里）的60.2%。此外，原特区内外路网衔接仍需完善，南头关、梅林关、布吉关等原二线关地区交通拥堵形势依然严峻。

这些问题的存在，对深圳公交运营的成本和运营质量以及公共交通的发展提出了更高的要求。

（二）深圳公共交通的展望

1. 进一步提升智能化水平

国家发改委、交通运输部等部委联合发布的《进一步落实优先发展城市公共交通的指导意见》，明确提出鼓励智能交通系统建设，鼓励信息化、智能化技术在公交行业内应用，对智能公交系统的建设给予资金支持。深圳是我国首批智能交通试点城市之一，大力建设智能公交体系是"公交都市"的核心技术支撑。通过将智能化技术应用于城市公共交通系统，可有效提高公交运营效率，增强政府监管能力，提升公交服务水平。

在这种背景下，虽然深圳的公共交通已经具有了一定的智能信息化水平，但是依然处于相对初级的阶段，需要进一步满足市民的需求与适应城市发展的需求。深圳的智能公交需要进一步提高对数据的应用分析水平，提升运营能力。

2. 进一步提升公共交通的实力与竞争力

公交优先的本质是公交优先小汽车发展，可与小汽车竞争，深圳市将"公交全程出行时间为小汽车1.5倍内"作为公交发展的理想目标。加快公交专用网的建设，加大抓拍技术推广与执法力度推广，保障公交路权优先；优化公交线网、提高公交场站使用效率，降低运营成本与管理水平。此外，还需要着力提升轨道交通全网运能，以适应市民对轨道交通的要求。

3. 全面推进行业文化建设

公交行业文化建设有助于保障公交又快又好持续发展。加强公交行业文化体系建设，抓好行业文化宣传平台建设、行业文化活动平台建设、行业文化知识平台建设，有序组织开展行业文明服务评比、行业知识文化竞赛等各类文化建设活动，树立先进思想理念、培育行业核心价值体系、打造公交行业特色文化品牌。加强行业培训，提升从业人员素质。组织行业一线员工开展文明礼仪、安全生产、工作技能、职业道德等方面的培训，提升公交行业一线从业人员职业素质、文明服务水平，构建行业和谐劳动关系。

4. 继续加大公交监管力度

深圳作为千万级人口的大都市，目前公共交通的日均客运量已突破千万人次，公交出行成为群众的主要选择，交通运输行业点多、线长、面广、体大，从业者众，安全生产工作任务十分艰巨，安全生产始终是行业管理的重中之重。持续构建行业安全监管体系，持续打造分工明确、责任到位的行业安全监管体系，完善安全监管规程，构建分级的行业安全监管体系。强化行业安全监管，持续开展公交行业安全隐患大排查行动，围绕隐患和事故强化监管；加强行业安全培训，提升行业安全生产水平，健全舆情预警机制，正确处理好发展和稳定的关系，积极回应社会公众关切的问题，依法、依规化解矛盾纠纷，为公众创造一个优良的出行环境。

第八章　安得广厦千万间

居住改变中国。住房对中国的新型城市化和城市的长远发展意义重大而深远。步入21世纪以来，房价的高涨，使得北上广深等大城市的住房问题成为严重的经济社会问题。① 党的十九大报告强调，想要建设现代化的经济体系，必须围绕"深化供给侧结构性改革"和"加强社会保障体系建设"，不遗余力地落实"房子是用来住的，不是用来炒的"的基本属性，要持续将房地产市场分类调控抓好，结合各地区的实际，采取切实可行的政策来进一步健全住房保障体系，并在城中村、棚户区（危旧房）公共保障性住房等方面加大落实力度，积极推动住房租赁试点，加快探索建立多主体供给、多渠道保障、租购并举的住房制度。这给房地产市场释放了一个强烈的信号，未来的短时期内将会在房地产的调整上下足功夫，还我国居民一个安居乐业的和谐氛围。

改革开放40年来，我国住房制度从计划经济体制向市场经济体制转型，建立了房地产市场制度，初步建立住房保障制度，但住房制度体系仍不健全，客观上出现"住"与"炒"失衡的问题。此外，近年来我国城镇住房市场还形成了两极分化现象：全国600多个设市城市中，包括深圳在内的约20个大城市出现市场过热、供应紧张、房价高企，而绝大多数中小城市则需求减少、库存过大、房价较低。从我国新型城镇化的经验观察来看，深圳市房地产的长效机制构建，关键性的立脚点就是针对深圳市

---

① 王书斌、徐盈之、魏莎：《逃离"北上广深"背景下一线城市房价涟漪效应研究》，《系统工程理论与实践》2017年第37卷第2期。

各类居民的住房需求,分批次、分对象地采取措施予以解决。

当前,深圳正处于创新发展、转型发展、努力建成"两区三市"的关键时期,各种人才的引进和高新技术的发展不断推动深圳大步向前迈进,向世界展现着深圳魅力。但我们不可忽视的是,由于先天性的地域限制,在1000平方公里不到的可建设用地上搭建起支撑将近2000万人口的居住问题是一个艰巨的挑战。安居才能乐业,乐业才能兴经济。因此,只有不断完善公共住房的供给模式,提高公共住房的普及面,留住更多的人才,吸引更多的资源,才能为深圳的城市发展提供源源不断的动力。

一 深圳市住房制度改革发展的经济社会背景

深圳是中国经济发展和城市化的奇迹。特殊的经济社会发展状况、人口结构和资源禀赋,构成了深圳市住房市场发展和住房保障的外部条件。一是经济总量持续扩大并保持中高速增长。深圳经济特区成立近40年来,GDP年均增长25.80%,2016年GDP总量跃居全国大中城市第3位;在全国经济增速普遍放缓的情况下,近几年仍保持较快增长,城市现代化程度高,经济转型比较成功,人口与资本聚集能力强,创新驱动基本形成。二是人口持续增长并以适龄购房人群为主。全市常住人口为1138万人,其中户籍人口仅355万人,实际管理人口则接近2000万人。人口平均年龄在30岁左右,其中25—44岁年龄段的人口最多,占总人口的50.75%,适龄购房及住房需求群体特别庞大。三是未来城市建设空间不足。深圳全市土地面积仅1997平方公里,规划建设用地968平方公里。但城市发展较快,全市新增建设用地已近"天花板",且外围没有价格低、供应规模大的郊区(县)来缓冲供求紧张、房价上涨。同时,目前90%的新房供应靠城市更新,但城市更新周期长、难度大,未来居住用地供应紧张的局面难改。四是住房结构与城市现代化水平不匹配。根据2014年深圳市建筑物普查和住房调查,当时全市住房总量为5.6亿平方米、1041万套(间)。其中,全市商品住房、政策性保障性住房、单位自建房共计362万套,仅占全市住房总量的34%,而功能不完善、配套较差的原村民自建房、工业区配套宿舍占全市住房总量的66%,违法建筑客观上承担了政府承担的公共住房角色，但也带来了巨大的安全隐患。五是潜在购房需求旺盛。近年来，深圳人口增长加快，目前全市实际管理人口接近2000万，每年人口还在净流入，带来大量潜在的住房需求，加上本市人口结构年轻，入户门槛较低，家庭住房面积小，住房自有率低，以及在经济结构调整期的资产配置需求增加，首次购房、改善型购房、投资购房等需求比较旺盛。六是居住成本上升较快，对实体经济产生冲击。深圳市房价由2005年的7040元/平方米，上涨至目前的55000元/平方米，涨幅近700%，并带动了商品住宅租金上涨。尤其是近些年，居住成本上升较快，已影响到城市吸引力。①

快速的经济和人口增长，一方面对住房市场提出了巨大需求，但另一方面，有限的土地资源也使得住房有效供应难以满足，导致房价高涨。房地产市场解决住房问题的失灵，进一步凸显了住房保障的重要性，而土地资源紧张，又为住房保障提出了难题。深圳市公共住房保障制度，就是在这样的约束条件下不断发展和演进的。

二 中国公共住房保障体系概述

（一）基本现状

公共住房是指政府或公共机构为解决中低收入群体住房困难问题所提供的供符合条件群体享有的特定产品，通常以低于市场价或中低收入群体所能接受的价格出租或出售。公共住房具有社会保障性质，因而其供应对象、建设标准等都具有严格的限定条件。② 从计划经济体制下公有住房实物分配福利化，到市场经济体制下住房实物分配货币化，再到如今公有住房商品化、货币化，在住房制度改革的深入推进下，当前我国已基本形成了由经济适用房、廉租房、住房公积金、限价房和公共租赁房等多种形式共同组成的公共住房保障体系。其中，经济适用房主要针对中等收入群

---

① 王书斌、徐盈之、魏莎：《逃离"北上广深"背景下一线城市房价涟漪效应研究》，《系统工程理论与实践》2017年第37卷第2期。

② 龙雯：《公共住房保障中的政府责任研究》，博士学位论文，湖南大学，2012年。

体,廉租房主要针对低收入群体,而公共租赁房主要针对外来工作者、大学生等"夹心层"群体,住房公积金则多用来补贴买房所需。总体看来,当前我国公共住房保障体系基本实现广覆盖、分层次分类供给局面,就总体实施效果而言,廉租房由于其购入成本较低而受到广大低收入群体的欢迎,其实施效果最佳,但不足之处在于政府的财政投入力度也呈不断加大趋势,这给政府带来较大财政压力。为完善公共住房保障体系,补充经济适用房和廉租房功能,公共租赁房作为一种公共住房新模式被提出,至此,我国公共住房保障体系得到进一步完善。

(二) 当前住房保障事业发展存在问题

多年来的改革实践,使得我国公共住房建设取得了积极的效果,但公共住房保障体系的持续性、实效性及管理弊端也日益显现出来。[①]

1. 公共住房保障顶层设计不完善

政策、制度等顶层设计的不完善一方面导致实际操作困难重重,比如对家庭收入核实、购买条件审核困难,对开发商商业化运营监管缺失,在利益驱使下开发商倾向于以追求销售率和利润率为目标,从而导致无效供给,不能有效发挥政策对低收入群体的倾斜作用。另一方面操作过程中大量的权力寻租行为也引发社会的不公平、不公正。公共住房实际是具有政策倾斜性质的住房,本身享有较多的政策福利与资金支持,在利益驱使下,一些地方和部门争计划、争土地、争贷款,这就容易产生政企合作,引发许多"暗箱操作",使得本意为解决低收入者住房难问题的公共住房项目变成某些政府机构人员谋取福利的工具。

2. 公共住房保障持续性动力不足

若要有效解决住房难问题,真正实现住有所居,公共住房保障体系的持续性是关键。经过长期的实践摸索,我国初步建立了相对完备的公共住房保障体系,对我国居民的基本住房需求起到很好的支撑作用。但由于当前的廉租房等公共项目消耗了各级地方政府大量的资金,因此导致城市住房的资金来源就要在很大程度上依靠公积金的增值效益,资金渠道相对匮

---

① 刘菲菲:《保障性住房——国外经验与中国实践》,硕士学位论文,中山大学,2012年。

乏。没有充分吸收社会资金，外部融资的优势得不到有效发挥和利用，一旦资金链出现断裂，那么项目便会出现进度缓慢，甚至停滞现象。

3. 公共住房保障实效性欠缺

虽然当前我国已经形成满足居民多层次住房需求的公共住房保障体系，但普遍存在追求供给数量忽略供给质量的问题，有些地方政府甚至通过整饬、翻新公共住房外观来"以次充好"。公共住房建设一般选址也较为偏僻，加之其本身的住房特征、周边公共设施建设及社区环境建设等未充分考虑就业、就学、就医、出行等与生活息息相关的一系列问题，容易让住户滋生出一种居住隔离感，从而导致住户满意度较低。

4. 公共住房保障体系建设管理工作有待进一步加强

公共住房的开发建设、运行管理是一项庞大复杂的长期项目，不仅涉及基础建设，还需要协调各方资源关系。当前政府作为公共住房的主要提供方直接参与公共住房建设过程，但后期的运行管理缺乏统一专业的机构，从而导致在租金收取、房屋维修等各方面出现不同问题，而应对预案、应对举措的缺失更使得公共住房管理面临严峻挑战。

三 深圳市住房制度改革历程与成果

（一）深圳住房改革历程

深圳作为一个经济特区，不仅在经济发展上走在国家前沿，在住房制度改革方面也是身体力行，敢于不断尝试与创新。经历近40年的风雨洗礼，深圳从一个边陲小县发展为如今经济发达、人口繁多的现代化大城市，以极其有限的土地与空间吸收和容纳着巨大的经济与人口总量，在城市化、工业化进程的快速发展过程中，深圳以与时俱进的态度积极推进土地制度、住房制度改革，为深圳市的跨越式发展提供了强大的动力。从整个过程来看，深圳市的住房制度经过长期的摸索，走出了一条从商品化到货币化再到相对完备的多层次住房体系之路。

1. 1980年到1998年深圳住房商品化改革阶段

新中国成立后很长一段时期，我国实行计划经济体制，与此背景相对应的住房制度是"统一建设、统一分配、以租养房"的福利分配制，改革开放初期,"住房也是一种商品"的概念颠覆了长久以来对住房不等同于商品的认识,1980 年邓小平同志在关于住房问题的讲话中提出了住房要走商品化道路,由此拉开了我国住房制度改革的序幕。深圳市于 1985 年初出台了《深圳经济特区行政事业单位干部职工住宅商品化试点办法(草案)》,明确规定住宅商品化目标,为全市住房制度改革定下了主基调;1987 年 7 月 9 日,一块 5.32 平方公里的住宅用地被深圳市政府通过协议的形式以 106.4 万元的价格成交给公司进行开发,让期 50 年,这标志着我国土地市场的形成;1988 年又出台《深圳经济特区住房制度改革方案》,明确深圳市住房制度改革的基本目标是实现"住房商品化",自此,深圳市住房商品化改革便进入了正式实施阶段;1988—1998 年这 10 年是深圳住房商品化改革最辉煌的阶段,整体上看这一阶段,深圳市的住房改革是让房地产市场活起来,带动区域经济发展。

2. 1998 年到 2005 年深圳住房货币化改革阶段

随着住宅市场化发展,房地产行业成为高利润行业,不断有企业进入这一行业,造成土地资源减少、市场外移,深圳市土地成本提升,房价上升。在我国住房市场化的推进过程中,一个关键性的里程碑是国务院 1998 年颁布的 23 号文,文件明确规定要在规定时期内停止住房的实物分配,要根据实际情况逐步采取货币化的补贴方式,建立以满足普通居民生活为主的经济适用房模式并用政策倾斜、结构调整等方式推进经济适用房的普及。为积极响应中央的号召,深圳市住宅局在 2000 年就开始注重微利房、福利房建设,并建成桃源村、梅林一村和益田村等较大规模住宅区;在 2003 年出台了相关的货币化改革方案,提出要在可控范围内建设经济适用房,深化住房货币化改革,切实维护低收入人群的居住权利,早期福利房社区的主要居民是公务员和事业单位员工。所以整体上看,这一阶段深圳市的住房货币化改革是对房价变化的一种控制,体现了深圳市在住房改革上的原创性和引领性。

3. 2006 年至今的多层次住房体系改革阶段

由于房地产市场的火热,深圳市住房价格也不断攀升,成为房价上升最快城市之一,2006 年关内的地王香蜜湖一号的售价达到普通住宅 5 万元/平方米,别墅 8 万元/平方米的价格。针对这一情况,2006 年国家颁布

《关于调整住宅供应结构，稳定住房价格的意见》，要求必须紧缩大户型面积，提升中小户型住宅比例，进而缓解中低收入家庭买房难问题。为进一步改进和规范经济适用房制度，建立健全廉租房建设，深入解决城市低收入家庭住房难问题，国务院于2007年出台了《国务院关于解决城市低收入家庭住房困难的若干意见》（国发〔2007〕24号），深圳市开始建造像安托山和桃源居这样的社会保障房。为深入贯彻24号文件精神，深圳市于同年底出台了《关于进一步促进深圳市住房保障工作的若干意见》，对经济适用房与廉租房的对象、标准及实施方式进行了详细界定，并在二者基础上创新了公共租赁住房模式，由此建立了经济适用房、廉租房和公共租赁住房三大主体模式并行的具有深圳特色的公共住房体系。

经历商品化、货币化改革之后的住房制度基本能够满足深圳市户籍人口的住房需求，在此基础上，为吸引更多人才留深创业就业，配合人才立市战略，深圳市委、市政府于2010年出台了《关于实施人才安居工程的决定》，该《决定》要求启动安居型商品房建设，以缓解人才住房困难问题，增强城市对人才的吸引力；深圳市委、市政府于2011年连续颁布《深圳市安居型商品房建设和管理暂行办法》和《深圳市人才安居暂行办法》，在全国率先掀起了打造安居型商品房的浪潮，并在制度层面明确各类人才住房的补贴标准及办法，为人才安居工程的顺利实施提供了法治保障；2016年深圳市更是走在改革前端，首次引进香港经验，建立深圳市人才安居集团，以国有独资、企业化运营、市场化运作的新模式寻求现有住房保障供求模式的转型路径。

针对中等收入和低收入群体的住房问题，深圳市政府利用经济适用房和廉租房来加以应对，人才安居工程进一步缓解了外来人才在深购房压力，然而，这样的公共住房保障体系依旧没能做到全覆盖，仍旧有部分"夹心层"群体既达不到购买经济适用房资格，又不符合廉租房申请标准，同时也不属于高端人才群体，此时，公共租赁住房以其"人人享有适当住房"的基本原则便应运而生，为更多的"夹心层"群体提供过渡性保障住房。为规范公共租赁住房发展，深圳市于2013年、2014年分别出台了《深圳市公共租赁住房轮候与配租暂行办法》和《深圳市公共租赁住房置换管理办法（试行）》，以人文关怀为主导，为公共租赁住房的分配与承租置换提供了强有力的制度保障，以实现公租房的最大资源效用。

（二）公共住房事业发展成就

经过多年的改革与创新，深圳市公共住房事业取得了重要进展，一方面市场化改革推动了深圳房地产行业的发展，带动了整体经济的进步，同时在推动经济发展的同时并没有盲目，而是在全国率先采取了一些有先见的保障性措施。另一方面也做到了基本保障性公共住房建设初见成效，为解决少数边缘群体的新兴住房模式也在实践中日渐完善，目前已经建立起具有深圳特色的广覆盖、多层次的住房保障体系。

1. 户籍低保及低收入家庭基本实现应保尽保

经济适用房和廉租房模式在实践中日益成熟，为多数户籍低保及低收入家庭解决了住房难问题，仅"十二五"期间，全市为户籍低保家庭安排约0.4亿资金住房补贴，为低收入家庭累计发放0.4亿元资金补贴。

2. 人才安居工程由点及面推展开来

自2010年深圳市实施人才安居政策以来，全市安排筹建了近42万套公共住房，2800余平方米建筑面积，超额完成公共住房规划筹建目标，仅在"十二五"期间就累计供应了11万套公共住房，其中60%为公共租赁住房，超20%为安居型商品住房，经济适用房和拆迁安置房则各占10%，从建筑数量上来看，覆盖了全市约33万人。与此同时，自人才安居政策实施以来，全市累计发放约19.6亿元人才安居补贴，为24万人带来切实优惠。

3. 住房公积金制度得到全面实施

可以说，住房公积金制度的普及和完善在很大程度上缓解了部分低收入人群的购房压力，并在不断完善的动态过程中，将会为越来越多的适龄购房人群提供强大的购房支持。在原有住房公积金制度基础上提高了公积金对于个人租房的支付提取比例，进一步加强了住房公积金对个人租房的支持力度。

4. 公共住房制度体系基本形成

无论是经济适用房、廉租房，还是创新型的人才安居工程、住房公积金、公共租赁住房等多种公共住房形式，深圳市委、市政府都结合国家政策与本地实际出台了相应制度,以确保多种形式的住房政策能顺利落地生根,不仅从制度层面保障了公共住房建设的依法依规,还从内容方面丰富了法规制度的内容与公共住房事业的内涵,既充实了我国公共住房理论内容,又积极探索了适合本市市情的实践模式。

5. 公共租赁住房服务日臻完善

当前,深圳市专门的公共租赁住房管理中心网站建设日趋完善、信息公布及时有效,平台建设也朝向专业化、规模化方向发展,为居民申请公共租赁住房提供了更多便利。

6. 保障性住房建设水平不断提升

深圳统计年鉴数据显示:党的十八大以来,深圳市一共筹建保障性住房15.8万套,建成12.7万套,供应15万套;"十三五"期间预计筹建40万套保障性住房,供应35万套,这也等同于深圳建城近40年来政策性住房的总数;2016年深圳市供应保障性住房突破纪录,达到4.2万套。这都显示出深圳市在住房改革事业上的巨大投入和成果。

总之,深圳市公共住房事业的发展走在国内公共住房事业的前端,当前已基本实现多层次住房困难群体的广泛覆盖,整体住房保障工作的重心已由"解困型"转变为"发展型"。

四 构建多层次的住房保障体系

深圳市委、市政府始终将本市社会经济发展、民生、可持续发展和社会稳定作为准则,来构建多层次的住房保障体系,并将多层次住房保障体系构建的目标和重要内容,始终放在如何解决深圳市中低收入家庭的住房问题上。一方面努力建设多层次住房保障体系,实实在在帮助解决低收入家庭的住房难问题;另一方面也注重利用市场规律和市场的自主调节机制,保障深圳市房地产市场的稳定和经济的发展,防控商品房价格猛增。①

---

① 王锋:《关于深圳公共住房制度建设的建议》,《特区实践与理论》2017年第4期。

（一）高保障标准，广保障对象范围

深圳市在构建多层次住房保障体系的过程中，一直强调对城市低收入人群、困难家庭做到"应保尽保"，采取租金补贴和保障房安置等手段，从根本上处理双特困户的住房难题。2007年，深圳市委、市政府在"富民优先、民生为重"的准则下，在承诺落实的66个惠民措施中增加了解决居民住房问题。对于保障对象和水平，2006年来，在扩大应保对象范围的同时，保障水平也不断提升，当下深圳市的廉租房保障范围和水平位居全国前列。这样的住房保障范围和水平也为深圳市多层次住房保障体系的构建奠定了坚实的基础。

（二）多层次、保障公平和高效

政府部门的一项重要职责就是保障公民的居住权。而住房属于具备"公共产品"性质的特殊商品，仅仅凭借市场很难解决其产生的问题，尤其是对于低收入群体的住房问题，政府部门必须弥补市场的部分失灵的功能。多层次可以从收入水平上来分层，主要可以分为收入较低的低收入层、收入中等水平的"夹心层"以及收入水平较高的高收入层，对于不同收入层级，需要针对每一层级的特点，兼顾他们的利益，从而保障公平和高效，首先对于低层，由于经济上的限制，他们在住房上的要求处于较为基础的层次，能够居有所住，拥有自己的住房就可以满足自身的要求。针对较低收入家庭，深圳市政府主要在经济适用房和廉租房建设上加大了力度，这些住房是经过国家统一规划的，不收或少收土地出让金，售价为政府指导价，坚持保本微利的原则，这对于低层收入家庭来说就是一个福音，帮助他们解决了住房难的问题，为低收入家庭住房提供保障。其次对于"夹心层"家庭来说，他们拥有一定的经济能力，往往不需要国家和政府给予专门的补贴来保障他们的住房需求，但是如果房价失衡暴涨，超出他们的能力范围，就会造成"夹心层"家庭住房需求难以保障。所以当下对于他们的住房保障，政府主要采取适度的宏观调控举措，并且更加注重户型较小、价位较低的限价商品房，一定程度上控制投资性和投机性需求，有助于保障中等收入水平家庭的住房需求。最后对于收入较高的"高

收入层"家庭，他们在住房需求上的重心往往不在经济上，而是在住房的品质上，他们往往会追求质量更高、居住空间更大、环境更好的住房，因此对于高收入阶层的住房需求保障主要体现在能够提供高品质的住房来满足他们的需求，而这一点往往主要依赖于市场自身的调节，让市场自身的竞争促进高品质房源的质量和价格提升，在保障经济发展的同时也较好地满足了"高层"家庭对于住房的需求。所以总体来看，多层次的住房保障系统对于低、中、高三个层级的家庭的住房要求都能够有针对性地满足，体现了公平性和高效性。

（三）完善公共住房保障体系，不断健全多层次住房保障体系

作为中国经济的领头羊，深圳市在公共住房保障方面做了长久的努力，通过不断完善公共住房保障体系的结构、制度、供给模式等，在很大程度上为深圳经济的发展提供了重要支持。

深圳市坚持问题导向和需求导向，坚持保基本、托底线的原则，继续巩固基本住房保障成就，对国家明确要求的户籍低保、低收入家庭住房困难实行应保尽保；坚持重人才、重发展的原则，加大人才安居工程的实施力度，解决各级各类人才和户籍"夹心层"的住房困难；坚持可持续、可共享的原则，正确处理住房保障和防止福利陷阱的关系，实行封闭运作，实现公共资源公平善用。通过在"十一五"规划期间的探索和实践，特别是2016年市委、市政府又印发实施《关于完善人才住房制度的若干措施》（深发〔2016〕13号），基本构建和完善了基本住房保障和人才安居双轨并行的公共住房体系。在"十一五"规划的经验成果上，通过"十二五"期间的努力，深圳市形成了包括廉租住房、公共租赁住房、经济适用房、安居型商品房以及货币补贴等在内的具有深圳特色、广覆盖、多层次的住房保障体系。具体而言，完整的住房保障层次分为三大板块：第一是住房困难的深圳户籍最低收入家庭，以廉租住房对其实施保障。廉租住房保障以货币配租为主，实物配租为辅。第二是收入超过了最低生活保障线但又无力购买经济适用房的深圳户籍低收入家庭，以公共租赁住房对其实施保障。非深户籍低收入住房困难家庭，可视其在深圳居住、缴纳社会保障和纳税情况，按年限逐步纳入公共租赁住房保障体系。第三是深圳户籍低收入家庭，以经济适用住房对其实施保障。低收入线依据上一年度人均可支配收入的一定比例划定。

而从住房供应体系而言，具体包括以下几方面：第一是廉租住房建筑面积新建控制在 40 平方米以下。人均配租面积标准为 15 平方米，每户配租面积标准为 40 平方米，原则上不超过 45 平方米。第二是公共租赁住房建筑面积控制在 50 平方米以下，户型包括单间、一房一厅和两房一厅，租金标准以保本微利为原则，按同区域同类住房市场指导租金标准的一定比例下浮。第三是经济适用住房建筑面积控制在 60 平方米以下，出售价格实行政府指导价，企业投资建设的经济适用住房利润不得高于 3%，政府直接组织建设的经济适用住房只能按成本价销售，不计利润。在产权管理上，自合同签订之日起未满 5 年的，买受人享有有限产权，其间经济适用住房不得出租、出售、赠予、抵押；满 5 年的，买受人可转让经济适用住房同时应按照届时同地段、同类型普通商品住房与经济适用住房差价的一定比例向政府缴纳土地收益等价款，经济适用房转让时政府可优先回购。①

（四）深度挖掘存量土地潜力，盘活存量住房资源，丰富多层次住房保障体系

第一，落实土地储备制度，优先单独列出保障性住房项目用地指标、明确空间布局和具体地块，确保保障性住房用地供应。严格执行新供商品房用地和城市更新项目保障性住房配建比例规定，充分利用地铁、公交场站集约节约土地综合开发建设保障性住房。

第二，在符合规划原则下，鼓励单位利用自有建设用地建设公共租赁住房等保障性住房，纳入全市年度供应计划管理，优先面向本单位符合条件职工供应；在外来务工人员集中的开发区、产业园区等，由政府直接配建或引导企业投资建设公共租赁住房，面向用工单位或者园区其他单位符合条件的人员出租。

第三，鼓励原农村集体经济组织继受单位利用非农建设用地和征地返

---

① 陈佩云：《完善深圳住房保障体系的政策研究》，硕士学位论文，厦门大学，2008 年。

还用地等存量土地，采取自主开发、合作开发等方式投资、建设和运营公共租赁住房；鼓励引导房地产开发企业投资、建设和运营公共租赁住房。原农村集体经济组织继受单位、房地产开发企业纳入政府统一监管并按照政府指导租金出租公共租赁住房，政府指导租金与市场租金的差价由政府予以适当补贴。

第四，研究探索通过征收、租赁、收购原农村集体经济组织继受单位集资房、"城中村"自建房，或没收违法建筑等方式，拓宽保障性住房筹集渠道。积极采取"城中村"环境综合整治、引入社区管理和物业管理、规范出租屋管理等措施，不断改善"城中村"居住环境。加快历史遗留政策性住房房改审批及产权登记处理工作，加大清理盘活机关事业单位自建住房及其他存量住房力度，提高存量住房的使用效率。

第五，确定优先级别，开展分类整治，盘活土地资源。结合深圳土地资源紧缺的实际，持续优化住房用地供应结构。2011年至2015年，全市的商品住房供应用地总量为582.77公顷，其中招拍挂新供应用地135.75公顷，城市更新用地340.13公顷，征地返还等其他用地106.89公顷；保障性住房供应用地总量为432.71公顷，其中新供应用地166.71公顷，城市更新配建与筹集项目占地约266公顷。保障性住房新供应用地规模超过商品住房新供应用地规模22.8%，充分体现了优先供应保障性住房用地、切实保障民生的土地供应策略；居住用地供应中存量用地占比达60%，实现了土地供应模式从增量为主向存量为主的根本性转变，城市更新逐步成为本市住房用地供应的主体。

除了优化住房用地供应结构外，深圳市还积极推进城中村居住区和旧住宅区综合整治的分类开展，完善城中村和旧住宅区住房的基本居住功能和安全标准，消除火灾隐患，启动"二线插花地"棚户区改造，整治山体边坡、防止滑坡塌方和排除水浸内涝；改善老旧住宅区道路交通条件，完善市政管网建设，配套社区卫生和教育等基础设施，修缮建筑质量较差的居住建筑，增设丰富居民生活的文化体育设施和公共活动空间；加大城中村引入物业管理的力度，提高住区治安管理和综合服务水平；加大没收违法建筑、征收原农村集体经济组织统建楼用于产业配套用房的工作力度，满足产业园区员工和其他外来务工人员的居住需求。①

五　完善公共住房轮候办法

（一）公共住房轮候的概念

公共住房轮候制指的是一类对保障性住房申请人优先开展资格审查与准入的制度，同时依据对通过审核的满足保障性住房供给要求的群体信息建立数据库，进而结合保障性住房建设速度和申请次序来对通过申请人员分配保障性住房以及购买资格的制度。这一制度当下仅在深圳、北京等大城市开展。

（二）公共住房轮候办法政策支撑

2012年，深圳迎来保障性住房竣工和分配的高峰期，在此形势下，深圳出台了《深圳市安居型商品房轮候与配售办法》（深建规〔2012〕10号），该《办法》建立了高效、有序的安居型商品房配售机制，加快了安居型商品房配售，确保分配过程的公开阳光，提升配售过程和结果的公信力。同时，该《办法》切实解决了大规模建设保障性住房所面临的需求不清、结构不明等现实问题，为实现保障房建设"以需定建"创造了条件，也为今后安居型商品房项目的销售奠定了良好的基础。2013年，为做好公共租赁住房的分配，深圳出台了《深圳市公共租赁住房轮候与配租暂行办法》（深建规〔2013〕10号），该《办法》以规范公共租赁住房轮候和配租为主线，参照《深圳市安居型商品房轮候与配售办法》的体例及管理模式，开展制度设计。其轮候申请流程和配售流程与安居型商品房轮候与配售办法完全一致。该《办法》突出了诚信申报、体现了人文关怀、强化了人才优先、强调服务便民、保证公开透明、强化政府监督并力求便捷高效。

---

① 郑文升、金玉霞、王晓芳等：《城市低收入住区治理与克服城市贫困——基于对深圳"城中村"和老工业基地城市"棚户区"的分析》，《城市规划》2007年第5期，第52—56页。

（三）公共住房轮候申请的要求

深圳市公共住房轮候的申请人需要满足下列要求才能有资格轮候：一是申请人必须以家庭为单位提出安居型商品房轮候申请；二是轮候人必须均为本市户籍（现役军人除外）；三是申请人累计缴纳深圳市社保时间达到3年，申请人如果具备大学本科学历及以上或者中级以上职称则将缴纳保险时间要求缩短到1年，如果申请人、共同申请人属残疾人联合会认定为一、二、三、四级残疾人或经民政部门认定为抚恤定补优抚对象的，不受缴纳社会保险的时间限制；四是申请人及其配偶、未成年子女或者其他共同申请人（及其配偶）在本市未拥有任何形式自有住房（含住房建设用地，下同），未领取购房补贴，在申请受理日之前3年内未在本市转让过或者因离婚分割过自有住房；五是提出申请时，申请人及其配偶、未成年子女或者其他共同申请人（及其配偶）未租住任何形式的保障性住房（包括廉租住房、公共租赁住房）；六是申请人及其配偶无违反国家计划生育政策超生子女行为。

（四）公共住房轮候的原则

深圳市公共住房轮候制度的设立始终遵循"公开、公正、合理"的原则，公开就是指制度施行的过程透明公开，让群众直接地了解到轮候人的筛选方法和人选诞生的过程，取信于民才能让惠民政策的功能彻底发挥；公正就是秉公办事，严明法纪，注重候选人选拔过程的监管，严格打击腐败，从而切实落实公共住房轮候制度，实实在在地为困难人群提供住房帮助；合理指的是将轮候的全过程合理化，不仅仅将保障房的给出作为工作的终点，还要构建健全的退出制度，从而让资源循环起来，使得更多需要帮助的群众享受到国家和政府的福利。这一原则也体现了深圳市政府对困难群众的关怀、对民生的重视以及在解决民生问题上的决心。

（五）公共住房轮候申请的流程办法

深圳市公共住房轮候的获取办法是统一的，需要登录深圳市保障性住房统一轮候系统（http://bzflh.szjs.gov.cn）提交申报材料，在申请时阅读办事指引。已持有安居型商品房或公共租赁住房《备案回执》需要补充申报的，统一在新系统申报。网上申报后，申请人应当按照预约的时间到区受理窗口提交书面申请资料完成申报，已提交过的申请资料不需要重复提交。在取得轮候《备案回执》并通过终审后，进入公共租赁住房、安居型商品房轮候册。

对符合安居型商品房、公共租赁住房申请条件的住房困难家庭，统一纳入轮候库，分类轮候，分批解决。轮候顺序依照取得本市户籍、缴纳社会保险或提出申请时间的先后等因素确定，对残疾人、抚恤定补优抚对象以及人才等住房困难家庭，予以优先轮候。搭建信息管理平台。建立安居型商品房、公共租赁住房轮候管理信息平台，实行住房保障申请常态受理。轮候信息向社会公开，接受社会监督，实现保障性住房阳光分配。逐步缩短轮候时间，力争将轮候时间控制在3—5年，形成合理、稳定的住房保障预期。

六 积极开展人才安居工程

人才安居工程是2010年起深圳市针对人才这一"第一资源"开展的吸引策略，将人才作为住房保障的重点对象，重点解决本地人才的住房问题，从而留住和吸引人才，提升了本市的人才竞争力，也促使解决了住房问题的人才更好地投入到自身的工作当中，更加优质高效地完成各项任务，最终推进城市的进步和发展。[1]

2010年5月，深圳市委、市政府发布了《关于实施人才安居工程的决定》，要求从2010年开始，启动安居型商品房建设，城市更新项目配建不低于总建筑面积30%的安居型商品房。安居型商品房用作人才安居住房的比例不低于60%。同时还规定："十一五"期间安排建设的公共租赁住房，面向人才安排的比例不低于60%；"十二五"期间安排建设的公共租赁住房，面向人才安排的比例不低于80%。2015年，在前几年的人才安居工程实施的经验基础上，按照《中共深圳市委 深圳市人民政府关于实

---

[1] 王茜：《外来引进人才的住房保障发展策略研究——以深圳为例》，硕士学位论文，华中师范大学，2011年。

施人才安居工程的决定》的要求，在广泛听取民意、集思广益，征求社会各方意见的基础上，深圳修改了《深圳市人才安居暂行办法》，出台了《深圳市人才安居办法》（政府令第273号）。该《办法》规定，人才安居采取实物配置和货币补贴两种方式实施。实物配置包括免租金租住、产权赠予、租住公租房和购买安居型商品房等形式；货币补贴包括购房补贴和租房补贴等形式。分杰出人才安居、领军人才安居、新引进人才租房补贴等几个层面，将新引进人才简化为深圳市接收的应届毕业生、新调入的在职人才、新引进的归国留学人员三个层级。

（一）完善人才住房政策

2016年7月底，深圳加大了人才安居工程建设的力度，市委、市政府出台了《关于完善人才住房制度的若干措施》，通过深化住房制度改革，明确人才认定标准、住房标准，加强人才住房建设，制定《深圳市人才住房公共配套设施建设监管办法》《深圳市人才住房租金定价细则》《深圳市人才住房供应和分配办法》等，为实施人才安居提供制度保障，切实解决人才家庭住房困难。

此外，深圳市正在修订"一法两规"，即《深圳市保障性住房条例》、《深圳市安居型商品房建设和管理暂行办法》（市政府令228号）、《深圳市人才安居办法》（市政府令273号），拟定《关于加强和改进基本住房保障工作的若干措施》等文件，以进一步确立人才安居和基本住房保障的双轨并行的公共住房体系。

（二）拓宽人才安居的覆盖范围

2016年，《关于完善人才住房制度的若干措施》进一步放宽了人才认定标准，提出了只要在本市工作的全日制本科及以上学历者、或属于符合深圳市产业发展需要的技师、或列入市人力资源保障部门发布的紧缺专业人才目录者均纳入人才住房保障范围。

（三）建立封闭流转制度

深圳是土地资源极其稀缺的城市，住房供需矛盾尖锐，人才住房属于稀缺资源。为促进人才住房可持续发展，确保公共资源公平善用，促进人才住房可持续发展，人才住房建立封闭运作、内部流转机制。明确人才住房原则上不得转变为市场商品房上市流转；需要转让人才住房的，应由原配售单位或政府依法回购，或转让给符合购买条件的其他人才。一方面人才住房不得转变为市场商品房上市流转，避免通过人才住房牟取暴利；另一方面允许转让给符合购买条件的其他人才，能够确保人才住房总量稳定、只增不减，使得人才住房真正回归安居属性。并推进全市统一的公共住房信息平台建设，通过"租、售、补"等多种方式大力实施人才安居。

（四）放宽人才安居条件

通过《深圳市安居型商品房建设和管理暂行办法》《深圳市人才安居办法》等规章和配套文件的实施，明确本市公租房和安居型商品房面向人才分配时可以放宽条件。同时，针对人才特别是部分高层次人才的"安居"需求，人才住房突破国家及本市对公租房、安居型商品房面积标准的限制，将建设部分中、大户型住房。此外，进一步提高中初级人才安居补贴标准，租房补贴的标准由 2010 年的博士 1.2 万元、硕士 0.6 万元、学士 0.24 万元提高至 2016 年的博士 3 万元、硕士 2.5 万元、本科 1.5 万元，各区还可提供配套补贴。

（五）加大公共住房面向人才供应力度

"十三五"期间，深圳还将建设公共住房 40 万套，其中人才住房不少于 30 万套，在加强深圳市户籍中低收入居民的基本住房保障的同时大力实施人才安居，推动城市区域均衡发展。此外，市委、市政府还成立了政策性、公益性的国有独资企业市人才安居集团，专司人才住房的建设运营，安居集团注册资本金 1000 亿元，通过银行借贷、授信及现有公共住房用地、资产运营，预计可运作资金达 6000 亿元以上。

（六）加大人才住房建设筹集力度

人才住房需求量大，要加大人才住房建设和供应力度，在深圳市土地资源紧缺、新增建设用地减量增长的现实情况下，加快构建适应存量建设用地开发、节约集约、内涵挖潜筹集人才住房建设用地的格局；同时，深圳市房屋特别是历史遗留问题建筑、转型升级后原工业厂房及宿舍等存量巨大，合理利用这些社会存量房源也是一个方向。为此，深圳市统筹人才住房建设与城市更新、土地整备、轨道交通建设、产业园区开发、城市公共安全治理的关系，通过轨道交通车辆段上盖，提高商品房、城市更新、棚户区改造项目配建人才住房的比例，放宽人才住房建设用地的规划管制、提高土地利用效率，鼓励各类土地使用权人利用存量用地和原农村集体经济组织历史遗留用地建设人才住房，鼓励有条件的企事业单位、产业集群龙头企业或产业园区集中建设人才住房，通过收购回购、没收征收、综合整治等方式挖掘存量资源筹集人才住房；同时，还借鉴京津冀都市圈区域规划，以及香港"新市镇建设行动"的有关经验，积极推进在深圳与东莞、惠州、汕尾之间的城市交界处构建"产业+公共住房"城际合作新模式。

（七）取得成效

总体来看，目前深圳拥有423个保障性安居工程项目（其中135个为在建项目），总占地面积超过755.2万平方米，总建筑面积约2643.1万平方米，计划总投资约1189.4亿元。自2010年实施人才安居政策以来，全市共惠及人才约32.32万人。2007—2015年，无论是住房保障投资规模、保障房建设和分配数量以及保障群体覆盖范围均呈逐年上升趋势，截至2015年底，基本实现了深圳住房保障多个住房困难群体的广覆盖。2016年，发放人才安居住房补贴约2.07亿元，自深圳市实施人才安居政策以来，全市人才安居政策共惠及人才及其家庭约43.1万人。其中，面向人才及重点单位配租（配售）住房约8.9万套，惠及约26.7万人，发放人才住房补贴约17.77亿元，惠及约16.4万人。①

深圳市人才安居集团也是人才安居工程的一项重要成果。深圳市人才安居集团有限公司于2016年6月30日注册成立，10月9日，时任市委书

---

① 王德响等：《2016—2017深圳市公共住房服务发展报告》，载张骁儒、邹从兵主编《深圳社会治理与发展报告（2017）》，社会科学文献出版社2017年版。

记马兴瑞、市长许勤为公司揭牌，是市委、市政府保障深圳人才安居乐业的平台，是深圳市专责负责人才安居住房投资建设和运营管理的市属国有独资公司。目前，根据国务院办公厅《关于加快培育和发展住房租赁市场的若干意见》（国办发〔2016〕39号）中关于"充分发挥市场运作，调动企业积极性，通过租赁、购买等方式多渠道筹集房源"的要求，集团正在通过投资建设、项目回购、合作开发、长期租赁等方式多渠道筹集建设人才安居住房房源。深圳市人才安居集团的创新点在于，其是通过自身和同样是国资委下属的深圳投资控股对接，探寻有利于双方利益的（企业可持续发展和人才住房供给）、市场化的合作模式，相比于政府直接介入，会更加市场化和灵活高效，深圳市人才安居集团的诞生也是应对深圳住房市场和保障失调的主要通路。据《关于完善人才住房制度的若干措施》，人才住房从原来的保障性住房体系中单列出来，并与现有保障性住房（安居型商品房和公共租赁住房）平行，建立深圳特色的住房供应新体系。

七　加强住房发展规划

关于住房发展规划，2006年到2016年主要颁发了《深圳市住房建设规划（2006—2010）》（深府〔2006〕216号）、《深圳市住房保障发展规划（2011—2015）》（深府办〔2011〕46号）以及《深圳市住房建设规划（2016—2020）》三个文件。

《深圳市住房建设规划（2006—2010）》的规划中，深圳市房地产调控主要在如下五个方面展开工作：

第一，出台相关调控政策。出台了《关于稳定房价促进我市房地产市场持续健康发展的意见》，制定了调控房地产市场的八条政策措施。出台了《关于贯彻落实国务院办公厅转发建设部等部门关于调整住房供应结构稳定住房价格意见的通知》，是全国第一个出台地方实施细则的城市。编制了《深圳市住房建设规划（2006—2010）》[①]，是全国第一个报建设部备

[①] 王锋：《〈深圳市住房建设规划（2006—2010）〉要点辑录》，《住宅与房地产》（综合版）2006年，第11—13页。

案和向社会公布的城市。

第二，调节土地供应。一是从 2006 年 6 月 1 日起，按照国务院关于调整住房供应结构的要求，对土地供应结构进行调整；二是严格按照国家规定，不符合规定的一律不予签订土地出让合同；三是适当提高房地产用地开发强度；四是及时公布年度土地供应计划和住宅用地供应计划实施方案，落实普通商品住宅用地的招标拍卖挂牌出让工作和经济适用住房用地。

第三，进一步完善住房保障制度。一是通过实物分配和货币补偿的办法为 1600 多户户籍困难家庭解决了住房问题。二是加快了经济适用房建设，开工建设了一批经济适用房，并完善了经济适用房的分配和管理办法。三是通过多种办法研究解决暂住人口的住房问题。如出台《关于我市出让商品住宅用地中安排建设一定比例政策性住房的实施意见》，规定新建商品住宅和城中村改造项目中需配套建设 15% 的廉租住房，无偿提供给政府。

第四，进一步整顿和规范房地产市场秩序。如严格实施禁止内部认购、待售房源不得拒售等七项"禁令"，遏制商品房炒买炒卖行为；加强商品房销售管理，加强房地产预售款监管，落实购房"实名制"，加大对房地产销售违法违规行为的查处等。

第五，加强了住宅建设规划。规划确定从 2006 年起到 2010 年，深圳市新增住房用地供应总量为 13 平方公里（不含旧城旧村改造用地），其中，商品住房用地为 11 平方公里，政策性住房用地为 2 平方公里。商品住房用地供应总量中，新批用地 6 平方公里，利用存量土地 5 平方公里；政策性住房用地全部为新批用地，其中，经济适用房用地 0.7 平方公里，公共租赁房用地 1.3 平方公里。规划期内，计划建设各类住房 69 万套，新增住房总面积 5700 万平方米，规划 2006 年，建设商品住房 10.9 万套，建筑面积 975 万平方米；建设政策性住房 1.96 万套，建筑面积 128 万平方米；2007 年，建设商品住房 13.4 万套，建筑面积 1197 万平方米；建设政策性住房 4.76 万套，建筑面积 248 万平方米；2008 年，建设商品住房 11.8 万套，建筑面积 1054 万平方米；建设政策性住房 3.88 万套，建筑面积 204 万平方米；2009 年，建设商品住房 10.3 万套，建筑面积 919 万平方米；建设政策性住房 2.14 万套，建筑面积 117 万平方米；2010 年，建设商品住房 8.6 万套，建筑面积 785 万平方米；建设政策性住房 1.26 万套，建筑面积 73 万平方米。

《深圳市住房保障发展规划（2011—2015）》主要包含以下几点规划：

第一，2011—2015 年，计划新增安排筹集建设保障性住房 24 万套，总建筑面积约 1536 万平方米，规划套数较"十一五"期间增幅 70%，预计总投资约 646 亿元。2015 年底，全市已建成的保障性住房与商品住房套数的比率由 25% 提高到 35%。到 2050 年，力争实现保障性住房套数占全市住房总套数的 50%，建立"双轨并行"的住房供应体系。

第二，2015 年底，力争通过实物与货币相结合的方式实现户籍无房家庭全部得到住房保障，并逐步将住房保障重点转移至经济社会所需人才，通过人才安居工程再造"孔雀东南飞"，实现深圳下一个 30 年的高速发展。2011—2015 年，为 8 万户户籍住房困难人群安排住房保障。其中，通过提供廉租住房和货币补贴方式对符合廉租住房保障条件的户籍住房困难人群实现应保尽保；通过提供公共租赁住房等实物与货币补贴方式有效保障其他户籍住房困难人群。通过实物与货币相结合的方式，为 27.8 万户符合条件的人才安排住房保障，其中主要通过新增安排筹集建设等方式建设保障性住房（主要为安居型商品房）和货币补贴给予保障。结合旧住宅区及城中村综合整治、拆迁安置、产业园区配建宿舍等工作，逐步提高非户籍住房困难人群和外来务工人员居住水平。

第三，全市计划筹集建设保障性住房约 24 万套，总建筑面积约 1536 万平方米；计划新开工保障性住房约 21 万套，开工率力争达到 60%；计划竣工保障性住房约 21 万套，竣工率力争达到 50%，其中"十一五"安排项目力争达到竣工率 100%，"十二五"新安排项目力争达到竣工率 30%，竣工规模较"十一五"期间增加近 10 倍，相当于特区建立前 25 年保障性政策性住房建设总量。

第四，全市住房保障预计安排资金约 715 亿元，包括"十一五"续建项目在"十二五"规划期内需继续投入 391 亿元、"十二五"新安排项目规划期内需安排投资 298 亿元、"十二五"期间租赁补贴约 26 亿元（其中人才补贴约 23 亿元）。

第五，实现保障性住房项目100%达到《深圳市绿色建筑评价规范》铜级标准，打造10个绿色低碳生态示范社区。推行可再生能源技术和垃圾减排技术，实现30%保障性住房项目应用垃圾减量和垃圾分类。

《深圳市住房建设规划（2016—2020）》主要有以下几点规划：

第一，规划期内，加大住房及时有效供应，分层次满足本市不同收入居民家庭住房需求，本市计划实现新增住房有效供应65万套；其中，通过加快各类住房建设、加快商品住房批准预售、提高保障性住房和人才住房分配效率，力争新建商品住房批准预售与现售30万套；保障性住房和人才住房供应35万套（含"十二五"继建项目）。并且，通过盘活存量住房、促进住房二手市场发展，力争二手商品住房成交35万套，实现2020年末全市常住家庭住房自有率提高至40%。

第二，规划期内，合理安排住房用地供应，保证住房长期持续稳定供应，本市计划供应住房建设用地8平方公里，其中，商品住房用地5.66平方公里，包括新供应用地0.36平方公里、城市更新用地4.3平方公里、征地返还地1平方公里；保障性住房和人才住房用地2.34平方公里，包括新供应用地0.54平方公里、城市更新配建折合用地1.2平方公里、拆迁安置与产业园区配套宿舍等用地0.6平方公里。

第三，合理安排住房建设目标，多渠道落实筹建保障性住房和人才住房。规划期内，通过新供应用地、城市更新项目等方式安排建设商品住房35万套、3150万平方米，其中安排新供应用地建设2.5万套、225万平方米；城市更新建设26万套、2340万平方米；征地返还用地建设6.5万套、585万平方米。规划期内，多渠道安排筹建保障性住房和人才住房40万套，包含人才住房30万套，其中通过轨道交通车辆段等新供应用地建设4万套、城市更新配建13万套、拆迁安置和产业园区配套宿舍建设等建设4万套，合计新增安排建设保障性住房和人才住房21万套、1130万平方米；通过棚户区改造4.2万套、改造征收等方式筹集社会存量住房8万套、挖掘存量保障性住房和人才住房项目开工4万套、企业自有用地建设和城际合作等其他方式2.8万套，合计安排筹集保障性住房和人才住房19万套。

第四，全面提升住区人居品质，实现宜居城市发展目标。坚持质量城市发展方向，不断改善居住水平，提高户型与室内装修设计的人性化、增强社区设计的包容性和交流功能、推进 BIM 全生命周期管理的应用、促进社区信息化和智能化管理、推动住宅产业化和绿色生态建筑的应用，创建生活舒适、环境优美、功能完善、居民具有幸福感的宜居城市，实现本市住房由"安居"向"宜居"发展。规划期内，实现全市新增建设保障性住房和人才住房 100% 达到深圳市绿色建筑评价标识铜级标准要求或者国家绿色建筑评价标识一星级要求，具备条件的新建保障性住房和人才住房力争按照更高标准建设。力争全市住房成套率达到 90% 以上，住宅区物业管理总体覆盖率达到 100%；生活垃圾无害化处理率达到 95%，水电煤气等市政设施普及率达到 100%，医疗、教育、体育等住区公共配套设施普及率达到 100%。①

八 完善住房公积金制度

住房公积金对于百姓来说是一项福利，具体体现在三个方面：一是公积金是由单位和职工一同缴纳的，总额归职工个人所有；二是用住房公积金贷款买房，能够获取低于商业贷款的利率，减少购房成本；三是职工缴纳的住房公积金，在国家规定的限额内的部分不需要缴纳个人所得税。②深圳市住房公积金制度对满足普通居民的住房需求起到了不可替代的作用，从政策文件、制度规范、管理落实、理念创新等方面取得了有益的经验。为了强化深圳市住房公积金管理、发挥住房公积金的住房保障功能、帮助解决职工的住房问题，在国务院颁布的《住房公积金管理条例》的指导下，深圳市政府结合深圳市实际情况，制定了深圳市住房公积金制度，其主要由"1+4"文件构成，即《深圳市住房公积金暂行办法》，以及《深圳市住房公积金提取管理规定》《深圳市住房公积金缴存管理规定》《深圳市住房公积金贷款管理规定》和《深圳市商业性住房按揭贷款转住

---

① 梁凯、吴靖宇：《解读深圳市"十三五"住房建设规划——历史规划落实情况与发展方向探索》，《住宅与房地产》2015 年第 6 期，第 54—56 页。

② 刘楠楠：《住房公积金福利效应改进路径研究》，硕士学位论文，西北农林科技大学，2013 年。

房公积金贷款暂行规定》4个规范性文件构成，并在国家《住房公积金管理条例》（以下简称《条例》）的基础上根据深圳实际进行了一系列创新，主要体现在：

（一）政策创新

1. 制定了符合深圳实际的住房公积金缴存制度

扩大住房公积金制度的覆盖范围，缴存范围不仅包括户籍职工，还覆盖了非户籍职工。同时，为彰显制度的住房保障功能，重点支持职工购买保障性住房和首套自住商品房。

2. 制定了人人可提的宽松提取政策，提取业务手续简便

充分考虑各阶层缴存职工利益，设置了覆盖所有职工的提取情形。在业务办理手续方面，占业务量70%的租房提取、其他住房消费提取以及非深户销户提取等均实行"一卡式"办理，不需要提供任何纸质证明材料。

3. 制定了适应深圳实情的住房公积金贷款政策

创新建立了家庭不同代际间的住房公积金扶持机制，子女贷款可合并计算父母住房公积金账户余额来提高可贷额度，或者可以按规定提取父母账户内的住房公积金余额用于偿还住房公积金贷款。为让更多职工享受到住房公积金低息贷款优惠政策，推出商转公贷款业务，并首创顺位抵押模式，免除了职工强制性担保的费用支出，降低了职工购房成本。

4. 首创住房公积金缴存利息补贴政策

对缴存1年以上、未使用住房公积金贷款的职工，在职工离深和退休销户提取时，在国家规定的利息标准上给予额外的利息补贴，更好地体现了住房公积金制度的公平性。

（二）业务创新

在业务模式上实行"中心主导、银行代办"相结合的方式，实现缴、提、贷三大业务飞跃式发展。在业务办理过程中，银行受深圳市住房公积金管理中心（以下简称公积金中心）委托，按照公积金中心制定的规程和标准，在公积金中心自主研发的系统上办理业务；标准化、流程化的业务

均由银行代办，涉及风险较大或相对复杂的业务由公积金中心管理部办理。截至目前，7家住房公积金委托归集银行共有300多家网点、近700名柜员在办理住房公积金缴存、提取业务；10家住房公积金委托贷款银行共有约400个住房公积金贷款业务点，从事贷款业务各岗位的操作柜员人数近2000名。

（三）服务创新

1. 联网共享信息资源，简化业务办理手续

目前，深圳住房公积金信息系统已实现与全市所有住房公积金业务银行网点以及住房建设、市场监督、社保、产权登记、人行征信、结算中心等政府相关部门联网，并正在与市市场监督管理局合作，将住房公积金缴存登记纳入商事登记"多证合一"流程。通过充分合作和信息共享，使业务办理手续得到极大简化，促进了住房公积金服务更优质和高效。

2. 构建"四位一体"业务办理模式，提高服务便捷性和满意度

深圳已建立起"网络、电话、银行自助终端、柜台"四位一体的、"信息化自助渠道+实体柜台"的住房公积金业务办理模式，在全国率先实现通过电话（即12329住房公积金服务热线）以及银行自助终端机直接办理住房公积金查询和部分提取业务，包括租房提取、其他住房消费提取、非深户离深销户提取、退休销户提取四大类。

3. 多渠道开展宣传，提高政策认知度

通过公积金中心门户网站、微博、微信、新闻媒体等渠道开展各类宣传；逢重大政策如提取、贷款和商转公等政策出台前，均广泛征求社会各界意见；对住房公积金制度实施基本情况适时公开，发布住房公积金年报。

（四）管理创新

1. 公开招标住房公积金受托银行

在受托银行的选择上，深圳未参照国内其他城市通过行政指令的方式，而是通过市场公开招标选定，并依据投标文件以及与银行签订的委托

协议明确公积金中心与银行双方的职责,使得双方边界更加清晰,权利义务更加对等。经过公开招标,共确定了 7 家归集银行和 10 家贷款银行。并对受托银行进行规范的业务指导和严格的监督管理。根据住房公积金招标文件以及有关委托协议约定,由公积金中心对银行的业务工作进行监督和指导,主要包括以下方面:第一,制定住房公积金业务办理统一的规则和标准,并在各项政策及业务规程出台后,由公积金中心为银行柜员进行政策讲解和操作培训。银行所有住房公积金业务柜员必须经过培训并通过考试后,才能取得办理住房公积金业务的资格。第二,制定归集银行以及贷款银行跟踪考核办法,考核指标以定量指标为主,约占60%,考核内容主要包括业务开展和服务质量等方面,分别按照半年和全年进行考核,考核结果与受托银行手续费挂钩。

2. 全面开展信息化建设与安全管理

住房公积金信息系统终端直接面向全市数百万缴存职工。目前,深圳住房公积金信息技术运用的广度和深度,在全国同行业中已处于领先水平。第一,先后编制了包括《信息化管理办法(试行)》《信息化项目建设管理办法》《网络安全与病毒防护管理规定》《机房安全管理规定》等10 余个文件在内的信息化建设和管理制度,建立起信息化建设和信息安全管理的规范制度体系。第二,全面加强基础设施管理和系统安全检查。通过存储设备双写、建设灾备机房保证核心数据完整、安全;通过实施安全软件部署,保证系统信息安全;开展互联网应用安全专项整改,对网上办事大厅、门户网站等进行安全排查,及时处理安全隐患。第三,编制住房公积金信息化建设发展规划。围绕"互联网+公积金"的管理和服务目标,通过技术与业务的深度融合,提出未来三至五年的信息化发展蓝图和总体发展目标。第四,按住建部《关于推进住房公积金综合服务平台建设工作的指导意见》及相关文件要求,作为全国综合服务平台建设试点城市之一,研究制订综合服务平台实施方案,积极打造一个以信息技术为基础,以信息整合和数据共享为核心,面向用户,通过网上办事大厅、12329 电话、微信、手机移动终端和实体柜台等渠道提供住房公积金业务办理和实时互动服务的全方位综合应用平台。

3. 创新开展住房公积金风险管理

第一，通过与专业机构合作，构建了住房公积金全面风险管理体系，并分别建立归集、提取、贷款、信息、资金和经费6个模块的风险管理信息库，用以指导和规范风险防范管理工作；建立住房公积金风险管理控制信息系统，该系统包括风险管理、内控管理、审计项目管理等功能，对风险进行全面监测。第二，开展以风险为导向的内部审计稽核工作。围绕保障住房公积金资金安全、防范和化解资金风险，不断完善住房公积金管理的内部规章制度；以规范管理为主线，从查找风险点着手，不定期对住房公积金各项业务流程进行梳理排查；借助计算机审计软件以及信息系统抽样功能实施审计，提高审计工作效率。

4. 提升住房公积金资金管理水平

与受托银行和结算中心直联，实现了住房公积金资金结算的实时高效和资金划转的准确便捷；制定了《资金调拨暂行规定》，通过公式化的方式确定资金调拨金额，使资金调拨更加透明、客观，避免人为干预；建立了现金流量监控及预测模型，在保证流动性安全的前提下，制订定期存款计划，合理安排存款结构，提升住房公积金增值收益。

九　加强房地产市场调控

住房的供给侧改革，除了完善住房保障体系，加强公共住房保障外，还包括加强房地产市场调控，保障房地产市场健康发展，发挥房地产市场在解决居民住房需求中的作用。自2006年以来，深圳房地产出现了高速上涨的行情。为了抑制房地产价格过快上涨，深圳市出台了包括土地、财政税收、信贷、保障性住房和规范交易行为等方面的调控政策行政，抑制房地产价格的过快增长。

（一）2006—2010年"十一五"阶段

2007年3月，深圳市开展了房地产交易秩序专项整治行动，出台了十大新政整治房地产市场，对捂盘惜售、拒售、非法预售、交易信息公示、合同管理、销售备案、房地产广告、炒卖期房、房产中介、房地产展销等交易行为进行专项检查整治,打击炒卖房地产行为,保障房地产交易秩序。①

2008年5月12日深圳规划和国土资源委员会正式叫停分期首付,同年7月1日发布《深圳市地方税务局关于调整我市土地增值税预征率的通告》,宣布深圳市从2008年7月1日开始调整土地增值税预征率,具体调整如下:普通标准住宅按销售收入1%预征,别墅为3%,其他类型房产为2%。

2009年1月14日深圳市国土资源、房产管理局发布《深圳市房地产行业管理规定》,要求禁止开发商擅自组织或参加各类评比,必须公开销售并公示价格,必须缴纳物业专项资金,另外,购买二手房的消费者将来还可以通过房源信息编码,查询相关房源信息,从而更大限度地保障购房者利益。

2010年9月30日,深圳市政府发布《关于进一步贯彻落实国务院文件精神 坚决遏制房价过快上涨补充的通知》,要求对于本市户籍居民家庭,限购2套住房;对于能够提供在本市2年以上纳税证明或社会保险缴纳证明的非本市户籍家庭,限购1套住房;对于境外机构和个人购房,严格按照有关政策执行。

整体上看,"十一五"期间房地产筹集建设调控上,全市新增安排筹集建设保障性住房共计16.9万套,分布在151个项目,建筑面积约1267万平方米,比"十一五"规划安排建设14万套目标超出2.9万套。

房地产调控建设进度上,至2010年末,全市已竣工保障性住房约2万套(占"十一五"16.9万套的12%),分布在40个项目中;已开工在建保障性住房约7.9万套(占"十一五"16.9万套的47%),分布在36个项目中;处于前期阶段保障性住房约7万套(占"十一五"16.9万套的41%),分布在75个项目中。

土地供应调控上,至2010年末,全市新增安排供应保障性住房建设用地2.45平方公里。

资金安排调控上,2006—2009年,全市已安排保障性住房项目计划总

---

① 林根:《深圳十大新政整治房地产市场》,《证券时报》2007年3月12日。

投资约 343 亿元。其中，政府投资 104 亿元，目前累计完成投资 50 亿元（市财政 35 亿元，区财政 15 亿元）；引入社会投资 239 亿元，目前累计完成投资 61 亿元。2010 年新增安排筹集建设保障性住房 5 万套，分布在 51 个项目中，计划总投资约 152 亿元。至 2009 年末，全市对符合条件的户籍双困低保家庭实现连续 5 年应保尽保，累计已安排资金约 0.5 亿元。

房地产货币补贴调控上，2010 年，在原安排货币补贴的基础上，补贴范围由户籍双困低保家庭扩大到户籍住房困难家庭，计划为 5000 户家庭提供货币补贴，发放资金约 0.6 亿元。

房地产政策法规调控上，"十一五"期间，深圳市出台一系列政策法规，健全了保障性住房建设、分配及管理机制，对准入条件、资格审查、定期复核、退出机制等方面进行了严格规定。包括 2007 年以来出台的"1+3"文件，即《关于进一步促进我市住房保障工作的若干意见》（深府〔2007〕262 号）和《深圳市公共租赁住房管理暂行办法》（深国房〔2008〕36 号）、《深圳市经济适用住房管理暂行办法》（深国房〔2008〕37 号）、《深圳市廉租住房保障管理办法》（深国房〔2008〕38 号），以及 2010 年出台的《深圳市保障性住房条例》、《中共深圳市委 深圳市人民政府关于实施人才安居工程的决定》（深发〔2010〕5 号）。

（二）2011—2015 年"十二五"阶段

2013 年 10 月 11 日深圳市政府发布《关于稳定房价 促进我市房地产市场持续健康发展的意见》即"深八条"，包含下列内容：继续严格执行住房限购、限贷政策；确保 2013 年普通住房用地供应在以往 5 年平均供地量的基础上增加 20% 以上，四季度还要供应约 60 公顷住宅用地；加强差别化信贷政策执行力度，人民银行要抓紧研究调整第二套住房贷款的首付比例和利率；继续强化商品住房预售管理，引导房地产开发企业理性定价；加大安居型商品房和保障性住房供应的力度，确保 2013 年度保障性安居工程建设任务顺利完成；加强土地增值税清算工作的力度，适度提高土地增值税预征率，做好清算工作；加强市场信息披露和监测工作，做好市场预期管理；加强住房政策研究，加快构建符合深圳实际的房地产调控长效机制。

2014年9月1日，深圳公积金管理中心发布《深圳市住房公积金提取管理规定》，规定职工每年度均可以按照本规定提取一定额度的住房公积金用于住房消费；自2014年11月1日起，每月可以申请提取一次。进一步保障了百姓住房需求的满足，彰显了住房公积金的价值。

2011—2015年，合计安排建设住房约60.3万套，完成规划总目标112%；其中，商品住房累计新开工约35.7万套，完成商品住房规划建设目标119%，保障性住房累计新增安排约24.6万套，完成保障性住房规划筹建目标102.5%。建立全方位、多途径、多层次住房供应模式，满足不同类型居民家庭住房需求。2011—2015年，深圳加速新建商品住房批准预售工作，新建商品住房批准预售面积2765.68万平方米、29万套，为同期成交量的1.28倍，商品住房供应较为充足；大力推进保障性安居工程建设，累计竣工各类保障性住房10.2万套，为"十一五"期间竣工规模的5倍；加大住房货币补贴力度，累计发放廉租住房补贴0.73亿元，实现符合条件人群连续9年100%覆盖，累计发放人才安居补贴约19.7亿元，惠及人才约16万人，有效扩大了保障性住房政策的覆盖范围。通过"十二五"住房建设规划的实施，到2015年末，深圳市常住居民家庭住房自有率达到34%，比2010年提高7个百分点。

土地供应调控上，2011—2015年，全市商品住房供应用地总量为582.77公顷，其中招拍挂新供应用地135.75公顷，城市更新用地340.13公顷，征地返还等其他用地106.89公顷；保障性住房供应用地总量为432.71公顷，其中新供应用地166.71公顷，城市更新配建与筹集项目占地约266公顷。保障性住房新供应用地规模超过商品住房新供应用地规模22.8%，充分体现优先供应保障性住房用地、切实保障民生的土地供应策略；居住用地供应中存量用地占比达60%，实现了土地供应模式从增量为主向存量为主的根本性转变，城市更新逐步成为本市住房用地供应的主体。

户型建设调控上严格执行"90/70"住房供应结构调整政策，确保中小户型普通商品住房的有效供应；实行差别化住房信贷、税收政策，实施住房"限购"政策，抑制住房市场投资投机行为，确保合理住房需求，2011—2015年新建商品住房首套置业率从81.6%提高至85.9%；加大住房用地供应力度,加快城市更新步伐,实现房地产开发投资年均增幅超过20%;持续规范住房市场发展,建立全市住房市场监测联动机制,加快个人住房信息系统建设,建立全样本住房价格指数系统,实施存量住房按核定价格征税和计税价格整体评估,加强住房市场秩序综合整治,加快推进房地产行业诚信清单建设,形成监管合力,实现住房市场健康有序发展。"十二五"期间,本市形成了包括廉租住房、公共租赁住房、经济适用房、安居型商品房以及货币补贴等在内的具有深圳特色、广覆盖、多层次的住房保障体系,制定了《深圳市住房保障制度改革创新纲要》《深圳市人才安居办法》《深圳市安居型商品房建设和管理暂行办法》《关于促进安居型商品房用地供应的暂行规定》等政策法规,不断完善保障性安居工程政策体系;积极引入社会力量开展保障性住房建设,开拓保障性住房建设与合作的新领域;不断完善分配管理工作,建立了全市安居型商品房、公共租赁住房轮候库,实现了申报工作的信息化管理,并创新开展重点企业单位产权管理制度,提高了分配效率,扩大了分配范围。[①]

(三) 2016—2020 年"十三五"阶段

2016 年 11 月 15 日,深圳市住房公积金管理委员会发布《关于调整住房公积金贷款首付款比例有关事项的通知》,通知强调:住房公积金缴存职工家庭(以下简称职工家庭)名下在本市无房,使用公积金贷款购买首套住房的,公积金贷款首付款比例最低为 30%;职工家庭名下在本市拥有 1 套住房,使用公积金贷款再次购房的,公积金贷款首付款比例不低于 70%。这就保障了低收入人群的住房需求,仅需要缴纳 30% 的首付,而通过提升二套房的首付比例来限制二套房的购买,也是对低收入人群的一种保障。

2017 年 1 月 19 日,深圳市国土局发布《商品住宅和商务公寓预现售管理操作细则》,规定:预售:商品房和公寓申报均价不得明显高于周边在售项目均价;现售:商品房和公寓转现售,备案价格仍需对外公示;精装修:带装修项目不得强制搭售。有助于维持深圳商品房市场的秩序。

---

① 黄文洁:《深圳保障性住房设计研究》,硕士学位论文,华中科技大学,2013 年。

十　深圳市住房保障事业的展望

十九大报告中强调：加强社会保障体系建设。全面建成覆盖全民、城乡统筹、权责清晰、保障适度、可持续的多层次社会保障体系。强调要坚持房子是用来住的、不是用来炒的定位，加快建立多主体供给、多渠道保障、租购并举的住房制度，让全体人民住有所居。结合深圳当前2000万左右的人口以及土地资源饱和的现状，住房保障事业的发展对于深圳市来说越来越关键，唯有解决好人口的居住问题才能保证人才资源的充裕以及经济的持续发展。

《深圳市住房保障发展规划（2016—2020）》确定的规划期内深圳市住房保障建设的指导思想是：落实"四个全面"战略布局，向"两个一百年"宏伟目标迈进，率先全面建成住房保障的小康社会，持续优化住房保障的建设、管理、准入、分配、退出和协调机制，在新时期进一步完善具有深圳特色的"多渠道、分层次、广覆盖"的住房保障体系，努力建成"人人享有适当住房"的全国住房保障改革创新示范城市。从具体目标看，2016—2020年，计划新增安排筹集建设保障性住房40万套，总建筑面积约2400万平方米，预计总投资约970亿元。供应保障性住房35万套，其中面向人才群体供应不少于70%。低保及低保边缘家庭继续实行应保尽保政策。到"十三五"期末，住房保障覆盖常住人口比率确保达到20%，力争达到23%；全市保障性住房与商品住房套数的比率力争由31%提高至40%。根据2017年7月发布的《深圳市2017年度城市建设与土地利用实施计划》，2017年度计划供应建设用地1350公顷，其中新增建设用地400公顷，存量建设用地950公顷，新增的居住用地为32公顷。按照深圳目前商品住宅小区较为普遍的3.5容积率，新增的32公顷居住用地总建筑面积约为112万平方米，按90平方米/套折算约合1.2万套。而目前深圳可售商品住宅不足30000套，总建筑面积也仅300多万平方米。与庞大的需求相比，深圳的增量住宅供应仍然有限。

在人多地少的情况下，未来深圳的住房建设，应继续坚持房子是用来住的、不是用来炒的定位，加快建立多主体供给、多渠道保障、租购并举的住房制度，让全体人民住有所居。

一是要继续加强住房土地供应。通过存量土地的城市更新，增量土地的挖潜，形成住房的有效供给。同时通过政策法律和金融手段，抑制投资性、投机性住房需求，合理引导消费，使房地产市场供应和真实需求保持平衡，保障房地产市场健康发展。

二是大力发展房地产租赁市场。由于深圳土地空间有限，大规模的增量住宅用地供应恐不现实。只能在存量土地尤其是城中村住房上多做文章。

据统计，深圳城中村私房超过35万栋，总建筑面积占全市住房总量的一半左右，加强城中村住房安全和卫生方面的管理，探索发挥城中村住房在住房保障中的作用和功能，为中低收入就业者提供安全便捷经济舒适的住房，对完善深圳住房保障具有重要现实意义。2017年10月，深圳出台了《关于加快培育和发展住房租赁市场的实施意见》，大力支持发展租赁市场，并鼓励将城中村住房经过综合整治并改造后，作为住房保障政策的一部分纳入租赁市场。地产龙头万科已先行一步，与城中村合作，对城中村住房进行统一租赁和运营管理的尝试。[1] 当然这一尝试要注意维持城中村私房租赁价格的相对平稳。

三是探索开展异地保障性住房建设推动异地建设保障性住房工作也是解决用地供应的途径之一。与深圳接壤的东莞、惠州乃至深汕合作区土地资源相对富足，价格相对优惠。落实深莞惠一体化的统筹安排，按照规划先行、交通配套原则，通过完善、提升城际交通连接、生活设施等配套水平，出台配套衔接的相关政策措施，在这些地方集中建立人才住房、保障性住房项目，这也是深圳市未来解决住房保障问题的一个重要的可行的途径。[2]

---

[1] 张晓玲、丁杰英：《万科挖掘租赁市场机遇 打包运营深圳城中村》，《21世纪经济报道》2017年10月23日。

[2] 罗成：《保障房异地建设的金融支持——论深圳湾区城市发展基金设立》，《开放导报》2016年第1期，第89—94页。

第九章　保障弱势群体民生福利

民政是一个历史范畴，民政事务是随着人的产生而产生的，随着人的存在而存在，并随着人的发展变化而发展变化。① 自古以来我国就有丰富的民政思想和实践。随着历史的发展和变迁，民政工作所承担的任务也一直在不断变化之中。新中国成立以来，我国政府一直致力于解决社会问题、增加人民福利，从而催生了政府实施社会福利制度的行政管理部门——民政部门。民政工作成为政府民政部门的实践工作，1983年在全国民政工作会议上，民政工作概括为"三个一部分"，政权建设的一部分，社会保障的一部分和行政管理的一部分。2013年在全国民政工作会议上，将民政工作的"基本职责"概括为"保障基本民生、创新社会管理、促进国防建设、强化社会服务"。民政工作与社会福利紧密相关，民政福利是民政工作中的社会福利工作，是民政部门推动下开展的社会福利工作。民政福利已经成为当前社会建设的核心内容，因为民政福利以人民福祉为重，能够保障人民基本生存发展权，有效推进社会建设，对于维护社会稳定促进经济发展有着重要的意义。

中共中央十六届六中全会做出《中共中央关于构建社会主义和谐社会若干重大问题的决定》，提出要"建设宏大的社会工作人才队伍，造就一支结构合理、素质优良的社会工作人才队伍，是构建社会主义和谐社会的迫切需要"。社会工作秉承"助人自助"的价值理念，从事专业化的助人活动，表明我国的社会福利进入一个新的阶段。我国民政部在2007年指

---

① 乔耀章：《关于"民政"问题的理论探微》，《上海行政学院学报》2012年第13卷第2期。

出，中国将推进社会福利模式由"补缺型"向"适度普惠型"转变，以便更好加快社会福利事业发展，提升民政福利质量。民政部在民政福利的服务领域出台了相关配套政策，不断推进适度普惠型福利体系的建设。

十八大提出在新的历史条件下要全面建成小康社会、加快推进社会主义现代化、夺取中国特色社会主义新胜利。并确立了到2020年国内生产总值和城乡居民人均收入比2010年翻一番，实现全面建成小康社会的宏伟目标，要求民政部门进一步完善基本民生保障制度，提升保障水平，更好地履行保障基本民生的职能。民政部门应当从保障政策上增项、保障水平上提标、履行职责上扩能、执行政策上规范。对民政工作的要求更高，民政工作应该承担更多的职责和使命。民政工作从具体实践领域出台了多项政策，进一步扩大民政工作的覆盖水平，提高民政工作的工作质量。

深圳承担全国改革开放"窗口""试验田""排头兵"的历史角色，在民政福利领域形成先行先试格局，2009年深圳市与民政部签订《推进民政事业综合配套改革合作协议》，率先实现普惠福利等重点领域进行体制创新等方面的工作。2010年普惠型社会福利制度建设问题就已经成为深圳市委重大调研课题；2011年深圳市出台"十二五"规划纲要和《关于社会建设的决定》，提出把普惠型社会福利制度建设列为深圳民生工作的重要任务。《深圳市民政事业发展"十二五"规划》提出到2015年在深圳基本建立适度普惠的福利体系。2012年，深圳市第二次全市民政会议也提出，在"十二五"规划末，基本建成适度普惠的福利体系。2013年，民政部在包括广东省深圳市等4个市、县中，开展了适度普惠儿童福利制度建设试点工作。2013年，深圳市制定出台了《民政工作改革创新三年计划（2013—2015）》，明确当前和今后一个时期要着重"推进五项改革，推行十项创新"[1]，不断推进福利模式建设。

---

[1] 五项改革：深化社会组织管理体制改革、深化基层管理体制改革、推进慈善公益体制改革、推进养老服务体制改革、推进专业社工人才队伍管理体制改革。十项创新：创新建立"一普三分"儿童福利制度、创新殡葬管理体制机制、创新优抚安置体制机制、创新社会救助体制机制、创新防灾减灾救灾体制机制、创新发展"民政产业"、创新福彩公益事业体制机制、加强民政标准化建设、加强民政数字化建设、创新民政系统党建工作。

一 构筑适度普惠的社会福利体系

社会福利体系主要是国家和社会为改善和提高国民的生活水平而采取的各种具有经济福利性的社会政策措施。从20世纪90年代以来，我国形成了一整套符合我国国情的社会保障和社会福利制度。根据福利提供范围的差异，福利受益者价值判断的不同，可以分为选择性社会福利和普遍性社会福利。选择性社会福利覆盖人群较少，只能够保障一部分人的基本福利要求。普遍性社会福利覆盖面广，福利项目较多，但对经济发展的要求较高。王思斌认为适度普惠型社会福利是由政府和社会基于本国（或当地）的经济和社会状况，向全体国民（居民）提供的、涵盖其基本生活主要方面的社会福利。[①] 这种福利模式介于选择性和普遍性福利模式中间，能够进一步健全社会福利体系，解决两种福利模式的困境，是我国现在和未来更为合适的一种模式。

深圳市民政和社会福利事业的发展历程步调与全国一致。从新中国成立到市场化体制改革之前，深圳市的民政和社会福利事业主要由国家民政部门和相关的企事业单位来承担。国家主要针对城市中的"三无"人员，由政府出资，民政职能部门包办民政福利，企事业单位针对职工和其家属提供单位福利。由民政福利和单位福利组成社会福利体系，覆盖群体面较窄，覆盖层次较低，是一种少数人的福利和较低层次的保障。随着市场化经济体制的改革，单位的职工福利开始向社区福利和专业化的福利机构转移，但民间社会福利机构尚不成熟，社会福利限制在民政福利上，民政福利作用越发重要。政府作为社会福利的主要提供者，受制于资金等方面原因，社会福利供给也需要家境调查和群体甄别，是选择性的社会福利。深圳市根据广东省委、省政府《关于加强社会建设的决定》和《民政部深圳市人民政府推进民政事业综合配套改革合作协议》，结合社会福利体系在国内外的发展趋势，建立了适度普惠的社会福利体系。适度普惠的社会

---

① 王思斌：《我国适度普惠型社会福利制度的建构》，《北京大学学报》（哲学社会科学版）2009年第3期。

福利体系与民众的福利需要、政府和社会的福利资源提供能力、适度社会福利提供的可持续性等一系列要素有关。适度普惠的社会福利体系要转变政府作为福利施舍者、为民服务、社会福利资源公平配置和有效管理者的角色观念。培育社会民众的社会福利权利观，学会表达自己的福利需求。以政府为主体，挖掘社会、企业、家庭的福利责任。同时，规避只享受福利权利，不履行责任义务的观念，提升福利效率。深圳市作为国家级的经济特区，有着雄厚的经济基础，开拓进取的改革精神和专业而又数量庞大的志愿者队伍，为深圳市的民政和社会福利事业大踏步向前发展打下了坚实的经济基础、动力保障和人才支持。深圳市未来的民政和社会福利事业将逐步建立以需求为导向、动态调整的福利事业发展机制，在现有的老年人、残疾人、儿童社会福利事业的基础上，围绕经济社会协调发展中出现的其他福利服务需求，构建适度普惠的社会福利体系。

二 深圳市老人服务工作创新

深圳市是一个年轻的城市，但根据最新统计数据，深圳户籍老年人口60岁以上的比例为6.22%，0—14岁的人口比例为20.14%，且有不断缩小的发展趋势。据2012年底统计，深圳市户籍老年人口为18.65万。"十二五"期间、"十三五"期间，深圳市将净增户籍老年人口8万、12万；预测到2019年，深圳市净增户籍老年人口约为40万，总数将达55万；从2020年起，每年净增户籍老年人口为5万，那时60周岁以上常住老人将占总人口的10%。从"年轻深圳"到"老龄深圳"真可谓"跑步"进入。非户籍老年人口部分是随子女生活居住在深圳的外地老年人，也有是非深户籍务工人员进入老年行列的。据2012年底统计，深圳常住老年人口达50万左右，"十二五"期间、"十三五"期间，深圳将净增老年人口12万、26万；预测到2019年，深圳市非深圳户籍的常住老年人口将达到90万左右，真正高峰期则从2020年起，每年增加20万人。深圳随着家庭结构日益小型化和多样化的社会变迁，传统家庭养老的社会基础和经济基础开始动摇。在日益严峻的老龄化时代，必须对不期而至的老龄化危机有一个清醒的认识。

(一) 加强养老设施建设

深圳市面对日益严峻的老龄化现实情况，养老需求扩大与养老床位缺少的矛盾越发突出。以罗湖区社会福利中心为例，一期居住楼约有 250 个床位，新建设的二期居住楼则有 700 张，两期加起来只有 1000 张左右的床位，不能满足日益增长的需求。罗湖区的养老床位紧张是深圳市日益严峻的养老问题的缩影。深圳市积极响应国家和广东省的政策，出台了《深圳市养老设施专项规划（2011—2020）》。从规划和土地管理方面，为深圳未来养老设施建设提供规划引导和政策保障。一方面提出到 2020 年，在养老设施体系上，实现常住老年人口"9073"的发展目标，提出了"9073"的养老格局，即 90% 家庭养老，7% 社区养老，3% 机构养老，以家庭养老为基础，社区养老为依托，机构养老为支撑。另一方面，规划提出了机构养老设施（养老院和护理院等）的配置标准和布局方案，规划了具体地块和建设床位；明确了社区和居家养老设施（包括老年人日间照料中心和社区健康服务中心等）的配置标准和规划指引；对城市养老环境，提出了规划设计要求。以引导和推进全市养老设施建设。出台了《深圳市公办养老机构建设和运营指引》，指出要提高深圳市公办养老机构设计、建设、运营、管理水平，保持各区公办养老机构建设标准和服务水平相对均衡，明确深圳市公办养老机构的设计条件、设计基本原则、选址和建筑外观、内部空间和室外空间、服务质量等标准，规范入住公办养老机构的轮候评估等制度。

深圳市政府从 2015 年 3 月开始启动实施养老民生工程，总投资高达 101.79 亿元，其中政府投资 18.66 亿元（市级政府投资 9.21 亿元，区级政府投资 9.45 亿元），社会投资 83.13 亿元。2015 年推进 19 个项目的建设，完成总投资 9.68 亿，其中政府投资 3.47 亿元（市本级 1.45 亿元，区级 2.02 亿元），社会投资 6.21 亿元。投资的 19 个项目中，深圳市养老护理院、深圳市社会福利中心（新址）一期、罗湖区宝丰苑敬老院 3 个项目主体结构工程已完工，正在完善工程；正在施工的项目以及正在进行前期准备工作的项目有多个，已办理养老机构许可证的项目 1 个，另外各区正在推进社区老年人日间照料中心建设和敬老院改造工程。在市政府的大力推动和社会力量的支持下，到 2015 年底，全市共有养老床位（含养老机构、老年人日间照料中心、宝安区长者家园的床位）8359 张，养老机构 31 家，其中公办的 22 家，民办的 9 家。共有老年人日间照料中心 61 家。2016 年推进落实养老项目 14 个，实现投资完成额 9.0 亿元，其中政府投资 1.0 亿元，社会投资 8.0 亿元。新增日间照料中心 5 家、新增养老床位 300 张。深圳市养老护理院和深圳市社会福利中心竣工后，共提供 1100 张养老床位。龙华区、南山区福利院项目在"十三五"期间竣工。符合标准的老年人日间照料中心、老年人活动中心等社区养老服务设施覆盖率达到 100%。

（二）创新养老服务方式和体制机制

深圳市将以扩大养老服务供给为导向，以满足老年人日益增长和多种多样的服务需求为出发点和落脚点，加快健全养老服务体系，加快培育养老服务供应商，加快转变养老服务方式，将养老服务业发展成为全市经济新增长点和产业转型升级新动力。

推动养老服务智能装备的发展和应用。深圳市政府出台《深圳市老年人专用智能产品与服务发展行动计划（2015—2017 年）》，引导和扶持发展老年人用可穿戴设备、老年人用便携式医疗设备、老年人照护康复产品、老年人健康服务智能解决方案和其他老年人专用产品。到 2017 年，深圳市老龄产业规模与综合竞争力全国居前，服务和引领珠三角乃至全国的能力实现显著增强。

建立"养为核心，医为配套"的医养结合服务体系。2016 年深圳市被列为国家级医养结合试点城市，提出要全面建成以居家为基础、社区为依托、机构为补充的医养结合照护服务体系。对机构养老照护提出到 2017 年，实现医疗机构对政府举办的养老机构医疗卫生服务全覆盖；到 2020 年，实现医疗机构对所有养老机构医疗卫生服务全覆盖。在社区养老照护提出社区老年人日间照料中心等社区养老服务机构与基层医疗机构建立医养结合机制的模式，到 2020 年，所有的社区老年人日间照料中心等社区养老服务与基层医疗机构建立医养结合机制。在居家养老照护方面提出，到 2017 年，65 周岁以上老年人家庭医生签约服务覆盖率和健康管理率达到60%；到2020年，65周岁以上老年人家庭医生签约服务覆盖率和健康管理率均达到80%。要通过社区首诊、双向转诊以及医养结合机制的方式为老年人提供就医绿色通道。进一步完善65岁以上常住老年人免费体检制度。深圳市已经有10家养老机构成为医养结合型养老机构，有36家社区健康服务中心与老年人日间照料中心签约，为日间照料中心的老年人提供医疗服务。

多元化养老相结合。深圳市老龄化的加重，使得高龄、失能半失能、空巢独居老年人等养老服务重点保障对象明显增多，养老服务需求更加旺盛、更加迫切、更加多样。深圳市政府养老与社会化养老开始结合，形成政府主导、社会参与、民间资本融入的多元化养老模式。深圳市"长圳社区幸福老年驿站"，充分考虑老年人多方位的需求，在传统活动基础上，结合物联网和云计算技术，为老年人提供智慧养老服务。同时，出台了《深圳市社区老年人协会建设规范》，从组织、机构、制度、标识、经费、活动、自我保护、自我管理、自我教育方面规范了老年协会，进一步加强基层老年群众组织建设，更大地发挥老年协会等社会组织在养老服务方面的作用。

到2020年，将深圳市建设成为养老服务体系健全、产业质量规模领先、体制机制全面创新、社会活力充分激发的"国际老年友好型城市"。

（三）拓展老人服务项目

深圳市成为全国首批养老服务业综合改革试点城市，初步形成了布局合理、种类齐全、功能完善的社会养老服务体系，老年生活照料、老年健康服务、老年体育健身、老年文化娱乐、老年旅游、老年金融服务、老年产品用品等服务项目发展迅速。同时，在深圳市居家养老相关政策的规范下，居家养老项目进展顺利，2015年福彩公益金资助居家养老服务补助达3185.52万元，同时居家养老服务券电子化改革有序推进。《深圳市社区老年人日间照料中心福彩公益金资助项目实施方案》推进社区老年人日间照料中心建设，对第五批申请福彩公益金资助的社区老年人日间照料中心进行初审、实地核查、综合评估后资助了11个项目，资助金额达950万元。对获得"广东省居家养老服务示范单位"称号的两个居家养老服务项目资助70万元。同时积极推进标准化建设，制定起草《老年人日间照料服务规范》《居家养老服务与绩效评估规范》。积极推进落实第五期户籍80周岁以上老人意外伤害及意外医疗保险项目，将保险合同期限进一步顺延，约2.5万名户籍老人因此受益。资助11家民办社会福利机构，资助金额达394.495万元，其中市级资助197.2475万元，区级财政资助197.2475万元。

大力发展"星光老人之家"项目。深圳投入大量资金到养老领域，未雨绸缪应对老龄化。在全市已经有1000余家"星光老人之家"。社区"星光老人之家"主动关心孤寡老人，为社区老人提供日常的服务。组织社区老人参与各式的活动，宣传政府政策。在寒暑时期，主动上门问候社区老人，并提供各种防暑御寒的物品。

（四）提升老人福利

对深圳市高龄老人进行津贴补助。为提高深圳市80周岁以上高龄老人的优待水平，完善深圳市老年社会保障体系，使老年事业与经济、社会协调发展，深圳市政府决定对具有深圳市户籍且年龄在80周岁以上的高龄老人发放高龄老人津贴补助。高龄老人津贴是深圳市每月给年满80周岁以上的老人发放的生活照料津贴。发放对象是具有深圳市户籍且年龄在80周岁以上的高龄老人。发放标准是：80—89周岁老人，每人每月发放现金200元；90—99周岁老人，每人每月发放现金300元；100周岁及以上老人，每人每月发放现金500元。发放高龄老人津贴所需经费，列入区年度财政预算，由各区财政先行发放。对百岁以上老人还会发放营养补贴，随着社会经济的发展，补贴标准由原来的200元（1999年标准）提高至300元。

发放居家养老消费券。深圳市政府为更好提供生活照料、家政服务、康复护理服务、日托服务、心理咨询、精神慰藉、临终关怀等社区养老服务，促进居家养老服务事业的发展，以消费券形式向老人发放社区居家养老补助资金。制定了《深圳市居家养老消费券管理暂行规定》，对消费券的使用做了规范。消费券仅限于受助人本人向深圳市居家养老消费券定点服务机构购买居家养老服务使用，不得转让。受助人应当选择服务范围能覆盖到本人户籍所在地或经常居住地的定点服务机构提供服务。受助人经常居住地指深圳地域范围内的，受助人本人在当地拥有自有房产或租用房产；或本人配偶、三代以内直系亲属在当地拥有自有房产或租用房产，本人跟随配偶或该名亲属在当地居住。消费券由各区民政部门按季度发放，补助对象需当季用完消费券，逾期作废。同时对定点服务机构制定了《深圳市居家养老消费券定点服务机构管理暂行办法》，对提供社区居家养老服务的服务机构的申请、签约、变更、行为规则、异议调处做了规定和要求，使其更好地服务于持有深圳市居家养老消费券的社区居家养老服务补助对象。

针对老年人的优惠乘车政策。为改善民生福利，方便老年人、残疾人等特殊群体参加社会活动，市政府扩大了优惠乘车范围。男性年满70周岁（2007年8月1日起降低至65周岁），女性年满65周岁以上的老年人，不限户籍，凭市老年委核发的《敬老优待证》免费乘坐公交大巴和公共中小巴，凭身份证免费乘坐地铁。

三　深圳市社会救助工作创新

社会救助计划是用来援助最弱势的个人、家庭和社区，并使他们达到生存水平和改善生活标准的。社会救助通常被定义为由政府（中央或地方）提供资金、以家计或收入调查为基础的现金或实物援助。社会救助也包括全民的福利计划——那些由政府税收提供资金，但不进行家计调查的计划，如家庭津贴。它还可能包括各式各样的补贴，如住房、能源、食品、教育和健康。此外，它也适用于由私营部门，如慈善团体、宗教机构和非政府组织等，提供的其他形式的服务和救济。①

（一）根据经济社会发展合理核定救助标准

2010年12月，深圳市低保人数12283人，当年户籍人口251.03万

---

① 黄晨熹：《社会救助的概念、类型和体制：不同视角的比较》，《华东师范大学学报》（哲学社会科学版）2005年第37卷第3期。

人，低保人数占总人数的 0.49%。高速的经济发展，较少的低保人数，为深圳市社会救助的高标准奠定了基础。2017 年 3 月 1 日起，深圳市低保开始提升为每人每月 900 元，在全国各大城市都属于领先水平。深圳市从 1997 年开始实施城乡居民最低生活保障以来，社会救助一直保持高标准。1997 年，深圳市特区居民家庭月人均 205 元，宝安、龙岗区居民家庭月人均 170 元。1998 年，特区内居民家庭月收入人均 245 元，宝安、龙岗居民家庭月收入 210 元。2002 年，特区内居民家庭月收入人均 344 元，宝安、龙岗居民家庭月收入 290 元。

深圳市社会救助标准根据国家有关政策规定和深圳市经济社会发展水平，随深圳市居民消费价格总指数变化适时调整。市政府已经把居民最低生活保障工作纳入国民经济与社会发展中长期规划和年度计划，制定和完善居民最低生活保障制度。区人民政府应当按属地管理的原则，将居民最低生活保障经费纳入本级政府财政预算并监督实施。从 1997 年开始实施城乡居民最低生活保障，到 2017 年，救助标准动态化调整了 12 次，从最初的每人每月 205 元调整到 900 元。

（二）加强社会救助对象的跟踪调整

深圳市辖属的街道办事处应当对低保人员实施动态管理，通过低保人员定期填表申报、社区公示、接受群众投诉举报等方式，及时掌握低保人员及其财产变化情况，保证低保人员享受的待遇与实际情况相符。社会救助的动态化有相关组织部门的支撑，具体分工是：市民政部门是本市居民最低生活保障工作的主管部门，负责组织和实施全市居民最低生活保障工作，区一级的民政部门负责所辖区内居民最低生活保障工作，街道办事处负责具体事宜。

（三）完善社会救助的保障范围和层次

《深圳市低收入居民社会救助暂行办法》中规定低收入居民根据困难情况可申请最低生活保障待遇、项目救助和临时救助。其中最低生活保障待遇是指按照《最低生活保障办法》规定，对家庭人均月收入低于最低生活保障标准的低收入居民实施的生活救助。增加的项目救助是对低收入居民实施的医疗救助、教育救助、住房救助、养育扶助、法律援助、就业援助等方面的专项救助。低收入居民家庭成员中有学龄前婴幼儿，在全日制学校就读的学生，有患重大疾病的家庭成员，可以申请养育扶助金，养育扶助金按月发放，低保人员发放标准为最低生活保障标准的30%，低保边缘人员发放标准为最低生活保障标准的20%。一名家庭成员只能享受一份养育扶助金。医疗救助是指无业低收入居民参加综合医疗保险或少年儿童医疗保险，可申请获得单位和个人缴费部分的全额资助。教育救助是指在本市就读的高中阶段，有正式学籍的低收入居民可以申请免学杂费、学生服费。就读全日制大专以上学校的低收入居民，可申请享受大学生学费资助。在读全日制大专、本科、硕士及博士研究生第一学年的新生，资助全年学费，对其余学年的在读学生，资助50%学费。临时救助是指针对低收入居民遭受自然灾害等意外实施的临时性、应急性救助。包括因自然灾害、疾病、突发意外，造成人员死亡、家庭劳动人口完全或者部分丧失劳动能力或者家庭财产损失较大等严重后果的。诉讼费、医疗费等支出较大，依靠低保救助、项目救助仍无法解决困难的。因刑事、民事案件受害致贫，无法从相关渠道获得补偿，依靠低保救助、项目救助仍无法解决困难的。临时救助主要由深圳市各区实施，视申请人的困难状况，可给予1000—6000元的一次性救助。

（四）加强对低保边缘群体的保障

为更好保障居民基本生活，构建和谐社会，不断规范和完善深圳市最低生活保障制度，根据国务院《城市居民最低生活保障条例》，结合深圳实际情况，2008年深圳市政府发布并实施《深圳市居民最低生活保障办法》。《深圳市居民最低生活保障办法》的救助对象是其家庭成员月人均收入低于深圳市当年居民最低生活保障标准的。2010年为规范和完善低收入居民救助制度，保障深圳市低收入居民的基本生活，扩大社会救助的覆盖范围，提高深圳市社会保障水平，根据《深圳市居民最低生活保障办法》及有关法律法规和规章，结合深圳市实际，深圳市政府颁布《深圳市低收入居民社会救助暂行办法》，救助对象包括家庭人均月收入低于最低生活保障标准的居民，还扩大到了家庭人均月收入高于最低生活保障标准,但低于认定标准的居民。社会救助的覆盖人群范围进一步扩大。

四 深圳市福彩和慈善事业发展

(一) 鼓励和规范社会捐赠行为

为更好地规范慈善募捐行为规范和完善社会捐赠的体制、机制,切实加强对社会募捐活动的管理,深圳市出台《深圳特区捐赠公益事业管理条例》,对捐赠的总体要求、捐赠保护、捐赠待遇受赠管理、公益性基金的管理、罚则做出了相关规定。深圳市印发《深圳市财政委员会 深圳市国家税务局 深圳市地方税务局 深圳市民政局关于发布深圳市 2013 年度公益性捐赠税前扣除资格的社会组织名单的通知》,进一步落实慈善捐赠的税收鼓励政策,充分发挥税收政策的引导作用,落实慈善减免税政策,支持并促进慈善捐赠活动的开展。同时,深圳市为激励和表彰支持慈善公益事业的机构和个人,营造全民慈善的良好氛围,更好地推动深圳市慈善公益事业发展,编制了 2016 年度深圳慈善捐赠榜的公告。2009 年度深圳市销售福利彩票约 198907 万元,比上一年度增加 55907 万元,同比增长 39%。筹集公益金共计 63167 万元(含弃奖),深圳市发行福利彩票本级可提留公益金为 31750 万元,比上一年度增加约 7970 万元。社会服务事业支出,从 2011 年的 12081.3 万元到 2016 年 208113 万元,费用支出持续上升。据统计,"十一五"以来,深圳市募集社会捐赠资金超过 200 亿元,筹集物资逾 1555 万件,年均捐赠额逾 20 亿元,人均年捐赠额约 700 元。[1]

(二) 规范慈善公益金的使用管理

2008 年,深圳市委、市政府印发《〈关于加快我市慈善事业发展的意见〉的通知》。该《通知》对深圳市慈善事业的总体要求和主要目标做出规定,并督促制定相关政策和措施拓宽深圳市慈善事业发展的领域和空间,加强规范化管理,保障慈善事业健康发展。

在福彩公益金管理和使用方面。2010 年,深圳市财政局、民政局印发

---

[1] 杨阳腾:《深圳着力推进慈善事业创新实践》,《羊城晚报》2016 年 9 月 1 日。

《深圳市福利彩票公益金使用管理暂行办法》，深圳市开始不断加强和规范福利彩票公益金的管理和使用。从管理原则、使用基本要求、公益金的申请拨付、监督检查几个方面开始对福利彩票公益金做出规范性的要求。2011年，根据《深圳市福利彩票公益金使用管理暂行办法》的规定，公益金支出计划中安排专项经费向社会组织和相关机构购买服务，并出台公益金资助社会组织及相关机构承办公益项目操作方案。方案的实施可以为社会组织开展社会服务提供充足的资金，更好地促进社会组织的发展，改善社会民生。2016年，深圳市财政局、民政局印发《深圳市福利彩票公益金管理办法》，进一步规范和加强了福利彩票公益金筹集，分配和使用管理更不断完善，健全了福利彩票公益金监督机制，提高了资金使用效益。

（三）大力发展慈善类社会组织

2012年10月，深圳市委、市政府颁布了《关于进一步推进社会组织改革发展的意见》，该《意见》通过简化登记手续、压缩行政审批流程等手段，加快培育社会组织，进一步扩大社会组织直接登记范围，实行公益慈善类、社会福利类等8类社会组织由民政部门直接登记。深圳市得益于不断优化的慈善事业发展政策和法制环境，各类慈善组织蓬勃发展。截至2016年，深圳市共有10744家社会组织，其中公益慈善类2363家，占全市社会组织总量的21.99%。在深圳市登记注册的基金会有182家，在深圳市活动的省级基金会有46家。为了加强基层福利慈善事业发展，深圳加强了社区基金会培育发展。深圳市已登记成立的社区基金会包括基金有30家，预计未来3年，将培育扶持成立50—100家社区基金会，基层慈善事业发展基础进一步夯实。2016年9月《中华人民共和国慈善法》实施后，深圳将备案落地实施一批慈善信托计划。主要包括完善相关行政监管和业务服务的程序、文书制度，建立健全慈善信托的备案管理制度；重点引进和培育部分慈善信托示范案例，支持探索实践不同类型受托人的服务模式和运营机制；加强慈善信托受托人的培育扶持，通过政策辅导和业务培训，培养慈善信托受托人的信托财产管理能力和信托慈善目的实现能力；完善慈善信托信息公开与监督机制。在慈善类社会组织相关专业人才队伍建设方面。深圳市委、市政府《关于加快我市慈善事业发展的意见》和《关于加强社会工作人才队伍建设推进社会工作发展的意见》及7个配套文件，对加强公益慈善人才队伍建设做出安排。为提高公益慈善人才的专业水平，深圳成立了全国首家社工学院——深圳经济特区社会工作学院，并支持中美慈善家联合成立深圳国际公益学院。截至2016年，全市公益慈善组织共有工作人员近3万名，取得专业社工资格证书的专业人才8230多人，专职社工5434人。专业社工服务覆盖民政、教育、司法、禁毒、信访、社区等14个服务领域。公益慈善人才总量和专业化水平位居全国前列。据不完全统计，近年来深圳各类慈善组织实施2万余项公益慈善项目，近千万受助群体获益。①

（四）积极宣传培植慈善文化

深圳市大力弘扬和传播慈善意识，要求各级党委、政府要把慈善意识的传播、教育和培养作为精神文明建设的重要内容，纳入公民道德教育序列；提出宣传部门要制订实施慈善宣传计划，大力宣传慈善理念、慈善行为、典型人物和事迹，强化社会对社会舆论的正面引导，在全社会营造浓厚的舆论氛围；教育部门要树立慈善教育从少年儿童抓起的理念，将弘扬慈善理念和慈善行为等教育内容纳入在校学生的德育内容，用生动活泼的形式吸引青少年、儿童参与力所能及的慈善活动；民政部门要进一步完善"慈善教育计划"和"慈善教育基地"；精神文明建设部门要把慈善事业发展列入创建文明城市、文明单位、文明行业的重要内容范畴，广泛调动各种社会力量共同推进慈善事业的发展；各级慈善组织要创新现代慈善的宣传形式，广泛开展形式多样的时尚慈善、消费慈善、体育慈善、娱乐慈善和科普慈善等活动，通过开展义演、义卖、义赛、义拍、义诊等多种形式的慈善活动，宣传社会各界取之于民、反馈社会的慈行善举。每年的9月5日是"中华慈善日"，深圳市设立"深圳慈善日"将每年11月确定为深圳社会慈善捐赠活动月，11月1日为"深圳慈善日"，在深圳社会慈善

---

① 管亚东、潘玮安：《慈善法今日实施，首批慈善信托机构将在深圳落地》，《深圳商报》2016年9月1日。

捐赠活动月组织开展"慈善一日捐"活动。同时大力发挥慈善社工和慈善义工的作用鼓励慈善机构配备专业社工，发挥社工在慈善理念传播、慈善项目策划、慈善活动组织中的作用，和对慈善义工的引领、带动等方面的作用。

五　儿童福利工作创新

深圳市在建设国际化的大都市过程中，创造出了工业化、城市化和现代化的深圳奇迹，这也吸引了大量的城市外来人口参与到深圳市社会经济发展中来，为深圳的发展做出了贡献。据2015年"织网工程"数据库显示，深圳市的人口结构呈现"两头小中间大"的纺锤形结构，2014年深圳市0—14岁的人口比重为10.2%，15—64岁的人口比重为88.4%，65岁及以上人口比重为1.4%，到了2015年末少儿的抚养比达到了10.35。深圳市外来人口众多，对儿童权益的保护程度是一座城市文明进步的重要衡量指标，人口组成复杂，无论是随迁过来的儿童还是本地的常住儿童，多元化的人口结构造成了深圳困境儿童多且复杂的局面。深圳市在2012年被确定为第二批全国未成年人社会保护试点地区，2013年6月深圳市被国家民政部确定为全国首批适度普惠型儿童福利制度建设试点，作为全国儿童福利制度建设和开展未成年人社会保护试点的城市，深圳市政府积极探索做好困境儿童的救助和保障工作，让他们与普通儿童一样享受社会发展的福利，促进儿童健康成长。

儿童是祖国的未来，为建设适度普惠儿童福利制度，深圳市政府做了大量卓有成效的工作，取得了有目共睹的成绩。

第一，建立儿童福利津贴制度。

一是建立困境儿童基本生活津贴。2011年至今，深圳市系列出台了《关于加强孤儿保障工作的实施意见》《关于落实我市孤儿最低养育标准的通知》《关于调整我市孤儿最低养育标准的通知》《关于进一步规范弃婴救助管理工作的通知》《孤残儿童家庭寄养评估规范》和《儿童福利机构服务规范》等政策文件，从儿童的健康、教育、福利、法律等相关保护工作入手，在强化孤儿养育保障、健全孤儿救助制度，以及规范孤残儿童家庭寄养和儿童福利机构服务行为等方面做出了系统的制度安排,为加快发展儿童福利事业、构建适度普惠型儿童福利制度提供了有力支撑,进一步拓展儿童福利保障范围,逐步将事实无人抚养儿童、患重病和罕见病等各类困境儿童纳入保障范围。深圳市民政局与深圳市财政委员会于2016年联合发布的《深圳市困境儿童基本生活费补贴发放办法》的通知,本着分层次分类型分标准保基本的原则,切实加强对困境儿童的帮扶,提高困境儿童的生活保障水平,健全孤儿基本生活经费财政投入制度,建立保障经费自然增长机制。深圳市政府同时整合并鼓励社会力量参与到关注困境儿童的成长中来,不断地拓展社会资源,完善孤儿亲属抚养、家庭寄养、机构养育和依法收养等养育方式。

二是建立与提升困境儿童基本生活津贴。2016年,深圳市多部门联合印发实施了《深圳市困境儿童基本生活费补贴发放办法》(以下简称《办法》),填补了深圳市无人抚养儿童的补贴的空白,将无人抚养儿童的生活补贴定为每月500元。深圳市对困境儿童的补助标准需要随着地区经济发展逐步提升。与此同时,深圳市新增低保和低保边缘家庭中的重残重病儿童和父母一方重残重病的儿童。自2014年1月1日起,深圳市孤儿最低养育标准整体提高15%,福利机构集中孤儿每月每人1712元到2203元,散居孤儿每月每人1150元,并推动建立成年孤儿安置制度。自2016年9月起,深圳市具有深圳户籍的事实无人抚养儿童,低保和低保边缘家庭中的重残重病儿童和父母一方重残重病的儿童三类困境儿童可享受基本生活费补贴,补贴金额从460元至1900元。对于残疾儿童,为了提升残疾儿童的康复水平,促进残疾儿童早日融入社会,深圳市政府投入了1200万元用于助孤残儿童康复,为一些重大疾病儿童如脑瘫、自闭症等户籍重度残疾儿童提供康复券,专项补贴医疗与康复费用。深圳市"明天计划",紧跟自2004年民政部启动的"残疾儿童手术康复明天计划",各项工作进展顺利,取得明显效果。据统计,2016年9月,市社会福利中心、宝安区社会福利中心、龙岗区社会福利中心三家福利机构及低保家庭儿童已实施手术和康复矫形831名。手术康复经费累计达到1293.69万元,矫形器费用约为116.7万元,康复营养服务费约为190.31万元。《办法》是在建立孤儿养育保障政策的基础上,进一步将家庭困境或自身困境的儿童的基本生活保障纳入制度性安排。

三是儿童福利硬件设施建设。建设一间面向全市所有特殊儿童，集养育、康复、特教、医疗为一体的多功能的市儿童福利院，推动第二儿童福利院选址立项。深圳市社会福利中心在深圳市原儿童福利院基础上建立，总投资1.9亿元，预计2017年上半年投入使用，新增儿童床位700张，用地面积3万平方米，解决14—18岁孤儿和18岁以上无劳动能力的孤儿成年后的安置问题。这一系列举措将大大地提升儿童福利保障水平。引入社会力量参与儿童福利机构建设，推动比亚迪儿童福利院开工建设，开展儿童福利机构社会化服务，推动院内资源向社区辐射。

四是逐步开展儿童福利服务项目，提升儿童福利服务水平。2013年，深圳市实施"深圳儿童健康成长计划"，对符合《深圳市关于加强和完善人口管理工作的若干意见及五个配套文件的通知》规定的非深圳市户籍以及深圳市户籍的3—6岁在园儿童，每生每年提供1500元的健康成长补贴，补贴经费中的1300元用于抵减在园儿童家长缴纳的部分保教费，200元由幼儿园统一组织在园儿童免费体检及购买儿童读物等。

第二，建立儿童体检制度。

深圳市政府建立儿童体检制度，提升新生婴儿和学龄前儿童身体素质，将孕产妇产前疾病筛查项目和新生婴儿先天性疾病筛查列入医保范围，逐步实行户籍孕产妇免费体检。逐步扩大少儿医保范围，将0—18岁常住儿童纳入医保范围，加强贫困家庭儿童大病救助，完善贫困家庭儿童大病救助基金服务功能。

针对深圳市流浪儿童，深圳已经建立起覆盖全市的救助场所和市、区、街道三级救助体系，并在全市设立了救助站，切实加强对流浪儿童的保护，建立流浪儿童短期庇护、中期救助和长期保护的服务体系，形成禁止儿童流浪乞讨的操作性制度，重点打击胁迫、诱骗、利用未成年人乞讨等违法犯罪行为，同时，深圳市政府继续实行"明天计划""小姐妹计划""大姐妹计划""祖母计划""新家园计划""模拟家庭"等服务项目，为孤儿和残疾儿童创造养育、康复、特殊教育机会。继续推行和完善"流浪儿童救助保护学校""爱心父母牵手困境儿童活动""妇女儿童救济基金"和"四点半课堂"等活动，鼓励发展社会公益慈善组织参与儿童福利服务。

五是儿童福利工作创新。大力发展儿童社区日托服务。实行学龄前儿童社区日托服务补贴券制度，为户籍3—6岁儿童发放补贴券购买社区日托服务，建立以家庭为依托提供儿童日间看护服务。逐步建立配餐标准化服务制度，规范学龄儿童营养配餐服务，逐步率先探索为贫困家庭儿童提供免费午餐，为户籍14岁以下儿童每日供应牛奶。建立对儿童监护人监督制度，对无监护能力的家庭取消其监护人资格，政府提供监护和基本保护服务，提供家庭寄养、机构寄养、临时性宿舍、经济援助等保护措施。建立困境儿童服务联动机制，形成公安救助、法律援助、社工调节、心理咨询等综合服务体系。

六　残疾人福利工作创新

深圳市的残疾人服务工作吸引、借鉴了港澳和其他先进地区的经验和做法，在此基础上进行大胆的探索和尝试。逐步确立以权益保障为核心，坚持"政府主导、社会支持、残疾人参与"和"政府扶持、市场推动、社会化运作"两项基本原则，开展了培育全国、全省残疾人社区康复示范区活动，全面推进残疾人服务工作。

（一）完善残疾人服务网络

深圳市政府将残疾人事业纳入到政府公共事业的总体规划中，加强与政府其他部门如民政部门、卫生部门、劳动社保部门、妇联部门/公安部门等系统进行资源的整合与共享，鼓励并支持残疾人的民间团体、残疾人自治组织和民间公益服务组织等社会力量参与进来，在充分发挥政府公共服务机构各职能的同时，也着力培养公益性服务机构与专业服务机构的建设，提升其服务水平，建立健全了以市级机构为龙头、区级机构为骨干、街道级机构为基地、社区机构为依托、残疾人家庭为阵地的残疾人服务网络，全面促进了政府公共服务体系和残疾人专业服务机构的有机结合，使残疾人在不同层面和不同网点得到了多种服务。

（二）残疾人服务的覆盖水平

对服务对象的全员覆盖。改变了原有国家任务的重点康复项目，使其拓宽到为无喉者、唇腭裂者、自闭症者、老年性痴呆者、工伤致残者、慢性非传染病残疾者等残疾类别及其亲友提供康复服务。从注重轻中度残疾人拓展到重度极重度残疾人。在服务年龄上实现全面覆盖，包括残疾发生、学龄前阶段、中年阶段和老年阶段的所有年龄阶段。在服务内容上实现全面覆盖，包括康复咨询、康复护理、生活照料、教育康复、职业康复、社会康复、心理康复、康复工程、无障碍环境改造、权益维护和转介跟踪等全面康复内容。在服务流程上实现全程覆盖，从残疾发生的恢复期康复向两头延伸到早期介入和后续康复，从单纯功能训练延伸到残疾等级鉴定、康复评估、康复治疗、康复评介、个案跟踪回访等过程，贯穿所有服务流程。

（三）创新残疾人服务体制机制

深圳市在残疾人服务体系建设中，残联不仅仅是提供直接的服务，更重要的是受政府委托履行管理的职能，发挥着建设残疾人服务体系主力军的作用，着力发展和管理残疾人事业。

成立"深圳市残疾人服务行业协会"，负责专业事务，剥离了残疾人服务业的评估、转介、技术指导和督导职能，专业协会牵头研究制定残疾人服务领域的行业标准，完善行业管理政策，加强支持引导和监督管理，从根本上促进残疾人服务业的健康发展，努力提高残疾人服务的制度化、规范化和专业化水平。

（四）加快残疾服务行业人才的培养与引进

随着深圳市残疾人服务业的广泛深入开展，急需大量的专业服务人才，深圳市突破了"增机构、增编制、增设施"或由政府直接包揽服务的传统方式，建立长效机制，创新了专业人才资源配置方式。从2007年开始，深圳市借鉴了成熟地区经验开展人才队伍专业化建设，通过"民间运作政府购买服务"的模式，按照相应标准向社会组织举办的人才服务机构购买社会工作师、康复治疗师、特教教师和居家服务护理人员，为康复机构、基层社区和残疾人家庭配置了社会工作师、康复治疗师、特教教师149名和居家服务人员200名。这些举措为加快面向残疾人服务的专业人才队伍建设和创新专业人才培育机制做出了有益的探索。

（五）充分发挥残疾人的主动参与

在开展服务中，深圳遵循国际上现代残疾人观的一般原则，始终坚持在平等的基础上让残疾人充分和切实地参与到服务活动中，发挥其潜能，使其从"救助客体"转为"权益主体"。在实施康复服务过程中，医生治疗师起到主导作用，患者才是康复主体，医生治疗师与患者及其亲属一同研究、讨论、制订训练服务计划，确定服务方案，患者及其家属主动积极地参与整个过程，变"要我康复"为"我要康复"。与此同时，借助"深圳市智障人士家庭联谊会""深圳市自闭症儿童家长学校"和"家属资源中心"等亲友组织，加强残疾人及其家庭与服务康复机构之间、残疾人与亲友之间、残疾人家庭与家庭之间的交流与沟通，切实帮助残疾人士及其家庭解决他们面临的种种困难和问题，建立起有效的支持系统，促进彼此之间的交流与合作，为残疾人的全面康复、自强自立、参与社会创造有利条件。

（六）加强残疾人就业扶持与服务

就业是残疾人的一项基本权利，通过就业，可提升残疾人的自立能力，改善其生存和发展状况，使之真正地融入社会生活，是实现残疾人"平等、参与、共享"的最佳途径。为了促进残疾人就业，1995年，深圳市就成立了隶属深圳市残疾人联合会的残疾人劳动就业服务中心，承担全市残疾人劳动就业的各项服务工作，业务包括就业服务、技能培训、展能培训等内容，全方位促进残疾人就业和能力提升，每年举办残疾人就业招聘专场活动，推进残疾人就业。据统计，深圳户籍残疾人实现了就业的超过7000人，全市有就业意愿的残疾人，90%都已经实现了就业，主要集中在制造业、零售业以及软件开发、动漫制作等IT业。[①] 针对残疾人就业

[①] 沈婷婷：《深圳七成残疾人想就业 其中九成已就业》，《羊城晚报》2016年5月19日。

工作中存在的就业观念有待更新、残障政策和科技研究能力较低、就业需求供给对接机制不健全、残疾人就业保障金政策支持成效有待改善以及机构和队伍建设等问题，"十三五"期间，深圳市将在完善政策支持体系、加强机关和就业机构转型发展、开发残疾人特殊人力资源、创新残疾人就业培训机制、抓好就业双向需求摸底调查、发展辅助性支持性就业、完善残疾人就业创业生态系统等方面推进残疾人就业工作。为扶持残疾人创业，深圳还将推进残疾人"创客新空间"建设，培育有潜力的残疾人开展创业活动。同时，通过开发网上网下公益性平台，鼓励研发、制造、体验、销售残疾人产品，促进更多残疾人上岗就业。①

七　深圳市优抚安置工作创新

优抚安置工作事关国家改革发展稳定大局，事关国防和军队现代化建设，优抚安置工作为兵役工作最后的一个关键环节，具有极其重要的作用和意义。正所谓："编筐编篓，重在收口。"优抚安置作为兵役工作的收口工作，对于兵役工作的整体质量、军队的战斗力甚至对国家的安全稳定，都有着重要的影响。

深圳市政府通过强化统筹谋划、强化改革创新、强化政策执行、强化地方保障、强化拥政爱民意识及强化宣传教育"六个强化"来积极打造"双拥模范区"。一直以来，深圳市探索"政府引导、行业主导、全民参与"的社会化拥军新思路，营造爱国拥军、爱民奉献的浓厚社会氛围。创新双拥主体，拓宽共建范围，大力倡导社会力量与周边部队开展双拥共建活动，许多非公组织特别是民营企业、外资企业、商会、协会、学校等，纷纷加入拥军行列，使"政府拥军"向"企业拥军""社区拥军""协会拥军"转变，最终实现"全民拥军"。

第一，积极打造具有区位特色的双拥共建品牌。

深圳市龙岗区连续五次被评为省"双拥模范区"，也是深圳唯一获此

---

① 黄倩：《深圳市多措并举助力残疾人就业》，2017 年 3 月 17 日，央广网（http://www.cankaoxiaoxi.com/china/20170317/1780442.shtml）。

殊荣的行政区。自2011年以来，龙岗区以创建省"双拥模范区"为抓手，扎实做好拥军优属、拥政爱民工作，打造了平湖"双拥街"、南岭村等一批具有龙岗特色的双拥共建品牌。

第二，升级传统拥军模式，推动军民融合。

打造新型双拥共建对子，拥军形式内容多元化，将传统的"物质拥军""节日拥军"模式逐步转为"情感拥军""法律拥军""文化拥军""科教拥军""健康拥军""日常拥军"，使共建活动多样化、常态化，依托区位优势、资源优势，积极推动军地科技成果、人才、资金、信息等要素交流融合，推动军民融合向更深层次、更宽领域、更高水平发展。

第三，加强优待抚恤，提升优抚安置服务水平。

深圳市政府建立健全军队退役军人信息和数据共享机制，推进优抚保障服务精细化、规范化。加强对红军老战士、老复员军人、烈军属、残疾军人的关爱、关心，为支持国防和军队改革营造良好氛围。落实各项安置政策，建立并不断完善以扶持就业为主，自主就业、安排工作、退休、供养等多种方式相结合的新型退役士兵安置制度。妥善安置退役士兵，切实保障退役士兵合法权益，如龙华区把官兵当成居民，将伤残和困难官兵纳入综合救助体系，龙华率先建立官兵帮扶长效机制。深入推进自主就业退役士兵免费职业教育和技能培训，增强教育培训的针对性和实用性，提高退役士兵就业竞争力。发动和利用社会力量，多渠道帮助退役士兵就业创业。针对军队离退休干部多样化需求，深圳市政府积极推进军休工作与养老服务融合，将军休机构纳入养老机构服务辐射范围，让军休人员享受到地方惠老敬老爱老助老等关爱政策。积极发挥军休人员作用，通过组织引领、搭建平台、典型带动等方式，鼓励和支持军休人员发挥余热，继续为党和人民事业增添正能量。

第四，强化政策执行，法治化方式保障双拥工作，积极主动为优抚对象排忧解难。

深圳市政府以"四个全面"重要精神为指引，进一步推进双拥创建工作，出台了一系列相应的政策法规，根据深圳市的社会经济发展状况，对优抚对象的经济支持福利待遇做出相应的调整，优待抚恤重点突出，努力对符合困难重点优抚对象覆盖面、重点优抚对象临时困难补助面、退役士兵安置及两用人才开发使用率、重点优抚对象定恤定补面、公费医疗对象落实率、落实义务兵奖励制度奖励率、贯彻义务兵优待政策优待面实现100%全覆盖。

第五，积极推进军供保障现代化。

深圳市政府紧紧围绕支持军队执行多样化军事任务、改善民生等重大问题，适应军队现代投送体系和任务需求，创新军供保障模式、建强基础设施、拓展社会力量、完善预案体系、强化训练演练，提升应急保障能力，推进由单一饮食服务向综合服务、铁路输送保障为主向铁公水空全方位保障、定点供应向区域供应、常规供应向大批量供应、平时保障向应急应战保障兼备的"五个转变"，做到有目标、有计划、有保障，实现地方发展水平和部队战斗力同步提升。加强深圳军供站综合保障能力建设，力争建成现代化的全国重点军供站。

八　深圳民生福利事业的发展与展望

深圳民生福利事业在政府和社会各方力量的推动下，在民生福利事业的各个领域获得了快速发展。同时，深圳民生福利事业还面临着一系列的问题，福利资源供给不足，社会力量参与不够，人口压力特别是老年人口压力增大，思想观念和利益固化藩篱难以突破。但不可否认的是发展民生福利是深圳市党委和政府工作的重要内容，发展民生福利是提升民众幸福，促进深圳社会和谐发展的基础性的工作。发展民生福利，进一步保障人民的基本权益，提高人民生活水平质量，促进社会的公平团结，推动社会的进步，对于深圳建设国际化一流的城市具有非常重要的意义。

十九大指出，从现在到2020年，是全面建成小康社会决胜期。提出按照兜底线、织密网、建机制的要求，全面建成覆盖全民、城乡统筹、权责清晰、保障适度、可持续的多层次社会保障体系。全面实施全民参保计划。完善城镇职工基本养老保险和城乡居民基本养老保险制度，尽快实现养老保险全国统筹。完善统一的城乡居民基本医疗保险制度和大病保险制度。完善失业、工伤保险制度。建立全国统一的社会保险公共服务平台。统筹城乡社会救助体系，完善最低生活保障制度。坚持男女平等基本国策,保障妇女儿童合法权益。完善社会救助、社会福利、慈善事业、优抚安置等制度,健全农村留守儿童和妇女、老年人关爱服务体系。发展残疾人事业,加强残疾人康复服务。[①] 深圳"十三五"规划提出努力建成更高质量的民生幸福城市。实施以家庭为单元、"一口集中、分口到户"的救助机制,完善以最低生活保障为基础、专项救助相配套、临时救济为补充的综合性社会救助体系。坚持男女平等,改善妇女和未成年人发展环境,全面保障妇女儿童合法权益,控制新生儿出生缺陷,建设儿童友好型城市。保障残疾人合法权益,加大对残疾少年儿童康复资助力度,增强对低保、失独、残疾人、高龄老人等特殊困难群体的保障,建成市社会福利中心(新址)工程(一期)和重度残疾人托养中心等项目。开展应对人口老龄化行动,全面放开养老服务市场,完善以居家为基础、社区为依托、机构为补充的多层次养老服务体系,规划建设一批养老护理及日间照料服务设施,鼓励发展临终关怀服务,探索医养结合、异地养老等新模式。大力发展福利慈善事业。

基于此,发展民生福利事业,要坚持深圳的高质量、高标准、高起点,加大对深圳民生事业的投入,高标准地落实民生福利举措,高效率地提升民生服务水平,营造民生福利事业发展的良好的生态环境,全面地推动深圳民生福利事业的改革创新、引领示范,将深圳打造成一座民生幸福城市。

第一,健全多元化的养老服务体系。

全面建成以居家养老为基础,社区养老为核心,机构养老为支撑,功能完善,规模适度的养老服务体系。同时积极鼓励支持社会民间资本力量进入到养老服务事业与养老产业当中来,努力提升老年人的幸福生活指数。

第二,构建"1+6+2"社会救助帮扶体系。

构建以低保为基础,以教育救助、医疗救助、法律援助、就业援助、住房救助、养育扶助为主体,以临时救助、慈善救助为辅的"1+6+2"

---

① 习近平:《决胜全面建成小康社会 夺取新时代中国特色社会主义伟大胜利》,2017年10月18日。

的社会救助帮扶体系。争取到2020年，扩大救助的范围，实现低保应保尽保率百分之百，低保和低保边缘等家庭住房货币补助发放率百分之百。

第三，大力发展深圳公益慈善事业。

努力建设布局更加合理、功能更为全面、层次更为多元、制度更加透明、信息更加公开、运行更为高效的慈善组织，进一步提升公益慈善组织的民间化、专业化水平，争取让慈善组织网络覆盖整个深圳市，探索利用"互联网＋"等现代高科技手段，建设线上网络慈善捐赠平台和慈善义拍平台，探索开展"慈善信托"和公益创投，创新发展社区慈善公益基金会、微公益等新型公益模式。

第四，深化退役士兵优抚安置改革。

建立完善以扶持就业为主，自主创业、就业、安排工作等多种方式相结合的新型退役士兵安置制度，大力拓宽退役军人安置渠道，依法保障符合政府安排的工作条件的退役军人第一次稳定就业。推进自主就业的退役军人免费职业教育与职业技能培训，协助退役军人实现其从国家安全稳定的守护者到社会主义社会建设者的转变。

第五，提升特殊群体的社会福利水平。

优化发展儿童、参加人、低收入群体、受灾有难的群体和符合条件的来深建设者等各类困难的特殊群体的社会福利服务，建立和完善各种特殊困难群体的津贴和专项服务项目，充分发挥公共财政在民生福利发展中的顶梁柱作用，探索建立与财政资金配套的资助机制，鼓励和引导民间社会力量、社会资本以PPP（政府和民间资本合作）等模式参与到深圳的民生福利发展中来，加强深圳民生福利资本的监督和管理，确保资金的使用安全和效益，促进深圳民生福利的发展。

第十章　社会组织和公共参与

作为与政府、企业并行的第三部门，社会组织是现代社会的三大支柱之一，是当代中国从传统社会走向现代社会的重要标志。但在十六届六中全会之前，"社会组织"并未出现在官方文件之中，而是用"民间组织"这个相似概念来指称非政府的组织。民间组织是对社会团体、民办非企业单位和基金会的总称。根据国务院颁布的《社会团体等级管理条例》《民办非企业单位管理登记暂行办法》和《基金会管理条例》，这三类组织的官方界定如下：社会团体是指由公民自愿组成的，为实现会员共同意愿，按照其章程开展活动的非营利性社会组织，主要包括行业协会、联合会、商会、促进会、学会、研究会、联谊会等；民办非企业单位是指由企事业单位、社会团体和其他社会力量以及公民个人利用非国有资产举办的，从事非营利性社会服务活动的社会组织，主要包括民办学校、民办福利机构、民办社区服务机构、民办职业培训机构、民办医疗卫生机构、民办文化馆、民办博物馆和民办体育机构等；基金会是指利用自然人、法人或其他组织捐赠的财产、以从事公共事业为目的的非营利组织。

"社会组织"作为一个正式的、官方的概念始于2006年10月党的十六届六中全会。在这次会议上所通过的《中共中央关于构建社会主义和谐社会若干重大问题的决定》中，首次阐述了社会组织的相关思想，明确提出了要健全社会组织，增强其服务社会的功能。[①] 社会组织具有一般非营利组织的基本特征：组织性（formal organization）、非政府性（nonpoliti-

---

① 周俊：《社会组织管理》，中国人民大学出版社2015年版，第5页。

cal）、非营利性（nonprofit – distribution）、自治性（self – governing）和志愿性（voluntary）。社会组织的主要功能体现在五个方面：（1）提供公共产品和公共服务；（2）创造就业机会；（3）构建社会资本；（4）促进社会创新；（5）影响公共政策。改革开放以来，中国的社会发生了翻天覆地的变化，原有的单位制逐渐走向衰落，人们从单位人走向社会人，因此社会组织的作用凸显出来。同时改革开放以来，贫富差距进一步扩大、社会分层复杂、社会矛盾激化、社会不稳定性因素增加。与此同时，公民权利意识增强，相对剥夺感明显，劳资纠纷日益突出，因利益诉求受阻而导致的社会事件频发，社会稳定、金融安全、资源控制、安全生产等社会风险不断增大。事实说明，单靠政府力量不可能全面解决日益复杂的利益矛盾。由于民间组织具有接近群众的天然特点，因此政府必须转变政府职能，将社会组织纳入社会治理的体系当中，不断地推动社会组织的发展，转移政府职能，创新政府与社会组织一同治理社会的治理体系，对全面推进社会建设和经济建设、贯彻科学发展、促进社会和谐，具有重要的现实意义。

党的十七大报告中提出要"发挥社会组织在扩大群众参与、反映群众诉求方面的积极作用，增强社会自治功能"；党的十八大报告中继续要求"加快形成政社分开、权责分明、依法自治的现代社会组织体制"，十九大报告则要求在社区建设中，"发挥社会组织的作用，实现政府治理和社会调节、居民自治良性互动"，而在环境治理方面，"构建政府为主导、企业为主体、社会组织和公众共同参与的环境治理体系"。

近些年来，我国在社会组织发展的政策方面不断地改革创新，主要体现在四个方面：社会组织管理制度、政府与社会组织的关系、政府购买社会组织服务和社会组织的监管。首先，社会组织管理制度方面，过去我国的社会组织制度的核心是以"归口管理、双重负责、分级管理、限制竞争、有限培育"为特征的"双重管理体制"，而到2013年这一体制整体上被突破，"直接登记"制度的实施开启了社会组织管理的新时代。其次，政府与社会组织的关系方面，过去我国的社会组织高度依赖于政府，某些社会组织扮演着"二政府"的角色，政府对社会组织进行高度干涉，政社不分和严重行政化是社会组织的明显特征。而最近20多年里，政府一直推行政社分离，先是要求政府领导不得兼任社会组织的领导职务。其次对社会组织进行去行政化改革，厘清政府与社会组织的职能关系。再次，政府购买社会服务方面，过去政府主要承担着向社会提供基本公共服务的责任，到了90年代，政府引入向社会组织购买服务的制度，探索实践路径，先是在发达城市进行试点，然后到2013年开始出台相关政策来对政府向社会组织购买服务进行规范。最后是社会组织的监管方面。改革开放以来，社会组织数量蓬勃发展，而政府的监管力度却逐渐下降，主要是社会组织的发展速度已经超过当地政府的监管能力范围，而近10年来，从中央到地方，为了加强对社会组织的监管，出台了一系列制度来提高监管的效率，扩大监管的范围，主要包括年检制度、评级制度、社会组织的党建、信息化平台搭建。

在社会组织的发展方面，深圳一直走在全国前列。一方面，深圳作为一个快速增长的移民城市，人口结构的多元化带来了多元的公共服务需求，同时市场的开放性也推动了市民对公共服务需求的快速增长，多元化与快速化倒逼政府必须推动社会组织来弥补政府效用不足的职能；另一方面，深圳政府一直秉持多元治理的模式，大力推动社会组织的发展，积极探索从社会组织购买服务的模式，转移政府职能，激发社会活力，实现"共建、共治、共享"的社会治理格局。正是在社会有需求、政府有支持的情况下，深圳市登记的社会组织有1万多家，年均增长超过20%，[①]成为全国社会组织数量最多的城市之一，同时也是人均拥有社会组织最多的城市之一，尤其是社工领域，深圳是当前国内社工发展最好的城市。目前深圳已形成以社区为基础平台，以社会组织为重要载体，以社工为骨干队伍的格局。

一　深圳社会组织的发展概况

改革开放之前，在计划经济体制下，我国的社会治理手段主要是在全

---

① 深圳市人民政府办公厅：《关于鼓励和规范社会组织积极有序参与社会治理的意见》（深办〔2017〕23号），2017年9月。

国上下实行"单位制"①,依托城市的单位制、农村的人民公社体制以及"城乡分立"的户籍制度,国家实现了对社会有效的整合。由于"单位制"集资源分配、社会整合、利益表达及政治动员等多种手段于一身,个人对单位高度依赖,结果社会呈现出明显的"过度组织化"的特征。个人生活与单位息息相关,个人身份的界定是基于单位,个人离开单位将无法获得生活的保障,因此个人因为受限于单位被界定为"单位人"。而改革开放之后,"单位制"走向衰落。一方面,社会经济的高速和多样发展带来了新的和多样的需求,而这些需求很难在原有单一单位得到满足,因此人们不得不向社会寻求满足;另一方面,市场经济对依赖于计划经济的单位产生了冲击,国企下岗显示出单位制在改革大潮中的不适特征。同时户籍制度的放开,城市的快速更新,社会发展的多元化与快速化,让人们有更多的机会离开原有单位,进入到一个新的社会环境中,因此进一步加快了"单位制"的衰落。"单位制"的衰落让人们从单位走向社会,其角色由单位人变成社会人。人毕竟是生活在社会之中,无论怎么流动,都离不开某一组织形态。而从社会管理的角度来说,曾经作为基本单位的单位已经被社区所取代。离开原有的单位,总要面临的是如何被组织化的问题。同时对于当前社会正呈现原子化的状态,在城市中尤其明显,人的社会关系变弱,个人的社会资本不足以保障个人的社会需求,在大城市中归属感面临挑战。

对于深圳这样一个移民城市来说,这个问题更加凸显。生活在深圳的绝大多数人口都是移民人口,来到深圳,在当地生活、工作和学习,总要面临着两方面问题。一方面是适应或者融入当地生活环境问题,需要进入组织,实现再组织化过程;另一方面是他们对公共服务的需求是伴随着深圳发展的快速和多元而变化着。深圳市政府并没有将这两方面问题的解决由政府独揽,而是大力发展社会组织,提供政策引导和支持,鼓励市民建立和加入社会组织。优化社会组织发展环境,不断地孕育多种多样的社会组织,人们可以通过创建、加入不同的组织、参与社会组织活动来获得再

---

① 本书将"单位制"从广义的角度来理解,侧重于单位制的组织化特征,不限于城市单位制,而且包括乡村的公社制度。

组织化，同时政府不断地转移政府职能，厘清政府与社会组织的关系，给予社会组织提供社会服务的机会，由社会组织来满足人们多样和增长的公共服务需求。发展社会组织是社会建设的重要内容，也是实现多元治理模式的重中之重。除此之外，民间组织是社会、经济、文化、政治信息的有效传播载体，是扩大对外开放和交流的重要桥梁与纽带，是国际交流中不可替代的"第二渠道"。随着深圳的对外开放，越来越多的国际合作与交流依赖于民间组织的参与，因此对民间组织的加快发展提出了更加迫切的要求。

截至2017年3月31日，全市共有社会组织11754家，其中登记8928家，备案2826家；市级社会组织3299家（含社团1563家、民非1471家、基金会265家），区级社会组织8455（含社团4278家、民非4177家）；社团5841家，民非5648家，基金会265家。直接登记的社会组织数量为3023家，占全市社会组织总数的25.71%。[1] 全市现有行业类协会815家，其中全市行业协会559家，异地商会256家，区级行业协会141家。现有社区社会组织4157家。根据深圳市民政局2017年的《2017年2季度深圳社会服务统计季报》的最新统计，[2] 截至2017年6月，深圳总共有9136家社会组织（不含备案数），其中社会团体组织3898家，民办非企业4963家，基金会275家。加上备案社会组织，合计达12000家。2016年底，深圳常住人口数为1190.84万人。据此计算，深圳每万常住人口拥有社会组织数量达到10个。全市社会组织从业人员总数为15万人。这些数字都远高于全国平均水平，领先于其他城市。

二 加强社会组织的培育发展

发展社会组织是社会建设的重要内容，也是促进经济发展的重要保障。深圳市一直高度重视社会组织的培育和发展，早在《深圳市国民经济

---

[1] 张玮：《深圳拟重点扶持政府职能承接型社会组织》，2017年11月1日，南方网（http://kb.southcn.com/content/2017-09/27/content_177850176.htm）。

[2] 深圳市民政局：《2017年2季度深圳社会服务统计季报》，2017年12月1日，深圳民政网（http://www.szmz.sz.gov.cn/cn/xxgk_mz/tjsj/tjjb/201708/t20170811_8107372.htm）。

和社会发展第十一个五年总体规划》中，就明确提出要积极培育行业协会和公益性民间组织，推动各类民间组织在服务市场经济、参与社会管理、维护社会公共利益、解决各种纠纷、化解社会矛盾中发挥积极作用。随即深圳在此基础上出台了第一个针对社会组织的五年规划——《深圳市民间组织发展"十一五"规划》，该规划明确了培育什么样的社会组织和怎样培育社会组织。在该规划的指导下，"十一五"期间的深圳社会组织获得了快速的发展。《深圳市国民经济和社会发展第十二个五年总体规划》再次强调了社会组织建设的重要性，《中共深圳市委 深圳市人民政府关于加强社会建设的决定》和《关于进一步发展和规范我市社会组织的意见》更加明确了深圳发展社会组织的紧迫性，为此深圳市政府又出台了第二个关于社会组织发展的规划，即《深圳市民间组织发展"十二五"规划》，继续加强对社会组织的培育发展。在《深圳市民政事业发展"十三五"规划》中，深圳计划建立社会组织分类培育发展清单制度，加大力度扶持政府职能承接型、政府职能补位型社会组织。

从"十一五"到当前的"十三五"，关于社会组织的培育发展，深圳市主要是围绕着九个方面开展：一是建立健全政策制度；二是加快建设公共服务型政府的步伐，为社会组织的发展创造空间；三是创新社会组织登记管理体制，降低登记门槛；四是加大政府投入，创新财政扶持社会组织的方式；五是构建社会组织公共服务平台；六是完善政府和社会组织沟通协调机制；七是大力培养社会组织人才队伍；八是试点社会组织建设的改革模式；九是对社会治理重点领域的社会组织进行培育。

（一）建立健全政策制度

2007年之前，我国的制度环境中还存在诸多不利于民间组织发展的因素，由此导致我国民间组织发展存在规模实力偏小、资金缺乏、能力不强、效率不高、内部管理不规范等结构性缺陷。[1] 最大的缺陷是没有一部

---

[1] 何增科：《中国公民社会组织发展的制度性障碍分析》，《中共宁波市委党校学报》2006年第6期。

全部通用的规范社会组织的基本法律。① 制度上的不完善严重限制了社会组织的培育和发展。深圳利用特区立法和改革开放先行者的优势，立足深圳，积极出台政策制度，逐步建立起深圳的政策制度体系。

"十一五"期间，深圳市先后出台了《关于进一步发展和规范我市社会组织的意见》《深圳市社会组织发展规范实施方案（2010—2012年）》《深圳市推进政府职能和工作事项转移委托工作实施方案》《深圳市异地商会登记管理暂行办法》等一系列政策规章，明确社会组织发展的重点领域，并在政府扶持、登记管理、社会监督、政府部门监管等体制上有所创新。"十二五"期间，深圳出台《深圳市社会团体换届选举指引（试行）》《深圳经济特区行业协会条例》《深圳市社会组织抽查监督办法》等制度政策，率先推动社会组织"去行政化"改革，率先推动建立行政司法监管、社会公众监督、社会组织自律、社会组织党建保障"四位一体"的综合监管体系，率先建立社会组织抽查监督制度。2015年，深圳成立了社会组织立法调研组，公开向全社会征集优秀立法草案和立法建议，召开专家评审会评选优秀立法草案。2017年出台的23号文件《关于鼓励和规范社会组织积极有序参与社会治理的意见》则进一步明确了深圳社会组织的培育重点、途径和参与社会治理的相关政策。

这一系列政策制度的推行为深圳社会组织的培育、发展和规范管理提供了一个良好的制度环境。

（二）加快建设公共服务型政府的步伐，为社会组织的发展创造空间

改革开放以来，由于计划经济时代的政治惯性，我国保持着一个"经济建设型政府"模式，政府长期主导资源配置，充当了经济建设主体和投资主体的角色。随着改革不断地推进，这一模式已经不适合市场经济的发展，也不适合现代化社会的发展。深圳一直致力于转变政府职能，建设公共服务型政府。公共服务型政府指以提供公共服务为主要职责的政府，而这一类型的政府具有两个特征。一是职权的有限性，政府只有在市场、企业、社区、非政府组织失灵的情况下才介入，行使职权，提供公共服务；

---

① 周俊：《社会组织管理》，中国人民大学出版社2015年版，第24页。

二是管理的绩效性，政府是否高效运作，是建设服务型政府的关键。

自"十一五"以来，深圳加快建设公共服务型政府的步伐，厘清政府与社会组织的关系，转移政府职能，让社会组织承接部分政府职能，为此，深圳建立政府职能转移的动态调整机制，并完善了向社会组织购买服务的机制。

2010年3月，出台《深圳市推进政府职能和工作事项转移委托工作实施方案》，将各部门在2009年的行政管理体制改革中取消、调整和转移的284项职责和行政审批事项，有序与社会组织对接。近年来开展了一系列行政管理体制和事业单位改革，加大政府职能转移力度，将政府承担的部分社会管理和公共服务职能交给社会组织行使，政府角色由"划桨者"逐渐转为"掌舵人"，逐步建立"小政府大社会"的管理新格局。2013年、2014年公布了两批共计336家具备承接政府职能转移的市级社会组织。2015年，按照年检和抽检结果，对第一、第二批目录做出调整。同时，将140家符合资质的社会组织编入第三批具备承接政府职能转移的市级社会组织目录，截至2016年末，全市具备资格承接政府职能转移的市级社会组织共有444家。[①]

（三）创新社会组织登记管理体制，降低登记门槛

实现社会组织直接登记制度。2006年，深圳组建市民间组织管理局，实现了行业协会直接登记。2008年，对工商经济类、社会福利类、公益慈善类社会组织实行直接登记。2012年，深圳继续扩大社会组织直接登记范围，在国内率先实现8类社会组织直接登记制度。

突破"一业一会"的限制，按产业规模合理细分行业，适度引入竞争机制。

将异地商会的登记范围从地级以上市扩大到县（市、区），异地商会可在登记活动地域内设立分支（代表）机构。

推动社区社会组织实行登记和备案双轨制。降低准入门槛，简化登记程

[①] 张骁儒、邹从兵主编：《深圳社会建设与发展报告（2016）》，社会科学文献出版社2016年版，第159页。

序，大力培育发展社区社会组织。根据各区（新区）实际情况，授权街道办事处对社区社会组织进行备案管理，给予资金扶持，重点扶持发展贴近居民、服务居民的社区社会组织。同时要求各街道对辖区内那些尚不符合直接登记条件的社会组织进行组织联系和专门服务，引导其依法登记注册。

（四）加大政府投入，创新财政扶持社会组织的方式

深圳市政府主要从财政投入、税收优惠和金融支持三个方面来扶持社会组织的发展。

1. 财政投入

财政投入方面。近年来，市、区两级政府通过设立社会组织专项发展资金、公益创投、政府购买服务等方式，不断加大对社会组织的财政投入。目前深圳市福田、南山、龙岗、龙华、坪山、光明等区（新区）都设立了社会组织发展专项资金。

深圳市加大财政支持政府向社会组织购买服务，保障支持社会组织发展的财政投入。通过建立公共财政支持制度，确立了市、区财政分级负担体制，建立起多层级财政经费保障体系。按照"替谁办事、由谁埋单"的原则，凡社会组织承担事项属市一级事权的，所需经费由市财政负担；属区一级事权的，所需经费由区财政负担。市、区两级财政部门应将政府职能部门购买服务所需经费纳入部门预算，强化购买服务的经费保障。对提供公益性服务和行业公共服务的社会组织，经评审后给予项目补贴，或根据绩效评估考核情况，给予项目奖励。政府补贴或奖励资金从市财政资金和市福利彩票公益金、体育彩票公益金中安排。把社会组织纳入政府扶持企事业单位发展优惠政策的覆盖范畴，对具有符合政府专项资金扶持事项的社会组织给予企事业单位同等待遇。除此之外，政府也投入财政资金培育从事社会组织工作的人才，保障社会组织领域从业者的生活需要。

2. 税收优惠

2010年以来，深圳财政、国税、地税部门联合开展非营利组织免税资格认定共8批次，认定非营利组织1404家，认定年度依法享受免征企业所得税优惠政策。改进公益性捐赠税前扣除资格审核方式，免去社会组织申报的烦琐手续，直接对社会组织进行筛选，通过审核社会组织年检、行政处罚等信息,征求税务部门意见,提供符合条件的社会组织名单,经市财政、税务、民政部门联审,2016年度共有218家社会组织享受公益性捐赠税前扣除资格。

3. 加大金融支持力度

推动政府跨部门、公益组织、企业合作机制创新,积极探索引入社会资本、慈善信托、社会影响力债券等运作模式。深圳民政局在起草的《若干措施》中也明确提出,鼓励银行等金融机构加大对符合条件社会组织的金融支持力度。

(五)构建社会组织公共服务平台

深圳建设社会组织公共服务平台主要包含五个平台:孵化平台、信息平台、人才培养平台、税务平台、社会组织总会和交流平台。

由实验基地到孵化基地集群。"十一五"期间,深圳设立"社会组织培育实验基地",对草根公益组织进行为期10个月的能力建设,首批从事环保、助残、儿童服务等6家机构于2010年底出壳,其中有5家成功登记。随后在已有的社会组织培育实验基地的基础上,进一步扩大规模,合理布局,运用"政府支持孵化器、专业团队管理、公众监督、公益组织受益"的孵化模式,对处于初创期的社会组织提供办公、培训、交流展示、信息咨询、能力辅导等一条龙、便捷式服务,促进社会组织快速成长。在政府的推动下,深圳出现了越来越多的社会组织孵化器,目前,仅市区两级就有15个社会组织孵化基地投入运营。而深圳下一步则要构建社会组织孵化基地集群。建立以市社会组织孵化基地为龙头,市、区、街道、社区四级联动、功能有别的社会组织孵化基地集群。要求各类枢纽社会组织,优先为尚未登记成立的社会组织提供全程注册辅导和减免租金等优惠措施,为初创期社会组织提供办公培训、交流展示、信息咨询、能力辅助等便捷服务。①

---

① 深圳市人民政府办公厅:《关于鼓励和规范社会组织积极有序参与社会治理的意见》(深办〔2017〕23号),2017年9月。

构建公共信息服务平台，开通了"深圳市社会组织信息网"①，其后又开通了深圳市社会组织总会官方网站。

建立人才培养平台，实施"行业协会管理职业化"人才培养项目，累计培训行业协会管理人才600多人次。

搭建税务服务平台，推进社会组织的纳税服务与管理。

成立社会组织总会，搭建了服务社会组织的公共平台。

搭建交流平台。从2012年起，深圳抓住国家民政部、国务院国资委、全国工商联、广东省人民政府与深圳市人民政府等单位每年联合举办"中国公益慈善项目交流展示会"的机遇，开展公益慈善项目展示、公益慈善体验、公益慈善沙龙、公益慈善论坛、公益慈善项目竞赛等形式多样的活动，搭建常设性的国家级、综合性公益慈善项目交流展示平台，促进社会组织之间及其与政府、企业、媒体和公众的交流沟通、资源整合、互动合作。加强与深港社会组织的交流合作，学习借鉴香港社会服务经验。吸引全国性、区域性社会组织落户深圳，已经将深圳打造成社会组织宜居集聚的城市、公益慈善之都。

（六）完善政府和社会组织沟通协调机制

畅通政府与社会组织的沟通平台，每年召开行业协会代表座谈会，建立《行业协会重要情况专报》制度。召开全市行业协会工作会议，建立市领导与行业协会定期交流座谈、政府职能部门与行业协会沟通协商、组织社会组织代表参加各种听证会和论证会等机制。

（七）人才培育

深圳的社会组织一直存在着人力资源管理上的问题。一是人力资源数量不足，表现在大量社会组织存在人手不足和人才缺乏问题，社会组织的从业人员中多以兼职为主。二是人力资源质量不高，具有专业社会组织工作能力的人员匮乏。三是人力资源结构不合理，包括学历结构不合理和人员年龄不合理。四是人力资源保障力度不够，主要体现在从事社会组织工

---

① 目前该网站已经并入"广东社会组织信息网"。

作的人员的薪酬很低，社会福利保障水平低。人力问题成为制约社会组织发展的关键因素。针对深圳社会组织中的人力资源问题，深圳为了培养从事社会组织工作的人才，主要从以下四个方面来开展人才培养工作。

一是社会组织业务培训。结合社会组织发展现状，针对财务管理、媒体应对、税务实务、政府职能转移、团队建设、信息披露等问题，组织开展了一系列专业性强、目标突出、作用明显的社会组织培训活动。启动"2015年中央财政支持社会组织参与社会服务项目深圳培训班"，分三期培训了市、区社会组织负责人、业务骨干共600多人，并开展实地走访、沙龙研讨等创新形式的交流学习活动。

二是推动社会组织对志愿者的任用，来弥补社会组织人力资源的匮乏。扩大社会组织志愿者队伍，增强社会组织特别是公益组织的社会动员能力，积极利用社会资源，广泛建立志愿者团队。创新志愿服务方式，把社会组织类型、服务项目、社区需求与志愿者的专业特长有机结合，充分发挥志愿者的潜能。

三是搭建人才培养平台，实施"行业协会管理职业化"人才培养项目。加强对民间组织现有员工的培训工作，推进"行业协会管理职业化"人才培养项目的实施，分类、分批对负责人、经理人员和专业工作人员进行系统培训，重点提高民间组织从业人员的政治道德素质、服务意识、政策法律观念、经营管理能力及专业知识和实际操作技能。逐步推行民间组织负责人、秘书长、财务人员等人员的职业化管理。

四是社会组织的党建。深圳市不断探索创新社会组织党建工作，党组织覆盖面不断扩大，党员人数不断增加。还开展党建带妇建工作，在全国率先成立了社工党委，以信息化的手段来实现对社会组织党委的领导，同步推进社会组织建设管理和社会组织党的建设工作，建立社会组织党建和登记管理同步开展的工作机制。同时积极推动党建写入社会组织章程，实现以党建促进社会组织自我管理、自律发展，将社会组织从业人员统战工作纳入社会组织基层党组织党建工作考核内容。

（八）试点社会组织建设的改革模式

签订社会组织改革发展"局区协议"。与福田区、龙华新区签订《推进社会组织建设改革创新合作协议》，以两区为试点，共同探索社会组织建设的改革举措，推动建设全国社会组织创新示范区。

（九）对社会治理重点领域的社会组织进行培育

深圳社会组织在重点社会治理领域的参与程度不高。这些重点领域包括心理健康、矫治安帮、法律援助、纠纷调处等。主要包括两方面原因，一是社会经济快速发展，这些领域问题凸显，影响着社会和谐稳定，但相应的社会组织却很少；二是这些领域需要专业社会服务和人才，而就深圳的社会组织的整体情况来说，社会组织的专业性不强，专业人才匮乏。对于当前这种发展局面，深圳市政府出台了引导与扶持的政策，鼓励和支持这些重点社会治理领域的社会组织的发展。根据2017年9月深圳市政府出台的《关于鼓励和规范社会组织积极有序参与社会治理的意见》，深圳对重点领域的社会组织的扶持制定了三步走策略：到2017年底，在社会治理重点领域优先培养一批优质的社会组织服务项目；到2018年底，在社会治理重点领域培育一批以维护社会和谐稳定为宗旨、积极发挥作用的社会组织；到2020年底，打造一批参与社会治理的社会组织品牌，提升深圳市社会治理社会化、法治化、智能化、专业化水平，防范应对各类风险挑战的能力明显加强。主要推进措施包括三个方面：一是扶持引导社会治理重点领域初创期社会组织，根据社会组织的不同发展情况，提供相应的扶持政策，尤其是对初创的社会组织，给予优先发展的条件；二是鼓励引导现有社会组织在社会治理重点领域开展服务，实现专业化发展；三是加强对社会组织的监督管理，提高社会组织的公信力和自我管理的能力。

三　发挥社会组织在社会治理中的作用

在当前的社会治理中，社会组织发挥着重要的作用，其主要作用是承接政府某些职能，提供公共服务。面对人们对公共服务日益增长的多元化和快速化的需要，对于当下政府来说，无论是建设服务型政府，还是要精简政府机构，都必须重视社会组织在社会治理中的重要作用，发挥好社会组织在社会治理中的作用。同时，改革开放以来，经济社会的快速发展带来了复杂多变的社会矛盾，也需要社会组织化解社会矛盾，在社会治理中发挥积极作用。因此党的十八届三中全会提出，要改进社会治理方式，通过激发社会组织活力，推动社会组织发展，创新有效预防和化解社会矛盾体制，以此健全公共安全体系。

从党的十八大到十九大，都强调在当下"共建、共治、共享"的多元治理模式下，更要注重发挥社会组织在社会治理中的作用。当前在社会治理中，政府主要是通过向社会组织购买服务来发挥社会组织的作用。向社会组织购买服务，具有重要的政治意义、社会意义和经济意义。在理顺政府与市场、社会的关系基础上，通过向社会组织购买服务，有利于政府转变职能；通过发挥市场机制作用来购买服务，有利于不断地提升服务质量，降低服务成本；通过购买服务，将有利于发挥财政资金综合效益，也有利于建立充分竞争的交易机制，让更多的社会组织、商事主体和机构平等参与公共服务的提供，实现公共服务的有效供给和公共资源的有效配置。

深圳长期以来一直重视发挥社会组织在社会治理中的作用，不断地进行体制改革，推动政府职能转型，通过向社会组织购买服务，让社会组织来承担起政府的职能。《深圳市民间组织发展"十一五"规划》明确了向社会事务类社区民间组织购买服务的原则思路。2014年，深圳制定出台了《关于政府购买服务的实施意见》和《深圳市政府购买服务目录（试行）》《深圳市政府购买服务负面清单（试行）》两个配套文件。文件规定政府购买服务内容包括面向社会公众的服务和政府履职所需的专业性辅助性服务两类。面向社会公众的服务事项主要包括公共教育、劳动就业、医疗卫生、养老服务、社会救助、社会福利、残疾人服务、住房保障、文化体育、公共交通、城市管理、水务保障、环境保护、食品药品安全、社区事务、科技服务、其他公益服务等。政府履职所需的专业性辅助性服务事项主要包括技术服务、金融保险、法律服务、规划设计、工程服务、预警监测、检验检疫、咨询论证、课题研究、项目评审、就业辅助、交流合作、评估服务、会计审计、绩效评价辅助、考试培训、公开电话接听服务、调查统计、年审年检、会议展览、宣传策划、执法辅助、后勤辅助等。根据购买服务的内容范围，两个配套文件详细规定了深圳市政府购买服务的目录和负面清单。政府购买服务的方式主要包括采购、租赁、委托、承包、特许经营、战略合作、公共私营合作制（PPP 模式），以及资助、补贴或补助、贴息等，原则上应采取公开透明的竞争性购买机制，按照政府采购法律法规的规定实施。同时这三个文件对购买的流程和职责分工进行了明确的规定。在实际工作中，深圳购买社会组织的服务主要有三种模式：政府转移和委托、政府采购、政府资助。

第一，政府转移和委托。有些事项和职能，政府不再承担或主动退出，政府将这部分职能和事项转移或委托给社会组织。当前在深圳典型的案例是，深圳的行业协会对行业自行管理和约束，政府无须再对行业规范加以干预。

第二，政府采购。公共服务难以量化和用准确的价格来衡量，是其始终未能纳入政府采购系列的主要因素。深圳在这方面做了探索，并在社工岗位招投标上取得突破。深圳社会服务招标有以下特点：一是引入竞争性谈判的方式，由市政府采购中心统一组织实施，方案由市社工主管部门与财政部门、政府采购部门协同制定；二是社工岗位按照所属领域及数量划分为若干大项目和标段，由全市具备资质的注册社工机构选择竞标；三是由采购人代表与专家库中随机抽选的社工、财务、法律等方面专家一同组成评标委员会；四是评标采用综合评分法，按照各机构上年度评估结果占70%、机构标书及答辩情况占 30% 的比例评分，根据最终得分高低选择中标机构。

第三，政府资助。在政府不足以包揽供给的现实面前，深圳借鉴香港等地的经验和做法，探索了补贴制、服务券制、项目制等多种资助模式，逐步形成"补对象、补服务、补项目"的公共财政供给方式。

近年来，各职能部门在市政府关于政府购买服务的相关政策指导下，加大了向社会组织购买服务工作力度，购买服务项目列入部门年度预算。据不完全统计，2016 年度全市共有 1553 家社会组织承接了政府购买服务项目 2701 个，涉及项目资金 8.09 亿元。在民政局起草的《若干措施》中，明确提出支持社会组织提供公共服务，要进一步完善政府向社会组织购买服务的制度，扩大政府向社会组织购买服务的范围和规模；保障社会组织公平参与政府购买服务，对民生保障、社会治理、公益慈善、行业管理等公共服务项目在同等条件下优先向社会组织购买；其他新增的政府购买服务事项，按不低于30%的比例向社会组织购买。

为了鼓励社会组织参与社会治理，2017年9月，深圳市制定出台了《关于鼓励和规范社会组织积极有序参与社会治理的意见》，鼓励引导现有社会组织在社会治理重点领域开展服务，实现专业化发展。一是加快提升社会组织骨干的专业能力，要求各级政法委（社工委）每年分别至少开展一期面向社会组织骨干的政策、技能、服务培训，提高专业骨干立足社会治理需求策划服务项目的能力和水平；二是鼓励社会组织积极开发社会治理重点领域服务项目，同时鼓励各区各部门同等条件下优先向社会组织购买社会治理领域的公共服务；三是鼓励和支持人民调解协会、相关行业协会等在司法行政机关的指导下建立行业性、专业性人民调解委员会；四是推进有条件的志愿服务组织承接社会治理类服务项目，走专业化、制度化、职业化、常态化发展道路，引导参与社会治理的志愿服务组织依法登记为社会组织；五是优化整合"一社区一法律顾问""心理卫生进社区"等专业工作力量，开放共享社区党群服务中心等相关场地、设施和资源，支持、协助社会组织开展专业化服务，更好地满足社区居民和特殊人群需求；六是编制参与社会治理的社会组织推荐目录，依托街道、社区的工作平台将基层急难个案及时向专业社会组织转介，积极发挥相关社会组织在社会治理中的作用，有效促进社区融合与基层和谐；七是引导社会组织拓宽筹资渠道，鼓励社会资本投入社会治理重点领域；八是加大对管理规范、服务优质的社会组织的总结推广力度，发挥示范引领作用，提升服务项目的专业化成效，引导激励更多的社会组织参与社会治理。①

为保障社会组织能更好地参与到社会治理中，深圳市不仅要求各级主管部门研究制定促进社会治理重点领域社会组织监管和服务的政策措施，要求各区加强与市直相关单位的工作衔接，建立全方位、多层次、多渠道的社会组织服务管理工作机制，形成上下联动、齐抓共管的工作格局，同

---

① 深圳市人民政府办公厅：《关于鼓励和规范社会组织积极有序参与社会治理的意见》（深办〔2017〕23号），2017年9月。

时将鼓励和规范社会组织积极有序参与社会治理工作纳入社会建设绩效和社会治安综合治理考核的重要内容。这体现出深圳对社会组织参与社会治理的高度重视。

除此之外，深圳在社会建设"织网工程"的总体框架下构建社会组织综合监管信息化平台，对参与社会治理的社会组织率先落实信息化服务和监管措施。加强社会组织信息资源的整合共享，优化工作流程，推动多元共治。

四 推动社会工作创新

改革开放以来，经济高速发展，但社会问题和社会矛盾也伴随利益调整而变得复杂多样，人们对公共服务的需求也不断提升。在这种背景下，社会工作的重要性也日益凸显。因为社会工作是公共服务的专业提供者，社会矛盾的有效化解者，社会政策的宣传者和重要执行者，社会管理创新的有力推动者，社会公平的积极维护者，社会建设的"工程师"。[①] 但作为新生事物，社会工作的经验还很不成熟。深圳作为试验田，一直在推动社会工作在深圳本土的发展，创新制度设置，推动专业社会工作加快发展，将社工服务进一步拓展至社区、企业、教育、医务、民族宗教、禁毒等社会建设领域。社工本土化、社会化、职业化水平不断提升，目前，发展于深圳的企业社工和老年社工等两大领域服务标准被列为国家行业标准。根据 2016 年的统计，深圳市共有社工行业组织（社工协会）14 家（其中市级社工协会 1 家，区级社工协会 9 家，街道层级社工协会 2 家，其他类别协会与联合会 2 家），民办非企业社工服务机构 161 家，全市取得专业社工资格证书的专业人才达 8230 人，全市社工行业从业人员达 7090 名，专业社工达 5873 人，其中一线社工 5073 人。

社会工作之所以在深圳快速发展，主要有五个原因，一是制度设计为社会工作发展提供保障；二是政府高度重视人才队伍建设；三是工作模式

---

① 《深圳社会工作守则》，2017 年 12 月 1 日，深圳民政在线（http://www.szmz.sz.gov.cn/cn/xxgk_mz/zcfg/shgz/201612/t20161220_5747287.htm）。

创新；四是引入第三方评估；五是造血机制创新。

（一）制度设计

1. 确立社会工作的重要地位

2007年深圳出台了《中共深圳市委 深圳市人民政府关于加强社会工作人才队伍建设推进社会工作发展的意见》，即"1+7"文件。深圳社会工作"1+7"文件是全国第一个围绕建立健全社会工作人才培养、评价、使用、激励的机制和制度保障出台的综合性地方文件，体系完整、措施得力、操作性强，文件的颁布标志着深圳市初步建立了科学合理的社会工作专业人才制度体系，完善了社会工作岗位设置和社会工作人才配置机制，明确了培育和发展社会公益性民间组织、志愿者队伍等配套政策措施。[①] 在该文件中确立了社会工作的重要地位："社会工作作为一种制度安排，是人类文明进步的重要成果和标志，对于完善社会福利制度、创新社会管理体制、解决社会问题、维护社会稳定、夯实党的执政基础具有重大意义。深圳经济特区建立27年来，取得了令人瞩目的辉煌成就，随着经济社会的发展，我们也较早地遇到了各种矛盾和问题，明显受到土地、资源、人口、环境等'四个难以为继'的制约，面临着社会治安、城市管理、人口管理、社会事业建设方面的'四个严峻挑战'。解决这些问题，既需要综合运用行政、经济、法律的手段，也需要通过加强社会工作人才队伍建设、推进社会工作发展，来预防和解决社会问题，维护社会稳定，促进社会公平，增进社会和谐。"

2. 不断完善制度体系

完善的制度体系是社会工作发展的重要保障，深圳在推动社会工作的建设中，发展出一套本土的制度体系，并对其不断地完善，来为社会工作的开展营造出一个良好的制度环境。早在"1+7"文件中，深圳市就形成了一个涉及就业、教育培训、薪酬福利、职业结构、发展模式、财政支持的较为完整的行业制度体系。其后深圳又陆续出台了围绕社工这个行业的

---

① 深圳市民政局：《深圳市社会工作十年发展报告》，2016年11月7日，民政部网（http://mzzt.mca.gov.cn/article/sggzzsn/jlcl/201611/20161100887275.shtml）。

一系列制度,从从业者到社工机构,深圳提供一系列的制度来指导和规范社会工作的有序发展。针对社会工作者出台的政策有:《深圳市社会工作者登记和注册管理办法》《深圳市社会工作者守则》《深圳市社会工作者初级督导选拔考核管理办法(试行)》《深圳市社会工作者督导助理选拔与聘任》《深圳市社会工作者继续教育实施细则(试行)》《深圳市社工督导人员工作职责手册(试行)》。针对社工机构和社工行业的政策有:《社工机构行为规范指引》《深圳市社会工作行业投诉处理规范(暂行)》《深圳市社会工作者协会章程》《深圳市社会工作行业投诉处理规范(试行)》《社工机构行为规范指引》《深圳市社区服务中心设置运营标准(试行)》《深圳市资助企业社工实施办法》。正是有了这些制度,保障了社会工作的有序规范健康发展。

(二)社工人才队伍建设

长期以来,我国的社会工作一直存在着三个严重问题。一是从业者不够专业,二是整体上社会工作人才紧缺,三是社工队伍人员流失严重。人的问题成为制约社会工作发展的关键因素。深圳高度重视社会工作这一制度体系,所以也重视这个制度体系中的关键构成要素——社会工作者。深圳过去也面临着这三个问题,所以近些年来一直注重对社工人才队伍的建设。2007年的"1+7"文件就是专门围绕着如何建设一支优秀的社工队伍而出台的。深圳对社会工作人才队伍的建设,主要侧重于四个方面:工作机会、教育培训、薪酬待遇、人才管理。

1. 工作机会

深圳市政府改革创新,不断地转移政府职能,为社会组织提供了不断增长的空间,由社会组织来承接政府某些职能。而社会组织是社会工作的重要承担者,是社会工作人才的主要工作平台。因此社会组织的增加,承接政府职能的内容增多,带来社会工作机会的增加。同时制定岗位设置指引,在市局系统设置编制内社工岗位。根据"十二五"规划,深圳市制定了社区服务中心配置标准(以1.5万—2万人为单元,服务面积在400平方米以上,每年服务经费50万元)。社区服务中心整合社区各类服务场地设施,由政府提供资金支持,委托社会服务机构运营,发挥社工等专业人才作用，为居民提供综合性专业服务。①

2. 教育培训

培育本土社工督导人才。一方面引入香港社工督导来培养本土督导，截至2013年，先后引进120名香港社工督导，学习借鉴香港社会工作人才队伍建设经验，提高深圳本土社工的能力和素质，直接培养了各层级本土督导人才320名；另一方面则构建本土督导体系，经过近10年的探索，目前形成了"一线社工—督导助理—初级督导—中级督导"的四级人才梯队。②

为进一步推动深圳本土的社工教育培训，2015年深圳经济特区社会工作学院挂牌成立，建立了以深圳市经济特区社会工作学院平台为支撑，横纵多层次社工人才培训架构模式。横向方面分为初中高级培训，初级层次包括新社工岗前培训、分领域培训、社区营造与社区培力等；中级层次包括社工督导人才梯队培训、社工明星讲师培训、社区基金会人才专项培训等；高级层次包括中国社会创新成长计划、社会组织中高端人才培训、境外公益机构跨界培训等；纵向方面培训手段统一与个性化同时兼顾，运用"互联网+"思维，运用O2O模式开展线上线下结合的培训。线上利用"U学院"手机APP，进行社会工作微课堂学习，线下安排互动性研讨性课程，实现社工线上与线下互动培训，满足不同社工对培训内容及形式的多样化需求。推动社工服务向各个领域延伸与覆盖，培育企业社工、教育社工、医务社工、民族宗教社工、禁毒社工等。③

3. 薪酬待遇

为了引进人才，也为了留住人才，深圳一直重视提高社会工作者的薪酬待遇。一方面加大政府对社会工作服务的购买力度，2017年，深圳市明确社会工作者的薪酬标准，按照市人力资源保障局上年度发布的"卫生与

---

① 《深圳市民政局2011年工作总结》，2016年12月7日，深圳民政在线（http://www.szmz.sz.gov.cn/cn/xxgk_mz/ghjh/ndgzjhjzj/201612/t20161207_5618618.htm）。
② 《深圳市民政局2012年工作总结》，2013年7月11日，深圳民政在线（http://wap.sz.gov.cn/mzj/ghjh/ndgzjh/201307/t20130711_2170710.htm）。
③ 深圳市民政局：《深圳市社会工作十年发展报告》，2016年11月7日，民政部网（http://mzzt.mca.gov.cn/article/sggzzsn/jlcl/201611/20161100887275.shtml）。

社会工作"行业工资指导价位平均值执行。这将使深圳社工平均工资标准从每人每月 5000 元提高至 10647 元（税前，含个人五险一金），全市购买社会工作服务经费从 2017 年的 6.5 亿元，增长至 2019 年的 12.07 亿元，增幅 85.16%。为全面提升行业吸引力，建设高层次社会工作人才聚集区夯实基础。[①] 另一方面则是将社会工作者纳入到深圳的人才队伍体系中，把民生公益类社工纳入深圳市人才安居保障范围。

4. 人才管理

按照《国家中长期人才发展规划纲要》的精神，建立深圳市社工人才库。为社会工作者构建"人人能够成才，人人得到发展"的人才培养开发机制，完善社会工作者的职业准入、职业评价、专业晋升等制度，建构社工职业的专业权威性。同时，实施定岗定责、按责取酬、一级多档、评聘分离的薪酬制度。实行社工证书登记与执业注册管理制度。[②]

（三）创新社会工作模式

1. 三社联动

"三社联动"是以政府购买服务为牵引，以社区为平台，以社会组织为载体，以社工为骨干，以满足居民需求为导向，通过社会组织引入外部资源和社会力量，通过社工提供专业化、针对性服务，把矛盾化解在社区、把多元服务供给实现在社区的一种新型社会治理模式、社会服务供给方式和全新的社会动员机制，形成"社区+社会组织+社会工作人才"的高效联动机制，为居民提供个性化、专业化的服务。深圳市通过引入专业社工的服务，推动社区工作的专业化、职业化发展，进一步扩展社区服务内涵，全面提高深圳市社区服务水平。[③] 深圳通过在社区设立党群服务中心，引进社会组织和社工开展社区服务，构建了三社联动的平台和机制。

---

① 盛佳婉、常俊卓：《深圳社工收到"开工利是"，月均工资有望提至 10647 元》,《深圳特区报》2018 年 2 月 23 日。
② 深圳民政：《深圳市社会工作事业发展"十二五"规划》，2016 年 12 月 20 日，深圳民政在线（http://www.szmz.sz.gov.cn/cn/ywzc_mz/shgz/zcfg/201612/t20161220_5747271.htm）。
③ 中国社会组织杂志社编辑部：《创新社会治理下的"三社联动"》,《中国社会组织》2015 年第 3 期。

2. "社工+义工"联动

早在"1+7"文件中,就提出了"社工+义工"的模式。因为推进社会工作,既要发挥专业社会工作者的作用,又要发动公众广泛参与,发挥义工的协助、参与作用。推行"社工+义工"模式,充分发挥社工在组建团队、规范服务、拓展项目、培训策划等方面的专业优势,形成"社工引领义工服务、义工协助社工服务"的模式,建立社工、义工联动发展的机制。通过向义工组织申请义工和招募新义工等方式,使每一名社工固定联系一定数量的义工,有针对性地开展工作。建立"社工+义工"联动工作联席会议制度,定期召开联席会议,统筹协调"社工+义工"联动工作,研究解决工作中遇到的问题。这一模式具有诸多优势。首先,有利于和谐社会的建设。社工平等、友爱的和谐理念和义工无私奉献和助人自助的精神结合,有利于社区平等、尊重的社会关系的构建。其次,有利于实现资源有效整合。社工人员有限,而义工队伍比较庞大,因此实现了对社工工作上的人力补充。再次,有利于满足不同人群服务的多样化需求。最后,这是建设服务型政府的内在需要。[1]

(四)第三方评估模式的引入

自2009年初,深圳探索引入第三方独立评估机构对社工服务成效进行评估,基本形成了政府委托、第三方评估机构组织实施、评估委员会审核认定的现代评估体系。构建了包括评估中心、会计师事务所、督导、顾问、市社工协会、用人单位、服务对象、机构员工多元评价主体,以绩效导向为重点的深圳评估模式。同时,按照"谁购买,谁评估"的原则,市、区两级采取灵活多样的评估机制,评估结果作为招投标的重要依据。[2]第三方评估具有中立性、客观性、专业性和公平性,通过引入第三评估,将营造出一个良好的社工机构竞争的公正环境,对提升社工的整体水平具有重要的意义,有效地提升了社工服务质量。

---

[1] 郑政鑫:《深圳"社工+义工"社区服务模式研究》,硕士学位论文,南京大学,2014年。
[2] 深圳市民政局:《深圳市社会工作十年发展报告》,2016年11月7日,民政部网(http://mzzt.mca.gov.cn/article/sggzzsn/jlcl/201611/20161100887275.shtml)。

(五) 造血机制的创新

造血机制是社工机构生存与发展的关键，没有资金支持，社工机构将面临生存的问题。因此完善造血机制，增加造血机会，创造造血环境，是社会工作生存和发展的保障。通过购买服务的制度化、广泛发展社会公益事业、社会组织的能力提升和社会组织发展环境的改善，不断提升社会组织的服务能力和生存能力。

五 对社会组织的管理与监督制度的创新

长期以来，我国对社会组织一直采取以"归口管理、双重负责、分级管理、限制竞争、有限培育"为特征的"双重管理体制"。"双重管理"体制有明显的优点，即由等级管理机关对社会组织进行统一登记，改变了各部门分头管理社会组织的松散现象，业务主管单位的登记审批可以控制社会组织的规模和质量，而且由于更了解相关领域对社会组织的需求和社会组织的业务情况，业务主管单位对社会组织的管理更有专业性和针对性。但这一体制也有明显不足。首先是控制型管理取向明显，具有限制竞争、抑制发展的政策导向。其次，业务主管单位难寻。这是因为对于大多数业务主管单位来说，同意设定社会组织只会增加其业务负担，因此，不会轻易审批社会组织，导致很多社会组织找不到业务主管单位。再次，社会组织的"行政化"色彩浓厚。"双重管理"体制赋予了业务主管单位直接管理社会组织的权力，使社会组织丧失了自治性，形成了对政府的依赖。然后，对社会组织的监管无力。尽管该制度通过设置业务主管单位和登记管理单位两大监督管理机构，来对社会组织进行全面控制，但实际上，《社会团体登记管理条例》(1998)、《民办非企业单位等级管理暂行条例》(1998)和《基金会管理条例》(2004)都没有对两大监督机构的职责进行明确划分，也没有规定它们的监管程序和监督责任，这会导致监管上的漏洞。最后，"双重管理体制"重控制，轻发展，既不利于社会组织发展，也不利于社会管理工作的开展。①

由于"双重管理体制"不适合我国社会组织的发展和政府对社会组织的监督管理，因此从中央到地方必须对这一体制进行改革创新，以适应社会建设的需要。而改革重点则是两个方面：登记管理制度上的变革和日常监督制度的发展。深圳在改革社会组织的登记办法，促进社会组织发展的同时，探索加强社会组织的管理和监督。

2006年，深圳出台的《深圳市民间组织发展"十一五"规划》，提出要理顺民间组织与政府管理的关系，理顺民间组织与社会监督的关系，理顺民间组织发展与自律的关系，贯彻培育发展与管理监督并重的方针，推进民间组织法制化建设和推进民间组织管理体制改革。在国内率先实现8类社会组织直接登记，率先推动社会组织"去行政化"改革，率先推动建立行政司法监管、社会公众监督、社会组织自律、社会组织党建保障"四位一体"的综合监管体系，率先建立社会组织抽查监督制度。

一是引导社会组织建立法人治理模式。深圳出台《深圳市行业协会法人治理指引》，旨在建立和完善行业协会法人治理结构，促进行业协会的健康运行，充分发挥其作为自律组织的自我管理与服务、自我约束与协调的职能作用。

二是"四位一体"的综合监管体系与抽查监督制度。深圳先后出台《深圳市社会团体换届选举指引（试行）》《深圳经济特区行业协会条例》《深圳市社会组织抽查监督办法》等制度政策，率先推动社会组织"去行政化"改革，率先推动建立行政司法监管、社会公众监督、社会组织自律、社会组织党建保障"四位一体"的综合监管体系，率先建立社会组织抽查监督制度。印发《关于构建社会组织综合监管体制的实施方案》，建立健全综合监管联席会议、部门联合执法、行政监管信息共享、社会组织违法违规案件移送等工作机制，打造对社会组织人员、活动、资金等的完整监管链条。2016年，深圳《行业协会商会综合监管办法（试行）》明确政府综合监管责任，落实各项监管制度，构建政府综合监管和协会商会自治的新型治理模式。

---

① 周俊：《社会组织管理》，中国人民大学出版社2015年版，第37—39页。

三是完善社会组织年检系统。改革报送纸质年检材料为网上填报，细化标准，严格把关，指导和监督社会组织规范化整改，将未按规定接受年检或提交年度报告、处于非正常活动状态的社会组织列入《深圳市市级社会组织活动异常名录》，并纳入信用监管体系。

四是完善综合评估机制。实行社会组织第三方评估机制，通过政府招标确定深圳市社会组织总会承接市级社会组织评估工作，对评估结果进行等级划分，实行奖惩制度。

五是加大信息公开力度。建立全市统一的社会组织信息公开平台，接受舆论和公众监督，促进社会组织健康发展。目前深圳有两个重要的信息公开平台，一是深圳市民政在线，二是深圳社会组织总会网站。同时依托于社会组织综合管理信息化平台，完善社会组织的信息公开机制，建立"互联网+综合监管"评估机制。

六是加大执法监督力度。根据年检、投诉举报、抽查等案件来源信息，积极查处社会组织违法违规行为，坚持依法依规处理，确保案件证据充分、程序合法。以2015年为例，深圳市民政局共依法查处了219家社会组织的违法违规行为，给予撤销登记行政处罚23家，警告处罚15家，限期停止活动处罚3家，责令改正处理178家。执法案件数量较2014年增长78.05%。而2016年，全年共抽查社会组织60家、依法查处社会组织206家。

七是创新执法监管方式。落实《深圳市社会组织抽检监督办法》，在全国率先推进社会组织抽查工作。实现对社会组织监管方式的三个转变：从"重登记轻管理"转变为"易登记重管理"；从"事后被动式处理"转变为"事前主动式检查"；从"运动化整治"转变为"常态化监管"，让社会组织不敢违法、不能违法、不想违法，促进社会组织依法健康发展。

八是开展行业协会自律与诚信创建活动。在全市行业协会、商会中，倡议制定行业诚信自律公约，加强对会员的诚信自律引导和相应管理工作，规范行业发展秩序。

九是加强执法规范化建设。组织执法人员学习行政执法电子监察有关文件，完成行政执法电子监察系统的民政执法数据库录入、案卷归档和重大行政处罚备案工作；结合市、区联合工作日，加强对区级登记管理部门的业务指导；制定《执法白皮书》。

六　深圳社会组织发展展望

社会组织是社会的基本单元，如同经济活力，需要依靠企业，社会活力很大程度上要依靠社会组织。没有社会组织的活力，我们的社会单靠一个个原子化的个体是没法形成合力的。有了社会组织的繁荣和活力才有我们社会的繁荣与活力。

虽然深圳的社会组织正在快速发展，数量上逐年递增，类型上逐渐丰富，功能上不断提升，但总体来说，深圳的社会组织发展仍处于初级阶段，主要体现在以下四个方面：一是当前社会组织在一些社会治理重点领域的参与程度还较低，比如心理健康、矫治安帮、法律援助、纠纷调处方面；二是人才队伍专业水平不高，社会组织人才队伍良莠不齐，同时存在着内部治理结构问题；三是社会组织的公信力有待提高；四是当前的社会组织不仅不能满足经济发展要求，也不能满足社会治理需求。[①] 尽管社会组织发展仍处在初级阶段，但社会组织的未来发展却非常值得期待。

社会组织的发展，从宏观环境来讲，根源于改革开放以来我国经济社会的深刻变化和政府与市场、政府与社会关系的变化。改革开放以来，在经济领域，随着社会主义市场经济的发展，所有制结构、产业结构和运行方式都发生了深刻变革。在社会领域，社会结构发生了显著分化。社会成员的异质性大大增强，整体的社会水平流动和垂直流动都得到增强。社会整合的方式也发生了变化，由行政性整合转变为契约性整合。经济社会结构和运行方式的深刻转型以及政府职能的进一步转变，客观上需要社会组织作为政府和市场之外的第三部门，提供更适合由第三部门提供的各类服务。从经济社会条件而言，深圳作为经济特区和较发达地区，无论是资金上，还是政策上，都具备推动社会组织发展的有利条件，同时深圳已经具备了社会组织发展的较好的制度条件和现实基础，加快构建"共建、共

[①] 深圳市人民政府办公厅：《关于鼓励和规范社会组织积极有序参与社会治理的意见》（深办〔2017〕23号），2017年9月。

治、共享"的社会治理格局，具有内在的需求和较好的基础和条件。

发展社会组织，对政府而言，需要不断优化制度环境，加强对社会组织的扶持和规范，引导社会组织承担政府转移职能，参与公共服务和社会治理。要不断提高社会工作人员待遇，提升社会工作的吸引力，引导更多优秀人才参与社会工作。在经济社会转型过程中，要加强对各类社会组织尤其是心理健康、矫治安帮、法律援助和纠纷处理类社会组织的培育扶持，以更好地发挥社会组织在社会治理中的作用。

对于社会组织而言，随着社会的发展，对社会工作的专业化要求将越来越高，因此，社会组织要大力提升自身的专业化水平，提升服务能力和水平，以满足经济社会发展的需要。作为非营利机构的社会组织，还有一个非常重要的建设，就是社会组织和社会工作者自身的价值观创新。社会组织姓社不姓政也不姓经，其核心目标是非营利性的，是服务于社群的。社会组织既不能像政府那样，用行政化的方式去开展工作，又不能像企业那样，唯利是图，以经济利益为导向和目的去开展工作。社会组织的社会属性，要求它具有很高的公共精神，抱持服务于社群的崇高的理念。因此，社会组织的发展，需要社会组织有一个自我更新、自我价值再造的过程，真正树立服务社群的发展理念，这样的社会组织才能真正符合社会需要，才能不辱使命。[①] 只有以追求公共价值为宗旨进行价值再造，社会组织才能更好地塑造和提升自身功能，改善内部治理，才能更好地赢得全社会的认可，获得更大的发展。

---

① 谢志岿：《社会组织价值观创新》，2016 年 11 月 7 日，马洪基金会政府工作评价网（http://www.szmhf.com/acti_ info.aspx? id=55）。

第十一章　建设和谐诚信安全城市

进入21世纪，伴随着互联网技术的发展，经济全球化趋势深入推进，世界联系更加紧密，这给人类发展带来诸多机遇的同时，也带来了巨大的挑战，人们比以往任何时候更能真切感受到风险社会的存在。尤其是作为人类重要聚居地的城市，更是聚集了众多风险，人们对于城市公共安全的追求也更为急切。城市公共安全事关人民群众生命财产安全与社会和谐稳定，是城市经济社会发展的重要保障，也是现代化国际化先进城市建设的重要内容。① 党的十九大报告提出，"树立安全发展理念，弘扬生命至上、安全第一的思想，健全公共安全体系，完善安全生产责任制，坚决遏制重特大安全事故，提升防灾减灾救灾能力。加快社会治安防控体系建设，依法打击和惩治黄赌毒黑拐骗等违法犯罪活动，保护人民人身权、财产权、人格权"。"人民生活美好，安居乐业，是党和人民的共同期盼，努力构建一个安全稳定的城市公共生活空间是各地党委、政府的重要工作目标。"②

作为改革开放的窗口和排头兵的深圳，在过去40年间社会面貌发生深刻的变革，在经济活力不断涌现的同时，社会风险存量也不断积聚增加，城市公共安全问题十分突出。根据市政府组织开展的全市公共安全风险评估结果，深圳市公共安全总体风险处于中等偏高水平。③ 由于深圳所处的地理环境和气候条件使然，在洪涝灾害、地质灾害方面的威胁较大；

---

① 深圳市人民政府：《深圳市公共安全白皮书》，2013年。
② 习近平：《决胜全面建成小康社会　夺取新时代中国特色社会主义伟大胜利》，2017年10月18日。
③ 深圳市人民政府：《深圳市公共安全白皮书》，2013年。

地狭人稠的城市环境，大量流动人口的聚集，人口流动性大，安全生产压力突出，在火灾事故、交通事故、生产安全事故、重大传染病疫情、严重暴力犯罪案件、恐怖袭击事件和群体性事件等方面仍面临较高风险;[1] 近年来互联网技术与经济生产深度融合，深圳市面临的电信诈骗、金融诈骗等压力也十分巨大。面对各种安全挑战，深圳市委、市政府高度重视公共安全建设，不断健全公共安全管理体制、机制和法制，完善城市公共安全防控体系，预防和减少各类公共安全事件，全市公共安全形势总体稳定，为改革开放新时期的城市公共安全建设，提供了深圳经验。

一　构建城市公共安全体系

（一）公共安全体系的意涵

公共安全是由政府及社会提供的预防和控制各类重大事件、事故和灾害的发生或保护人民生命财产安全，减少社会危害和经济损失的基础保障。[2] 公共安全通常有广义和狭义之分，对于广义公共安全和狭义公共安全的范围界定，目前学界尚未达成共识。国际上通常认为广义上的公共安全包括不特定多数人的生命、健康、重大公私财产以及社会生产、工作生活不受威胁的状态，涉及国家安全、社会稳定和公民生活的方方面面；狭义的公共安全主要包括自然灾害、治安事故和犯罪的侵害三个部分。[3]

随着社会环境的变迁，公共安全的内涵也不断地扩展，尤其在现代社会，影响安全稳定的传统因素和非传统因素交织，新的不稳定因素不断浮现，对城市公共安全构成了严重威胁。

（二）构建城市公共安全的工作体系

面对日益复杂的安全形势，为进一步提升城市公共安全水平，深圳市政府积极展开城市公共安全评估和防范工作，并制定了《深圳市公共安全

---

[1]　深圳市人民政府：《深圳市公共安全白皮书》，2013年。
[2]　董华、张吉光：《城市公共安全——应急与管理》，化学工业出版社2006年版。
[3]　郭济等：《政府应急管理实务》，中共中央党校出版社2004年版。

白皮书》，对现阶段深圳市面临的安全形势进行了全面的评估，提出了以"齐抓共管的责任体系、全面系统的预防体系、及时准确的预警体系、联动高效的应急体系、健全严格的法治体系、广泛深入的文化体系"① 为主要组成部分的城市公共安全体系，涵盖从风险预警到应急管理等各个治理环节。

第一，齐抓共管的责任体系。健全市区、街道社区安监、消防、食药、应急等公共安全管理组织体制，加强队伍建设，整合管理力量，明确党委和政府为公共安全的领导责任，按照"谁主管、谁负责"的原则，使属地管理与部门负责相互配合，确定了政府、主管部门、企业和社会力量在深圳市公共安全建设中的责任。各个新区、街道对区域内的安全生产负管理责任，各级领导既要对辖区内的安全生产工作负指导责任，又要承担领导责任；监管部门负责贯彻落实国家有关法律法规，推动安全生产信息化建设，开展安全生产宣传、教育和培训，对区域内的安全生产主体开展安全生产检查和专项整治工作，并通过对生产主体安全设施与建设项目同时设计、同时施工、同时投入使用进行监督，做好风险预防管理工作。企业等安全生产主体则承担着执行国家安全生产标准，配备安全管理人员和积极排查自身安全生产隐患的责任；行业协会和中介机构等社会力量在其中积极扮演自我管理、自我约束、咨询建议和社会监督的责任。

第二，全面系统的预防体系。广义的城市公共安全涉及传统的自然灾害、火灾以及恐怖主义等非传统安全等各个方面，为此深圳市政府积极构建贯穿城市规划、建设、运行、发展等各环节的全方位、全过程的公共安全事件预防体系。如在《珠江三角洲地区改革发展规划纲要（2008—2020年）》中，深圳将城市防洪标准提高到200年一遇，通过改造和完善雨水管网系统，积极兴建蓄洪和山洪截排等设施，提高整体的防洪能力。通过出台《深圳市台风暴雨灾害防御规定（试行）》和《深圳市台风暴雨灾害公众防御指引（试行）》等，健全台风暴雨灾害防控常态化机制；积极完善建筑物等的防雷击设施设备，提高建筑物抗震能力。针对地面沉降、海水入侵等地质灾害，通过加大巡查和检查力度，及时获取相关数据信息，

---

① 深圳市人民政府：《深圳市公共安全白皮书》，2013 年。

建立地质灾害预测预警系统。在人口密集区、商业区及沿海港口等，加强检疫监测，严格控制污水排放，防止流行病疫、生物入侵以及海洋污染等灾害发生。

第三，及时准确的预警体系。针对位于东南沿海、气象灾害、海洋灾害多发的自然条件以及人口流动性大、金融风险高的社会经济条件，深圳建立和完善监测预警功能。通过部署和更新雷达、水文自动监测系统、洪水预警预报系统、轨道交通、天然气供气系统等监测、预警及紧急处置服务技术系统，建立全市安全生产网格化管理信息系统和监控平台，加快安全生产信息库和重大危险源数据库建设等来实现对气象灾害和地质灾害等的预防预警。市卫计委等积极加强与临床医疗机构、食品药品生产供应机构的信息共享、技术交流，进一步完善疾病、食药卫生监测网络，及时收集和分析共享监测数据。建立处理信访突出问题及群体性事件联席会议制度，加强信息收集和研判；对金融风险会商、评估和监测、监管等，实现了风险预警系统的信息监测和共享，并通过广播、电视、移动通信、互联网、公共场所电子显示屏等媒体及时在全市范围内最大限度地发布预警。物联网技术和信息科学技术手段在深圳市公共安全预警体系中得到成功运用。

第四，联动高效的应急体系。应对突发灾害，高效的应急预案对减少人员伤亡和经济损失尤为必要。为应对常见的自然灾害，深圳市积极完善"横向到边，纵向到底"的应急预案体系，人员、物资管理市、区、街道和社区四级联动。通过制定如《深圳市突发事件总体应急预案》等建立常态化灾害应急处置机制，平时十分注重应急演练工作，不断加强国际合作，借鉴世界发达国家城市公共安全应急管理处置办法。不断加强应急队伍建设，组建了由综合性群体、专家群体和志愿者为主要构成的应急队伍，完善突发事件信息报送、应急响应、现场指挥、协调联动、信息发布、社会动员和区域合作等工作机制。将技术和物资相结合，加大应急物资设备储备，构建全市统一应急平台，提高人财物应急管理效率。

第五，健全严格的法治体系。制度建设是城市公共安全建设的重要保障。深圳不断加快推进城市公共安全法制化建设，加大监督监察力度，通过监管部门安全隐患巡查和"12350"公共安全隐患举报热线，上下联动，构建社区网格巡查、群众举报核查、企业单位自查、执法部门监察、领导带队督查相结合的隐患排查治理长效机制，在道路交通、消防、建筑施工、特种设备、危险化学品等重点行业领域继续深入开展打击违反安全生产法律法规生产经营建设行为专项行动。

第六，广泛深入的安全文化体系。深圳市积极营造城市安全文化氛围，将安全生产和公共安全理念，牢牢镌刻在深圳人的价值观中。通过"5·12"防灾减灾日、"9·7"防空警报试鸣日、"11·9"消防日、"安康杯"知识竞赛、百人百场应急知识宣讲等专题活动，以及互联网、微博和微信等新媒体手段，向公众普及安全法律知识和安全自救知识，增强社会各界安全意识、法制意识和责任意识，并发挥互联网技术带来的舆论优势，提高政府部门和社会组织的依法管理能力，培养全社会诚信守法、依法办事观念。加强安全培训工作，提升各类人员安全素质，注重企业、政府以及职业院校在培训过程中的安全教育，强化重点行业和领域从业人员的安全培训。

可以说，深圳在城市公共安全总体规划中，从公共安全责任认定到公共安全事件的预防、预警、应急处置，到更深层次的公共安全法制和文化建设整个流程，都制定了一套配套机制和措施。这必将极大提高深圳市整体公共安全供给能力。在深圳城市公共安全管理的实践过程中，也不断践行着上述规划，并在诸如应对气象灾害、环境污染、食品安全、金融风险以及电信诈骗等领域实施了一系列维护社会公共安全的重要举措。

（三）构建完善的城市公共安全内容体系

《深圳市公共安全白皮书》从防御自然灾害，有效遏制消防、生产、交通等事故灾难，提高食品药品公共卫生安全，打击犯罪、维护社会安全稳定等各个方面，对城市公共安全工作进行了全面安排，形成了较为完善的公共安全工作内容体系，并根据自身特点和一个时期的重点工作，加强安全保障工作。[①]

为减少亚热带季风性气候，台风、暴雨影响频繁等不利气象条件给深

---

① 深圳市人民政府：《深圳市公共安全白皮书》，2013年。

圳带来的经济损失和人员伤亡，成立市政府防汛、防旱、防风指挥部，明确气象灾害主要防御机构以及公安、卫计委等有关部门的在防灾减灾中的职责，分工明确，从市级层次到专家组织再到基层应急机构，分别划定工作责任范围。在运行机制上，从灾害种类、级别分类以及灾害的预防、监测、预警、应急救援到善后保障，明确具体工作措施，切实提高了气象灾害等的防范能力和处置能力。

由于深圳地狭人稠，高层建筑物密集，人口密度较高，尤其是外来务工人口聚居的建筑物形式多样，质量参差不齐，小档口、小作坊、小娱乐场所众多，火灾成为深圳社会公共安全的重大隐患。为有效预防和处置各类火灾事故，深圳市出台了《深圳市火灾事故应急预案》，针对重点区域、重点环节，采取针对性的应对举措。目前，深圳市已启动对全市 10 个存在消防安全隐患较突出的城中村或城中村区域的试点评估项目；结合全市火灾隐患重点地区整治工作，督促各区、街道、社区在"网格化"管理基础上，加强城中村消防安全建设。① 罗湖区大力推进消防应急站点建设。选取消防设施薄弱、道路狭窄、隐患集中的区域，建立消防应急站，储备灭火器材和防护工具，对周边居民开展培训，就近组建义务消防队，以便及时扑救该区域的初起火灾。南山区积极试点研发消防基础数据库，通过技术手段，在可实现建筑内部三维建模，绘制社区消防的"档案盒"。

深圳经济发达，企业众多，安全生产形势复杂。严密防控各类工程建设坍塌事故。认真落实建设施工各方主体责任，加强对专业承包和劳务分包单位的管理，深入开展安全质量标准化，健全完善各项现场工作制度，强化对作业人员的安全培训教育，加强对高处坠落、物体打击、触电、机械伤害等事故的防范。加强轨道交通、桥梁、隧道、公路、水利工程等重点项目的安全措施检查及关键工序验收。提高各类建（构）筑物垮塌事故防范水平，加强危险品管理和风险防范，加强特种设备安全管理，加强对工厂企业作坊等作业场所安全管理。

民以食为天，食以安为先，安全的社会环境、美好生活的向往，安

---

① 袁俪芸、王星：《火灾：深圳城市安全的心腹大患》，2016 年 2 月 24 日，人民网·深圳。

全、健康的食品供应，是城市居民最朴素、最直接，也是最基本的民生诉求。市委、市政府始终高度重视食品安全问题，把食品安全当作深圳城市管理的重头戏，以创建国家食品安全城市和推进食品药品安全重大民生工程为两大工作重点，全力维护市民"舌尖上的安全"，落实"党政同责"，主要领导挂帅抓食品安全。食安办充分发挥综合协调作用，将各区政府"食品安全状况""药品安全状况"指标纳入政府绩效管理。市场监管局针对热点食品安全问题，组织开展了"清雷行动"等多个专项行动，对食品安全问题"零容忍"；通过新建黑名单制度，对违法食品药品企业实施"顶格处理"；针对食品药品广告虚假宣传侵害市民合法权益，深圳市食药监局设立了药品违法广告综合治理新机制，通过创新微博挂网、违法曝光、媒体告知、智能监测、监督抽验等八大举措实现对虚假广告的监督管理。此外，深圳市食品安全积极推进监管追溯与信用管理建设推进项目，使食品也有"身份证"，食品安全抽检标准接轨香港等发达都市。目前，深圳市食品药品安全状况整体良好，未发现区域性、行业性食品药品安全风险，2015年，全市重点品种食品检测合格率97.8%[①]，真正地为广大居民构筑起一道食品安全防线。

针对电信诈骗和金融风险等新时期公共安全影响因素，深圳市政府积极顺应时代发展要求，不断完善制度手段加以应对。作为全国金融中心城市和科技重镇，深圳新兴金融发展较为迅猛，特别是互联网金融、私募投资等新兴金融企业数量不断攀升，市金融办建立金融领域"412"风险清单，精准防控地方金融风险，从风险领域、风险区域、风险机构、实际控制人或高管4个维度梳理出金融重点风险源，明确每一种风险表现形式，提前做好2个应急预案。[②] 并通过多部门联合执法行动，实时监测金融风险，对高风险金融机构主动约谈，成功维护了全市金融秩序的稳定，使得金融风险处于管控之下。

电信诈骗是近年来一直被舆论关注的焦点，为打击电信诈骗，深圳市

---

① 易东：《深圳落实食品安全党政同责》，《深圳特区报》2016年6月27日。
② 阿勇：《建立金融领域"412"风险清单 突出重点 精准防控地方金融风险》，《深圳特区报》2017年5月25日。

公安部门采取了多项专项行动，如通过"警银联手反诈骗"宣传日，不断提升居民的防范意识。银行及时冻结特定账户，加强电信运营商从终端查找、锁定和控制诈骗电话方面与公安机关合作，向社会曝光诈骗电话号码、揭露诈骗行径，从信息源、售卖渠道上阻断个人信息的非法传播，从防范、打击、追责多个环节入手，增强打击电信诈骗的精准度与威慑力，取得了良好的成效。2016年，深圳市电信网络诈骗刑事案件立案数同比下降20.2%。[1]

二 积极探索治安管理创新

从城市公共安全的狭义理解来看，治安管理是城市公共安全的核心内容，也是政府治理能力和社会治理现代化水平的集中体现，与人民群众的生产安全息息相关。深圳近2000平方公里土地上聚集了约1700万的人口，户籍人口与外来人口的比例约为1∶5，出租屋数量达64万栋，平安建设和社会治安任务较为繁重。[2] 深圳市公安局积极创新形式载体，探索治安管理机制创新，提高社会治理水平。根据深圳市公安局2016年度工作报告，2016年全市公安机关接警数量同比下降25.3%，实现连续八年平稳下降。其中，严重刑事警情和"两抢""两盗""黄赌毒"警情分别下降33.8%、47.9%、31%、56.5%，降幅均创下近年来最大值。第三方民意测评显示，深圳市民群众安全感为80.9分，公安工作满意度为79.5分，均为近年来最高值。

（一）深化警务体制改革

根据全面深化公安改革相关部署，深圳市公安局积极推进警务体制改革，积极探索"大部门""大警种"制改革，实行市局、警种（分局）"错位设计、一体建设"，推进警务体制的信息化、集约化、标准化发展。

---

[1] 谢敏、张奎：《深圳市电信诈骗立案数11年来首下降》，2016年8月24日，腾讯·大粤网。
[2] 顾伟伦、王树章、孙周雄：《2014年深圳市社会治安综合治理发展报告》，载《2015年深圳社会建设蓝皮书》，社会科学文献出版社2015年版。

同时，积极变革辅警人员管理方式，规范辅警管理制度，把辅警队伍纳入法治化、制度化、规范化管理轨道。①

2006年4月，深圳市115个派出所全面推行了全新的勤务机制，在派出所总警力不变的前提下，将原来的"四队一室"整合为"三队"：社区巡逻队、侦查办案队、行动支援队，并通过"两整合、两压缩、两转变"（整合一线队伍和基本职能，压缩管理层次和基层负担，管理机制由"条"向"块"转变、勤务模式由"坐"向"巡"转变），有效解决了派出所勤务机关化、层级复杂化、重战轻建和重打轻防等一系列问题，② 不仅提高了见警率和勤务效率，还使群众满意度得到了大幅度提升。

2012年4月，深圳警方正式启动社会面巡逻防控工作，构建了巡逻勤务新格局。深圳警方对勤务设置、勤务制度、巡逻人员职责、机关民警参加巡逻等内容做出了重大调整，在具体实施中坚持"防控为本""全警上路""警情主导""责任到人"的原则，巡逻人员的巡段、防控点和群防群治的值守点全部实现三级划分，明确巡逻方式以徒步（警灯自行车、电瓶车）巡逻为主，GPS警车巡逻为辅，切实提升巡逻效率。制定包括警务保障、勤务报备、岗前训示、固定点工歇、巡逻签到、就近支援出警、特殊勤务报告、巡逻记事归整、督察督导、勤务问责十大勤务制度，③ 推动勤务管理的规范化。通过此次警务体制改革，深圳警方在巡逻主体上，实现了由社区民警为主向全警上路的转变；在巡警职能上，实现了由单一维护社会治安向兼顾维持社会管理秩序的转变；各分局在防控重心上，实现了由打击为主向防控为本的转变；市局机关各单位进行每人每周6小时"巡高峰"的勤务安排。全市共设各级巡段5704条，各级防控点8516个；发动群防群治力量29万人。据不完全统计，全市每天参与社会面巡逻防控的人数近8万人（其中民警近5000人，巡防员14000多人，群防群治

---

① 黄明健等：《深圳："智慧+忠诚"耕好改革创新"示范田"》，《人民公安报》2016年12月26日。
② 《深圳：公安派出所勤务改革全面推行勤务新模式》，2006年5月23日，公安部网（www.mps.gov.cn/n2253534/n4904351/c5037107/content.html）。
③ 李荣华、陈奕璇：《深圳在编警察全部上街巡逻徒步为主警车为辅》，《南方日报》2012年3月8日。

力量近6万人)。通过周密部署,十大勤务制度基本落实到位,路面"见警率"和"管事率"有较大幅度提升,警情呈现下降趋势。

2014年,深圳市公安局进一步深化体制改革,全面推进"平安鹏城"建设。深圳警方全力打造"平安巡城"行动,完善了勤务报备、情报派单等动态巡逻制度,总结推广治安理事会、物业联防、治安义工等经验,广泛发动社会力量参与城市安全建设。同时,深圳市公安局在全市137家医院成立警务室,配置专职民警,建立警医联络机制,组织开展医院安全检查,破获多起涉医治安案件、刑事案件,有效维护了医院正常的医疗秩序。此外,深圳警方还成立校园护卫队,在校园周边设立治安亭,严肃整顿校园周边治安秩序,保障校园师生的人身安全。[1]

(二) 构筑社会治安科技护城墙

深圳市公安局紧紧围绕公安部、省公安厅党委对"四项建设"的统一部署,构建科技护城墙,探索实施情报主导警务战略,积极推动警务模式转型升级。[2]

首先,深圳市率先打破传统的安全信息采集方式,在全市范围内搭建"智能感知网"。深圳公安在城际线、主干道、城中村以及治安防控重点区域设立科技栅栏,利用互联网、物联网、人像识别等前沿技术,构建全方位、智能化的治安要素感知采集体系,实现对安全信息的高效、实时采集。

其次,在全网络运算、全方位保障的基础上,深圳市还进一步推进全时空预警机制的落实。深圳市公安局全链条推行大情报运行模式,打造"情报云平台",将2236种712亿条各单位非涉密数据全部整合进市局数据库。与此同时,打造三级情报架构,建成市局、警种和分局、派出所三级情报中心170个,组建情报官、情报分析师、信息员三级情报信息队伍9987人,初步形成"三位一体,互为支撑,互为响应,全方位、全时空"的"情报主导警务"运行体系。

---

[1] 周保军等:《全面布局深化改革,强力奠定现代警务基础》,《人民公安报》2015年1月15日。
[2] 王清波等:《推进落实"四项建设" 加快创新完善治安防控体系》,《人民公安报》2015年10月19日。

在此基础上，深圳市公安局创新推进"大情报+"应用，积极研发警务云终端、云知道、电子笔录等产品，开发启用涉案账户资金网络查控系统、数字化讯问系统等业务信息系统，上线情报应用APP软件四大类46个。① 同时，建立集研判、平台与行动为一体的合成作战机制，三级情报中心全天候、全方位支撑一线警务，全方位服务分析研判、指挥决策、处置响应、导侦导防、合成作战、动态勤务、服务民生，实现警务执行效率的大幅度提升。

（三）加强重点领域的治安管理

深圳市公安机关围绕影响市民群众安全感的突出问题，采取专项行动，高压打击犯罪行为。

2014年，按照广东省委、省政府的决策部署，深圳市公安局持续深入地开展以涉毒、涉黄赌、涉食药假、涉电信诈骗及银行卡、涉车、涉枪突出违法犯罪为主的"六大专项"打击整治行动。深圳市公安机关坚决贯彻省委、省政府决策部署，以"能破案、多破案、破大案"为标准，构建"警种牵头、基层公安主导、全警参与"的工作格局，实现了发案下降、打击上升、社会治安好转的工作目标，全市110刑事警情同比下降11.8%；刑事案件破案数、逮捕人数同比分别上升20%和26.7%。②

针对黄赌毒犯罪问题，深圳市公安局出台了娱乐场所八项严管措施和打击"黄赌毒"专项考核办法等刚性配套机制，有效遏制涉黄赌毒违法犯罪势头。2014年深圳市破获毒品案件数、刑拘人数同比分别上升26%、25%；缉毒破案数和刑拘数连续4年排名全省第一。③

2016年，深圳市公安局依托"飓风2016"专项行动，重点打击电信网络诈骗、盗抢和涉毒、涉金融领域的突出犯罪，全年破案数同比上升10.7%。深圳作为全国"最互联网"城市，网民、网站、重要信息系统规模居全国首位。深圳网警支队基于等级保护制度、预警监测通报机制等，

---

① 黄明健等：《深圳："智慧+忠诚"耕好改革创新"示范田"》，《人民公安报》2016年12月26日。
② 《广东深圳公安局：全面深化改革奠定警务基础》，《人民公安报》2015年1月15日。
③ 同上。

逐步建立重要信息系统和重点领域网络安全防范体系。南山区公安分局深入科技应用，创新"伪基站预警围栏"系统打击伪基站技战法，进行"捆绑打击、快速围捕、预警追控"，实现"科技围城"打击伪基站的重大飞跃。面对严峻的网络信息违法犯罪、电信诈骗形势，深圳市公安机关不断探索、革新，开创公安为主、全员参与的打击格局；创建了堵截电信网络诈骗"资金流"和"信息流"的新模式，在堵截"诈骗资金流"方面，警银无缝对接，建立了"快、还、管"三大新模式；创造了批量打击、链条打击、源头打击电信网络诈骗犯罪的新战法；建成反电信网络诈骗精准宣传、专家团队、安全评估和风险管控的新机制，2016年，电信网络诈骗案件同比下降20.2%，为近年来首次下降。

（四）构建便民利民警务服务体系

深圳公安始终心系民生，长期以来一直致力于提升警务服务水平，完善公共安全管理机制，构建安全有序的治安环境，为市民办实事，办好事。在交通管理方面，2014年，深圳警方启动"法治通城行动"，推出十大重点整治、十项严管措施，打造法治交通、顺畅交通、幸福交通。在消防管理方面，持续开展"清剿火患"战役及"利剑"行动，试水"查处分离"改革，组建消防临时执法机动大队，查在先、防在前，督促整改消防隐患10万余处，责令"三停"1000余家。

现代社会治安不仅包括预防和管控社会违法行为，还包括提供必要的户政、许可等服务业务。在不断创新警务管理机制、加强社会治理的同时，深圳公安系统也主动改善公共服务水平和服务能力。尤其是在出租屋登记、出入境服务等方面不断推出一系列便民利民的新举措。[①]

深圳市流动人口占70%以上，超过1400万人住在出租屋里。出租屋基础防范设施不足，服务管理相对缺失，底端产业群集，治安安全隐患突出。近年来，市局各单位不断探索管理新模式，创建新机制，在出租屋管理上呈现出"百花齐放"的良好局面。宝安区出租屋"两强"管理。针对出租屋业主安全意识淡薄，"只收钱不尽责""认钱不认人"现象，

---

① 严洁贞：《广东警务实践探索（深圳篇）》，2017年。

2011年，宝安区推出了强化出租屋业主治安管理责任的出租屋"两强"管理（强势管理、强制管理）模式，强力推进租住登记、资格审查、税费征缴工作，并依法对违规行为进行查处。通过多部门联合执法，积极推进出租屋人防、物防、技防、消防建设，为外来务工人员提供更为安全的居住、生活环境。

作为中国改革开放前沿城市，深圳毗邻香港，拥有全国最多、最发达、最繁忙的口岸，是全国出入境办证量最高的城市。深圳市民在办理出入境证件业务方面的需求逐年激增，各区出入境办证大厅里人满为患，一号难求，办证群众意见较大。为解决这一问题，"让数据多跑腿、让群众少跑路"成为出入境全体民警的共识。深圳市中国公民办理出入境业务网上预约申请系统和境外人员办理出入境业务网上预约申请系统分别于2013年9月和2014年5月正式上线运行，其便利性受到了群众青睐，出入境办证业务在疏导、分流办证人群，维护大厅良好舒适的办证环境，加深警民和谐关系方面起到了巨大的作用。自2015年5月起，全新服务模式下的梅林办证大厅正式投入试运行，该大厅试行投放集申请、审核、制证、缴费全流程功能于一体的"自助办证一体机"，设立了与此相应的管理服务流程，进一步完善了出入境自助服务。

（五）深入探索规范化、标准化执法之道

《中共中央关于全面推进依法治国若干重大问题的决定》中指出"完善执法程序，建立执法全过程记录制度"[①]，对公安机关执法行为提出了更高的要求。深圳公安机关紧贴法治社会新要求，回应人民群众对社会公平正义的期待，建立执法规范长效机制，强化执法管理、执法监督。

深圳市公安局致力于建立深圳警务标准运作体系，构建与国际接轨的中国现代警务。为切实解决执法办案中存在的"跑冒滴漏"问题，深圳市公安局引入标准化管理理念，设计"深圳现代警务标准"，围绕"从巡逻执勤到执法办案、从行政管理到便民服务、从内部管理到外部

---

① 中共第十八届中央委员会：《中共中央关于全面推进依法治国若干重大问题的决定》，2014年10月。

监督、从营房建设到装备保障"等全部警务工作,大力开展理论探索和警务标准化实践。同时,与专业机构合作,搭建现代警务标准框架,建立包括警务模式、警务数据、警务技术、警务应用、警务考核在内的一整套标准体系,确保民警在警务实战中知道做什么、怎么做、做到什么程度,仅 2015 年一年就出台标准 213 项,通过验收 120 项。在执法执勤的关键环节,制定了接处警、执法办案区管理、涉案财物管理、电子数据、案卷管理等一批简明易行的标准操作程序,使民警在执法过程中严格规范执法。与此同时,启动"深圳公安社会评价"工作,初步建立标准化的社会评价指标体系;建成指挥中心 ISO9001 质量管理体系,处置警情更加规范高效。

基础信息化是提升公安基础工作的基本途径,是深化公安改革、实现警务转型升级的重要载体,也是公安执法规范化的基层和保障。大鹏分局利用执法记录仪作为前端设备,自主开发了执法记录管理系统,将接处警、调查取证等工作纳入系统进行监督、管理和考评,拓宽执法监督区域,实现了执法的全过程记录和监管;建立执法记录仪后台管理系统,强化对接处警以及证据收集等易产生执法问题的重点环节监督和考核,督促民警转变执法观念,提高规范意识,树立公安权威。通过严格执法记录仪的使用管理,大鹏分局每一项现场执法活动都有了全过程音视频同步记录。2016 年以来,共上传执法记录视频 7800 余次,上传率 98%,考评率达 100%。

此外,深圳公安机关不断优化执法质量考评机制,通过细化到人、全流程多方位考评,并加强考评结果应用。而对于轻微执法问题,建立约谈机制,加大了监督力度。龙岗分局积极创新,考评细化到人,实行办案民警、审批领导、法制员三级个人考评流程,依托执法考评系统,强化全流程考评管理,优化执法质量全流程考评机制,推动执法质量的提升。

三 建设一流法治政府

法治是深圳的重要优势,作为移民城市和改革开放的试验田,重契约、重法治是深圳城市文明和商业文明的重要特征。① 经济特区是一场试验，既需要创新，也需要法治的规范。深圳的发展一直是在创新和法治规范的辩证法中进行的。深圳市一直以来坚持依法治市、依法行政。以法治立规矩、立秩序、立诚信、立质量，增创市场经济发展新优势。② 2015年，中国政法大学法治政府研究院发布了2015年中国法治政府评估报告，深圳市政府位列总分第一。③ 2016年10月，中国政法大学发布《法治政府蓝皮书：法治政府评估报告2016》，在被评估的100个地级市中，深圳位居第二；2016年11月，广东省政府发布2015年度全省依法行政考评结果，深圳连续第三年被评为优秀等次。④

长期以来，深圳市始终贯彻落实国家、省、市有关法治政府建设工作会议精神，积极抓好各项法规制度的制定和落实工作，坚持在各级政府工作中贯彻法治政府理念，不断推进学法、用法、普法的规范化、制度化建设，全面深入开展法治政府建设工作。《中共深圳市委贯彻落实〈中共中央关于全面深化改革若干重大问题的决定〉的实施意见》提出了"三化一平台"这一改革主攻方向，即市场化、法治化、国际化和前海国家级战略平台建设。可以说，深圳法治政府的建设，就是服务并不断适应深圳社会主义市场经济发展需要的，也是对我国进一步深化改革的重要探索。

（一）明确法治政府工作目标

"率先构建现代城市治理体系，为推进国家治理体系和治理能力现代化探索新路，在建设一流法治城市上有重大突破，建立完善与建设现代化国际化先进城市相适应的管理体制与运行机制，全面提升深圳城市治理体系和治理能力的现代化水平"⑤，是深圳在《中共深圳市委贯彻落实〈中共中央关于全面深化改革若干重大问题的决定〉的实施意见》中确立的总

---

① 谢志岿、李卓：《移民文化精神与新兴城市发展：基于深圳经验》，《深圳大学学报》（人文社会科学版）2017年第5期。
② 王荣：《打造以法治为基础的现代市场经济体系》，《人民日报》2014年10月27日。
③ 万静：《法治政府评估报告发布　深圳夺冠》，《法制日报》2015年12月15日。
④ 深圳市法制办：《2016年度深圳市法治政府建设工作情况报告》，2017年3月24日。
⑤ 中共深圳市委：《中共深圳市委贯彻落实〈中共中央关于全面深化改革若干重大问题的决定〉的实施意见》，2014年。

体目标,也是深圳几年来法治政府建设的基本遵循。

2015年,习近平总书记对深圳做出重要批示,鼓励经济特区在"全面推进依法治国"中创造新业绩。①加快建设职能科学、权责法定、执法严明、公开公正、廉洁高效、守法诚信的法治政府,是新时期我国法治政府建设的基本要求,也是深圳所担负的时代使命。深圳在建设法治政府的征程上砥砺前行,为国家整体的法治化建设积累经验,争当社会主义法治示范城市,在全国率先提出打造"一流法治城市"的战略目标,并力争在2018年基本建成法治政府。②

深圳市"十三五"规划纲要对2015—2020年间法治政府建设进行了具体的谋划和布局,《纲要》着重强调了突出依法治市、营造公平正义法治环境的重要性,指出推进政府机构、职能、权限等的法定化,坚持依法决策,创新行政执法体制,落实重大执法决定法制审核制度,健全行政执法全过程记录和公示制度,强化对行政权力的制约监督,全面推进政务公开,重点推进财政预算、社会公益事业等领域的政府信息公开,增强政府工作的透明度等。③

2008年,国务院法制办与深圳市签订《关于推进深圳市加快建设法制政府的合作协议》,同年12月,深圳市委、市政府制定并试行《深圳市法制政府建设指标体系》。2015年,《深圳市法治政府建设指标体系》正式印发出台,深圳市法制政府建设指标体系共有10个大项、46个子项,涵盖政府机构与权责、政府立法、行政决策、公共财政管理、行政许可与政务服务、行政执法、政府信息公开、行政救济调解裁决、行政权力监督、工作保障十个领域。④《深圳市法治政府建设指标体系》的制定,为深圳市政府法治化建设画出了重点,提供了参考依据,为推动深圳市政法法制化建设具有很强的指导意义。

2014年11月6日,深圳市政府出台《法治政府建设工作实施方案》,针对法治政府建设指标体系、法治政府建设考评、政府立法工作、健全政

---

① 王荣:《加快将深圳建成一流法治城市》,《南方日报》2015年1月24日。
② 深圳市法制办:《2016年度深圳市法治政府建设工作情况报告》,2017年3月24日。
③ 深圳市人民政府:《深圳市国民经济与社会发展第十三个五年规划纲要》,2016年。
④ 深圳市人民政府:《深圳市法治政府建设指标体系》,2015年12月2日。

府依法决策制度、推进政府职能法定、加强重点领域执法力度等多个方面制定了具体的推进措施，并制定了时间进度安排，推动深圳法治政府建设的步伐。

（二）加强立法，完善法规制度

与国内一般的省市不同，经济特区拥有相对独立的立法权，这是我国改革开放以来，全国人大及其常委会在立法体系改革中的一个创举。1992年7月，深圳获特区立法权，深圳市人大及其常委会有权制定在经济特区实施的法规。

为提高立法质量，真正发挥特区立法权给深圳法制建设带来的便利，深圳制定出台了《中共深圳市委关于进一步发挥市人大及其常委会在立法工作中主导作用的意见》，从创新完善立法规划和计划制订、法规起草、法规议案审议、法规实施和监督、民主立法和加强立法工作队伍建设等方面对深圳立法提出了意见和要求。[①] 法律制订的计划和起草过程中，向社会广泛征求立法建议，对立法建议进行科学分析、充分论证，吸纳社会专业力量参与立法建议论证研究，坚持需求导向和问题导向，与经济社会发展规划和计划充分衔接，体现改革创新精神，完善法规审议工作标准。

推进法规审议规范化、制度化建设，深化审议方式改革，提升法规审议水平，完善法律法规的执行和监督机制，市人大常委会通过采取执法检查、听取和审议专项工作报告等法定形式，加强对执法情况的监督和改进；推进法规的立、改、废工作，有计划、有步骤地对生效法规进行系统清理。同时，加强立法工作队伍建设，建立"人大主导、各方参与"的特区立法新机制。科学规划代表的年龄、知识和专业结构以及界别构成，充分听取和吸收人大代表的意见建议；健全人大立法工作机构，建立立法专家库，加强人大制度和立法理论研究。

经过多年的实践，深圳在立法方面也取得了大量的成就。深圳是中国

---

① 中共深圳市委：《中共深圳市委关于进一步发挥市人大及其常委会在立法工作中主导作用的意见》，2014年。

地方立法最多的城市，自获得特区立法权以来，共制定了400余件法规和法规性文件，290多件规章，形成了比较完善的经济特区法规体系。立法25载，创新25年，深圳创造了国内数十个立法上的"第一"。市政府法制办主任胡建农说："深圳几乎所有重要的改革都与特区立法相伴，二者有机融合、相辅相成。"① 中国法律史中第一部针对公司方面的立法，第一部物业管理立法，第一部企业欠薪保障立法，第一部政府采购立法，第一部无偿献血立法，第一部义工法规，第一部改革创新立法，第一部碳交易立法都诞生于深圳，这些法律法规为深圳经济社会发展创造了大量的制度红利，同时也为国家立法提供了经验甚至蓝本。同时，深圳坚持立废并举，将过时的或不符合社会发展需要的陈旧法规及时予以破除，进一步厘清法治建设的障碍。

（三）推进政府机构职能法定化

政府职责法定化实质是政府权力合法性问题。只有来源于法律明确规定的权力，才是合法化的权力。② 十八届四中全会公报指出，"依法全面履行政府职能。完善行政组织和行政程序法律制度，推进机构、职能、权限、程序、责任法定化。推行政府权力清单制度，坚决消除权力设租寻租空间"③。

深圳市委、市政府严格落实党中央关于政府权力法定的要求，积极完善市、区政府及其工作部门行政组织和行政程序制度，推进机构、职能、权限、程序、责任法定化，各级政府都严格依法设立，并在法律规定的权限范围内行使职权；为了进一步明确不同级别和不同区域间政府的权力范围，防止相互之间进行扯皮，深圳通过立法方式划分市、区政府之间的事权，确定市、区政府部门之间的职责，建立事权和职责的运行协调机制；为明确界定职权行使边界，坚决消除权力设租寻租空间，坚持法定职责必

---

① 《深圳勇毅笃行建设"法治中国示范市"》，2017年8月29日，人民网（sz.people.com.cn/n2/2017/0829/c202846-30668551.html）。

② 邱曼丽：《职责法定化是制定权力清单的前提》，《中国党政干部论坛》2015年第4期，第75—77页。

③ 中共第十八届中央委员会：《中共中央关于全面推进依法治国若干重大问题的决定》，2014年10月28日。

须为、法无授权不可为，坚决纠正不作为、乱作为，推行政府部门权责清单制度。①

2016年，深圳市政府制定出台了《深圳市政府部门权责清单管理办法》（以下简称《办法》）。《办法》首先明确了，政府部门权责清单过程中，各个主体责任部门在权责清单的制定、修改和变更过程中的责任，并指出了法规、规章、规范性文件拟增设行政职权事项的相关规定，如"市机构编制部门牵头负责权责清单系统管理和完善工作；负责行政许可、行政裁决、行政确认、行政给付、行政指导、其他6类权责清单的审核及动态管理""市财政部门负责行政征收类权责清单的审核及动态管理"等。同时，《办法》规定，行政职权事项登记表应明确实施部门行使某项行政职权时的实施主体、职权依据、办理对象、相关职责要求、救济渠道等内容；行政许可等依行政相对人申请实施的职权事项，还应包括申请材料、办理条件、法定期限、承诺期限、收费情况等信息；行政处罚等政府主动行使的职权，还应包括违法情形或处理行为。②

政府部门权责清单的制定，明确了政府权力和职责的法律渊源，既为依法行政提供可依之据，也为规范和限制行政权力的滥用提供了参考指南，在深圳市政府门户网站上，有专门的栏目——"信息公开"栏，对各部门的权责清单进行公布，这对规范政府行为，提高政府的法制化水平和办事效率具有积极的意义。与为政府"确权"同时进行的还有为政府"放权"，通过转变政府职能，提高政府的治理和社会服务水平。

积极理顺政商关系，转变政府职能，推进"双随机一公开"和"放管服"改革是新时期市场经济发展对现代政府提出的新要求和新挑战。正如李克强总理所说的，政府简政放权需要拿出"壮士断腕"的勇气，是政府部门的自我革命。2016年，深圳市政府制定出台《深圳市供给侧结构性改革总体方案》，提出围绕发挥市场在资源配置中的决定性作用和更好发挥政府作用，加大精准性、组合型政策供给，以政策创新为供给"加力"，

---

① 中共深圳市委：《中共深圳市委关于贯彻落实党的十八届四中全会精神 加快建设一流法治城市的重点工作方案》，2014年11月10日。
② 深圳市人民政府办公厅：《深圳市政府部门权责清单管理办法》（深府办〔2016〕10号），2016年3月2日。

以改革释放供给侧"红利",加快政府职能转变,大力推进简政放权、放管结合、优化服务,努力降低交易成本,不断优化市场化、法治化、国际化的供给环境。①

近年来,深圳市政府积极贯彻落实国务院关于简政放权的相关要求,深化行政审批制度改革。深圳自 2014 年启动权责清单改革以来,全市 32 个市直部门梳理出 5326 项行政职权,并全部对外公开。② 仅 2016 年,市政府及相关市直单位共取消转移下放 293 项行政职权事项,清理规范 53 项行政职权中介服务事项;2017 年深圳市强区放权改革下放事权清单,共涉及 11 个市级单位,36 项原属于市直部门的行政权力。③

(四) 健全依法决策机制

决策权,是行政权力运行的核心之一,决定着政府行政权力运行的方向,也最关乎公共资源是否用来为人民群众谋福祉。因此,决策的科学性、民主程度和是否合法,是检验政府法治化水平的一个重要衡量指标。深圳市政府在法治政府建设过程中,就把健全依法决策机制作为法治政府建设的一个重要方面。先后制定了《深圳市人民政府重大决策公示暂行办法》《深圳市行政听证办法》《深圳市重大事项社会稳定风险评估办法》《深圳市行政决策责任追究办法》《深圳市重大行政决策专家咨询论证暂行办法》等规范性文件。2016 年 5 月,《深圳市人民政府重大行政决策程序规定》(以下简称《程序规定》)正式发布实施。这些文件的制定和实施为深圳市各级政府及政府部门依法依规决策创造了健全的制度环境。

其中,深圳市各级政府部门在依法决策过程中,最具创新性的即健全重大行政决策机制,从决策程序、政府决策目录信息公开以及监督管理三个方面来确保政府决策的科学性、民主性和合法性。2016 年,深圳市政府制定并出台了《深圳市重大行政决策程序规定》,明确了行政决策的公众

---

① 深圳市人民政府:《深圳市供给侧结构性改革总体方案 (2016—2018 年)》,2016 年 7 月 22 日。
② 《广东深圳:32 部门 5326 项行政职权全晒上网》,2015 年 9 月 16 日,中国政府网(www.gov.cn/xinwen/2015-09/16/content.2932388.htm)。
③ 《深圳市人民政府关于公布 2017 年深圳市强区放权改革下放事权清单的通知》(深府规〔2017〕4 号),2017 年 10 月 31 日。

参与、专家论证、风险评估、合法性审查、集体讨论决定、实施后评估等程序的实施办法和责任部门，并就提交市政府审议的提案材料等进行了明确规定。① 其中，政府决策的合法性审查尤为吸引各方关注，2016 年 11 月，深圳市政府制定出台了《深圳市人民政府重大行政决策合法性审查办法》，进一步明确了重大行政决策合法性审查方式、内容、时限、意见及争议处理等事项。② 法律顾问室对重大行政决策草案的合法性审查包括承办部门拟提请市政府决策的事项是否属于市政府职权范围，重大行政决策草案形成过程是否经过法定程序，重大行政决策草案的内容是否符合法律、法规和规章的规定等事项，并就有关事项提出"合法"或者"不合法"的意见。未经合法性审查或经审查不合法的，不得提交讨论。

同时，为了进一步明确重大决策事项的范围和项目，深圳市政府积极推行重大行政决策目录管理，于 2016 年制定出台了《深圳市人民政府 2016 年度重大行政决策事项目录》和《深圳市人民政府 2016 年度重大行政决策听证事项目录》，决策事项主要包括相关市直部门的"十三五"规划编制，对制定深圳市公共信用信息管理办法和深圳市工伤保险费率调整政策举行听证会，③ 这些目录的公布进一步规范重大行政决策行为，为全面推进依法决策、科学决策、民主决策提供了保障。各区政府（新区管委会）、市政府各部门也分别制定了重大行政决策事项目录和听证事项目录，强化目录管理工作。

除了保证决策程序的合法规范以外，深圳市政府还健全行政决策监督管理制度。实施重大行政决策责任追究制度及责任倒查机制，推行重大行政决策后评估工作，并根据评估情况完善、调整相关决策，并不断完善政府层级部门之间的监督、监察部门的监督和审计监督，明确设置职能和权限，规范权力运行程序，强化内部流程控制，有效防止权力滥用。

（五）规范行政执法过程

党的十八届四中全会公报指出，过去执法部门在执法过程中存在"有

---

① 《深圳市人民政府重大行政决策程序规定》，2016 年 6 月 1 日。
② 《深圳市人民政府重大行政决策合法性审查办法》，2016 年 11 月 8 日。
③ 《深圳市人民政府办公厅关于印发深圳市人民政府 2016 年度重大行政决策事项目录和听证事项目录的通知》（深府办〔2016〕35 号），2016 年 11 月 29 日。

法不依、执法不严、违法不究现象比较严重，执法体制权责脱节、多头执法、选择性执法现象仍然存在，执法司法不规范、不严格、不透明、不文明现象较为突出，群众对执法司法不公和腐败问题反映强烈"①等问题，严重影响了我国宪法和法律的权威，破坏了人民群众对于政府部门的信任和权威。因此，深圳在法治政府建设过程中，十分注重执法规范化建设，不断创新体制机制，提高行政执法人员的法律素养，规范行政执法过程。

权责交叉、界限不清、多头执法是执法体制中一度存在的问题，为此，深圳市不断完善综合执法制度，减少各部门间的执法重叠交叉，推行大部制改革，按照减少层次、整合队伍、重心下移、提高效率的原则，合理配置执法力量。完善市、区两级政府行政执法管理，理顺行政强制执行体制。近年来，深圳以大部制改革为突破口，坚持职能整合，积极完善行政执法协同机制，推进跨部门跨行业综合执法改革，以职能转变为核心，简政放权、理顺权责关系，提高行政效能。②

除了体制的改革以外，深圳市不断加强行政执法队伍的管理和建设。2016年，深圳各级政府部门严格执法主体和人员管理，大力清理全市行政执法主体及委托执法公告，启动全市行政执法证件管理系统升级改造，全面清理全市行政执法人员资格，自2016年8月30日起，执法人员岗前培训考试实行网上闭卷模式。③对各级行政部门的领导干部进行法治培训，组织全市30多个单位的领导干部进行脱产培训；开展公务员法律培训和执法人员岗位培训。将法治教育纳入公务员主体培训范畴，作为深圳公务员初任培训、任职培训的重要内容。

在行政执法过程中，自由裁量权既是宪法和法律赋予各级政府的灵活处置空间，也是发挥政府执法行为效能的一个重要举措，但是自由如果没有法律法规的限制，同样会成为行政执法过程中容易发生寻租等非法行为的薄弱环节。为此，深圳市政府建立健全行政裁量权基准制度，严格执行《深圳市规范行政处罚裁量权若干规定》，"认真制定、及时报备、严格实

---

① 中共第十八届中央委员会：《中共中央关于全面推进依法治国若干重大问题的决定》，2014年10月28日。
② 《深圳全力深化行政执法体制改革》，2014年10月11日。
③ 深圳市法制办：《2016年度深圳市法治政府建设工作情况报告》，2017年3月24日。

施行政处罚裁量权实施标准,积极推动行政审批标准化工作,规范行政审批裁量权"①,从而遏制权力设租寻租现象,合理约束政府行为。同时,将全市 25 个市级行政执法部门行政处罚自由裁量基准在各自门户网站上公开,并全部链接至"深圳政府法制信息网"专栏,便于社会公众查阅。

此外,行政执法同样需要强有力的监督,深圳市建立行政执法岗位责任制度,督促全市行政执法部门科学设置执法岗位。修订出台《深圳市行政处罚案卷评查标准(2016 年版)》,增设"零处罚""案卷量比"等指标;开展执法投诉举报案件督察。认真研究群众投诉举报案件,并进行分类处理。属于行政执法督察范围的,依据《深圳市人民政府行政执法督察办法》立案督察;不属于督察范围的,引导当事人采取行政复议或行政诉讼方式解决。

(六) 全面推进政务公开,打造阳光政府

随着互联网时代的发展,公众对于信息获取的渠道更加便利,对公共信息的需求也更为迫切。及时准确地公开相关信息,成为政府部门掌握舆论主动权,赢得公众信任的重要途径。同时,政府信息公开,政务网上晾晒,也对公众监督政府行为,减少腐败等具有十分积极的意义。近年来,深圳着力打造阳光政府、透明政府,全面推进重点领域和关键环节的政务公开工作,公开行政权力的运行过程,逐步推进决策公开、执行公开、管理公开、服务公开、结果公开;加强政府公开的信息化建设,保障公民的知情权、参与权与监督权。②

2006 年,深圳市政府制定《深圳市政府信息公开规定》提出,"除了属于国家秘密,或者涉及商业秘密、个人隐私以及其他与行政执法有关,公开后可能影响检查、调查、取证等执法活动或者会威胁个人生命安全的信息外,任何公民、法人和其他组织有权依据本规定,要求有关信息公开责任单位向其公开该单位除主动公开以外与其自身利益直接相关的、依法

---

① 深圳市委:《深圳市法治政府建设工作实施方案》,2014 年 11 月 6 日。
② 同上。

可以公开的政府信息"①。同时，该《规定》明确了政府信息公开的方式和程序，提出信息公开责任单位除应当通过政府网站公开外，还应当根据有关规定或实际情况通过政府公报、新闻发布会、新闻媒体、告示牌、通知书等一种或多种有效方式公开，并保证其所发布政府信息的及时性、有效性和完整性，所公布的内容发生变化时应及时更新，公民、法人和其他组织要求获得政府信息的，应当按照有关规定持有效证件，向相关单位提交书面申请。

2015年，深圳市政府对《深圳市政府信息公开规定》进行首次修订，重点主动公开行政审批、行政处罚、"三公经费"等7类政府信息；首次针对自然灾害、事故灾难、公共卫生和社会安全等重大突发事件，提出政府信息公开的具体执行办法；其次，修订草案还针对政府就公民申请相关信息的答复时限做出了相应规定。

为全面推进政务公开，打造阳光政府，2008年，深圳市制定出台了《中共深圳市委　深圳市人民政府关于加快电子政务建设　构建阳光政府的意见》，大力推进政府"阳光工程"，完善网上审批、网上执法反馈、网上公共服务、网上公共资源交易和网上监督五个系统。② 建立政务信息资源共享机制，按照统一的标准和规范，建立政务信息资源目录体系和交换体系，保障市、区之间和部门之间的信息资源共享。

2009年9月，深圳市人民政府制定下发了《深圳市政府信息公开内容目录》，对各区、各部门应当公开的信息进行了公布，并通过"深圳市政府信息公开系统"这一平台，全面向社会公众公开相关信息。实现政府信息公开申请的集中受理、全程跟踪和协同办理。在中国软件评测中心组织的2015年度全国政府网站绩效评估中，"深圳政府在线"荣获副省级城市政府网站绩效评估第一名，连续9年位居前两名。③ 实现深圳市直部门权责清单在网上办事大厅公布，各区政府、街道权责清单在区级门户网站公布。完善深圳市政府及各部门新闻发言人制度，在市政府办公厅新设立"新闻处"。

---

① 《深圳市政府信息公开规定》（深府令第156号），2006年8月16日。
② 《中共深圳市委　深圳市人民政府关于加快电子政务建设　构建阳光政府的意见》（深发〔2008〕7号），2008年9月1日。
③ 深圳市法制办：《2016年度深圳市法治政府建设工作情况报告》，2017年3月24日。

通过政务公开，便利群众监督，切实做到了让权力在阳光下运行。

四 探索司法改革的"深圳样本"

2014年，党的十八届四中全会报告指出，"公正是法治的生命线，司法公正对社会公正具有重要引领作用，司法不公对社会公正具有致命破坏作用"①。十九大再次明确，"深化司法体制综合配套改革，全面落实司法责任制，努力让人民群众在每一个司法案件中感受到公平正义"②。近年来，深圳通过不断探索，深化以司法权力运行责任制、司法人员分类管理、司法人员职业保障、法院检察院人财物统一管理等为主要内容的司法体制改革，为全国司法建设提供了"深圳样本"。

（一）推进司法责任制改革

2012年，深圳市福田区人民法院、检察院推出"审判长负责制""检察官办案责任制"，率先启动司法权力运行机制改革。2015年，深圳市检察院率先在全国制定检察官权力清单，建立了主任检察官办案组织，初步落实了办案责任制。2016年9月，深圳两级法院发布了《落实司法责任制指引》，在全国法院系统首次以系统性、全流程的方式，对司法责任制进行落实和细化。③

2014年，深圳市制定出台了《深圳司法体制改革工作实施方案》，明确提出，要确保司法机关依法独立公正行使审判权、检察权，突出法官和审判组织的审判主体地位，明确法官、合议庭、审判委员会的权力和职责，建立法官办案质量终身负责制，完善错案责任倒查问责制度。突出检察官办案主体地位，整合内设机构，组建基本办案组织，选配主任检察

---

① 中共第十八届中央委员会：《中共中央关于全面推进依法治国若干重大问题的决定》，2014年10月28日。
② 习近平：《决胜全面建成小康社会 夺取新时代中国特色社会主义伟大胜利》，2017年10月18日。
③ 李锐忠、张丽娥：《先行先试三年实践 打造司法改革"深圳样本"》，《民主与法制时报》2017年7月15日。

官，明确办案权责，完善办案机制，形成符合检察权属性要求的运行机制。① 这一方案的出台，为推进"谁办案，谁负责"的司法体制改革起到了极大的促进作用，通过划分审判、审判管理和监督等职权的界限，理顺了司法权、监察权和行政权的关系，可以有效减少其他权力对审判权的干预。

为实现审判活动在司法中的中心地位，进一步划定和明确司法活动参与者的权力和职责，深圳制定了司法"权力清单"，配套15项制度改革，厘清了法官、合议庭和院庭长分别行使不同权力的边界和方式，形成了较为完整的清单体系。深圳检察院出台的《深圳市人民检察院检察官办案责任制职权配置暂行工作规定》将678项职权进行分级授权，对检察委员会、检察长（副检察长）、检察官的职权进行明确界定，规定了检察官办案工作流程和标准。②"权力清单"使法官、检察官的办案主体地位更加凸显，有力地促进了院领导从改革前的审批把关到改革后监督指导的角色转换。为保证"放权而不放任"，法院检察院权力清单对审判委员会、检察委员会、院庭长宏观监督管理和统一裁判标准的职能进行了规范，缩小个案讨论范围，加强对重大案件审判指引，改革后检察委员会审议案件数量同比下降34.1%。

为解决权力运行问题，深圳市法院创新出台了多种审判工作模式，形成了以审判团队为办案主体的审判权运行组织架构——基层法院普遍采取"1+2+N"（主审法官+普通法官+辅助人员）和"1+N"（主审法官+辅助人员）模式，中院采取"1+2+2"（主审法官+普通法官+法官助理）的模式，改革后的两级法院共组建不同类别的审判团队479个。针对审判流程中的不同环节，分别设置公诉、侦查监督、刑事执行、业务管理、刑事申诉、民事行政6个业务部，在司法属性较强的公诉、侦监部门实行检察官独任制，在行政属性较强的职务犯罪侦查部门实行行政审批制，在监督属性较强的民事行政检察、刑事申诉检察等部门实行集体决定制。

---

① 《深圳司法体制改革工作实施方案》，2014年11月6日。
② 《深圳市人民检察院检察官办案责任制职权配置暂行工作规定》，2015年。

与行政行为一样，审判活动同样需要监督，2015 年，深圳法院制定了《办案责任追究办法》，对违法审判线索如何发现、审判责任如何认定、办案责任如何落实形成一整套规范化的制度体系。① 建立了案件评查制度，成立由资深法官组成的案件质量评查委员会，确保责任追究权威、中立。2016 年，深圳两级法院全面制定《落实司法责任制工作指引》，对审判、管理、监督、保障、考核、评价、追责等进行了一体安排，实现了办案机制、评价机制、问责机制、保障机制的有序衔接。通过责任追究制度，深圳市逐步明确了司法责任追究的标准，区分故意徇私枉法、重大过失造成错案与一般工作失误导致的瑕疵案件等不同情况，强化履职保障，提高司法人员权责担当意识，在放权的同时加强责任约束。此外，深圳市检察院通过升级纪检监察监督平台，建立检察官执法档案，构建办案活动信息化、标准化操作流程，强化对相关人员的监督考核，增强了检察人员的责任意识，对确保检察机关的工作效率和提高工作规范性具有积极的影响。

（二）建立司法人员分类管理机制

为了推进司法体制改革，深圳一方面不断推进"以审判为中心"的审判制度机制的建设，另一方面也不断强化司法队伍建设，实行司法人员分类管理和做好司法人员职业保障即是其中的重要措施。

深圳人员分类管理改革工作起步较早，2003 年起深圳法院就开始探索法院人员分类管理和法官职业化改革工作，力求解决各类人员混编管理问题。2013 年 12 月，深圳通过了司法人员分类管理和职业化方案。2014 年 6 月起，率先在全国完成司法人员分类管理和法官、检察官首次入额工作，并根据中央出台的相关政策随时对试点入额工作做出调整。2016 年 5 月，首批中央员额法官、检察官的入额工作基本完成。②

根据职业特性和分工不同，深圳将司法工作人员分为法官、检察官、司法辅助人员以及司法行政人员三大职系。通过分类，到 2016 年，全市

---

① 《深圳市中级人民法院关于法院领导干部及内部工作人员过问案件的记录和责任追究规定（试行）》，2015 年 8 月 19 日。
② 李锐忠、张丽娥：《先行先试三年实践　打造司法改革"深圳样本"》，《民主与法制时报》2017 年 7 月 15 日。

法院系统三类人员（法官、司法辅助人员、行政人员）占比依次为 31.5%、55.1%、13.4%；全市检察系统三类人员（检察官、检察辅助人员、行政人员）占比分别为 48.7%、39.0%、12.3%。① 两院行政人员的分布比例都有大幅下降并控制在中央司改方案确定的比例范围之内。

2014 年，为了满足公正高效办理案件的客观现实需要，深圳法院、检察院将全市法官、检察官比例初步确定为 60%—65% 后，严格执行中央 39% 的员额比例要求，对入额人员设置了严格准入、有序缓入、坚决禁入"三道门槛"，于 2016 年完成员额制改革。在推行员额制改革的过程中，对法官、检察官进行业务能力、工作资历和业绩情况考核，并由专业评审委员会对其进行综合评审。在员额使用上，坚持入额法官、检察官必须在一线办案，员额向基层倾斜，入额的院庭长带头办案"三个导向"。②

在全面强化编制内司法公务员队伍建设的同时，深圳法院、检察院也十分注重配强辅助力量，建立劳动合同制司法辅助人员管理制度。2017 年 4 月，深圳出台了《深圳市劳动合同制司法辅助人员改革方案》，建立了劳动合同制司法辅助人员单独职务和等级制度。设置了初级、中级、高级三级职务层次和九个等级，对合同制司法辅助人员实行"三级九等"职级管理，法院、检察院分别按照 1:1:1 和 1:0.7:0.7 的比例配备法官、检察官与助理、书记员。人员分类管理，极大地加快了深圳司法改革的步伐，增强了深圳司法队伍的力量。

（三）加强司法工作资源保障

深圳市在推进司法人员管理机制改革的同时，还十分注重司法人员职业保障制度的完善，通过提高司法人员的职业待遇，拓展其发展空间，来激发司法人员的工作积极性，增加司法工作活力。

2014 年，深圳开始实施市级统一管理法院、检察院财物试点工作，并于 2015 年基本完成了两级法院、检察院资产、预算及薪酬市级统管。2015 年 10 月，全市 7 个基层法院、6 个区检察院正式成为市财政一级预

---

① 王淑静：《广东深圳司法改革为全国提供样本》，《南方日报》2017 年 9 月 22 日。
② 《勇当尖兵为全国司法改革提供"深圳样本"》，《深圳特区报》2017 年 7 月 7 日。

算单位及市发改委一级建设申报单位,两院的资产、预算、薪酬等全部实现市级统管。①统管后各区法院、检察院各自编制预算向市级财政部门(市财政委)汇总,预算资金通过国库集中支付系统拨付;资产管理模式与预算管理模式相匹配;非税收入统一通过市级非税收入征管系统全额收缴;投资项目立项直接向市发改委申请。

2016年1月,深圳市打破基层法院、检察院人财物隶属同级党政机关的传统制度安排,全面推行法院、检察院人员市级统管。在统管模式下,深圳在"党管干部"组织原则下进行干部任免权限重新划分。区法院院长、检察院检察长上提至省委组织部管理,其他班子成员委托市委组织部管理。科级及以下干部下放至区两院党组决定,报市法院、检察院备案,不再由区委组织部管理;在编人员的管理由区编办统一上收市编办管理,编制的动态管理由市编办会同市中院、市检察院统一研究,非在编人员的管理由用人单位自主决定。通过干部管理权限的重新调整,法院、检察院对自身干部管理拥有更大的自主决定权,既体现了干部管理权限向市一级集中统管改革的精神,又充分尊重了"司法干部司法管"的职业化、专业化规律,有利于在区两院形成更有效的晋升激励机制,调动基层工作人员的积极性,也有利于专业司法人才的选拔培养。

与此同时,深圳不断提升司法从业人员的职业待遇,构建法官、检察官单独职务序列和薪酬体系。为拓展司法人员晋升空间,自2014年7月起,深圳开始对法官、检察官的职务序列进行改革,确立了从五级法官、检察官到一级高级法官、检察官9个等级,并对择优晋升的执行办法做出了规定。改革配套的薪酬体系,实行与法官、检察官等级挂钩的薪级工资制度,并按照薪级确定工资和住房保障、医疗保健等福利待遇。

(四)繁简分流,提高案件办理效率

为了提高司法审判效率,解决"案多人少"的现实矛盾,深圳积极开展刑事案件速裁程序试点工作,推动案件繁简分流,建立多元化纠纷解决机

---

① 李锐忠、张丽娥:《先行先试三年实践打造司法改革"深圳样本"》,《民主与法制时报》2017年7月15日。

制，积极落实认罪认罚从宽等诉讼制度改革，实行跨部门网上办案平台、鹰眼查控机制等项目改革，不断提高司法公信力。① 根据 2014 年 6 月 27 日全国人大常委会的授权决定，深圳市对十一类依法可能判处一年以下有期徒刑、拘役、管制的案件，适用刑事案件速裁程序。深圳法院结案数从 2014 年的 207700 件上升到 2016 年的 277631 件，增幅达 33.7%。检察院审查逮捕案件办结时间平均缩短 0.2 天，审查起诉案件办结时间平均缩短 11 天，②两院工作报告在近三年人大会议上的赞成率稳步提升。评估组对深圳执业律师进行抽样调查，律师界对司法改革后一线法官的工作积极性、主动性给予了肯定，多数受访律师和群众认为"用户体验"有了明显改善。

此外，深圳市罗湖区人民法院进行了民商事大审判改革，为积极探索符合基层法院工作特点的案件分配机制和审判管理模式，建立科学客观公正的业绩评价体系积累了宝贵经验。③ 从 2017 年起，深圳积极探索民商事大审判改革，在保持原有审判庭室建制不变的基础上，简单案件由速裁庭办理，疑难案件由专业团队办理，普通案件在复合团队之间随机分配办理。对疑难案件和普通案件进行细分，建立专业审判团队，办理专业领域内疑难复杂案件；其他普通案件不再区分类型，由立案庭在各审判团队之间随机分配案件。同时，依托院庭长办案机制和专业化审判团队建设，实现民商事案件精细化审理，通过专业法官会议制度，就民事、婚姻家事、劳动争议、房地产审判设置民事专业法官会议，就商事、知识产权审判设置商事专业法官会议，负责讨论研究相应审判领域内重大、疑难、复杂案件以及具有普遍意义的法律适用和审判管理问题，确保重大疑难案件依法正确处理。

（五）阳光司法，提高司法透明度

为提高司法透明度，促进司法公正，深圳市根据最高法院指示，率先构建了"审判流程公开""裁判文书公开""执行信息公开"司法公开三

---

① 中国法学会：《深圳市司法体制改革第三方评估报告》，2017 年。
② 《深圳司法体制改革工作实施方案》，《深圳特区报》2014 年 11 月 13 日。
③ 《深圳市罗湖区人民法院 2016 年司法改革》，2017 年 4 月 19 日。

大平台，① 为阳光司法的实现奠定了基础。2014年，深圳市法院出台《深圳司法体制改革工作实施方案》，提出"健全阳光司法工作机制，努力拓展司法公开的渠道和范围，依法及时公开执法司法依据、程序、流程、结果和生效法律文书"②。同时，该《方案》还指出，"加强法律文书释法说理，建立生效法律文书统一上网和公开查询制度，规范窗口服务、网上查询、工作热线和短信系统的操作流程。在审判过程中，完善人民陪审员和人民监督员制度，确保人民群众有序参与司法。探索实行人民陪审员不再审理法律适用问题，只参与审理事实认定问题"③。

与此同时，深圳法院还借助现代信息技术平台，通过手机短信、电话语音系统、电子触摸屏、微博、微信等方式，向当事人和社会公开案件的诉讼过程信息。结合新媒体时代的特点，深圳法院不断拓展司法信息公开载体，完善新闻发布、白皮书发布会、全市法院统一的开放日制度。2015年，深圳法院共召开14场新闻发布会，公开发布了知识产权审判白皮书，举办5次全市范围的"法院开放日"活动。借助形式丰富的司法公开手段，深圳市已逐步形成以诉讼服务中心为"实体店"，以官方网站、12368热线和微博、微信、手机APP平台为"虚拟店"的全方位立体化司法公开体系。④

五　全面构建城市诚信体系

诚实守信既是中华民族的传统美德，也是一种重要的社会资本，更是发展社会主义市场经济的重要保障。党的十八届三中全会提出，"加强社会诚信建设，健全公民和组织守法信用记录，完善守法诚信褒奖机制和违法失信行为惩戒机制，使尊法守法成为全体人民共同追求和自觉行动"⑤。

---

① 王若琳：《深圳司法体制改革起步早效果好》，《深圳特区报》2016年7月12日。
② 《深圳司法体制改革工作实施方案》，《深圳特区报》2014年11月13日。
③ 同上。
④ 王若琳：《深圳司法体制改革起步早效果好》，《深圳特区报》2016年7月12日。
⑤ 中共第十八届中央委员会：《中共中央关于全面推进依法治国若干重大问题的决定》，2014年10月28日。

深圳市始终坚持社会主义市场经济改革方向，大力发扬改革创新精神，以提高诚信意识和改善经济社会运行环境为目的，以形成覆盖全社会的征信系统为基础，以健全法规和标准体系为保障，以信用信息记录、整合和应用为重点，以建立守信激励和失信惩戒机制为手段，全面推进社会信用体系建设。① 力图建成法规健全、信息完备、监管有力、服务完善的社会信用体系，在全社会形成诚实、自律、守信、互信的氛围，将深圳市打造成为在全国具有重要影响力的诚信建设示范城市，为加快建设现代化国际化先进城市，努力实现有质量的稳定增长、可持续的全面发展提供支撑。

（一）健全诚信管理系统，推进信用信息共享应用

深圳积极探索信用信息共享平台，在《深圳市社会信用体系建设工作方案》中明确提出，证监局负责做好诚信信息采集录入、查询使用和诚信监管工作，加大对违法失信企业的检查问责力度；深交所完善上市公司诚信档案工作制度，增加信息种类，丰富信息内容，规范信息录入和公开查询流程。依托现有的"上市公司信息披露网上业务直通车系统"以及"信息披露考评""承诺事项及履行情况"等信息披露专栏，不断创新、丰富披露方式和检索方式；建立深圳市联合征信系统与证券期货诚信信息系统互通机制，促进档案数据查询共享，促进信用信息的全面归集和充分应用，实现对失信违法行为的协同监管，压缩违法失信空间，提高证券期货市场诚信水平。②

为进一步整个数据资源，实现信息资源共建共享，深圳市建立了"大诚信"数据资源平台，紧抓信用数据互通和基础应用。夯实了信用基础版数据通道，在企业信用查询基础上新增医师、律师和企业高管等重点人群信用查询，全面对接市信用数据资源；优化完善了宝安信用网，增加信用查询、行政许可公示、行政处罚公示、曝光台、诚信风采等板块，推出宝安通APP、信用宝安微信公众号。梳理了信用管理体系目录，整合各类信用资源；并配套"1+7+N"制度建设，组织起草了数据归集和使用、社会法人

---

① 《深圳市社会信用体系建设工作方案》，2014年。
② 同上。

守信激励和失信惩戒、政府部门使用、社会公众使用、信用服务机构使用、平台信息安全、归集考核7个管理办法，有效奠定了诚信运行基础。

此外，深圳积极探索个人信用建设、企业诚信。将个人信用信息纳入"大诚信"子系统建设。与具有个人征信业务资质的鹏元征信进行合作，快速搭建宝安区个人信用体系的基础工程，同时，对接市电子政务资源中心，引入市、区人口信息数据，以个人身份证号为信用代码，归集登记类、资质类、行政监管类、司法执行类、荣誉类、行业领域监管类六类信息，编制了《宝安区个人信用信息查询报告样本》，通过探索个人信用应用场景，研究诚信公民在免押金借书、借自行车、优先使用免费文体场馆等方面的民生应用。组建诚信促进会和信用评级公司，加大信用评级在市场监管、政务管理等方面的应用，形成政府、社会、市场等"多元联动、合作共治"的良好局面。

信息平台建设的目的，最终在于将公民个人和企业诚信信息服务于社会管理和便利国计民生。深圳市积极推动政府各部门在行政审批、招标投标、政府采购、财政资金使用等领域使用信用记录和信用报告，在部分重点领域试点建立守信激励和失信惩戒联动机制，让信用良好的企业和个人，在经济社会生活中，切实得到守信用的甜头，一路畅行；让失信者在社会生活中重点受监管、受约束，寸步难行。

(二) 开展诚信文化建设，培育良好社会风尚

契约精神是市场经济发展必不可少的社会条件，作为改革开放的先行者，毗邻港澳的优势，流动人口聚居的现状，为深圳契约文化的形成和发展提供了沃土。诚信，作为一种基因也融入了深商文化，成为深圳城市文化的一个重要方面。深圳市立足于为全市社会经济发展营造良好的诚信文化氛围，积极开展诚信文化建设，培育诚实守信的良好社会风尚。

深圳市宝安区把短期宣传攻势和长期教育规划相结合，积极宣扬"社会诚信"概念，通过公益广告产品，灌输诚信思想，印制宣传海报，在全区开展专题宣传。通过"信用宝安网"，推出政务诚信，在短期内营造讲道德、守诚信的氛围，在《宝安日报》开设诚信宣传专栏，两周一期编印《大诚信建设专刊》共3期，培育诚信理念，宣传先进典型，鞭挞失信行

为，营造"失不起信、不敢失信、不想失信"的社会氛围。

同时，深圳积极创建信用企业、信用商家、信用社会组织等诚信文明示范典型，引领多方力量参与诚信建设。积极打造诚信社区，推广社区居民公约，加强居民社会公德、职业道德、家庭美德、个人品德教育；组织举办诚信主题晚会、诚信演讲比赛、诚信宝安行等形式新颖、群众喜闻乐见的活动，开展诚信文化进企业、进校园、进社区、进单位、进家庭活动，倡导诚信理念，培育诚信精神，传播诚信文化，努力提高各类社会主体的信用意识。在基础教育和职业教育中持续贯彻诚信教育，开展以诚信为主题的讲座、校园广播、辩论赛、征文演讲比赛，引导制定"班级诚信公约"，编印社会诚信读本，强化学生群体诚信意识培养。

（三）诚信城区建设的经验亮点

深圳在营造诚信文化氛围，建设诚信城区的工程中，积极创新形式和载体，推出了许多为其他城市所借鉴的成功经验。

如宝安区积极推进"大诚信体系"建设。在总结新安街道试点经验的基础上，在全区各街道推广"企信惠"信息惠民工程，企业信用数据的主动推送，为消费者提供信用信息参考，同步录入消费者实时评价，推动形成消费者、商家、政府三方互惠互利的良好互动。专门成立公共信用建设中心，建设以法人、自然人和社会组织为核心的"大诚信"数据资源平台。建成信用红黑榜、信用查询、信用共享等模块向社会公众提供服务；个人信用报告查询率先在安全生产、劳动保障、食品药品、生态环境等重点领域推行；探索个人信用积分应用，在免押金借书、借自行车、优先使用免费文体场馆等方面开展试点。[①] 为褒扬诚信，惩戒失信，宝安区大诚信信息通过互联共享，逐步嵌入全区行政审批、行政监管及公共资源交易等环节中，深化信用数据应用，诚信法人和诚信自然人可享受"绿色通道""容缺受理"等便捷服务。相反，存在严重失信行为的企业，将被列为重点监管对象，在行政许可审批、公共资源交易、专项资金申请、金融

---

① 深圳市宝安区社会工作委员会：《深圳市宝安区社会大诚信体系建设研究报告》，载张骁儒、邹从兵主编《深圳社会治理与发展报告（2017）》，社会科学文献出版社2017年版。

贷款申请等方面受到严格限制；对拒不履行法定义务被司法机关、行政机关做出判决或行政处罚的严重失信个人，在积分入户、择业就业、申请政府福利等方面也会受限。①

深圳市南山区组建"南山诚信商家联盟"，为社会信用体系和市场监管体系建设创造了经验。南山区发挥区总商会、消费者委员会等社会组织的积极作用，广泛发动商家加盟，优质企业将获授"南山诚信商家"称号并向消费者推荐。通过挂牌"诚信商家"，建立黄红牌警告、摘牌退出等监督机制，将加盟商家的营业执照、组织机构代码等信息录入诚信商家数据库，主动接受政府、行业和消费者监督。而经消费者投诉、有关部门跟进巡查发现重大问题被列入"黑名单"的企业，将作为辖区诚信安全隐患及重点巡查对象予以重点监管，"企业诚信档案"还应用于工商、税务、海关等政府部门作为互通互联的参考。②

六 推进智慧社会治理

党的十八大报告对"在改善民生和创新管理中加强社会建设"做出了重要部署，提出"提高社会管理科学化水平，必须加强社会管理法律、体制机制、能力、人才队伍和信息化建设"，③信息化建设在社会建设领域的重要性日益凸显。十八届三中全会指出，要"以网格化管理、社会化服务为方向，健全基层综合服务管理平台""推进部门信息共享"。④深圳市在利用信息化手段改善城市民生过程中积极探索，开展"织网工程"，推进智慧社会治理，提升政府管理服务效率，在加强社会治理的同时，更多更快地使政府服务惠及广大市民。

"织网工程"正是深圳市在把握"互联网+"和大数据时代背景下，

---

① 曾舒琪：《宝安启用公共信用信息平台实施诚信+战略》，2017年8月16日，深圳宝安网。
② 《深圳南山区"三打两建"：百姓得实惠、企业获发展》，2012年10月24日，新华网（sz. news. fang. com/2012 - 10 - 24/8819050htm）。
③ 胡锦涛：《坚定不移沿着中国特色社会主义道路前进　为全面建成小康社会而奋斗》，2012年11月8日。
④ 中共第十八届中央委员会：《中共中央关于全面深化改革若干重大问题的决定》，2013年11月。

以数据共享为基础、以业务协同为核心的社会治理体系和治理能力现代化实践模式创新。依托"织网工程",逐步在全市推进社区网格化管理,探索出"多网合一、多员合一"的新模式,走出一条"网格化管理、社会化服务、实体化运作、信息化支撑"的基层社会综合治理新路径。目前,深圳的"织网工程"和网格化管理已经在全市推行,基本建立起了一套完整的网格化、信息化管理系统。为编织民生服务之网,推进智慧社会治理,开展了一系列探索。

首先,深圳市通过搭建信息管理网格,建立政务信息数据库,来实现各部门数据融合和资源整合。[①] 目前,政府各部门虽然拥有比较完备的信息化平台,但由于条块分割的行政体制,造成了许多信息孤岛。针对信息割裂问题,深圳市一方面整合政府各相关部门已有的数据资源和 OA 办公系统等,另一方面则强化基层信息采集队伍建设,实行"一方采集、多方共享"和"采办分离"的工作机制,将全市划分为 1.6 万多个基础网格,实行网格化管理,由网格信息员对网格内实有人口、法人、房屋(城市部件)等基础信息以及矛盾纠纷和问题隐患等事件信息进行动态采集,在主要工业区、商业区和住宅区内巡防检查,在精细划分的网格里全方位、无死角地排查安全隐患,重点检查重大危险源企业、危化品生产经营企业以及各类公共娱乐场所、人员密集场所、公众聚集场所、生产类型场所、易燃易爆类生产经营场所等,建立集人口、法人、房屋、空间地理信息于一体的动态更新的城市公共信息资源库,联通公安、教育、计生、劳动社保、民政等 29 个市直部门的业务数据,实现各部门数据的统一管理和"一源多用"。在服务过程中积极推进人本导向、需求导向的公共管理与服务模式,变"被动管理"为"主动服务",依托政务信息大数据库及群众、企业活动轨迹生成的历史大数据,主动挖掘用户信息,推送定制化、针对性的服务信息。如宝安区,通过数据库信息比对,对辖区范围内达到年龄要求需要办老年证的人群,及时上门协助服务,让他们足不出户就可以拿到老年证。

其次,搭建"区—街道—社区"三级分拨处置平台,建立实有事件闭

---

① 曹洋:《广东省深圳市宝安区:以"织网工程+"行动打造精准治理多方协作的社会治理新模式》,2016 年 1 月 9 日,联盟中国。

环式处置模式。由区政法委（社工委）牵头，区网格办、信息中心联合开发"社会事件统一分拨系统"，建立实有事件分级分类标准，构建实有事件分拨处置运行机制，各区成立网格办、街道成立网格管理中心，厘清部门职责边界，依托区电子监察系统，对处置情况全流程考核，实现实有事件采集、分拨、处置、监督等八个环节的闭环管理。对涉及基层服务管理的事件重新梳理，分为五级事件共33项，每一事件都自动生成唯一的身份编码，建立分级分类标准，明确处理责任主体，采用智能分拨和人工辅助的方式，分拨到区职能部门或者街道，相关单位在规定时限内进行处置。公众还可通过"宝安政府在线"微信公众平台主动反映民意诉求，发现社会管理隐患信息等，统一归集到一个平台进行分拨处置。

再次，建立服务事项"统一受理平台"，实现群众办事"同城通办""就近办理"和"一证通办"。证照审批从"分散受理"向"一站式受理"转变，通过整合各部门单独设立的业务窗口，统一管理行政审批和服务事项由综合窗口实现"一窗式"办理，市、区、街道等15个应用审批系统基于信息化条件下优化工作流程，前台受理事项实时流转，后台协商衔接，避免窗口人员重复录入，① 实现"进一家门、办百家事"。设立个人空间、企业空间和机构空间，推进身份证"一证通"办事，减少群众递交纸质材料的次数，从"柜台式管理"向"全天候、多渠道办事"转变——实现O2O（线上线下）无缝对接，逐步实现"一证通办""一网通办"和"全城通办"。

最后，开发综合性的手机APP，整合民生服务资源，实现移动终端一站式网上政务事项办理，形成实体办事大厅与移动版虚拟办事大厅有效对接并优势互补，通过手机APP集成医疗、教育、文体、交通等26个部门的民生服务事项的在线申报办理，② 市民足不出户就可办理各种事项。

"织网工程"集管理和服务于一身，着重强调公共服务建设，整个系统分类科学，责任主体明确，有效避免了事件久积不决、责任推诿、重复

---

① 肖云龙：《宝安区"织网工程+"让老百姓不再办事难》，《南方都市报》2015年12月16日。
② 《"宝安通"APP上榜2016中国网络理政十大创新案例》，2016年12月30日，深圳之窗（city.shenchuang.com/szgq/20161230/416350.shtml）。

采集等问题。"织网工程"的实施成功落实了智慧社会建设中"数据集成、运行监测、分拨处置、指挥协同、应用评价"五大功能，使政府相关部门能够快速、及时、有效地掌握人口分布情况、公共服务统计数据、重点工作的进展、民生实事的完成情况、政府投资项目的跟踪管理以及应急事件，为政府决策提供了有力的数据支撑。

七 深圳建设和谐诚信安全城市未来展望

《中共中央关于全面深化改革若干重大问题的决定》中指出，"全面深化改革的总目标是完善和发展中国特色社会主义制度，推进国家治理体系和治理能力现代化。在社会治理中，必须更加注重改革的系统性、整体性、协同性。面对新形势新情况，社会治理方式需进一步改善创新，要坚持系统治理，加强党委领导，发挥政府主导作用，鼓励和支持社会各方面参与，实现政府治理和社会自我调节、居民自治良性互动"①。深圳市在建设和谐诚信安全城市的道路上仍有很长的路要走，在未来的社会治理中，深圳市要进一步深化社会治理改革与创新，从社会治理体系和治理能力现代化建设两个维度设计基本框架，推动理念、制度、机制、方法创新，使社会治理的社会化、法治化、智能化以及专业化水平进一步提升。②

在城市公共安全方面，深圳市在未来发展中要完善立体化社会治安防控体系，大力推进"雪亮工程"，实现公共安全食品监控系统联网应用。完善"12345"政务服务平台和公安110报警服务台联动机制，畅通非警务警情流转渠道。落实社会治安综合治理责任制，深化综治网格化管理工作。完善提升社会安全指数行动计划，保障市民知情权、监督权，引导社会各界广泛参与"平安深圳"建设，创新社会力量参与维护公共安全体制机制，形成群防群治新模式。③

---

① 中共第十八届中央委员会：《中共中央关于全面深化改革若干重大问题的决定》，2013年11月。
② 《深圳社会发展报告（2017）》，2017年。
③ 《法治中国示范城市建设实施纲要》，2017年8月。

《法治中国示范城市建设实施纲要》中指出深圳市法治建设仍然存在一些问题,"部分领域法治建设滞后,法治保障和能力建设有待加强,法制建设整体合力有待强化等"[①],为深入贯彻落实依法治国战略目标,进一步推进法治城市建设,深圳应充分利用经济特区立法权和设区的市立法权,逐步构建完备的地方法规体系,进一步完善地方立法机制,推进科学立法和民主立法,并着重加强重点领域立法,使立法工作能够适应不断变化的社会环境及经济社会发展需求。全面落实依法行政,不断完善行政运行机制和决策机制,推动构建权责一致、分工合理、资源整合、执行有力的行政执法体系,在此基础上,探索针对行政执法权力的约束和监督机制,妥善推进法治政府建设。

深化司法体制改革,构建符合职业特点的司法人员管理制度,进一步完善司法人员职业保障体系,明确司法人员责任权限,针对新设行政区域内的司法机关的管理运行机制展开全新的尝试和探索。此外法治城市建设离不开市民的法治意识和法治素养,要加强法治宣传教育,为民众提供更加优质丰富的法律服务,打造具有深圳特色的法治文化。

在构建社会诚信体系方面,深圳市虽已做出诸多探索,但仍处于初试阶段,在未来的建设中,深圳市要进一步完善公共信用信息管理系统,全面推行社会信用代码制度,使社会各界的信用信息得到系统的整合和有效的管理,使社会诚信体系发挥出其真正的效能。进一步拓展公共信用信息管理系统的应用范围,妥善推进部分信用信息的公开化,加强对于重点人群的信用监督工作,利用信用监督机制和社会舆论氛围来带动民众诚信意识的提升。通过更加丰富的形式和渠道宣传弘扬诚信文化,构建诚实守信的社会环境,探索建立守信激励和失信惩戒联动机制,引导诚实守信社会风尚的形成。

在推进智慧社会治理方面,要深入推进信息资源的融合和共享,在加强信息安全保护的同时,打破政府各部门之间的"信息壁垒",积极推进各部门信息整合入库和资源分享。逐步扩大信息网络应用范围,鼓励市发改、规划国土、公安、卫生、市场监管、民政等部门充分利用智慧治理决

---

① 《法治中国示范城市建设实施纲要》,2017 年 8 月。

策分析应用支撑平台，将数据库中的人口、法人等统计信息用于业务分析和辅助决策。条件成熟时，建立统一、权威的大数据平台和指挥中心。进一步完善网格化治理的功能体系，除现有的信息采集、综治维稳、排查矛盾隐患等功能外，继续拓展其社区自治、民生实事、协调管理、群防群治、社情联络以及政策宣传等功能，以社区网格化管理为基础，探索构建全方位、全覆盖、全服务的精细化管理、全程化服务、信息化支撑的新型社区治理体系。[①] 提升社区居民参与社会治理的积极性，鼓励其通过各种途径表达自己对于社区网格化管理的意见，使网格化管理机制真正为居民解难题、办实事。探索构建居民监督机制，增强居民社区自治观念。

[①] 张骁儒、邹从兵主编：《深圳社会治理与发展报告（2017）》，社会科学文献出版社2017年版。

第十二章　积极发扬基层民主

　　社区是社会最基本的单元，社区治理是城市治理的基础性工程，是社会治理能力现代化的重要组成部分，加强社区治理，发扬基层民主，是维护社会稳定、推进社会和谐的重要组成部分。中国共产党的十八大报告提出，"在城乡社区治理中实行群众自我管理、自我服务、自我教育、自我监督，是人民依法直接行使民主权利的重要方式"①，这说明了基层民主的重要性，特别是社区管理、社区服务以及居民自治的重要性。党的十九大报告进一步提出，"加强社区治理体系建设，推动社会治理重心向基层增长，发挥社会组织作用，实现政府治理和社会调节、居民自治良性互动"②。

　　改革开放以来，中国城市基层社会治理体系发生了较大变化，传统的"单位制"治理体系逐步瓦解，以城市社区自治组织为基础的现代城市治理架构逐步形成。特别是深圳成为全国第一个没有农村的城市，已经从以乡村型社会为主体的时代，正式进入以城市型社会为主体的时代，再加上本身是一个移民城市，人口增长速度较快，非户籍人口远高于户籍人口，造成人口严重倒挂，大大增加了基层治理难度，对基层民主和社区治理现代化的需求较高。改革开放40年来，在党和政府的领导下，深圳的基层治理经历了从全能主义的管控思维到政府主导下的多元参与的转变，在政

---

　　①　胡锦涛：《坚定不移沿着中国特色社会主义道路前进　为全面建成小康社会而奋斗》，2012年11月8日。

　　②　习近平：《决胜全面建成小康社会　夺取新时代中国特色社会主义伟大胜利》，2017年10月18日。

府、社会与市场在社区治理过程中的关系上，经历从政府单一主体主导的行政模式，到政府、社会、自治组织多主体参与的伙伴关系，再到党建引领下的"多元整合"阶段。

一 深圳市社区建设的主要历程和改革措施

（一）全能主义时代的"社区管控"阶段（建市—20 世纪末）

1. 政策背景

改革开放以前，中国社会处于总体性社会阶段,[①] 也就是说，这是一个分化程度较低、同质性较强的社会，社会的组织类型和组织方式比较单一。每个组织除了从国家获取所需要的资源外，缺乏其他获取资源的途径，这样一来，各类组织高度依赖于国家，社区治理领域同样如此。在全能主义社区体制下，社区实际上提供了生活必需，使得居民在物质上对社区高度依赖，并在生产和生活互动方面倾向于互助性的交往。

1979 年到 20 世纪 80 年代中期，居委会处于计划经济体制下，居委会集管理、服务、自治功能于一身，行政体系支配一切，政府行政手段包办一切，实际作为街道办的直属单位开展工作，"社会化"因素不起作用。这种模式下的居委会主要是承担基层的行政职能，居委会拥有一定数量的专职工作人员名额，而且这些居委会人员都是由上级部门直接任命，而非直接选举产生。1986 年民政部首提"社区服务"概念，要求居委会开展社会福利性的济贫解困和方便居民生活的工作。自此，社区建设从无到有，物质服务层和精神文化层同步发展。1993 年，为进一步推动和规范社区服务的发展，民政部联合 13 个部委，颁布了《关于加快发展社区服务业的意见》，这标志着社区服务向规范化和专业化的方向转变。而居委会开启"项目自办、经费自筹、管理自治"的改革，服务对象从特殊困难人群拓展到整个社区的所有居民，其服务项目也从零星单项向系列化服务转变，资金来源从单一的财政性拨款转变为财政、街道事业单位和社会多渠道筹措，组织形式从单一的民政助理转变为街道专职部门。同期，深圳市

---

① 孙立平等：《改革以来中国社会结构的变迁》，《中国社会科学》1994 年第 2 期。

出台精神文明建设大纲（1986年），开启创建文明小区、文明社区的活动，激活了"社会化"因素，有利拓展了社区建设的广度和深度。文明创建活动培育了社会化参与的自觉主动和自助互助精神，全面发挥了社区综合功能，提高了社区整体环境质量，促进了以条为主的工作重心逐渐向以块为主的社区地域工作转化和深入展开，切实加强了社区各类成员的联系与合作。城市文明创建活动，直接催生并推动了社区义工事业蓬勃发展，使得"深圳义工"成为城市形象的一张名片，是该时期社会化活跃的显著标志。

2. 改革措施和特点

这一阶段深圳居委会的主要改革措施和特点如下：

一是以街、区为单位增设居委会。建市初，深圳城区（原宝安县县城）的居委会不足10个。随着新城区的不断开发，新居民的迁入，居委会数量逐年增加，1989年9月深圳市居委会已达121个，其中特区内106个（下设居民小组1080个）。深圳早期的居委会通常是以街道、路为单位，或是以楼群或企业实体为单位而设立，规模平均在800户左右，有少数超过2000户，类型上分为商住型、小区型、单位型、"村转居"等；职能上除履行宣传政策，维护居民合法权益，办理社区居民的各种公共服务、公共事务等，以及反映居民的基本诉求和调解民间纠纷等法定工作之外，主要承担各级政府或其派出机关委托的，诸如公共卫生、计划生育、优抚救济、社区治安和其他行政管理工作。

二是居委会人员来源多样化。1995年以前，居委会作为基层重要的主体组织，一般设3—5名专职干部，且大多数为转职或转行调入人员，部分是上级委派的新培养人员，大部分是女性，女性比例可以达到90%以上。

三是稳步推行居委会选举。1995年6月，深圳市民政局在南山区沙河街道中新街居委会进行了民主选举试点，产生了深圳第一个民主选举的居委会。1996年1月，深圳举行了第一届居委会换届选举，302个居委会的领导班子全部由居民民主选举产生。

四是多渠道解决居委会资源保障问题。此阶段，居委会的办公经费以及人员的工资福利待遇主要通过区和街道财政拨款和补助来解决，部分还需要自筹经费，因为各区和街道办事处的经济发展水平和补助标准不一，所以，各居委会人员的工资待遇也差异较大，有的居委会享受事业单位身份和待遇，有的居委会享受事业单位同等待遇但并不具有其身份。

（二）社会管理时期的"强居管理"阶段（21世纪初—2004年）

1. 政策背景

随着市场经济的逐步深入，由社会分工加剧决定的人们之间结构性依赖的增强导致人们生产和生活方式的日益分化，社区出现异质化和多样化趋势，传统的社区管控思维已经不能满足社区发展需要。20世纪90年代，面对单位制解体后出现的社区服务需求，街居制逐步失灵的情况，吸纳多元参与、激发社会活力成为社区管理体制改革的新方向。1998年，第九届全国人民代表大会第一次会议上讨论通过的《关于国务院机构改革方案的说明》中首提"社会管理"，提出"要把政府职能切实转变到宏观调控、社会管理和公共服务方面来，把生产经营的权力真正交给企业"，而后在2003年和2008年的两次机构改革中都强调了政府职能转变这一核心思想。可以说，随着经济社会的发展以及居民对于社区管理的新要求，这种带有一定管控性质、行政色彩较浓、社区自治较弱的管理模式已经不适合时代发展需要，需要跟进现实状况进行一定程度的改革。而在这一时期，"治理"的理念开始逐步引入到社区管理中，解决了社区治理主体从"政府一元"到"社会多元"的过渡。[①]

另外，这一时期，政府弱化了以往对社会生活的全面干预，深圳市社区形态主要发生两个变化：一是人口流动加速，形成典型的户籍人口倒挂。内地人口向深圳市单向流动，人口密度高，人口聚居规模大，造成诸多社会问题，使得城市资源，特别是社区资源难以持续承载。二是1985年以来实施的"工业为主"发展战略，使得特区农村土地被大规模征用和村办企业迅速发展，农村经济结构实现了第一产业向第二、第三产业的转变，农民出现了职业非农化、收入多元化的状况（如农村房屋出租率近50%），农村社会建立了自我保障体系，农村社会形态消解于城市的基本

---

① 刘铎：《开放式社区治理：社区治理的演化趋势》，《甘肃行政学院学报》2009年第3期。

条件已经具备，进行新的社区改革势在必行。

2. 改革措施和特点

这一阶段，深圳市的社区建设以社会管理为主线，学习上海的"两级政府、三级管理、四级网络"模式，进行以权力下沉为方向的社区治理体制改革，① 大力推进居委会建设，不断强化社区自治功能，主要内容包括：

一是大力推进村改居。应对农村社会形态向城市转变，深圳市多次推动农村城市化进程。虽然深圳市的城市化进程一直没有间断，但是在1992年，才开始实施第一次大规模农村城市化，这一次将原特区内68个行政村（173个自然村）改建为100个居委会，同时成立了66家城市集体股份公司，将46000多农民一次性转为城市居民。十年后的2003年，深圳市在原特区外地区开展第二次大规模农村城市化，原宝安、原龙岗两区218个村委会转为城市居委会，27万村民全部转为城市居民。

二是政府加大对社区的投入。随着居委会在居民生活中的作用越来越明显，政府对社区建设日益重视，居委会建设逐渐被列入了政府的议事日程，各级加强了对社区建设的调研和探索，并出台了一系列社区建设的文件。1998年，深圳市出台了《关于进一步加强城市社区居委会建设的若干意见》（深府〔1998〕262号），明确了居委会的地位和任务，提出了"居委会专职人员执行行政机关工资制度、工作经费列入区财政预算、办公用房由区政府、街道办限期解决"等系列强化措施。此阶段，深圳市逐步加大了居委会的经费投入、硬件建设力度，市财政每年给每个社区居委会一次性补助15万元，区财政为每个社区居委会安排20万元作为启动资金；个别区还拨出专项资金，对社区居委会统一配备了办公设备，对残旧办公用房进行统一装修。

三是健全社区组织体系。2002年2月，深圳市出台了《关于加强城市社区建设工作的意见》（深发〔2002〕4号），要求市、区、街成立党政主要领导挂帅，多部门参与的社区建设领导小组和工作机构，社区成立社区居民党组织（党总支或党支部），重新调整居委会规模，改居委会为社区

---

① 徐道稳：《社会基础、制度环境和行政化陷阱——对深圳市社区治理体制的考察》，《人文杂志》2014年第12期。

居委会，推行居委会专职工作人员公开招聘制度等。2002年上半年，深圳市完成了社区规模调整，原有的443个居委会被调整为351个。同年12月，发布的《关于全面推进农城化社区居委会与集体股份公司脱钩及党组织分设工作的通知》中，要求所有村转居委会与集体股份公司在机构、职能、人员上实现全面脱钩分设。2004年4月，深圳城市化工作全面铺开，12月底，宝安、龙岗两区218个村委会撤村设立居委会，深圳成为全国第一个没有农村行政建制和农村社会体制的城市，居委会组织实现全市全覆盖，全市共设居委会612个。经过一系列改革和探索，以社区党支部为领导核心，以社区居委会为管理主体，居民自治组织和中介组织等相配套的新型社区管理体制逐步建立起来。各区积极指导社区党支部、社区居委会制定了工作职能和成员工作职责，建立各项工作制度和会议制度，全面推行居务公开；盐田区探索了"议行分设"的治理机制，酝酿社区管理体制改革创新，通过体制改革，理顺政府与居委会的关系，还居委会群众性自治组织的地位和职能。

四是推进居委会直选。2002年，居委会进行了全面的民主选举，探索推行直接选举，当年居委会直选率为1.7%，后来随着"居站分设"等改革的推进，居委会直选率逐步大幅跃升到99%以上。

这种社区治理格局加强了社区管理和服务，但也导致街道办的组织架构迅速膨胀，居委会的行政化大大加强等问题。

（三）社会治理时期的"多元复合治理"阶段（2005—2013年）

1. 政策背景

随着城市化快速推进，外来人口过量增加和信息化高速发展，深圳市凸显了大城市病，给社区建设带来严峻挑战：一是社会分层加快。建立在职业基础上的新的社会阶层分化机制已经逐渐取代以往以户口、政治身份为基础的分化机制，导致社区成员异质化程度高。有的社区成员遵循合法途径，有的社区成员采取抗争手段，增加了社区管理难度。二是社会矛盾加大。不仅新的社会问题不断出现，而且新老矛盾叠加交织，并且矛盾趋于群体化、暴力化。主要集中在土地房屋征收、环境污染项目、医疗卫生、食品安全等领域，已经出现了自杀、自焚、爆炸、枪杀等极端方式，社区综治形势严峻。

社区形态变化的同期，随着城市管理重心下移，部门工作进社区成为常态，社区精细化管理要求越来越高，居委会被迫承担起一些政府职能部门转移到社区的大量行政事务。深圳市的社区居委会普遍承担着计划生育、社会治安、社会福利与社会救助、社会就业等上百项管理和服务工作。长此以往，社区居委会已演变成以行政性工作为主的机构，社区自治流于形式，居委会行政化倾向重偏离了组织法规定的"基层群众性自治组织"地位，成为困扰其深入发展的瓶颈问题。针对这些情况，深圳市在盐田区率先进行"议行分设"①改革，在社区改革的基础上进行了"居站分设"改革。

2. 改革措施和特点

一是理顺社区体制机制，增设工作站。2005年，深圳市发布了《深圳市社区建设发展规划纲要（2005—2010年）》《深圳市社区建设工作试行办法》等文件，实行"居站分设"改革。其中《试行办法》第9条指出："在社区设立工作站，街道办和党工委领导其开展工作。工作站的主要职责是办理政府部门在社区开展的工作以及其他本来就是需要社区办理的工作事项；同时帮助和支持居委会的工作，支持社区内的社会力量开展服务居民的活动。"而这种"居站分设"制度改革的设计初衷是让社区居委会从行政事务中抽身，真正能够密切联系群众，真正代表社区居民的意见和利益，以及发现社区存在的社会问题，化解社区社会矛盾，实现居委会的自治功能。社区工作站作为街道办事处的工作平台，承担计划生育、综治维稳、社区法治、城市管理和公共服务等行政性事务。

经过"居站分设"10年的实践和探索，在社区治理体制方面取得了显著的成绩，社区工作站作为政府在基层的政务管理服务平台，有效加强了对基层社区的管控，社会治安恶化形式得到了有效扭转，村改居、转地工作总体顺利，均有力支撑了深圳经济社会的全面健康发展。"居站分设"

---

① 其特点是实行"一会两站"，即在社区居委会下面设立社区工作站和社区服务站。居委会作为议事组织对社区重大事务和社区治理行使决策权、监督权；社区工作站、社区服务站作为居委会的执行机构，分别完成政府委托的行政工作、办理社区自治事务和为民服务。

作为一项基层管理的制度设计，它适应了当时的深圳市城市基层管理发展的需要。

二是调整社区规模。深圳市的社区规模相差较大，大的社区有 30 多平方公里，最小的社区仅有 0.1 平方公里，社区工作站成立以后，传统以街道、公路为划分原则的社区分割方式已经不能满足管理和服务需要。2007 年，深圳市同步推动社区工作站和社区居委会范围进行调整，并按照"以居民房产利益关联为纽带、物业小区与居委会范围基本一致"的原则，对一些管理人口和管理范围较大的非封闭式社区进行分设居委会。而规模较小的居委会可以与相邻的其他社区共同设立社区工作站，不再单独设立社区工作站，从而形成"一站多居"管理体制。通过改革，加强了党和政府在基层的执行力，而且"一站多居"的政策设计也加强了基层民主政治建设。

三是大力推动社区管理服务创新。特别是 2010 年以来，深圳市深入贯彻执行中央和省社区建设有关精神，以构建平安和谐社区为目标，遵循社区党建、社区管理、社区服务、社区自治"四位一体"共同发展的思路，大力推进社区建设各项工作，不断加大社区资源投入，加强了社区基础设施建设和社区队伍建设，有力增强了社区服务功能，取得显著成效。2011 年以来，按照中央、省、市有关文件精神，深圳市大力推进社会建设"织网工程"，切实加强基层服务管理。2012 年以来，实施"风景林"工程，全面深入推进社会建设。全面推进以"基层党建工作区域化""楼（栋）长""社区服务中心""社区居民议事会""社区公益服务"五个项目为主要内容的"风景林"工程，取得了显著成效。

（四）社会治理时期的"党建引领下多元整合"阶段（2013 年至今）

2013 年 11 月，党的十八届三中全会正式提出"创新社会治理体制"，标志着社区建设进入"社区治理"新阶段。这一时期，深圳市逐步从社会管理上的"独角戏"角色退出，积极构建社区协商和社会分权机制，行政决策征求公众意见，政府服务向社会购买，委托行业协会、社工组织进行管理服务，已经取得了较好的效果；从以我为主、为民做主的管理观念中脱胎，树立一切工作以服务市民为中心的执政理念，修订和完善公共政策，使之以公民的需求和公民的方便为出发点；从冲在第一线、领导一切指挥一切的管理方式中解放出来，再组织基层社会，大规模培育社会组织参与社区建设，实现社会多元治理；从整治为主的行政执法模式转换为以人为本、疏堵结合、刚柔并济的执法模式，逐步智慧性解决城市乱设摊、黑车、群租和违法建筑四大顽疾。

新时期的社区治理，意味着过去擅长的管控、整治、取缔、灭火等老套办法也不太管用了，亟须改革。此外，经过10多年的运行，深圳市的"居站分设""一站多居"的管理模式也出现一系列问题，如社区党委权威有一定削弱。社区居委会被削弱的同时，社区党委的权威也在一定程度上被削弱，特别是在村改居社区，由于社区股份合作公司董事长掌握社区经济资源，社区工作站站长掌握社区行政资源，如果社区党委书记不兼任董事长或社区工作站站长，则社区居民通常只知道具体管事情的工作站站长，而不知道社区党委书记。有的党委书记虽然身兼党组织书记、工作站站长、居委会主任三职，但工作站的工作面临诸多检查，甚至部分工作还一票否决，另外社区工作站站长是拿正式工资的聘用人员，而党组织书记、居委会主任都是不拿工资的岗位，导致主要工作精力在工作站，社区党委反而被边缘化。

在这种情况下，深圳市也进行了一系列改革，主要是力图通过加强社区党建来推动社区改革，特别是推行了社区党建标准化，逐步实现社区党委书记和社区工作站站长一肩挑，由社区综合党委全面掌控社区人财物资源以及社区规划和发展。实行社区新政以来，各区（新区）、各街道加大社区从管理到治理的转型步伐，开展了各具特色的社区治理探索实践。

二 构建"一核多元"的多元治理体系

为了厘清社区各治理主体之间的关系，形成管理服务合力，深圳市通过改革，逐步建立以社区综合党委为核心，以社区工作站、社区居委会、社区党群服务中心为依托，社区各类组织（如业主委员会、物业管理公司、驻社区单位，农村城市化社区还有社区股份合作公司）等多元主体多元互动和共建共享的新型社区管理服务模式。

（一）社区党组织的核心地位得到夯实

为了进一步加强社区党组织的核心地位，深圳市在社区普遍成立社区综合党委，并以党建标准化为抓手，为基层破解难题、夯实基础指明了方向。

1. 推动综合党委+兼职委员的管理模式，优化社区党组织设置模式

"社区综合党委+兼职委员"是一种新型创新管理方式，它打破了以往社区党建以条为主、条块分割的管理体制。首先这种管理模式强调区域统筹理念，能够突破传统的组织界限，在原有社区工作站、社区居委会等组织中的党员之外，积极吸纳社区各类组织中的党员，特别是吸收一些驻社区单位党组织负责人任社区综合党委的兼职委员，兼职委员并不类属于社区综合党员，但可以进行决策咨询和监督，这样就可以充分调动社区各类组织参与社区党建和社区建设的积极性。为了进一步让社区综合党委+兼职委员的作用更加明显，深圳市还推动了党代表、党员义工、在职党员、街道和社区党委综合评价结果纳入单位责任目标考核和领导干部考核评价体系。

2. 强力推动党建标准化

2016年，深圳全面启动社区党建标准化建设，并于年底制定下发了《中共深圳市委办公厅印发关于推进社区党建标准化建设意见的通知》（深办发〔2015〕16号），在全市642个社区全面推行社区党建标准化建设，大力推进组织建设标准化、党员管理标准化、治理结构标准化、服务群众标准化、工作职责标准化的"五化"建设，进一步明确了推进标准化的保障措施。

组织建设标准化方面，切实提高社区党委书记待遇，明确社区综合党委书记工资福利待遇参照财政核拨事业单位职员七级执行，而且连续任职满6年的社区党委书记，经考试考察符合条件者还可入事业编制，在岗位退休的享受事业编制相应人员退休待遇，使得过去只愿意做工作站站长转变为争做社区综合党委书记。

党员管理标准化方面，结合"两学一做"学习教育，推动社区"三会一课"制度化规范化，作为实现社区党员管理标准化的重要抓手。

治理结构标准化方面，逐步建立以社区综合党委为领导核心的基层治理结构，赋予社区综合党委四项权利：即重要事项决策权、人事安排权、领导保障权和管理监督权，突出社区综合党委的核心领导作用。同时还推动社区各组织的班子成员交叉任职，社区综合党委书记兼任工作站站长，并通过法定程序兼任社区居委会主任，也支持村改居社区党委书记依据公司章程兼任社区股份合作公司董事长，鼓励社区党委委员兼任业主委员会主任等，使得社区党委领导权和管理权真正落到实处。

服务群众标准化方面，深圳市将社区服务中心改制为社区党群服务中心，同时对市区各职能部门在社区设置的各类机构、牌子、平台等进行全面整合，将社区党群服务中心打造成综合性、一站式公共服务平台。

工作职责标准化方面。为了有效缓解社区行政职能过多的问题，深圳市规范了社区居委会、工作站、股份合作公司等各类主体的职责，积极推进社区减负，制定社区工作事项清单，将不该由社区承担的任务集中清理出去，同时建立社区行政事务准入制度。

3. "公推直选"与"五进社区"夯实社区队伍

为了夯实社区党建，提高社区党员干部综合素质和水平，深圳市广泛开展"五进社区"活动，"五进"主要是指市区两级党委委员、机关在职党员、各级党代表、党员志愿者、党群工作者，推动这些党员在居住地亮身份、亮特长、亮服务，实行市区党委委员进社区常态化、党代表进社区制度化、党员志愿者进社区规范化、机关党员进社区经常化、党群工作者进社区联动化。并通过"党代表接待周""党员社区服务""法律服务进社区"等多种方式，有效发挥党员在基层社区治理中的先锋模范作用。同时建立健全社区"公推直选"制度，不断提高社区党组织队伍的凝聚力和战斗力。深圳市还积极探索社区党组织换届选举流程优化，采取组织推荐、党员群众联名推荐、党员个人自荐三种途径推荐候选人，不断拓宽候选人产生渠道。另外，在选举程序上积极探索直接选举，大大提高了党员、群众参与度和选举的透明度。通过流程优化，大大提升了社区党组织领导班子的群众认可度，提高了班子的凝聚力战斗力。

4. 加强流动党支部建设

除了加强社区综合党委建设外，深圳市还积极在来深建设者比较集中的区域，建立"同业同乡村"党组织，在社区党建中发挥了非常重要的作用，如南山区党建引领下的货柜车司机流动党支部，在维护司机利益和社会稳定方面发挥较好作用；福田区的湖南攸县驻石厦党支部成立的计生协会，多年来为司机家属提供计划生育、证件办理、咨询等多种服务，并为两地计生部门提供了第一手人口普查资料。可以说湖南攸县、江西新余、湖北洪湖3个外来出租车司机流动党支部在处理司机罢工和维护社会稳定等方面做出了突出贡献。

（二）"一核多元"、行政与自治相分离的多元治理结构基本形成

2005年，深圳市全面推开"居站分设"的基层管理体制改革。社区内的各类治理机构主要有五大类：一是社区综合党委。随着党建标准化的逐步实施，社区综合党委已经夯实了社区的核心领导地位。二是社区工作站。独立设立社区工作站，承接从居委会剥离出来的行政管理和公共服务事务。社区工作站是政府设置在社区的政务服务平台，协助政府及其派出机构在社区开展工作，其人员经费和办公用房由政府解决。三是社区居委会。社区居委会是法定自治组织，社区工作站成立以后，居委会不再承担社区各种行政事务，将工作重心转移到社区自治。四是社区党群服务中心，整合社区各类服务资源，为社区群众提供各类社区服务。五是其他各种社区组织。比如社区股份合作公司、小区业主委员会、物业管理公司、驻社区单位等。"一核多元"的治理体制就是以社区综合党委为核心，以社区工作站、社区居委会、社区党群服务中心等为依托，社区各类组织密切配合、共建共享的社区治理结构。"居站分设、一站多居、居企分离"将社区行政权与自治权进行分离，既加强了党的领导，保证了政府各项行政事务在社区的有效落实，同时也还居委会本来的自治地位，同时社区党群服务中心的建立有力地推动了政社分离、政事分开，进一步理顺了社区多元主体职能关系，在一定程度上克服和解决了传统社区治理存在的职能错位、角色混乱、行政化严重等弊病。

三 建立在社区议事基础上的民主自治健康有序发展

（一）大力推动居委会直选

居委会作为群众性自治组织，在社区党委领导下，在协助党和政府开展精神文明建设宣传、人民调解、群防群治等工作的同时，收集社情民意，反映群众诉求，发挥好党和政府联系群众的桥梁纽带作用。居委会直接选举是社区自治的基础，为加强基层民主政治建设，进一步选优配强居委会班子成员，深圳市不断扩大居委会直接选举比例和覆盖面，广开社区居民实现民主权利、政治参与的渠道。早在2008年，深圳市居委会直选率就高达九成以上，2014年全市794个居委会换届，采取直选方式的有793个，直选率达99.87%，基本实现了全面直选。为了切实保障社区居委会权益，深圳市还在全国较早探索让非户籍居民参与居委会选举，并逐步降低非户籍居民参选的门槛，积极吸纳非户籍常住居民参与居委会选举，从非深户籍党员中选拔社区综合党组织班子成员。

（二）以社区议事会为平台大力强化社区协商制度建设

社区议事是社区自治实现的重要途径，为了进一步规范和加强社区议事工作，深圳市发布了《深圳市社区居民议事会工作规程》（深民规〔2015〕2号），为各区（新区）开展社区协商工作树标立规。在此基础上，各区（新区）结合实际，发挥创新性思维，出台了相关配套文件，明确和细化协商的各项规则、流程和规定，如罗湖区出台了《深圳市罗湖区社区居民议事会规范化建设工作方案》等六个操作性配套文件，还出台了《深圳市罗湖区街道和职能部门与社区双向考核试点工作实施方案》等为开展社区协商保驾护航；盐田区出台了《盐田区居民论坛管理办法》《盐田区民主评议会、民事协商会、民情听证会管理办法》等文件。市、区共计出台了近40件涉及社区协商的规范性文件。同时针对部分社区存在的无事可商、为协商而协商等问题，深圳通过制度设计将全市正大力推广的民生微实事与居民议事会紧密捆绑，各社区拟实施的民生微实事项目全部由居民议事会讨论决定。

(三) 将居民议事会打造为社区协商主要平台

除了居民会议、居民代表大会、业委会等传统议事形式，深圳市还大力推行居民议事会，着力将其打造为开展社区协商的最重要和最有效的平台，通过科学设定人员组成、议事范围，如规定居民议事会成员主要从社区综合党委、社区居委会、社区工作站、业主委员会、物业管理公司、驻社区单位、社区社会组织、居民代表、外来建设者、辖区企业等单位推选产生，非户籍人口多的社区还需吸纳一定比例非户籍成员，最大限度涵盖社区各类人群。细化议事程序与开会流程等，解决了居民会议等具体开会流程不明晰等问题，引进的罗伯特议事规则也为如何理性有序高效地开展社区协商树立了规范。同时确保社区协商结果有效执行，对属于居民议事会讨论确定的日常性事务（非民生微实事项目），如对涉及本辖区的社区建设规划提出的意见建议，对本社区各类组织的管理、服务及作风等方面存在的问题提出的意见建议，收集反映的社情民意和居民需求等经议事会讨论决定后，将严格按照居民议事会工作规程分类执行、限时解决。对于讨论商定的民生微实事项目，将上报街道办事处进一步审核确定，项目一旦确定，将严格按照项目合同由街道办事处、社区根据金额大小分别组织项目承接方实施，有力保证了协商成果的落地，让社区协商得到充分的尊重，社区自治不再只是空洞的形式。

(四) 以社区邻里节为抓手深入推进社区融合

深圳作为移民城市，大家来自五湖四海，彼此互不熟识，传统的熟人社会基础本不存在，而深圳城市化的飞速发展，快节奏的生活方式等因素更进一步加剧了社交障碍，邻里间老死不相往来。为破解这一难题，深圳市从2006年开始于每年的元宵或中秋佳节共同主办社区邻里节活动，每年遴选一个区（新区）的某个社区作为全市社区邻里节活动的主会场所在地，通过开展丰富多彩的各类活动，广泛发动社区居民参与，全市其余各社区也各自开展内容丰富、形式多样的社区邻里节活动，如举办文艺会演（主要由社区居民参与节目演出），组织制作糕点、中秋贺卡、猜灯谜等互动活动。社区邻里节活动通过各种活动，让互不相识的居民走出家门，参与到社区各项活动中来，进而彼此熟识，促进融合，让单独的个体在这座陌生的城市里感受到家的温暖，构建温馨、和睦、友爱的新型邻里关系，增进对深圳这座城市的认同感和归属感，活动开展以来，由最早的少部分社区自行开展到现在的全市600多个社区同步开展，参与人数也由少部分人参与到社区居民广泛参与，社区邻里节活动已经成为深圳市独有的属于全体居民的共同节日，是深圳促进社区居民融合的一个品牌活动，深入人心。

（五）以社区基金会为依托拓展社区自治途径

社区基金会是一种资金来源于社区并用于社区建设的基金会形态，美国、新加坡等国家的社区基金会发展较为成熟。深圳市积极借鉴国外经验，探索发展深圳"本土化"的社区基金会，并逐步走出了一条共建共治共享的新型基层社会治理路径。为了保证基金会的有效运作，深圳市首先制定出台《深圳市社区基金会培育发展工作暂行办法》，对社区基金会如何发起设立、治理结构、业务范围、管理方式、保障措施等进行系统制定安排。同时为了规范社区基金会运作，深圳市还制定了《深圳市社区基金会工作指南》《深圳市慈善会社区冠名基金管理办法》等配套文件，对社区基金会的资金监管和保值增值制度做出了详细规定，确保了社区基金会的规范运作。另外，深圳市还推进社会组织登记管理改革，对以往公益基金会的服务范围限制、创设基金原始资金门槛限制、社区基金会冠名限制等方面进行了突破，为社区基金会发展提供了良好的制度环境支撑。在服务范围上，深圳市的社区基金会主要围绕社区公共服务、社区扶贫济困和公益社区三个社区居民重点关注的领域，鼓励那些热衷于社区建设的驻社区企事业单位、社区居民等，以非公募的方式在社区进行资金筹集，服务项目由居民通过社区议事会等集体协商程序，由专业人士实施，既保证了参与的广泛性，又确保了服务的专业性，为激发居民参与社区治理打下坚实基础。

深圳市探索发展社区基金会的做法在全国形成了很好的借鉴示范作用。2014年以来，全国先后有27个省市、45批次前来深圳学习考察相关经验和做法。在2015年4月民政部举办的中国社区基金会与社会治理创新研讨会上，深圳专门做了经验介绍发言。

（六）推行业主委员会自治

业主委员会自治是居民自治的重要组成部分。业主委员会是以财产关系为纽带的自治组织，而不是基于情感和地缘、业缘为基础的组织。全国第一个业主委员会诞生在深圳，1991年，因为商住电费价格的收缴问题，深圳万科天景花园的业主和物业发生了矛盾，成立了第一个业主管理委员会的平台。1998年，国务院发布了《关于进一步深化城镇住房制度改革　加快住房建设的通知》，为业主委员会的发展奠定了基础。业主委员会在实现社区治理转型、培育公民社会等方面发挥了突出作用。特别是在深圳这个以移民为主的城市，社区居民来源于五湖四海，特别是在数量众多的城中村社区，社区居民更是多元构成，难以在社区居委会层面形成共同体，反而在一些住宅小区中，因为财产关系而凝聚在一起，发挥出基层自治的重要作用。

然而业委会的自治也遇到一系列法律问题，因为法律并没有赋予业主委员会法人资格，也无法将小区公共设施，比如电梯、车库等登记在业委会名下，从而产生一系列纠纷，由于没有民事主体资格，一旦物业公司产生侵权行为，业委会将很难作为。

（七）以社区社会组织助推基层治理

现代社会中，社会组织在社会治理中发挥着越来越大的作用，是城市治理中不可或缺的重要组成部分，而社区社会组织由于最贴近社区，更是在社区建设中发挥了重要作用。近年来，深圳市通过大力发展社区社会组织，通过降低社区社会组织登记门槛、优化年审流程、提供孵化培育平台等方式，培育社区社会组织发展，全市共有4000多家社区社会组织，在基层治理中发挥了举足轻重的作用。以深圳市宝安区平安建设促进会为例，宝安区的外来人口比较密切，社会治安形势严峻，而警力配备严重不足，平安建设促进会成立以来，推动了群防群治、多元共治的新模式，让群众走上自我管理的前台，提升了社会治安治理水平。

四 以党群服务中心为平台推动服务型治理

（一）以社区党群服务中心为平台推进社区服务标准化

针对社区服务不足的情况，深圳市自 2010 年开始在社区组建综合服务中心，2016 年，社区服务中心更名为社区党群服务中心，深圳市紧紧抓住"服务"和"党群"这一核心理念，大力推进社区党群服务中心建设，已经在全市范围内建设近 700 家社区党群服务中心，实现了社区全覆盖。社区党群服务中心项目面向社区、依托街道，以改造现有场地的方式，建立布局合理、功能配套、方便适用的服务中心，并采取"公办民营"、政府购买服务的形式，通过"政府引导、政策扶持、社会参与、市场运作"的服务方式，向社区居民提供心理辅导、四点半学校、法律咨询、宣传培训、慈善公益等各种服务，并建立了跨部门、综合性的社区服务体制，培育社会服务组织，引进社会工作专业队伍，发挥义工作用，充分调动社会各方面力量参与。党群服务中心为社区居民提供各种综合性社区服务，在社区治理中已经逐步扮演起"服务型治理"的角色，[1] 为社工参与社区治理提供一个综合性的区域，而社区工作站、社区居民、各种社会组织等构成这个场域中的关系主体。

1. 推动社区服务标准化

社区服务范围广、内容复杂，而且专业性强，为了有效加强社区服务，深圳市大力推进社区服务标准化。2016 年，深圳市印发《深圳市社区服务中心设置运营标准（试行）》，规定社区党群服务中心的服务分为基础公共服务和经营性便民利民服务两大类。其中基本公共服务是社区服务中心从事的主要服务内容，主要有四大类，分别是社区助老服务、妇女儿童及家庭服务、社区助残服务、社区青少年服务。如果社区内优抚对象超过 20 人，还应提供社区优抚服务，如果药物滥用者、社区矫正人员、失业及特困人员等超过 20 人，也需要提供相应服务。另外，社区服务中

---

[1] 徐宇珊：《服务型治理：社区服务中心参与社区治理的角色与路径》，《社会科学》2016 年第 10 期。

心还需要提供社区居民自助互助服务，主要包括社区邻里互助、社区志愿者队伍建设、社区居民融合等内容。通过社区服务标准化，不仅可以科学划分社区服务中心的服务范围，而且整合了跨部门社区服务供给服务资源，变以往的"多头管理"为"统筹推进"，并通过资源置换方式，建设了综合性的社区服务设施，推动社区服务中心服务水平和服务效益的"双提升"。

2. 完善社区服务机制建设

社区服务是离老百姓最近的服务，深圳市的社区服务主要以居民需求为导向，将社区医疗、计划生育、劳动就业、社会救助等常见的基本公共服务下沉到社区，同时为了提高服务的便利性，还开展"一站式"服务，打通了服务的最后一公里。此外，深圳市还探索一些非行政化的服务供给方式，比如支持物业管理公司、社会组织、社区居委会等参与党群服务中心运营管理，不断丰富社区党群服务中心服务内容和服务方式。为了使社区服务更有成效，深圳市还制定了《社区服务中心综合评估办法》和《评估标准体系》，聘请第三方机构对社区党群服务中心的运营进行登记评定，评定结果和运营组织的奖惩和退出机制挂钩，以促进运营机构能够提供优质的社区服务。通过社区党群服务中心的运营，党在基层的形象不断提升，社区党群关系进一步密切；社区各种资源得到有效整合，使用效率和效益大大提升。社区服务内容不断充实，初步形成了扎根社区、面向居民的综合服务项目体系。服务开展和服务专业性基本得到保证，专业服务的优势逐步凸显。社会运作机制也逐步显现活力，社区服务的主动性、多元性、深入性和持续性显著增强，党群服务中心作为社区综合服务平台的基础性作用进一步强化，赢得了社会各界的广泛好评。

社区党群服务中心不仅为社区提供优质的公共服务，而且运用市场手段，支持社会组织、社区居委会、物业管理公司等社会力量参与社区党群服务中心运营，形成以专业服务人士为骨干，社区各种力量并存的社区服务队伍结构，有效提高了社区服务专业化、职业化水平。

（二）社区服务设施和资源进一步完善

1. 通过固本强基项目加强社区服务基础设施建设

社区基础设施通常是整个城市基础设施中较为薄弱的部分，深圳市特别是原特区外地区基础设施本就薄弱，而且大部分资金投入到中心区、重点区域建设上去，社区服务设施与原特区内差距甚远。深圳市于 2004 年开始组织实施"固本强基"社区建设计划，社区建设项目资金安排重点用于社区服务设施建设和社区综合信息网络平台建设。[①] 社区建设分为社区级、街道级和区级三级，项目由社区或街道办事处根据实际需要提出项目申请，由发改部门进行审核。从 2004 年起，深圳市在全市范围内组织实施"固本强基"建设计划，每年由市、区各投入财政经费 2 亿元，将社区基础设施建设同旧城改造、环境综合整治、工业区改造等工作密切结合，把社区文体活动场所、环境整治、综合服务场所建设等基础设施作为城市建设和改造的重点，建成一批社区服务设施，如社区图书室、星光老年之家、社区党员活动室等，而且项目投资向欠发达社区、村改居社区，以及劳务工较为密集社区和基础设施相对薄弱社区倾斜，改善了社区硬件设施。

2. 通过"民生微实事"项目提升社区软硬件环境和社区活力

社会领域改革的出发点就是让人民群众有更多获得感，为让广大市民更加切实地感受到身边变化和实惠，深圳市在社区建设领域坚持需求导向、问题导向，提出了"民生微实事"概念，以满足群众多元化、个性化服务诉求为目标，从广大市民身边事入手，改变传统的"自上而下""政

[①] 《深圳市社区建设发展规划纲要（2005—2010 年）》中规定，要建设和完善的社区服务设施有：社区居民委员会和社区工作站办公用房 200 平方米以上；党员活动室（含工、青、妇组织活动室、青少年活动室、会议室功能）100 平方米以上；社区警务室 50 平方米以上；社区健康服务中心（含计划生育技术服务功能）400 平方米以上；星光老年之家（含残疾人康复中心、文体教育活动室功能）200 平方米以上；社区图书室 100 平方米以上；户外文体广场 1000 平方米以上。同时建立全市社区综合信息网络平台。按照统一规划、统一标准的原则，构建联通市、区、街道、社区四级的网络平台，实现互联互通和资源共享。建立以社区服务为主要功能的社区智能呼叫中心。呼叫中心以因特网、单键专项呼叫、热线电话等方式接受社区居民的服务请求，为社区居民提供方便快捷的服务。《关于推进社区党建标准化建设的意见》中规定，社区办公用房面积不低于 250 平方米，服务群众用房面积不低于 400 平方米。

府配菜"的模式，由社区居民提出需求，以"短平快"方式解决社区居民身边小问题，极大提升了社区居民参与热情，补齐了为民办实事的短板，强化了基层党建及民主自治建设等，取得了系列综合效应。2015年下半年，在福田区、龙岗区试点成功基础上发布了《关于印发全面推广实施民生微实事指导意见的通知》（深府办函〔2015〕140号），在全市范围内开展"民生微实事"。民生微实事项目以加强基础设施、环境保护和基本公共服务等薄弱环节为切入点，一方面大力实施工程类项目，有效改善了社区硬件环境，提升了社区整体面貌，增进了民生福祉，尤其原关外因历史欠账等原因基础设施建设较为落后，大量工程类项目的实施逐渐为其补齐了基础设施建设短板，加快了特区一体化的进程。另一方面，实施的服务类项目丰富了居民业余生活，满足了其精神需求等。在资金来源上，由市级财政和区级财政按照1:1比例，每年为每个社区最高提供200万元经费，以2016年为例，深圳市共投入15亿元，实施"民生微实事"项目10865个，其中工程类项目3369个、服务类项目6413个、货物类项目1083个，分别占比为31.01%、59.02%、9.97%。大批项目的实施解决了一大批备受居民关注的民生问题，健全了社区设施，改善了社区面貌，提升了社区党委的形象，完善了社区服务，增强了社区功能，提高了居民生活质量。

与固本强基项目主要是政府主导推动不同的是，民生微实事项目的征集重点发挥社区综合党委的统领作用和社区居民的自治作用。在民生微实事的工作推进中，社区综合党委发挥了社区党建的领导核心作用和履行民生微实事项目征集的主体责任，对民生微实事初选项目公开征集、备选项目讨论表决、正式项目提交申请、确定项目实施前公示、项目绩效评价等工作全程跟进；统筹指导社区党群服务中心工作，组织居委会、工作站等社区组织以及辖区"两代表一委员"、社区党员和居民等个人参与项目审议；统筹整合社区资源，激发和撬动社会力量参与社区共建，借助民生微实事的平台，社区党委通过为社区居民解决一件件具体的小事、急事、难事，真正成为社区居民的"主心骨""带头人"，夯实了党在基层的执政根基。同时注重自下而上的项目征集，在社区党委的统一领导和组织下，搭建了"我的实事我做主"的民主自治平台，各社区居委会充分发挥聪明才智、积极调动各方力量，通过开展专项调研、日常收集等多渠道广泛征集汇总居民需求并形成具体项目，及时报送社区党委统一汇总并按照"四议两公开"原则对项目进行票决遴选，最终形成备选项目报街道审核。各社区居民充分参与"民生微实事"项目建设，提项目、表决项目、监督项目实施、评价项目实施成效等，真正实现了"我的实事我做主"的项目设计初衷，为发展基层民主自治探索了新的路径。

五　深圳市社区建设的典型案例

（一）南山区招商街道花果山社区——"一核多元"的自治型社区管理体制

社区工作站在推进社区建设、维护社区稳定等方面发挥了巨大作用，但长期运行下去，也存在行政化过于严重、居委自治空间受挤压、社区活力不足等问题，对于一些规模较小、居民素质较高、社区管理较为方便的社区来说，加强社区自治、增强社区活力、完善社区服务更为迫切，不少社区根据自己的实际情况做出改革，南山区招商街道花果山社区就是一个典型案例。

花果山社区位于南山区招商街道，蛇口码头的最南端，面积1.06平方公里，包括花果山、翠竹园、花园城三期、招北、兴化工业区、振兴、龙尾村7个住宅小区，住宅小区相对老旧，有人口近2万人，社区经济建设发展状况较好，居民的互相熟悉度较高，文化素质和社区自治的热情相对较高。2005年花果山社区成立社区工作站以来，先后进行了多次社区建设实践探索，如全市率先组建"一核多元"社区管理模式，从2008年起还探索将社区服务通过购买服务的方式外包给专业社会组织。2011年，南山区在花果山社区进行社区管理体制改革试点，全面梳理了花果山社区的管理和服务职责，决定不再保留社区工作站，由社区服务中心负责具体管理和服务运营。社区服务中心通过引入专业化的服务运营机构，采取购买服务的方式，将以往那些由社区工作站承担的138项事务梳理成15个服务项目[1]转交给专业服务机构管理运营。

---

[1] 主要包括安全生产、民政、计生、城管、租赁、网格化管理、家园网运营和窗口服务等。

在社区管理架构上，充分发挥社区综合党委的核心领导作用和社区居委会的自治作用，社区工作站转型升级为社区服务中心以后，主要承担社区政务服务、便民服务和公共服务。同时强化社区居委会的议事和监督职能，推动社区居委会对社区服务中心（社区党群服务中心）的日常运营进行指导监督和日常评估。在社区综合党委的领导下，花果山社区建立了"两委两会"，"两委"是社区综合党委和社区居委会；"两会"是社区社会组织联合会和社区共建共享理事会。其中社区社会组织联合会是由社区居委会牵头，由社区内36个社区社会组织联合组成，主要是以整合社区资源、激发社区活力和推动社区自治为目的发起的社会组织。而社区共建共享理事会是在社区综合党委领导下，以社区居委会、驻社区单位、社会组织联合会等组织为骨干力量，依托社区议事会、社区家园网等平台，开展社区协商和社区议事职能，从而实现社区共享共建。在社区综合党委的领导下，社区居委会不仅监督社区服务中心，而且指导社区社会组织联合会、协调驻社区企事业单位，指导小区业委会工作和监督物业管理公司，不仅使得社区行政化成为可能，而且通过制度设计，强化了社区居委会的议事和监督职能，使社区居委会真正有资源和有能力培育社区自治能力，真正实现了社区的民主自治和社区服务的社会化、专业化，最大限度地激发了社区活力。为了进一步整合社区资源，花果山社区还建成了深圳市第一个由社区主办的门户网站——花果山社区家园网，而且实现了与街道综合信息平台的对接，开展足不出户行政审批业务和及时上传下达工作，通过虚实结合，为社区提供多元化社区快捷服务。

（二）宝安区西乡街道桃源居社区——服务型的社区多元共治体制

桃源居位于深圳市宝安区西乡街道，占地面积1.16平方公里，建筑面积180万平方米，居住人口5万人。从规划建设到完善的经营管理，桃源居经历了多个发展阶段，从最开始的开发商独立开发阶段，即桃源居各种配套设施的建设阶段，到物业管理阶段，即业主入住，世外桃源物业公司成立后履行物业管理职能，再到政府进驻阶段，物业管理难以满足管理需求，政府在社区成立党委和社区工作站，物业管理公司仅仅负责社区公建配套设施的运营。最后是社区党委领导下的社区居民自治阶段，物业公司和社区发展服务公司负责物业管理服务和社区公建设施的运行管理，以业主委员会、社区居委会为代表的居民自治成为社区管理的重要主体。

桃源居社区在社区管理上建立了"六位一体"的一元化管理、多元化服务的管理模式，"六位一体"即社区党委、社区工作站、社区发展服务中心、物业公司、社区居委会和业主委员会等主体参与，一元化管理是指社区综合党委的领导，多元化服务是多元化服务主体，政府主体、社区社会组织主体，以及社区居民，形成了政府公共服务、企业市场服务和居民互助服务相结合的多元服务模式。与很多社区不同的是，桃源居社区除了党委政府的大力支持外，企业在社区自治服务中也起到了关键作用，2008年7月16日，深圳桃源居集团捐资1亿元人民币在社区成立了桃源居公益事业发展基金会，这是我国第一个社区型的公益基金会。

（三）光明新区社区基金会——全国首个社区基金会

作为深圳市首个功能新区，光明新区从成立开始就一直承担全市改革创新先行先试的任务。以前，社区各类资源较为分散，驻社区企事业单位和社区居民没有平台服务社区，而且社区事务的决策和社区资源使用缺乏居民参与机制。2014年，深圳市光明新区在圳美、新羌、百花、凤凰、玉律5个社区成立了全国首批社区基金会，短短几个月就筹集各类社区建设资金1800万元。为了进一步规范社区基金会运作，出台了《光明新区开展社区基金会试点工作实施方案》等7个制度文件，逐步建立了理事会管理、基金会财产独立管理制度、第三方银行托管制度、第三方评估等5个机制，[①] 在基金管理、资金募集等方面，构建了符合社区发展实际的一系列制度。社区基金会不仅承接政府转移出的社会职能，而且可以有效吸引社会力量共同参与社区治理和服务的决策过程，充分发挥社会活力，促进社区融合。而且社区基金会还是社区各类公益慈善服务的新平台，社区基金会不仅仅是传统的慈善帮扶组织，除了为社区提供贫困家庭救助、流浪乞讨人员救助、综合帮扶等服务外，还通过采用项目运作方式，以需求导

---

① 参见刘晓鹏《光明新区培育发展社区基金会助推社区治理创新》，载张骁儒等主编《深圳社会建设与发展报告（2015）》，社会科学文献出版社2015年版。

向设置多元化的社区服务项目，真正做到回应社区个性化的服务需求。而且社区基金会还延伸了社会保障体系新触角，社区基金会可以对社区困难群体的福利需求和照顾需求做出反应，成为政府社会保障体系在社区末梢的重要补充，弥补政府对社区弱势群体保障服务的缺口。

2015 年 12 月，光明新区还成立了全国首个区级社区基金会——光明社区基金会，注册资金为 800 万元，成为覆盖全区 28 个社区的区级社区治理平台。光明社区基金会不仅提供传统的社区福利、社区救助等服务，更重要的是，其作为一个有效的治理平台，为其他社区基金会提供人力资源和技术支持，还可以为暂时没有成立社区基金会的社区设立冠名基金，在光明社区基金会的支持下，光明新区成立了华强文化教育基金、华星光电塘尾社区基金、越众侨史基金 3 个冠名基金。在此基础上，发展创新了"三社联动＋社区基金会"的社区治理模式，初步形成了一条具有深圳特色的社区建设新途径。

六 深圳市社区建设存在的主要问题

对比十九大精神，深圳市社区治理还有很长的路要走，突出表现为以下几个问题：

（一）社区行政化色彩并未根本扭转

社区工作站成立以后，市区职能部门的相关行政业务更有理由下沉到社区，由社区工作站来完成，社区行政事业多达 220 多项，导致社区工作站不堪重负。而且因为承担过多的行政事务，导致社区工作站根本没有精力开展社区服务。可以说，居站分设之后，表面上看解放了社区居委会，但其实让居委会更无所事事，反而因为工作站是政府在社区的工作平台，更名正言顺地把行政事务向社区转移。特别是近年来大力推广的网格化管理，进一步把社区划分为若干个网格，使得网格成为社区治理的基本单元，进一步加强了行政对于社区的管控。当然，社区治理行政化既有正功能，比如维护社会稳定，解决社会矛盾，提高了社会治安水平，但也存在很多问题，如进一步压缩了居民自治空间，影响了社会活力发挥，从长远来看，不利于基层民主发展，以及共建共治共享局面形成。

（二）社区居委会的自治作用尚未充分发挥，边缘化现象更加突出

"居站分设"后，社区工作站职能作用相对强势，人财物相对集中在社区工作站，而社区工作站的主要职能是完成行政事务，导致居委会普遍被弱化和边缘化，甚至处于无经费、无活动、无实际职能的"三无"地位，久而久之，社区居民只知道有工作站而不知道有社区居委会，大部分居民根本不知道社区居委会在什么地方办公，不了解居委会主任及居委会成员。居委会被边缘化还体现在居民参选率不高上，虽然深圳市社区居委会直选率已经达到100%，但因为社区居民对居委会不了解、不关心，导致实际登记选举的居民比例不高。

（三）社区居民参与社区治理的积极性不高，被动化参与现象普遍

共建共治共享的重要基础是提高居民参与水平。而在目前的社区治理格局下，政府的管理和服务更加精细化的同时，社区居民参与治理意识普遍淡薄，对社区公益事业、社区自治活动兴趣不大。而现行的发动和宣传方式又比较传统单一，现代网络技术、新媒体技术运用不够，虽然各社区普遍建立了"社区家园网"，但内容与实际需求相距较远；自治参与面不广、深度不足，一些地方自治载体种类多、名称新、内容杂，看起来丰富多彩、方法手段新颖，但实际上不少还停留在"自娱自乐"的层面，参与者多为老年人、困难家庭人员和妇女，难以引起中青年和在职群体的关注和参与。而且社区参与大多是在政府组织下被动参与，主动参与的热情和活力不足。

（四）社会组织参与基层治理的作用还有待进一步增强

在发达国家，社会组织在社区多元治理中发挥着重要作用，而在深圳，其作用并未充分发挥，主要有两方面原因，一是社会组织数量相对不足，发达国家每万人拥有社会组织通常在50家以上，而深圳不足10家，所涉及的领域较为狭窄。二是社会组织能力建设不足，特别是社区社会组织薄弱。社区社会组织多是严重依赖政府输血，不少社区社会组织还是在

社区工作站主导下成立的，具有一定的行政色彩，资源依赖于政府扶持，缺乏社会造血能力，另外，社会组织的专业化程度还比较低，难以满足社区多元治理需求。

七 深圳市社区建设的未来设想和改革方向

党的十九大报告提出，要"打造共建共治共享的社会治理格局，要加强社区治理体系建设，推动社会治理重心向基层下移，发挥社会组织作用，实现政府治理和社会调节、居民自治良性互动"①。对于基层治理来说，既不能走再行政化的路线，将社区重新置于行政管控范畴，同时也不能完全地去行政化，导致社区居委会被边缘化，而是要超越行政化陷阱，走合作治理、共建共治共享道路。

（一）完善街道和社区区划调整，优化共建共治共享的行政架构基础

超越行政化陷阱的前提是理顺管理体制。现有的街道办管理体制的法律依据还是20世纪50年代的《城市街道办事处组织条例》，已经不能符合时代发展需要，被全国人大常委会于2009年6月废止，为改革街道办的管理体制提供了制度空间。按照国家和省市有关规定，借鉴发达城市有利于居民自治和社会管理的"邻里—街区"区划体系，结合深圳市实际，进行行政区划调整。可以按照常住人口5万—15万、管辖面积5—20平方公里的标准，对深圳市特别是原特区外一些超大型街道进行合理分拆和调整，同时在不破坏社区相对完整性的前提下，根据公共服务可及性、居民参与便利性，以及面积、人口规模适度性等因素，合理调整社区，按需要相应调整社区居委会设置，适当增加居委会数量。同时探索整合街道办事处、社区工作站的行政管理和公共服务职责与资源，在条件具备的区域探索推行街道社区整合的管理体制，提高管理的扁平化水平，构建"强政府—强社会"的城市社区管理模式，推进社区行政管理与社区民主自治有机结合。

---

① 习近平：《决胜全面建成小康社会 夺取新时代中国特色社会主义伟大胜利》，2017年10月18日。

（二）充分发挥党组织在社区治理中的核心领导作用

社区治理的成功与否，关键在于是否发挥、如何发挥社区党组织在社区治理中的核心领导作用。应该在推动社区综合党委掌握社区主要资源、重大事务决策、重要人事任免等社区重大问题主导权的基础上，切实转变社区党组织的工作内容和工作方式，把联系、服务和发动群众，增强社区居民对党和政府的认同和信任作为工作的重点，建立社区党组织联系群众制度、服务群众制度，将党和政府的服务工作做到每一个小区、每一个家庭，真正做到从群众中来，到群众中去，着眼于解决群众最现实、最关心、最直接的问题，密切党和群众的血肉联系，实现服务群众零距离。

（三）推动多元服务供给与服务需求的良性互动，提升社区公共服务能力

社区服务的需求日益多元化，完全依靠政府主导的服务供给难以满足现实需求，必须在社区服务供给中融入社会各种服务资源，推动共建共治共享。这就要求，一是要开展社区公共服务标准化工作，推行社区公共服务"标准化＋特色类"供给机制，标准化为每个社区都要开展的服务项目，如老人服务、儿童服务等，特色类服务为根据社区情况而提供的服务，如在外来务工人员集中的社区提供流动人口相关服务，在残疾人或吸毒人员较多社区开展相应服务等，同时发动居民参与和体验，完善社区服务项目运营标准。二是在社区综合党委的领导下，加强社会组织和社区自治组织提供社会服务的能力，大力引入专业社会工作者，提升服务的专业化水平和社会化水平。三是要增强社区服务需求的自主性和服务诉求的回应性，从要给社区提供哪些社区服务到满足社区居民服务需求。定期对社区服务需求进行评估，对需求不大、效果不明显的服务进行删减，同时积极对居民的新需求进行回应。

（四）推动社区自治组织自治权的再确定，提高社区自治能力

社区自治组织自治权的再确认是社区参与和自治的基础和前提。一方面政府行政权力的不断扩张压缩了自治空间，另一方面资源的匮乏也使得自治活动无力开展。在此情况下，不仅要把社区居委会从繁重的行政事务

中解放出来，而且更重要的是要还权于社区居委会，才能在此基础上实施相应的自治行为，并通过引导多元主体参与达到增强社区活力的目的。首先要明确社区居委会在社区自治中的主体地位，《城市居民委员会组织法》规定，居委会是居民自我管理、自我教育、自我服务的基层群众性自治组织，而且是党和政府联系人民群众的桥梁和纽带，可以说是社区居民自治的组织者和实践者。所以，在加强居委会自治权方面，一方面要充分尊重社区居委会的自治地位，给予社区居委会法定权利，发挥社区居委会在引导居民自治中的主体作用，进一步避免社区居委会被边缘化。另一方面也要防止社区居委会重新被行政化，各级行政部门不得将不属于社区居委会职责范围内的行政性事务强加于居委会。同时应该增强社区居委会活力和调动资源的能力，适当增加居委会专职工作人员数量，提高补贴水平，加强居委会的经费支持，探索设立社区自治资金，可以实行政府补贴、经费支持与居委会的工作绩效挂钩。授予社区居委会在指导社区党群服务中心、社区社会组织，以及办理辖区居民公共事务和公益事业，监督和评议社区管理机构，收集社区居民意见等方面的职能。推动居委会组织进楼入户，推进居委会工作标准化规范化，完善党委政府、居委会、居民之间互动回应机制，有效改变互动不足的问题。

其次要加快培育发展社区社会组织。社区社会组织是社区共治的重要主体和载体，是社区服务的重要提供者。要进一步加大社区社会组织培育力度，加快发展社区生活服务类、社区公益事业类、社区慈善互助类、社区专业调处类等社区社会组织。加大政府向社区社会组织购买服务力度，完善和落实有利于社区社会组织发展的财政和税收政策，使政府购买服务逐步成为街道、社区提供公共服务的基本方式。加强社会组织领军人物和专业社工培养，将社会组织人才纳入各类评先评优及人才发展资金资助范围。加强社会组织党建工作，强化社会组织综合监管，促进社会组织规范健康发展。

最后要完善多元参与的公共治理机制。特别是要培育提供社会管理和公共服务的专业化的社会组织和企业，利用深圳市市场经济较为发达、物业管理相对完善的优势，探索物业管理公司和业委会参与社区治理的模式。积极推行社区管理和服务工作过程中的购买服务，重点在社区治安管理、物业管理、环境卫生、社区帮扶等领域推行购买服务。

结语　迈向更高质量的民生幸福城市

民生幸福，是全面建成小康社会和实现社会主义现代化目标的题中应有之义。党的十八大报告指出："在改善民生和创新管理中加强社会建设"，为加强新时期的社会建设指明了方向。在过去的40年间，深圳在追求又快又好经济发展的同时，坚持以人民为中心的发展理念，大力开展社会建设，持续不断地致力于民生的改善让发展成果更多、更广泛地惠及全市人民。

无论是宏观层面的顶层设计，还是具体社会福利指标体系的构建；无论是推进新型城市化建设，还是逐步推进宽松的开放户籍政策改革；无论是教育、医疗、就业、文体、交通、住房、社会保障、公共安全、社会参与机会等公共服务资源供给的增加，还是深圳经济社会更加均衡、更加包容的一体化、普惠化发展，深圳社会各个领域改革创新的根本目的，即在于推进社会民生幸福城市建设，让每一个深圳人都能享受到社会发展的红利，为国家全面建成更高水平的小康社会积累经验，摸索道路。

一　深圳社会建设领域改革创新的主要经验

深圳社会领域改革创新的主要经验包括，把社会建设与经济建设摆在同等重要的位置，不断增强发展的协调性、均衡性；始终把增进人民福祉作为发展的根本目的，不断使发展成果成为人民群众所触手可及的实惠；始终把广大人民群众作为发展的主体，不断扩大群众在社会建设中的参与度，激发社会发展活力；始终把科学和法治作为社会建设的支撑，不断推进社会治理的智能化、专业化和法治化水平。

（一）将社会建设放在与经济建设同等重要的地位

古今中外的历史上，任何一个国家的发展都绕不开民生问题。在中国的封建社会，每逢自然灾害，政府都会组织赈灾，救济民生，民生问题也是历次农民起义的导火索。在近代资本主义社会，民生同样是资产阶级必须面对的问题，恩格斯在其著名的《英国工人阶级的状况》中描述了工人阶级的悲惨生活，而今天从摇篮到坟墓的福利制度，虽然在欧洲部分国家举步维艰，但是关注社会民众的福利制度终究不能废除，对待民生问题的态度关乎一个国家政权的合法性，是检验一个政党的试金石，可以说，经济发展就是为了幸福生活，要建设社会，我们所有的努力都是让人民有更好的生活。

我国作为社会主义国家，国家建设的最终任务是实现比资本主义更高质量的民生幸福。20世纪70年代末，中国政府正式提出建设"小康社会"，并将其作为一项国家战略写入中国共产党历次代表大会的报告。深圳作为全国改革开放的试验田、排头兵，严格按照国家战略部署，高度重视民生发展。2010年12月，深圳市委、市政府召开社会建设工作会议，制定出台了《深圳市社会建设考核指标体系》，包含深圳市民生活、公共服务、社区服务、社会管理、社会服务产业5个方面30个指标，这为深圳社会建设提供了行动纲领和科学指南，也建立了考核的依据和标尺。同年12月，时任深圳市委书记王荣同志在全市社会建设工作会议上的讲话中指出，要提升发展理念，坚持把社会建设摆在更加重要的位置来谋划和推动，坚持社会建设与经济建设同等重要的理论，做到与经济建设同规划、同部署、同落实、同考核，以社会建设支撑城市品质提升，不断增强深圳社会和谐程度。[①] 2011年1月，深圳市制定出台《关于加强社会建设的决定》（以下简称《决定》），从突出改善民生、创新社会管理、加强社区服务、发展社会组织、提升市民素质、深化改革、强化组织领导七个方面全面布局社会建设，[②] 在公众参与机制、非户籍居民平等参与社区自治

---

① 王荣：《在全市社会建设工作会议上的讲话》，2010年12月21日。
② 《中共深圳市委 深圳市人民政府关于加强社会建设的决定》（深发〔2011〕1号），2011年1月1日。

等诸多方面都做出探索性改革,尤其是前四个方面,更是深圳社会建设的重中之重。《决定》的出台,为深圳社会建设稳步推进奠定了良好的基础。

为了进一步加强对社会建设的引导和推动,明确社会建设的主体责任,深圳市积极利用好特区的立法权,2012年1月12日,深圳市五届人大三次会议审议通过《深圳经济特区社会建设促进条例》,为社会建设专门立法,开全国社会建设立法之先河,成为第一个为社会建设立法的城市,将深圳社会建设引入法治化轨道,使社会建设有法可依,更加制度化、规范化,推进更有力。

无论是对社会建设的规划部署,还是对社会建设考核指标体系的建构等,都是为了突出社会建设的极端重要性,增强社会建设与经济发展的协调性,进一步增强人民群众在经济社会发展中的获得感、幸福感和安全感,使得每一位在深圳生活的居民家园感不断增强。

(二) 牢固树立发展成果为人民共享的理念

党的十八大以来,根据国际国内发展实践经验,党中央提出创新、协调、绿色、开放、共享的新发展理念,党的十九大提出"打造共建共治共享的社会治理格局",保证全体人民在共建共享发展中有更多获得感,不断促进人的全面发展、全体人民共同富裕。

深圳市委、市政府积极贯彻党中央共建共享的发展理念,秉持着"来了就是深圳人"的开放情怀,努力实现"同城人、同待遇"。不断从解决收入、教育、医疗、住房、就业、社会保障等人民群众最为关心的问题着手,改善市民的生活状况。为促进教育公平,实现深圳社会居民平等受教育的权利,深圳积极推行外来人口积分入学政策。2013年,深圳市教育局出台《深圳市教育局关于义务教育公办学校试行积分入学办法的指导意见》,提出"在义务教育公办学校新生招生中试行积分入学办法"[①],合理设置积分项目和分值,对深圳户籍和符合我市就读条件的非深户籍儿童入学实行统一积分,并根据积分情况统一安排学位。深圳市教育均衡水平不断提高,全市义务教育规范化学校达标率100%。

---

① 《深圳市教育局关于义务教育公办学校试行积分入学办法的指导意见》,2013年3月7日。

为了解决市民"看病难"问题,深圳在全国率先实行"分级诊疗"制度,积极完善区域医疗中心和基层医疗服务网络两层新型城市医疗服务体系,建立基层首诊、双向转诊、急慢分治、上下联动的分级诊疗模式,鼓励、引导患者首选到基层社区诊所、医院就医。为解决患者"看病贵"问题,深圳积极推动公立医院"医药分家""管办分离"等改革,降低医疗服务费用,同时,不断扩大全市医保服务人群和疾病覆盖范围,基本实现了以基本医疗保险、地方补充保险和商业保险为主要架构的全面医保,居民可根据自身收入状况,结合在深圳生活的时间长短等选择其可承受的医疗保险服务,并享受相应的待遇。

为实现"住有所居",深圳市委市政府制定出台了"高端有市场、中端有支持、低端有保障"的多层次住房保障体系。不同收入层次的居民,根据其需求特点,为其提供与其需求相匹配的保障性住房。与此同时,实施人才安居工程,解决高层次人才的住房问题,深圳市委、市政府出台了《关于完善人才住房制度的若干措施》,通过租、售、补相结合,全面推进杰出人才、领军人才、新毕业大学生、产业发展急需人才等群体的住房保障。

为帮助弱势群体能过上有尊严的体面生活,深圳积极构建弱势群体生存安全网。从1997年起,深圳建立实施最低生活保障制度,到目前为止,已经连续12次调整最低生活保障标准,目前,深圳市低保标准提升为每人每月900元,在全国各大城市都属于领先水平。把居民最低生活保障工作纳入国民经济与社会发展中长期规划和年度计划,建立多层次的社会救助制度,最大限度发挥低保的兜底作用。同时,对老年人、儿童以及残疾人等特殊群体的生活,创新出台服务和保障符合这些人群特点的制度和措施,真正做到幸福城市建设无遗漏、无死角。

为维护社会安全稳定,保障和实现劳动者的就业权利,深圳市委、市政府十分注意健全完善就业公共服务,积极落实促进就业创业的政策,做好对高校毕业生、来深务工人员、就业困难人员等群体的就业服务。自2002年开始建立起了比较完备的公共就业服务制度,对促进就业影响最直接、最重要的服务环节提供就业政策法规咨询、职业供求、市场工资指导价位等相关信息。"十一五"期间,深圳市探索建立职业培训体制、体系,通过提升求职者就业技能,解决其就业问题。全市上下鼓励创新创业,以创业带动就业，健全劳动保障制度，探索五险合一的就业保险办法，全市劳动者参保覆盖成效显著，就业环境良好。

针对制约民生发展和社会和谐的体制性障碍——户籍制度，2008年8月，深圳市出台了《深圳市居住证暂行办法》，在全国率先实行流动人口居住证管理制度，并赋予获得深圳市居住证的居民多项权利。为落实国务院关于居住证梯度赋权制度的相关要求，2015年6月，深圳市颁布新版《深圳经济特区居住证条例》，进一步建立健全与居住年限等条件相挂钩的基本公共服务提供机制，实行居住证梯度赋权政策，户籍门槛大大降低，深圳成为全国一线城市中户籍政策最为宽松的城市之一。

（三）坚持协调发展，稳步推进民生建设

协调发展是对马克思主义发展理论的创造性应用，也是全面建成小康社会的应有之义。伴随着我国社会经济发展，国家的发展理念也不断发展，党的十八大更加突出强调发展的协调性，提出"努力实现居民收入增长和经济发展同步、劳动报酬增长和劳动生产率提高同步，提高居民收入在国民收入分配中的比重，提高劳动报酬在初次分配中的比重。初次分配和再分配都要兼顾效率和公平，再分配更加注重公平"。但是，协调发展、公平公正，绝不是同步发展，更不是平均主义，而是在经济发展的基础上，及时提升社会其他方面的发展，既要注重效率，又要注重公平，避免陷入福利陷阱。

从深圳的发展历程来看，深圳十分重视发展的协调性，一方面在物质条件允许的条件下，最大限度提高民生发展水平和公共服务能力，实现民生建设与经济发展和财政承受能力相协调；另一方面在继续保持原特区经济社会高速发展的基础上，努力推进原经济特区内外一体化进程，实现区域协调发展。2018年，广东省委常委、深圳市委书记王伟中在六届委员会第八次全体会议报告中指出，坚持以供给侧结构性改革为主线，统筹推进稳增长、促改革、调结构、惠民生、防风险各项工作。[1]继续将经济做强做大，是发展和改善民生，提高小康社会质量的基础和物质保障，在追求更加公平的社会

---

[1] 《深圳市委书记王伟中代表在六届委员会第八次全体会议上的讲话》，2018年1月15日，深圳新闻网（http://www.sznews.com/news/content/2017-12/11/content_17966733.htm）。

分配的同时，要毫不动摇筑牢实体经济根基，在推动高质量发展上实现新突破，推动质量变革、效率变革、动力变革，促进经济社会持续健康发展。

2016年，深圳市人均GDP为167411元，虽然远高于中国平均水平，但是与世界其他国家和地区，如中国香港（2893326）、新加坡（3517640）、美国（3826297）等相比，仍有较大差距。因此，在民生领域，深圳积极推行与经济发展相协调的民生政策，构建适度普惠型的民生福利体系。适度普惠性的民生福利，是一种与深圳目前经济发展水平相适应的福利体系，在当前经济发展水平的基础上，尽可能让社会福利覆盖到最大范围的城市居民，又不像北欧国家那样推行"从摇篮到坟墓"的高福利政策，目的仍然在于保基本、保多数。这是一种从补缺型福利制度向全面普惠性社会制度过渡的一个中间形态，与当前深圳经济社会发展的现状相联系。在构建适度普惠的民生福利过程中，深圳创新出台了一系列的举措，如全市财政安排优先支持民生事业、不断提高最低生活保障标准和最低工资标准、构建多层次住房保障体系等，在36个民生领域实现"同城人、同待遇"。

同时，深圳市委、市政府按照党中央部署，全面推进原特区内外一体化进程，先后出台多个重要文件，有步骤、有计划地全面推进特区一体化进程，实现特区内外协调发展，实现经济发展和城市建设一体化和社会福利的同城化、均衡化。在深圳"十三五"规划中，明确将建设协调均衡的现代化城市作为发展的一个重要目标，提出统筹优化空间、规模、产业布局，科学推进规划、建设、管理，形成东西协同、多元组团、开放联动的城市空间格局，建立与超大城市相适应、紧凑集约、适度超前的基础设施支撑体系，全面实现特区一体化，建设和谐宜居、富有活力、功能完善的可持续发展典范城市。① 经过全市上下的不懈努力，目前深圳社会区域协调发展已经取得初步成效，原特区内外基础设施明显加强、公共服务稳步提升、功能布局逐步优化、发展空间得到拓展、社会治安大幅改善。②

---

① 深圳市人民政府：《深圳市国民经济和社会发展第十三个五年规划纲要》，2016年4月12日。
② 中共深圳市委、深圳市人民政府：《深圳经济特区一体化建设攻坚计划（2017—2020年）》（深发〔2017〕1号），2017年3月18日。

(四）坚持扩大公民参与，增强社会活力

人民群众是实践的主体，是推动历史发展和社会变革的中坚力量，党的最大政治优势是密切联系群众，党执政后的最大危险是脱离群众，持续扩大公民在社会治理中的参与程度，是密切联系党和人民群众关系的重要举措。目前，我国处于社会转型期，各种利益冲突频繁、社会矛盾凸显，社会治理难度与复杂性日益加剧，依靠单一的政府力量不能实现社会的有效治理，① 充分发动各个阶层、各个领域的人民群众，扩大广大公民在社会建设和社会治理中的参与程度，努力增强社会发展活力，是目前实现有效社会治理的必然选择。党的十九大提出，要不断扩大人民有序政治参与，保证人民依法实行民主选举、民主协商、民主决策、民主管理、民主监督的政治参与权利，保障人民知情权、参与权、表达权、监督权。

深圳十分注重基层民主建设，积极扩大居民参与的范围，不断推进社区自治，培育社会组织，构建社会多元治理的格局。2011 年，深圳市委、市政府出台《中共深圳市委　深圳市人民政府关于加强社会建设的决定》，明确将"加快培育发展和规范社会组织，扩大市民有序参与和共享，形成和谐社会人人有责、人人共享的生动局面""市民参与共享机制更加完备，社会组织作用充分发挥，社会创造活力进一步激发，社会公平正义充分彰显"作为社会建设的重要目标，② 不断加强社区建设，整合各类资源，构建党委领导、政府推动、群团参与、居民自治、社会互动的社区建设管理格局。

深圳不断推动社区基层自治，培育居民自治意识，通过"居站分设"的基层管理体制和社区议事会制度，畅通政府与社区沟通渠道，实现政府行政管理与社区居民自治有效对接、良性互动，充分发挥社区基层自治的作用，支持其依法开展自治活动，通过听证会、协调会、评议会等民主管理制度等，密切基层政府与群众之间的联系，决策过程中充分吸收、体现社情民意，同时不断扩大参与范围，将非深户群体纳入社区管理的范畴，

---

① 王雪珍：《增强社会治理多元主体合力的路径选择》，《天津行政学院学报》2017 年第 2 期。
② 《中共深圳市委　深圳市人民政府关于加强社会建设的决定》（深发〔2011〕1 号），2011 年 1 月 1 日。

鼓励他们参与居委会建设，探索参与社区自治的新途径。

社会组织是提供公共服务的重要载体，也是深圳社会建设的重要着力点。通过构建法制健全、规范有序、分类指导、监督有力的社会组织管理体系，提升社会参与社会管理服务能力。近年来，深圳坚持培育发展与规范管理并重，加强法规政策创制，构建综合监管体系，深化登记体制改革，优化社会组织发展环境，着力提升社会组织发展质量，有序引导社会组织参与社会治理和公共服务，截至2015年，全市共培育社会组织10100家，[①] 社会组织数量排在全国各大城市之首。社会组织在提供公共服务方面具有政府和个人无法比拟的优势，先进的管理理念和热心公益的人文精神，使社会组织积极承接部分政府的服务功能，在服务城市社会、提升城市温度方面发挥了重大的作用。目前，深圳"小政府大社会"的管理新格局正在逐步形成。在深圳社会组织发展的洪流中，志愿者和志愿服务组织无疑是深圳现代城市的一张名片，2011年深圳出台《关于建设"志愿者之城"的意见》，到2016年，全市共有志愿服务组织9464个，大约120.9万名志愿者活跃在各个领域，[②] 志愿服务组织在促进社会和谐共建、提升城市文明水平、培育践行社会主义核心价值观等方面发挥了重要作用。

（五）努力推进社会治理的社会化、智能化、专业化和法治化

国家治理体系和治理能力现代化是现阶段全面深化改革的重要目标，在党的十八届三中全会和党的十九大报告中不断得到强调，形成党委领导、政府负责、社会协同、公众参与、法治保障的社会治理体制，提高社会治理社会化、法治化、智能化、专业化水平，是党中央、国务院在新形势下审时度势提出的新的社会治理理念。近年来，深圳市委、市政府积极落实党中央的决策部署，努力推动社会治理的现代化水平。深圳"十三五"规划中提出，在未来的五年要进一步加强和创新社会治理，完善现代社会治理体制，推进社会治理精细化，构建全民共建共享的治理格局，推

---

① 王栋：《2015—2016年深圳市社会组织发展现状、问题与展望》，载张骁儒、陈东平主编《深圳社会建设与发展报告（2016）》，社会科学文献出版社2016年版。
② 共青团深圳市委员会：《关于"志愿者之城"建设工作情况的报告》，载张骁儒、邹从兵主编《深圳社会治理与发展报告（2017）》，社会科学文献出版社2017年版。

进基层治理创新，加强社区治理体系建设，推动社会治理重心向基层下移，激发社会组织活力，鼓励和支持社会组织参与社会治理，实现政府治理和社会调节、居民自治良性互动，① 不断增强社会治理的社会化程度。

当今世界，信息科学技术的发展，为社会治理提供了许多新的便利，深圳市充分运用信息化，统筹谋划，建设深圳"智慧城市"，利用大数据、云计算、"互联网+"、人工智能等先进技术和创新手段促进社会治理工作理念、方式、流程深刻变革，促进完善现代公共服务和社会治理体系，为群众提供更加精准、优质、高效的服务和管理，通过政府系统信息系统整合、业务流程优化、资源信息共享、管理服务联动，深入推进"织网工程"，建设覆盖市、区、街道、社区的四级综合信息系统，全面提升信息惠民水平；推动建设管理服务对象、单位法人、空间信息等基础数据库，完善多个政务服务平台，公共服务事项的信息互通共享、校验核对，实现基层服务事项的统一受理和同城通办，有效促进社会服务便利化、服务手段智能化、综合化，最大限度便利群众。

法治化是现代城市治理的重要追求，尤其是党的十八届四中全会以来，社会治理的法治化要求更加突出。深圳将法治化列为"十三五"规划的重要内容，坚持法治城市、法治政府、法治社会一体建设，全面实现社会主义市场经济法治化，充分发挥利用特区立法权，不断完善立法制度，加强重点领域的立法，健全公众参与立法机制；健全依法行政和决策机制，全面实行政府法律顾问参与重大决策合法性审查制度，创新行政执法体制，压缩自由裁量权，完善法治政府建设指标体系，强化对行政权力的考核、制约监督，努力打造现代化法治政府；在司法领域率先推行员额制、以审判为中心的司法体制改革，健全冤假错案防范和纠错机制，完善检察机关新型诉讼监督模式，司法信息公开，提高司法透明度，全面加强司法监督，不断提高全市司法公信力。同时，不断加强法治宣传教育，支持各类主体在自我约束、自我管理中提升法治意识和能力，不断增强全社会诚信意识和诚信观念，打造诚信深圳。此外，深圳积极探索完善涉外法律系统，努力打造前海中国特色社会主义法治示范区，率先建设国际化、

---

① 深圳市人民政府：《深圳市国民经济和社会发展第十三个五年规划纲要》，2016年4月12日。

市场化、法治化的营商环境,并且已经取得初步成果。

二 两个百年目标与社会建设

经过40年的发展,我们一方面要对深圳所取得的成就做出充分肯定,为之感到骄傲和自豪,对深圳改革创新发展之路更加自信;另一方面,也要充分认识到深圳目前社会发展水平与世界其他发达国家和地区间的差距,与新时代发展中国特色社会主义新要求的距离,保持更加清醒的头脑,找到短板和不足,明确前进和努力的方向,继往开来、奋勇前进,为建设更加幸福美好的深圳而努力奋斗!

(一) 两个百年目标与社会建设改革创新任务

2017年10月18日,中国共产党第十九次全国代表大会,在北京隆重召开。会上,习近平总书记庄严宣布"中国特色社会主义进入了新时代,这是我国发展新的历史方位","社会主要矛盾已经转化为人民日益增长的美好生活需要和不平衡不充分的发展之间的矛盾"。① 在新的历史阶段,社会主要矛盾的变化对党和国家工作的重点和方向产生了重要影响,站在新的历史起点上,我们党再次明确了今后很长一段时间奋斗的目标,就是在当前总体小康的基础上,"到建党一百年时建成经济更加发展、民主更加健全、科教更加进步、文化更加繁荣、社会更加和谐、人民生活更加殷实的小康社会,然后再奋斗三十年,到新中国成立一百年时,基本实现现代化,把我国建成社会主义现代化国家"。

为了实现两个一百年的奋斗目标,党的十九大报告指出必须坚定不移把发展作为党执政兴国的第一要务,坚持解放和发展社会生产力,在发展中保障和改善民生,在发展中补齐民生短板,加强和创新社会治理,促进社会公平正义,在幼有所育、学有所教、劳有所得、病有所医、老有所养、住有所居、弱有所扶上不断取得新进展,并号召全党上下"始终把人

---

① 习近平:《决胜全面建成小康社会 夺取新时代中国特色社会主义伟大胜利》,2017年10月18日。

民利益摆在至高无上的地位,让改革发展成果更多更公平惠及全体人民,朝着实现全体人民共同富裕不断迈进",紧紧抓住人民最关心最直接最现实的利益问题,尽力而为、量力而行,求真务实、常抓不懈。要坚守底线、突出重点、完善制度、引导预期,完善公共服务体系,保障群众基本生活,不断满足人民日益增长的美好生活需要,不断促进社会公平正义,形成有效的社会治理、良好的社会秩序,使人民获得感、幸福感、安全感更加充实、更有保障、更可持续,这为新时代加强民生建设提供了指南。

深圳作为全国改革开放的排头兵和试验田,坚持把改革创新精神作为城市发展的灵魂,坚持以习近平新时代中国特色社会主义思想为指导,坚持"改革不停顿开放不止步",紧紧围绕"两个百年"的奋斗目标进行谋篇布局,严格落实 2017 年 4 月习近平总书记对广东工作"四个坚持、三个支撑、两个走在前列"①的重要批示,全面深化社会建设领域改革创新,坚持以人民为中心的发展思想,大力发展教育医疗,全面提升城市公共服务水平,持续改善城市面貌,创新社会治理,努力满足人民美好生活需要,在全面建成小康社会、加快建设社会主义现代化新征程上走在最前列,勇当尖兵、再创新局,推动习近平新时代中国特色社会主义思想在深圳经济特区结出丰硕成果。②

为履行将深圳建设成为向世界展示习近平新时代中国特色社会主义思想的重要"窗口"和"示范区"的承诺,深圳市委、市政府紧紧围绕实现"两个百年"的奋斗目标,制定了时间表,建立了工作台账,在深圳市委六届九次全会上,王伟中书记指出,到 2020 年,深圳将基本建成现代化国际化创新型城市,高质量全面建成小康社会;到 2035 年,建成可持续发展的全球创新之都,实现社会主义现代化;到 21 世纪中叶,建成代表社会主义现代化强国的国家经济特区,成为竞争力影响力卓著的创新引

---

① "四个坚持、三个支撑、两个走在前列",即坚持党的领导、坚持中国特色社会主义、坚持新发展理念、坚持改革开放;为全国推进供给侧结构性改革、实施创新驱动发展战略、构建开放型经济新体制提供支撑;在全面建成小康社会、加快建设社会主义现代化新征程上走在前列。

② 林玟珊:《坚定不移以习近平新时代中国特色社会主义思想为指导 在全面建成小康社会加快建设社会主义现代化新征程上走在最前列勇当尖兵》,2017 年 10 月 27 日,深圳新闻网(http://news.sznews.com/content/2017-10/27/content_17599336.htm)。

领型全球城市。① 其中，高质量全面建成小康社会、提升城市质量，率先建成现代化、国际化大都市，必须把社会层面的建设作为一项重要的内容，深圳市第六届委员会第八次全体会议决议指出，要紧紧围绕人民日益增长的美好生活需要和不平衡不充分的发展之间的矛盾，力争在补短板惠民生，在满足市民群众对美好生活需要上实现新突破，努力让群众得到更好的教育、更稳定的工作、更满意的收入、更可靠的社会保障、更高水平的医疗卫生服务、更舒适的居住条件、更优美的环境、更丰富的精神文化生活，让人民群众获得感更强、安全感更有保障、幸福感更可持续。②

当然，目前深圳社会建设仍存在一些短板，如实体经济发展压力较大、改革领先优势有所弱化、创新发展亟须加快发力、城市管理治理短板等问题突出，③ 公共服务的规模质量有限，社会运行存在一些不公正现象，无论是经济基础，还是社会建设，与美国、日本、新加坡等世界发达国家和香港等国际化大城市相比还有一定的差距。因此，深圳必须立足目前社会发展现状，找准战略定位和目标，要勇于面对和解决这些问题，坚持底线思维，加固底板，补齐短板，为进一步提高城市现代化水平、建成更高质量的小康社会而努力。

（二）社会现代化的国际国内比较

社会现代化是一项系统性工程，在过去的发展过程中，为了明确社会发展责任，科学评价社会发展的效果，深圳制定出台了《深圳市社会建设考核指标体系》，包含市民生活、公共服务、社区服务、社会管理、社会服务产业5个领域、31个具体指标，把社会建设考核放在与经济建设考核同等重要的位置，以此促进社会建设。将社会层面的现代化建设量化成具体指标，这一做法在国际社会由来已久，并形成了比较通用的社会现代化指标体系。

---

① 《深圳经济特区率先建设社会主义现代化先行区规划纲要（2018—2035年）》（讨论稿），2018年1月15日。
② 中共深圳市委：《中国共产党深圳市第六届委员会第八次全体会议决议》，2017年12月11日，深圳特区报（http://sztqb.sznews.com/PC/content/201712/11/c251677.html）。
③ 林玫珊：《坚定不移以习近平新时代中国特色社会主义思想为指导 在全面建成小康社会加快建设社会主义现代化新征程上走在最前列勇当尖兵》，2017年10月27日，深圳新闻网（http://news.sznews.com/content/2017-10/27/content_17599336.htm）。

国际著名的英克尔斯现代化指标体系选取了人均国民生产总值达到3000美元以上、农业产值占国民生产总值比例低于15%、服务业产值占国民生产总值比例在45%以上、非农业劳动力占总劳动力比例在70%以上（或农业劳动力占总劳动力比例低于30%）、成人识字率在80%以上、在校大学生占20—24岁人口比例在10%—15%、每名医生服务的人数在1000人以下、婴儿死亡率在3%以下、人口自然增长率在1%以下、平均预期寿命在70岁以上、城市人口占总人口比例在50%以上等10余项指标，但是北京大学谢立中教授认为这一指标更适用于工业社会时代。①

南京大学社会学系宋林飞教授梳理的我国社会现代化指标，有城市化水平达到70%、城乡基本社会保险覆盖率100%、城乡居民收入比小于2:1、万人拥有社会组织数12个、城市每万人拥有公共交通车辆不少于15台、万人社区服务设施数不少于8个、城乡居民人均居住建筑面积在30平方米以上等项目。②社会现代化必然包括人的现代化，大专以上人口占总人口的比重、千人互联网宽带用户拥有量、千人医生拥有量、平均预期寿命以及人类发展指数（HDI）等指标是衡量人的现代化程度的重要指标。中国社科院朱庆芳研究员认为衡量小康社会及现代化指标体系，还包括教育经费占GDP的比重、恩格尔系数、居民人均可支配收入等指标。③

尽管社会现代化的指标各异，目前尚未达成共识，但是，为了便于比较，我们选取其中的人均GDP水平、人均可支配收入、平均预期寿命与新生儿死亡率、平均受教育年限、高等教育毛入学率、HDI、医疗支出占财政支出的比重、教育经费占财政支出的比重、基尼系数、互联网每百人使用量等目前衡量社会现代化水平的常用指标，来对深圳目前社会现代化水平进行定位。这10个指标，既含有单一的测度指标，也有较为综合性的评价指数。

（1）人均GDP。人均GDP是衡量一个国家现代化水平的重要指标之一。前文曾提及，2016年，深圳市人均GDP为167411元，高于英克尔斯3000

---

① 谢立中：《关于所谓"英格尔斯现代化指标体系"的几点讨论》，《江苏行政学院学报》2003年第3期，第56—60页。
② 宋林飞：《我国基本实现现代化指标体系与评估》，《南京社会科学》2012年第1期。
③ 朱庆芳：《小康社会及现代化指标体系评价方法》，第一期中国现代化研究论坛论文，2003年8月1日。

美元的标准，但远低于同一时期的中国香港（2893326）、新加坡（3517640）、美国（3826297）等国家和地区的平均水平，这一点在图1中也反映了出来。从该图看，如果按照目前的经济发展水平和追赶指数，大约到2025年，深圳人均GDP能够与美国基本持平；到2030年左右，深圳与香港的人均GDP才能持平，而要赶上新加坡则需要更长的时间。

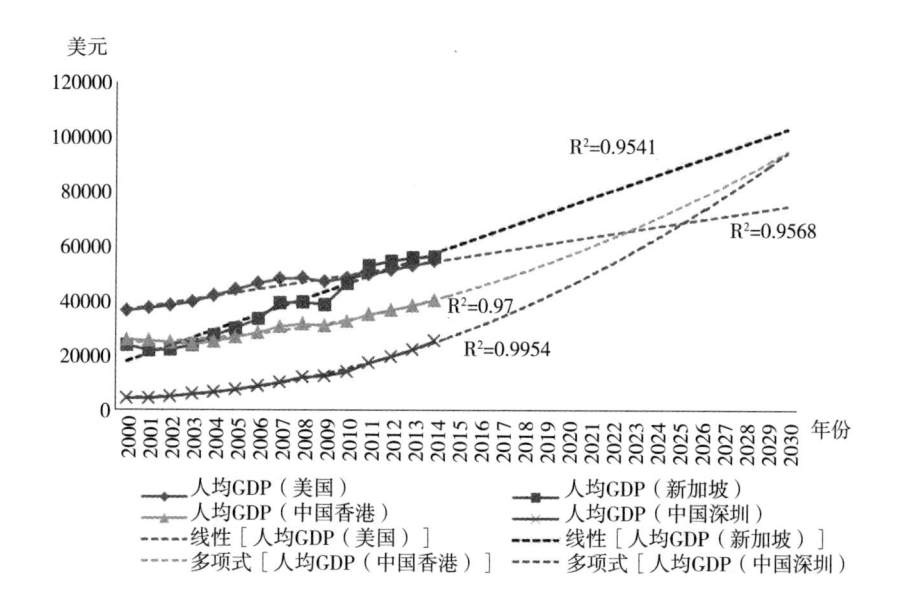

图1　中国深圳与中国香港、新加坡等人均GDP比较

资料来源：根据世界银行数据库与历年《深圳统计年鉴》资料整理。

（2）人均可支配收入（PCDI）。人均可支配收入是居民可用于最终消费支出和储蓄的收入，通常反映一个国家和社会居民的生活水平。

图2即为深圳与美国在2013—2017年间人均可支配收入状况的情况比较。总体来看，尽管深圳的人均居民可支配收入呈现上升的态势，并且远远高于中国的平均水平（2017年，全国居民人均可支配收入25974元，约合4088.46美元），但是远低于美国的平均水平，2017年12月美国人均居民可支配收入达到44601美元。

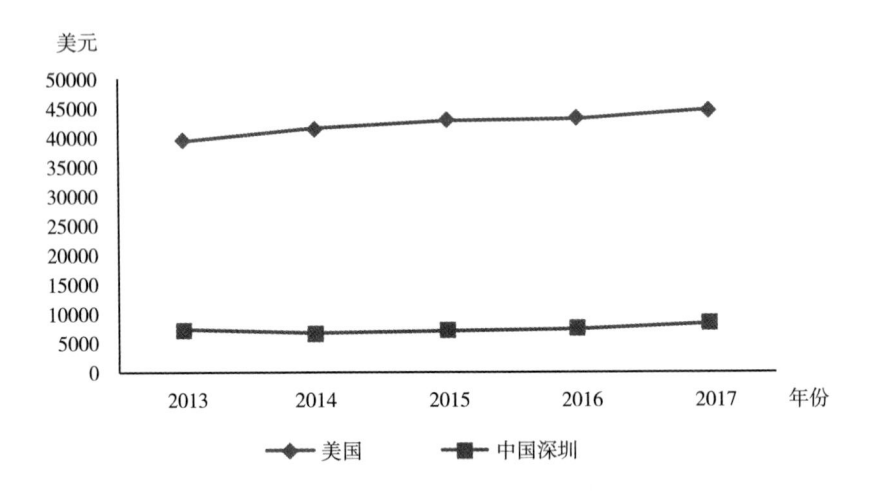

图 2　中国深圳与美国人均可支配收入的比较

资料来源：美国 PCDI 数据来源于 ICO – Social Media Market（https：//ycharts.com/indicators/per_capita_disposable_personal_income），选取每年 12 月份数据；深圳 PCDI 数据来源于深圳市统计年鉴及深圳晚报相关数据。

（3）平均预期寿命和新生儿死亡率。平均预期寿命是在死亡率恒定的条件下，同一时期出生的人预期能继续生存的平均年数。它是衡量一个社会的经济发展水平及医疗卫生服务水平的指标，可以反映出一个社会生活质量的高低。2015 年深圳市人口预期寿命为 82.57 岁，其中男性平均预期寿命 80 岁，女性平均预期寿命 85.33 岁，[1] 远高于中国 76 岁的平均水平，同时也高于美国等国家和地区的相同指标。2015 年，美国的平均预期寿命为 79.2 岁、日本为 83.7 岁、新加坡为 83.2 岁、香港为 84.2 岁。[2] 尽管一个人的预期寿命同时会受到来自遗传因素、自身体质等的影响，但是医疗水平和营养状况是不可或缺的重要影响因素，深圳在医疗发展方面已经取得十分突出的成果。

与预期寿命相似，新生儿死亡率也是衡量一个国家和地区的居民健康水平和社会经济发展水平的重要指标。2015 年深圳市新生儿死亡率为

---

[1]　深圳市统计局：《2015 年深圳市社会性别统计报告》，2017 年 7 月 14 日。
[2]　数据来源于《人类发展报告（1990—2017）》，联合国开发计划署网（http：//hdr.undp.org/en/data#）。

2.02‰，低于同年度的中国（5.5‰）、美国（3.8‰）平均水平，但是高于日本（0.9‰）和新加坡（1.1‰）。说明，深圳目前整体的妇幼保健工作水平有待进一步提高。

（4）平均受教育年限。平均受教育年限是指在一个国家和地区在某一时间内，人口群体接受教育年限的平均数，反映了一个国家和地区的教育发展水平。2015年，深圳市主要劳动年龄人口（20—59岁）平均受教育年限为11.5年。[1] 而同一时期，美国居民的平均受教育程度为13.2年、日本为12.5年、新加坡为11.6年、香港为11.6年。[2] 由于深圳平均受教育年限的统计基数是劳动年龄人口，与美日新等国家及中国香港比较，基数相对较小，深圳与这些国家和地区的居民平均受教育年限的差距要远远地大于目前所呈现出的差距。因此，在未来的发展中，深圳需要进一步补齐教育短板，提高全市居民的受教育程度和整体文化素质，为实现持久的发展积累人力资源。

（5）高等教育毛入学率。高等教育毛入学率是指高等教育在学人数与18—22岁的人口数之比，是衡量一个国家和地区教育发展状况的重要指标之一，反映了一个国家和地区高等教育的普及化程度。2015年，深圳户籍人口高等教育毛入学率为55.1%，[3] 高于该年度中国高等教育毛入学率的平均水平43.4%，但是，低于美国的85.8%和香港的68.5%。[4] 说明，目前深圳的高等教育已基本实现了普及化的水平，受高等教育的人数在适龄人口中的比重较高，但是与世界发达国家相比仍有一定差距。

（6）人类发展指数（HDI）。人类发展指数，是由联合国开发计划署在20世纪90年代提出的一项用以衡量一个国家和地区经济社会发展水平的综合性指标，它是在预期寿命、教育水准和生活质量三项变量基础上，按照一定的计算方法得出来的。根据联合国开发计划署2016年公布的数据，2014年中国HDI为0.734，美国、日本、新加坡和中国香港的HDI分

---

[1] 深圳市教育局：《深圳市中长期教育改革和发展规划纲要（2011—2020年）》，2015年11月6日。
[2] 数据来源于《联合国开发计划署公布的人类发展报告》（http://hdr.undp.org/en/data#）。
[3] 深圳市史志办公室：《深圳年鉴·教育》，2017年7月19日，深圳政府在线（http://www.sz.gov.cn/cn/zjsz/nj/201707/t20170720_7908581.htm）。
[4] 数据来源于世界银行数据库。

别是 0.918、0.902、0.924、0.916。① 同年，深圳的人类发展指数为 0.851，位居全国第 5 位，② 高于该年度中国平均水平。

(7) 医疗支出占财政支出的比重。医疗支出占财政支出的比重，反映了一个国家和地区公共服务投入的重点，也是影响一个国家和地区医疗卫生发展水平的重要因素之一。前面，我们介绍了深圳居民平均预期寿命和新生儿死亡率两个指标，从不同的侧面反映出深圳医疗卫生事业发展水平的现状。

图 3 反映了深圳在医疗卫生投入占财政一般支出比重方面与美国、日本和新加坡的比较情况。从该图可以看出，近年来，深圳医疗卫生投入支出占财政总支出的比重逐年上升，深圳市委、市政府努力将更多的公共资源投入医疗领域，但是与世界其他发达国家相比，深圳在医疗卫生领域的财政支出占比相对较低，尤其是与美国和日本相比，这一差距更加明显。

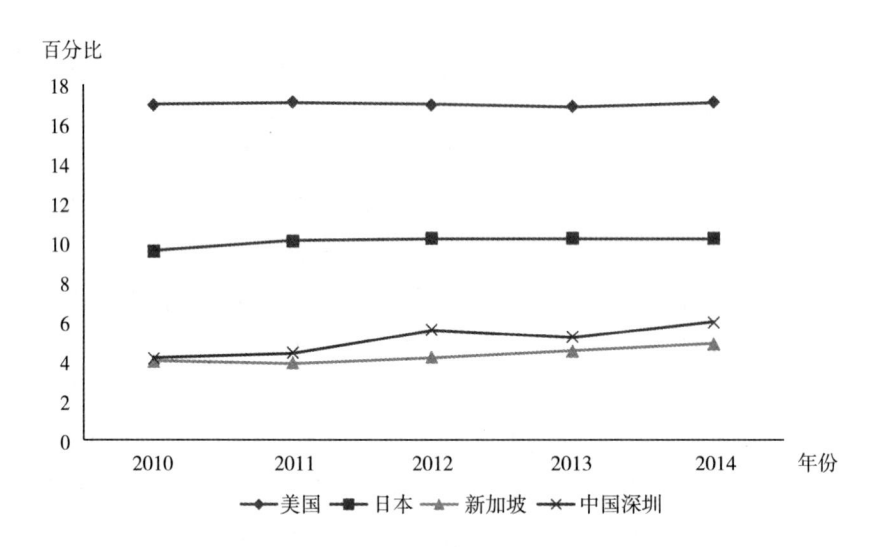

图 3　医疗卫生投入占财政一般支出比重比较

资料来源：世界银行数据库和历年《深圳统计年鉴》数据库。

---

① 数据来源于《联合国开发计划署公布的人类发展报告数据库》（http：//hdr.undp.org/en/data#）。
② 联合国开发计划署驻华代表处：《2016 年中国城市可持续发展报告（联合国）》，2016 年 12 月 8 日。

（8）教育经费支出占财政支出的比重。教育经费支出占财政支出的比重，反映了一个国家和地区对于教育事业的重要程度，也是世界认可度较高的衡量社会现代化程度的一个重要指标。图4为近年来，深圳与美国、新加坡及中国香港等国家和地区在财政性教育经费投入占政府预算支出比重的比较。

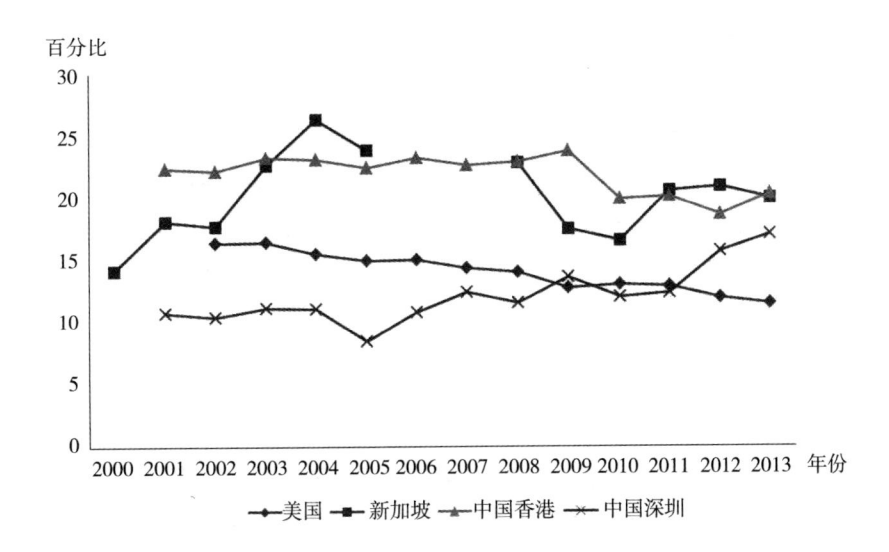

图4　财政性教育经费投入占政府预算支出的比重比较

资料来源：世界银行数据库和历年《深圳统计年鉴》。

从图4可以看出，目前深圳在财政性教育经费投入占政府财政预算支出比例方面已经超过美国，但是与香港和新加坡等相比，还有一定的差距。2013年，深圳财政性教育经费投入占政府财政预算支出的比例达到新加坡的85.30%、香港的83.82%，① 但是，从趋势上看，差距正在不断缩小。

（9）基尼系数。基尼系数是指国际上通用的、用以衡量一个国家或地区居民收入差距的常用指标，基尼系数在0.4以上容易出现社会动荡，国

---

① 深圳市社会科学院课题组：《深圳努力建成现代化国际化创新型城市研究报告》，2015年12月。

家上常常将其作为贫富差距的警戒线。根据上海交大民情研究中心数据，2017年深圳基尼系数为0.526,[①] 远高于0.4的警戒水平；与美国相比，深圳的基尼系数也相对较高，根据世界银行的估算，2013年美国的基尼系数为0.41。[②] 收入差距悬殊、社会不平等程度较高，仍然是深圳经济社会发展需要跨越的一道门槛。

（10）互联网每百人使用量。随着社会的发展变迁，衡量社会现代化程度的指标也不断发展和变化，为适应互联网对社会发展越来越突出的影响，人们把互联网的使用状况等纳入衡量社会现代化程度的指标体系。图5即为深圳居民的互联网使用普及程度与世界其他发达国家和地区之间的比较。

如图5所示，2016年深圳百人国际互联网用户数为63.2人，远低于相同时期的美国（76.18人）、新加坡（81人）、中国香港（87.3人）和日本（92人）。总体而言，目前深圳互联网的普及程度相对较高，但是与世界其他国家和地区相比，差距依然比较明显。

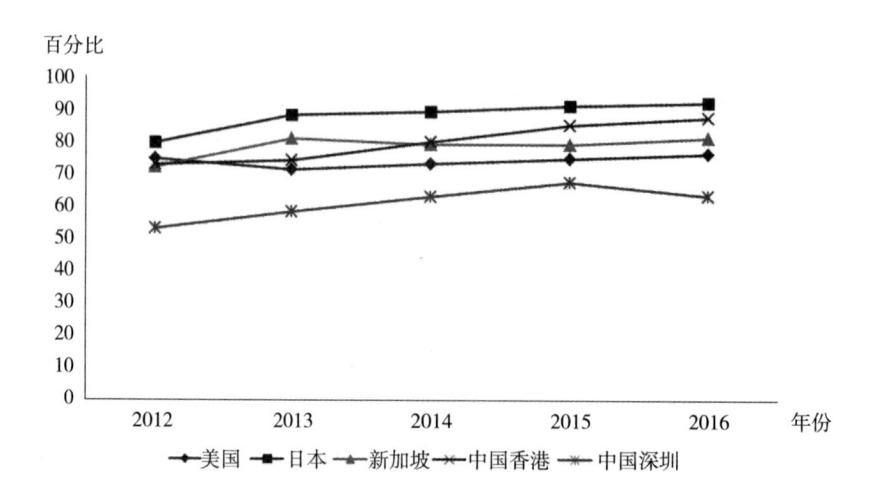

图5　互联网每百人使用量的比较

资料来源：世界银行数据库和历年《深圳统计年鉴》。

---

① 张卫宁：《明年深圳GDP将首超香港，"各部门"已就位》，2017年9月12日，深圳新浪房产（https://wx.abbao.cn/a/6915-5ad1ce1463f87ede.html）。

② 数据来源于世界银行数据库。

总之，目前深圳的社会现代化水平与世界其他发达国家和地区相比，在部分关键指标上仍然存在一定差距，深圳率先建成社会主义现代化，必须继续大力推进社会建设。

三 努力建设更高质量的民生幸福城市

目前，从深圳在社会现代化指标的状况来看，与英克尔斯等学者的标准相比，深圳基本上已经实现了较高的现代化水平，多数社会发展指标一度领先国内平均水平和其他城市。但是，通过社会现代化指标的国际对比来看，与美国、日本、新加坡及中国香港等发达国家和城市相比，部分领域仍然存在一定的差距，民生建设各领域的结构性矛盾比较突出，尚未完全满足深圳居民的民生期盼。在中国特色社会主义社会进入新时代，实现两个百年目标的历史交汇期，深圳市委、市政府提出了建设更高质量的民生幸福城市，率先全面建成小康社会，建成现代化国际化创新型城市的发展目标。坚持在发展中保障和改善民生，深入推动供给侧结构性改革，不断优化发展结构，拓展发展空间，补齐发展短板，提升社会发展水平，努力使深圳成为展示习近平新时代中国特色社会主义理论的样本和窗口。

2015年，时任深圳市委书记马兴瑞在深圳市委第六届党代会上明确提出，在"四个全面"中创造新业绩、勇当排头兵，率先实现全面建成小康社会和社会主义现代化目标，[①] 努力建成更具改革开放引领作用的经济特区、更高水平的国家自主创新示范区、更具辐射力带动力的全国经济中心城市、更具竞争力影响力的国际化城市、更高质量的民生幸福城市。[②] 严格贯彻党中央决策部署，全面深化经济结构供给侧改革，尊重经济发展规律和市场规律，坚持创新驱动发展，大力促进科技创新、提升企业竞争力、人才优先发展；要进一步提升城市治理水平，积极拓展发展空间，补齐民生结构性短板，全面实现基本公共服务均等化，努力让群众享有更优

[①] 马兴瑞：《深圳市第六次党代会报告》，2015年6月16日，人民网（http://sz.people.com.cn/n/2015/0616/c202846-25254643.html）。

[②] 《马兴瑞的深圳600天》，2016年12月30日，搜狐财经（http://www.sohu.com/a/123069241_390121）。

质的教育、更稳定的工作、更满意的收入、更可靠的社会保障、更高水平的医疗、更舒适的居住条件、更优美的生态环境、更有品质的文化服务，使群众对美好生活的向往不断变成现实，到2020年，居民人均可支配收入达到6万元，民生保障水平居全国前列。这是深圳民生建设的具体目标。

2017年1月，时任深圳市委书记许勤在深圳市六届人大三次会议后指出，"城市发展的目的是就是为了服务民生。所有的经济结构调整、科技产业发展都是为了进一步提升民生保障水平和生活质量"①。深圳市委、市政府高度重视民生事业，始终坚持以人民为中心的发展思想，始终把保障和改善民生作为工作的出发点和落脚点，② 在未来，深圳将坚持以提升发展质量作为供给侧改革的主攻方向，以创新发展为突破口，进一步增加教育、医疗财政支出，深圳将大力发展医疗卫生事业、教育事业，加快推进民生基础设施建设，加大住房保障力度，努力把经济发展的成果更多更好用于提升民生保障能力、提升人民生活质量、提升幸福指数，全面提升城市和经济社会发展质量。

2017年，在深圳市委六届七次全会上，王伟中书记再次提出"目前，深圳发展的重要任务是在率先高质量全面建成得到人民认可、经得起历史检验的小康社会基础上，加快建设社会主义现代化的先行区，努力走出一条体现时代特征、中国特色、深圳特点的社会主义现代化之路，在新的起点上勇当尖兵、再创新局"③，要求高举中国特色社会主义伟大旗帜，坚定不移深化供给侧结构性改革，扎实推进以科技创新为核心的全面创新，进一步建设法治城市，为发展新时代中国特色社会主义积累更多可复制、可推广的制度、经验，使深圳成为展示中国特色社会主义道路、理论、制度、文化巨大优越性的最佳例证，成为向世界彰显中国共产党先进性、纯

---

① 何畅：《许勤：供给侧要"跑赢"产业升级和消费升级》，2017年1月17日，深圳新闻网（http://www.sznews.com/news/content/2017-01/17/content_14844445_2.htm）。
② 《深圳市六届人大三次会议后市长见面会上时任深圳市委书记、市长许勤答记者问文字实录》，2017年1月17日，深圳政府在线（http://www.sz.gov.cn/cn/xxgk/xwfyr/wqhg/20170117/）。
③ 陈育柱、王星：《深圳市委六届七次全会召开，王伟中作工作报告》，2017年8月24日，人民网（http://sz.people.com.cn/n2/2017/0825/c202846-30652681.html）。

洁性的"精彩样板"。

同年7月,深圳市政府副市长、新任代理市长陈如桂,提出坚持以人为本,认真贯彻"创新、协调、绿色、开放、共享"的发展理念,"推动深圳创新发展更有质量,推动城市建设管理更有品质,推动民生事业发展更有实效,把深圳建设得更美好,让市民更加热爱这座城市,不断提升广大市民的幸福感、归属感和自豪感",① 坚持经济发展与社会建设并重,注重防范化解风险,在进一步做强做大电子信息产业等实体经济的基础上,进一步促进社会建设。在全市开展营商环境优化行动,提高政务效率、降低企业成本、优化企业服务、加快知识产权综合管理改革、建设新型智慧城市、加强社会诚信建设,打造速度最快、费用最低、设施最好、服务最优的国际一流营商环境;坚持创新驱动,加速聚集创新人才,积极培育科技创业创新中心;开展依法治市深化行动,加强重点领域立法,全面推进法治政府建设,深化司法体制改革,建设公平公正安定有序的法治中国示范城市;进一步提升城市治理水平,深入推进"平安深圳"建设;着力改善城市环境,健全生态文明长效增长机制,积极创建国家生态文明建设示范市;深入开展发展成果惠民行动,大力保障和改善民生,在加大全市住房调控力度、提高教育、医疗水平、改善交通状况和环境生态状况等方面进行布局,全面提高深圳城市生活质量和城市宜居品质,让深圳市民生活得更美好!

当前,无论是从国际经济政治形势,还是从国内发展环境来看,深圳经济社会发展都面临着重要的历史机遇。深圳必须顺势而为,把握好社会转型变革的历史机遇,坚定不移地推进供给侧结构性改革,把质量作为供给侧主攻改革的方向,加强基本公共服务的统筹规划,坚持问题导向,补齐发展短板,建立基本公共服务项目动态增长机制,增加优质公共产品和服务供给。进一步增强发展的协调性,使社会发展与经济发展相协调,文化建设与物质生产相协调,原特区内外发展相协调,既要在民生供给的总量上将蛋糕做大做强,又要注重公正公平,在适度普惠的民生福利基础

---

① 陈如桂:《深圳市六届人大六次会议政府工作报告》,2018年1月18日,南方+(http://static.nfapp.southcn.com/content/201801/18/c915633.html?from=timeline&isappinstalled=0)。

上,有条件、分梯度提高民生福利标准,建设更高水平的民生福利体系,真正地让社会发展成果惠及全体深圳人。

深入贯彻落实党中央关于民生发展的最新部署,不断加大教育、医疗、住房、社会保障、就业等方面的投入,构建现代城市教育体系,推动高等教育创新发展,构建现代职业教育体系,完善基础教育均衡优质发展长效机制,鼓励社会力量兴教办学。深化医药卫生体制改革,坚持医保、医药、医疗"三医联动",建立更高质量的医疗服务体系。落实促进就业创业政策,做好对高校毕业生、来深务工人员、就业困难人员等群体的就业服务。健全工资正常增长机制,完善最低工资标准调整和工资支付保障制度。建立更加公平可持续的社会保障体系,扩大社会保险覆盖面,健全保障性住房建设、分配和退出机制,推进养老服务业综合改革,完善社会救助体系,发展公益慈善事业。[①] 利用深圳的科技优势,加强智慧城市建设,推进智慧社会治理,扩大公民参与,及时回应社会诉求,提高政府治理效率和回应性,妥善处理社会矛盾,维护社会和谐稳定。通过不断增加和改善公共服务的供给,回应好人民群众对美好生活的向往,满足人民群众对美好生活的新需求和新期待,更高质量的民生幸福城市一定能从愿景变为现实。

---

① 马兴瑞:《深圳市第六次党代会报告》,2015 年 6 月 16 日,人民网(http://sz.people.com.cn/n/2015/0616/c202846-25254643.html)。

参考文献

1. 专著

董华、张吉光：《城市公共安全——应急与管理》，化学工业出版社2006年版。

郭济等：《政府应急管理实务》，中共中央党校出版社2004年版。

胡瑗：《安徽通志·松滋县学记》卷10，光绪四年刻本。

李炳安：《劳动权论》，人民法院出版社2006年版。

刘敏：《适度普惠型社会福利制度——中国福利现代化的探索》，中国社会科学出版社2015年版。

《马克思恩格斯选集》第1卷，人民出版社2012年版。

中国人民解放军军事科学院：《毛泽东军事文选（内部本）》，战士出版社1981年版。

潘家华等主编：《城市蓝皮书：中国城市发展报告》，社会科学文献出版社2013年版。

钱宁：《现代社会福利思想》，高等教育出版社2006年版。

秦丽：《中国适度普惠型社会福利体系的建构》，上海交通大学出版社2016年版。

深圳市统计局、国家统计局深圳调查队编：《深圳统计年鉴2016》，中国统计出版社2016年版。

《孙中山全集》第9卷，中华书局2006年版。

谢庆奎：《民生视阈中的政府治理》，北京大学出版社2013年版。

薛长礼：《劳动权论》，科学出版社2010年版。

叶民辉、张骁儒主编：《深圳社会建设与发展报告（2014）》，社会科学文献出版社2014年版。

张骁儒等主编：《深圳社会建设与发展报告（2015）》，社会科学文献出版社2015年版。

张骁儒、陈东平主编：《深圳社会建设与发展报告（2016）》，社会科学文献出版社2016年版。

张骁儒、邹从兵主编：《深圳社会治理与发展报告（2017）》，社会科学文献出版社2017年版。

张骁儒等主编：《深圳社会发展报告（2012—2013）》，社会科学文献出版社2013年版。

周俊：《社会组织管理》，中国人民大学出版社2015年版。

庄一强等：《中国民营医院发展报告》，社会科学文献出版社2015年版。

2. 期刊与学位论文

曾维和：《共建共享社会治理格局：理论创新、体系构筑、实践推进》，《理论探索》2016年第3期。

陈昌盛：《基本公共服务均等化：中国行动路线图》，《财会研究》2008年第2期。

陈佩云：《完善深圳住房保障体系的政策研究》，硕士学位论文，厦门大学，2008年。

陈遂：《适度普惠型社会福利制度研究——以深圳为例》，硕士学位论文，湖北大学，2010年。

戴建兵、曹艳春：《论我国适度普惠型社会福利制度的构建与发展》，《华东师范大学学报》（哲学版）2012年第1期。

冯彦君：《劳动权论略》，《社会科学战线》2003年第1期。

顾欢：《上海外来务工青年管理——包容性治理角度的分析》，硕士学位论文，复旦大学，2014年。

何增科：《中国公民社会组织发展的制度性障碍分析》，《中共宁波市委党校学报》2006年第6期。

胡鞍钢、方旭东：《全民健身国家战略：内涵与发展思路》，《体育科学》

2016 年第 3 期。

黄晨熹：《社会救助的概念、类型和体制：不同视角的比较》，《华东师范大学学报》（哲学社会科学版）2005 年第 3 期。

黄文洁：《深圳保障性住房设计研究》，硕士学位论文，华中科技大学，2013 年。

李创：《深圳全面放开医师多点执业允许助理医师执业注册》，《中国卫生》2016 年 5 月。

李金泉：《外来人员参与基层社会治理的保障机制研究》，硕士学位论文，厦门大学，2013 年。

李咏霞：《深圳保障性住房管理现状分析与对策研究》，硕士学位论文，哈尔滨工业大学，2014 年。

梁凯、吴靖宇：《解读深圳市"十三五"住房建设规划——历史规划落实情况与发展方向探索》，《住宅与房地产》2015 年第 6 期。

刘铎：《开放式社区治理：社区治理的演化趋势》，《甘肃行政学院学报》2009 年第 3 期。

刘菲菲：《保障性住房——国外经验与中国实践》，硕士学位论文，中山大学，2012 年。

刘楠楠：《住房公积金福利效应改进路径研究》，硕士学位论文，西北农林科技大学，2013 年。

刘卫民：《发挥政府与市场优势是健全住房保障体系的关键》，《上海房地》2015 年第 6 期。

龙雯：《公共住房保障中的政府责任研究》，硕士学位论文，湖南大学，2012 年。

陆学艺：《社会建设就是建设社会现代化》，《社会学研究》2011 年第 4 期。

彭华民：《需要为本的中国本土社会工作模式研究》，《社会科学研究》2010 年第 3 期。

乔耀章：《关于"民政"问题的理论探微》，《上海行政学院学报》2012 年第 13 卷第 2 期。

邱曼丽：《职责法定化是制定权力清单的前提》，《中国党政干部论坛》2015 年第 4 期。

宋林飞:《我国基本实现现代化指标体系与评估》,《南京社会科学》2012年第1期。

孙来斌、刘近:《中国民生概念发展论要》,《湖北社会科学》2014年第6期。

孙立平等:《改革以来中国社会结构的变迁》,《中国社会科学》1994年第2期。

万鄂湘、毛俊响:《文化权利内涵刍议》,《法学杂志》2009年第8期。

王飞鹏:《我国实现公共就业服务均等化面临的问题及对策研究》,《当代经济管理》2012年第2期。

王锋:《关于深圳公共住房制度建设的建议》,《特区实践与理论》2017年第4期。

王茜:《外来引进人才的住房保障发展策略研究——以深圳为例》,硕士学位论文,华中师范大学,2011年。

王书斌、徐盈之、魏莎:《逃离"北上广深"背景下一线城市房价涟漪效应研究》,《系统工程理论与实践》2017年第37卷第2期。

王思斌:《我国适度普惠型社会福利制度的构建》,《北京大学学报》(哲学社会科学版)2009年第13期。

王雪珍:《增强社会治理多元主体合力的路径选择》,《天津行政学院学报》2017年第2期。

吴文恒、李同昇、朱虹颖、孙锦锦:《中国渐进式人口市民化的政策实践与启示》,《人口研究》2015年第3期。

谢立中:《关于所谓"英格尔斯现代化指标体系"的几点讨论》,《江苏行政学院学报》2003年第3期。

谢志岿、曹景钧:《房地产调控:从行政控制到利益协调——目标替代的非正式规则与房地产调控模式转型》,《公共行政评论》2012年第3期。

谢志岿、李卓:《移民文化精神与新兴城市发展:基于深圳经验》,《深圳大学学报》(人文社会科学版)2017年第5期。

徐道稳:《社会基础、制度环境和行政化陷阱——对深圳市社区治理体制的考察》,《人文杂志》2014年第12期。

张香云:《民生指标体系的构建及评价导向》,《中国统计》2010年第

6 期。

郑文升、金玉霞、王晓芳等：《城市低收入住区治理与克服城市贫困——基于对深圳"城中村"和老工业基地城市"棚户区"的分析》，《城市规划》2007 年第 5 期。

朱庆芳：《小康社会及现代化指标体系评价方法》，第一期中国现代化研究论坛论文，2003 年 8 月 1 日。

3. 报纸与网络文献

《马兴瑞的深圳 600 天》，2016 年 12 月 30 日，搜狐财经（http://www.sohu.com/a/123069241_390121）。

《深圳市六届人大三次会议后市长见面会上时任深圳市委书记、市长许勤答记者问文字实录》，2017 年 1 月 17 日，深圳政府在线（http://www.sz.gov.cn/cn/xxgk/xwfyr/wqhg/20170117/）。

《深圳司法体制改革工作实施方案》，《深圳特区报》2014 年 11 月 13 日。

《深圳医保实现全民医保构建三大保障体系》，《南方都市报》2016 年 11 月 28 日。

《勇当尖兵为全国司法改革提供"深圳样本"》，《深圳特区报》2017 年 7 月 7 日（http://www.szszfw.gov.cn/polispec/qhzfdw/qhzfdw1/201707/t20170707_8247896.htm）。

曹洋：《广东省深圳市宝安区：以"织网工程+"行动打造精准治理多方协作的社会治理新模式》，联盟中国，2016 年 1 月 9 日。

陈如桂：《深圳市六届人大六次会议政府工作报告》，南方+（http://static.nfapp.southcn.com/content）。

陈育柱、王星：《深圳市委六届七次全会召开，王伟中作工作报告》，人民网（http://sz.people.com.cn/n2/2017/）。

国家发改委发展规划：《国家新型城镇化规划（2014—2020 年）》，2014 年。

何畅：《许勤：供给侧要"跑赢"产业升级和消费升级》，深圳新闻网（http://www.sznews.com/news/content/）。

黄明健等：《深圳："智慧+忠诚"耕好改革创新"示范田"》，《人民公安报》2016年12月。2017年1月17日（content_ 14844445_ 2. htm）。

李荣华、陈奕璇：《深圳在编警察全部上街巡逻徒步为主警车为辅》，《南方日报》2012年3月8日。

李锐忠、张丽娥：《先行先试三年实践打造司法改革"深圳样本"》，《民主与法制时报》2017年7月15日。

林根：《深圳十大新政整治房地产市场》，《证券时报》2007年3月12日。

林玟珊：《坚定不移以习近平新时代中国特色社会主义思想为指导　在全面建成小康社会加快建设社会主义现代化新征程上走在最前列勇当尖兵》，深圳新闻网（http://news. sznews. com/content/2017 - 10/27/content_ ）。

罗成：《保障房异地建设的金融支持——论深圳湾区城市发展基金设立》，《开放导报》2016年第1期。

马兴瑞：《深圳市第六次党代会报告》，2015年6月16日，人民网（http://sz. people. com. cn/n/2015/0616/c202846 - 25254643. html）。

欧阳力胜：《新型城镇化进程中农民工市民化研究》，财政部财政科学研究所，2013年。

邱川芷：《深圳人才落户政策　深圳人才落户不设上限无需积分》，《深圳特区报》2016年8月25日。

深圳市罗湖区人民法院：《深圳市罗湖区人民法院2016年司法改革》，2017年4月19日。

深圳市人民政府：《深圳市公共安全白皮书》，2013年。

深圳市社会科学院课题组：《深圳努力建成现代化国际化创新型城市研究报告》，2015年12月。

深圳市医改办：《罗湖区基层医疗集团改革调研报告》，2017年6月。

沈婷婷：《深圳七成残疾人想就业　其中九成已就业》，《羊城晚报》2016年5月19日。

盛佳婉、常俊卓：《深圳社工收到"开工利是"，月均工资有望提至10647元》，《深圳特区报》2018年2月23日。

王锋：《〈深圳市住房建设规划（2006—2010）〉要点辑录》，《住宅与房地产》（综合版），2006年。

王虎峰：《我国卫生医疗体制改革30年》，2008年（http：//www.sachina.edu.cn/Htmldata/news/2008/11/4178.html）。

王清波等：《推进落实"四项建设"加快创新完善治安防控体系》，《人民公安报》2015年10月19日。

王若琳：《深圳司法体制改革起步早效果好》，《深圳特区报》2016年7月12日。

王淑静：《广东深圳司法改革为全国提供样本》，《南方日报》2017年9月22日。

王晓晴：《特区一体化建设三年计划发布》，《深圳特区报》2013年10月14日。

翁惠娟、韩文嘉：《努力建设与现代化国际化创新型城市相匹配的文化强市》，《深圳特区报》2015年9月23日。

肖云龙：《宝安区"织网工程+"让老百姓不再办事难》，《南方都市报》2015年12月16日。

谢志岿：《社会组织价值观创新》（http：//www.szmhf.com/acti_info.aspx?id=55）。

许勤：《深圳市综合监管制度建设情况报告》，2017年3月。

闫龑：《让基层医生不再单打独斗》，《健康报》2016年8月9日。

杨阳腾：《深圳着力推进慈善事业创新实践》，《羊城晚报》2016年9月1日。

余海蓉：《大医院专科号源优先给社康》，《深圳特区报》2016年6月15日。

张卫宁：《明年深圳GDP将首超香港，"各部门"已就位》，深圳新浪房产（https：//wx.abbao.cn/a/）。

张晓玲、丁杰英：《万科挖掘租赁市场机遇　打包运营深圳城中村》，《21世纪经济报道》2017年10月23日。

郑升：《深圳药品零加成破局》，《21世纪经济报道》2012年7月12日。

中国法学会：《深圳市司法体制改革第三方评估报告》，2017年。

周保军等：《全面布局深化改革，强力奠定现代警务基础》，《人民公安报》2015年1月15日。

周红梅:《深圳市 2016 年国民经济和社会发展计划执行情况与 2017 年计划草案的报告》,2017 年 2 月。

周伟良:《深圳:基层医院看病更省 药品价格大幅度下降》,《广州日报》2016 年 6 月 15 日。

后　　记

建设民生幸福城市,是深圳贯彻以人民为中心的发展理念的具体实践。深圳经济特区改革发展的历程,就是将民生福利的内涵和覆盖面不断拓展,使更多的民生福利惠及更广泛市民的过程。共建共治共享,是深圳建设民生幸福城市的道路依循。本书较为全面系统地总结了深圳改革开放以来,特别是近年来社会建设各领域改革创新的主要做法和经验,分析了民生幸福城市建设存在的短板和不足,对新时代更高质量的民生幸福城市建设提出了展望。全书分十三章,具体分工如下:

第一章　王宁、李卓、谢志岿

第二章　范一鸣

第三章　魏淑媛

第四章　范一鸣

第五章　张浩东

第六章　张浩东

第七章　魏淑媛

第八章　陈倪垚

第九章　任林礼

第十章　王宁、陈莹骄

第十一章　范一鸣、李卓

第十二章　倪晓锋

第十三章　李卓、谢志岿

全书由陈少兵　谢志岿负责拟定写作框架和统稿。

在书稿写作过程中，深圳市委宣传部、深圳市社会科学院相关领导给书稿写作提供了支持和指导，深圳市各相关职能部门为书稿写作提供了大量材料和意见建议，在此深表感谢。由于时间仓促和作者水平所限，书稿存在的诸多不如意的地方，敬请批评指正。

作者

2018 年 5 月